第19～25届"希望杯"全国数学邀请赛试题审题要津 详细评注

（初二、初三版）

● 周国镇 主编

哈尔滨工业大学出版社
HARBIN INSTITUTE OF TECHNOLOGY PRESS

内容简介

本书汇集了第 19~25 届"希望杯"全国数学邀请赛初二以及第 23~25 届"希望杯"全国数学邀请赛初三的试题及解答，注重引导学生迅速发现解题入口，使读者"知其然，又知其所以然"。

本书适合于初中生、初中教师以及广大数学爱好者阅读参考。

图书在版编目(CIP)数据

第 19~23 届"希望杯"全国数学邀请赛试题、审题要津、详细评注：初二、初三/周国镇主编．—哈尔滨：哈尔滨工业大学出版社，2015.1
ISBN 978-7-5603-5058-5

Ⅰ.①第… Ⅱ.①周… Ⅲ.①中学数学课－高中－题解 Ⅳ.①G634.605

中国版本图书馆 CIP 数据核字(2014)第 276958 号

策划编辑	刘培杰　张永芹
责任编辑	张永芹　聂兆慈
封面设计	孙茵艾
出版发行	哈尔滨工业大学出版社
社　　址	哈尔滨市南岗区复华四道街 10 号　邮编 150006
传　　真	0451－86414749
网　　址	http://hitpress.hit.edu.cn
印　　刷	哈尔滨市石桥印务有限公司
开　　本	787mm×960mm　1/16　印张 27.75　字数 309 千字
版　　次	2015 年 1 月第 1 版　2015 年 1 月第 1 次印刷
书　　号	ISBN 978－7－5603－5058－5
定　　价	58.00 元

(如因印装质量问题影响阅读，我社负责调换)

编委会
(按姓氏笔画排列)

王世堃	王成维	田晓蕾	关大权
刘小鹏	刘华伟	孙家文	那吉生
何立龙	余凤冈	余其煌	吴其明
吴杰夫	张广民	张孝福	张俊红
张振山	李俊玲	李德甲	杨树森
邵德彪	周庆瑞	周国镇	周春荔
周顺钿	英荣博	郑　洁	郝海龙
徐迺苓	郭文峰	崔玉立	谢　涛

◎ 序言

1　一项好活动

崔健说:"年轻人没有超过老人,也是老人的失败."中国古代数学曾达到了非凡的高度,可以说是独步天下.但宋元之后逐渐式微,其中落后的数学教育(姑且这样称.因为从严格意义上中国古代并没有今天所谓的数学教育)是一个原因.正如邓小平提出:"学电脑要从娃娃抓起."数学也是一样,一个师傅带一个徒弟是不行的,要更广泛、更普及、更有效率.

《环球人物》杂志曾为此访问过《中国童话》的作者——台湾作家黄永松.他说:"台湾物理学家沈君山老师给我讲过一件事,他说围棋高手吴清源和日本人木谷实是'瑜亮'之争,后来木谷实回日本乡下,吴清源很不解.1952年,吴清源在台湾收了弟子林海峰,林海峰很争气,拿了好几个冠军.就在林海峰要步入巅峰时,突然发现周围出现了很多年轻高手,这些都是木谷实的学生.原来,当年木谷实回乡下后,专收8岁的孩子做学生,成立了木谷门.这对我启发很大,你想明天更好,就要从孩子入手.小孩子觉得好会记住,甚至影响他一辈子."

"希望杯"全国数学竞赛以初一为起点,始于20世纪90年代,是由时任北京人民大学附中数学教师的周国镇先生发起的.

据《中国青年报》在1984年的一项调查显示,当年最受人们欢迎的职业的前三名分别是:出租车司机、个体户和厨师,而最后三名则分别是:科技工作者、医生和教师.

可见当年教师的社会地位是很低的,甚至可以说是边缘化的.但是"希望杯"竞赛活动一经启动便得到了全国各地的热烈响应.大有"星星之火,可以燎原"之势.20多年过去了,"希望杯"全国数学邀请赛这把火终于燃遍了中国,甚至还走出了国门.

有作家说,当社会迷茫的时候,知识分子应当先清醒;当社会过于功利的时候,知识分子应该给生活一些梦想.

笔者有幸参加了第1届"希望杯"的全国会议,会议是在颐和园中的龙王庙内召开的.来自全国各地的参加者精神振奋,因为终于有了一个属于普通学生的大众型数学竞赛.以往的全国联赛都是精英型的,只有少数极优秀且有一定数学天赋的学生才能参加.笔者初中一直任数学课代表,考到了省重点高中后竟连数学课外小组都进不去,更何况参加全国数学联赛了,所以总在想:那时要有"希望杯"竞赛就有希望了.

前岳麓书社总编辑、出版家钟书河说:"从自由度上讲,现在比20世纪80年代进步了,但是我们的人不行了."他说,现在的人肯定是越来越聪明了,但是"没有理念了".

进入21世纪后,特别是近些年,数学联赛逐渐演变成了一块进入全国重点大学的"敲门砖".许多人并不擅长也并不喜爱数学,在功利心日重的家长们的精心安排下,学生们从小学就杀进了奥数大军中,于是乎被社会上唯利是图的教育机构所利用,逐步演变成了一场全民的梦魇.而贴近课本的"希望杯"一直保持着平民本色.考好了没什么优先政策,考砸了也没有什么大不了,下次再来.

蔡元培说:"知教育者,与其守成法,毋宁尚自然,与其求化一,毋宁展个性."教育面对的是千千万万极具个性的个体,其数学素养及水平自然参差不齐,如果举办数学竞赛,就需要有多个层次,以适应不同水平的选手参加.美国这方面就做得比较好,除了人所共知的美国数学奥林匹克(USAMO),还有美国大学生参加的普特南数学竞赛(PTN)、美国数学邀请赛、美国中学生数学竞赛等等,仅中学生参加的就有五个层次之多,与此同时,还不断产生新的竞赛.近年在美国,每年有数千名初中学生和高中一年级学生会参加全国中学生数学竞赛(Mathcounts).这项竞赛是在1983年由美国国家专业工程师协会(National Society of Professional Engineers)、国家数学教师委员会(National Society of Teachers of Mathematics)和CNA保险公司共同创立的.比赛的目的是为孩子们创造一个机会,来磨炼他们的数学技艺,并鼓励他们与其他孩子相互竞争,就像拼字比赛(Spelling bees)一样,是要奖励那些在压力之下成绩出众的人.在美国中学生数学竞赛中,每所学校派出由四名学生组成的代表队,首先参加地区级比赛(通常包括一个城市及其郊区),得分最高的队伍和个人再参加州级比赛,然后每个州成绩最好的四名选手组成一支队伍,进入到全国范围的角逐.

在笔者写此序言之际,收到了这样一则微信,原文如下:

中国从1985年开始派选手参加国际数学奥林匹克竞赛(IMO),至今共参加25届,共有154人参赛,其中120人获得金牌,取得的成绩令世人瞩目,傲视群雄. 奥数竞赛在选拔人才、增强自信心和激发学生数学学习兴趣上成绩斐然,功不可没. 但是同时很多专家认为,随着奥数成为普及型、大众性的活动,它的作用已逐渐被异化. 原本是培养学生对数学的学习兴趣、提高学生的逻辑推理能力、发现和选拔数学精英的竞赛,却变成了比拼解题技巧、机械大量做题的强化训练. 这种强迫式的学习,最后不仅不会让学生爱数学,反而会恨数学. 达到目的以后,数学就会在他们的追求中"退场". 在数学奥赛上获奖以后,却很少有人继续从事数学研究. 据统计,我国154位国际数学奥林匹克竞赛参赛者中,将数学作为终身研究职业的仅在10位左右,其中一多半在国外发展. 中国为什么会有"钱学森之问"? 为什么建国60多年了,创新还是难题? 原因就是我们的教育对于创新型人才的培养是不利的. 中国的青少年几乎是世界上学习负担最重、最没有欢笑的. 让青少年长期处于慢性压力之中,是损害青少年身心健康的. 过早的慢性压力逐渐抹杀了青少年学习数学的兴趣,导致他们到了大学后劲不足. 但奥数竞赛的功利性并非与生俱来,美国、俄罗斯以及欧洲各国都没有这种现象.

美国"数学大联盟杯赛"竞赛试题灵活、生动,富有趣味性和挑战性,同时贴近生活.让学生理解数学、欣赏数学,激励学生创新,激发学生学习数学的兴趣,培养学生主动探索的精神.使孩子们体会到学习数学会使人有创造性和灵感,会使用逻辑推理,有理性,灵活、快乐地生活、工作和做决策.

在美国和加拿大每年有超过一百万名学生参与,对比美国和加拿大的学生总数,这是一个相当大的数字,由此可见美国"数学大联盟杯赛"影响之广泛.对中小学生来讲,参与和兴趣是最重要的.在中国推广美国"数学大联盟杯赛"可以让中国的学校、老师、学生、家长、教育工作者领略美国最为普及、最受欢迎的数学竞赛的原貌,希望对中国教育制度改革的探索、提高学生素质和创新能力的培养贡献一份力量.

远水难解近渴,"希望杯"就是我们身边的"数学大联盟杯赛".

"希望杯"竞赛也分初赛和决赛,但有所不同的是它的民间色彩更浓.这暗合了"十八大"所提倡的鼓励民间力量发展壮大的思路.

2 一份好试题

音乐人高晓松曾说:"每天都很'有意义',但是有意义常常没意思."

数学竞赛的一个重要功能是激发学生对数学的兴趣,就是让他觉得有意思.如果一个学生觉得数学题今天做了明天还得做,那就是勉强在学,觉得没意思.如果一个学生觉得数学题今天刚刚做完明天还想做,那就不一样了,那他就是觉得数学有意思.

一项数学赛事,试题是关键.一份好的试题应该是既有趣味又有高深背景的.

"希望杯"的试题出得好.说它好是因为它"顶天立地".往上追溯可以到数学的前沿,因此说它"顶天";"希望杯"的试题又很亲民,只要你把课本学会,半数以上的题你也能得心应手,所以很接地气,故此说它"立地".

例如1991年第2届"希望杯"全国数学邀请赛高中二年级第1试的最后一题是:

解方程 $x^3 - \frac{3}{2}\sqrt[3]{6} \cdot x^2 + 3 = 0$ 的非负根.

作为压轴题,这里涉及的是大家所不熟悉的一元三次方程.但此题有一个妙解:

解 将原方程化为 $x + \frac{3}{x^2} = \frac{3}{2}\sqrt[3]{6}$,即 $x + \frac{3}{x^2} = \frac{x}{2} + \frac{x}{2} + \frac{3}{x^2} \geq 3\sqrt[3]{\frac{3}{4}} = \frac{3}{2}\sqrt[3]{6}$,当且仅当 $\frac{x}{2} = \frac{3}{x^2}$ 时等号成立,故方程一定有一个根为 $\sqrt[3]{6}$.

剩下的二次方程就好解了.此解法既在情理之中,又在意料之外,当作试题再合适不过了.

再如1991年第2届"希望杯"全国数学邀请赛初中二年级第1试第12题:

计算: $2^{2013} - 2^{2012} - 2^{2011} - \cdots - 2^2 - 2 - 1 = $ _____.

解 原式 $= 2 \times 2^{2012} - 2^{2012} - 2^{2011} - \cdots - 2^2 - 2 - $

$1 = 2^{2\,012} - 2^{2\,011} - \cdots - 2^2 - 2 - 1 = 2^{2\,011} - \cdots - 2^2 - 2 - 1 = \cdots = 2^3 - 2^2 - 2 - 1 = 2^2 - 2 - 1 = 2 - 1 = 1.$

本题简易而不呆板. 孩子们做起来, 自然是乐在其中.

又如 2013 年第 24 届"希望杯"全国数学邀请赛初中三年级第 1 试第 15 题:

若一个三角形的三边的长是 $\sqrt{2}, \sqrt{13}, \sqrt{17}$, 则此三角形的面积是_____.

解 如用"海伦公式"求解, 则不胜其烦. 若注意到 $(\sqrt{2})^2 = 1^2 + 1^2$, $(\sqrt{13})^2 = 3^2 + 2^2$, $(\sqrt{17})^2 = 1^2 + 4^2$, 即可如图 1 所示, 在已知三角形周边拼接三个直角三角形并形成一个矩形, 从而由 $S_{\triangle ABC} = S_{矩形} - (S_1 + S_2 + S_3) = \dfrac{5}{2}$ 完成所求.

该题恰到好处地体现了"希望杯"活而不难, 巧而不偏的命题立意.

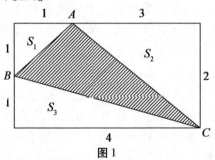

图 1

再如 2012 年第 23 届"希望杯"全国数学邀请赛高中一年级第 2 试第 17 题:

四面体 $ABCD$ 的三组对棱分别相等, 长度分别为 $3, 4, x$, 那么 x 的取值范围是_____.

(提示:将其嵌入一长、宽、高分别为 a,b,c 的长方体中,进而利用 $a^2 \geq 0, b^2 \geq 0, c^2 \geq 0$ 求解,详见本系列丛书高一卷)

仅从如上几例不难看出,"希望杯"试题不仅独具亲和力,也是中考、高考复习中查缺补漏的绝好素材.

在"希望杯"竞赛初中卷中几何试题较多.正如菲尔兹奖得主丘成桐所指出:平面几何所提供的不单是漂亮而重要的几何定理,更重要的是它提供了在中学期间唯一的逻辑训练,是每一个年轻人所必需的知识……将来无论你是做科学家,是做政治家,还是做一个成功的商人,都需要有系统的逻辑训练.我希望我们中学把这种逻辑训练继续下去.中国科学的发展都与这有关.(丘成桐在北京师范大学附属中学的演讲)

如果非要将"希望杯"竞赛与其他竞赛做一个比较的话,那么注重计算也应该算是它的一个显著特点.按一般人的理解,似乎证明能力比计算能力更高级一点,其实不然,许多著名数学家的计算能力都是超强的.华罗庚、陈省身这样的大家都有非常强的计算能力.他们不仅敢于计算,而且还非常善于计算,像华罗庚与王元合作搞起来的利用数论的方法进行积分的数值计算开辟了计算数学的一个新方法.像冯康先生首创的有限元法也是计算数学领域的一大成就.像为美国原子弹研制做出重大贡献的费米更是一位计算高手,他曾推导出了现在通称的托马斯-费米方法(Thomas-Fermimethod).对于这个方法中的微分方程,费米用一个小而原始的计算尺求出了其数值解,此项计算也许花了他一个星期.马约拉纳(E. Majorana)是一位计算速度极快而又不轻信人言的人,他决定来验证费米的结果. 他把方程式转换为黎卡蒂方程(Riccati Equation),再求其数值解. 所得结果和费米得到的完全符合.

费米喜欢用计算器,不论是小的还是大的计算器他都喜欢用. 那些当时在芝加哥的研究生们都看到了他这个特点而且都很信服. 显然在事业的早期,他就已爱上了计算器,并且这个爱好一直延续到他的晚年.

有人说一千个人读莎士比亚就有一千个哈姆雷特."希望杯"试题也是一样. 随着数学修养的不同,看试题和解试题的角度也不同.

如2012年第23届"希望杯"全国数学邀请赛高中一年级第2试最后一题为:

已知函数 $f: \mathbf{R} \to \mathbf{R}$ 满足:

(1) $f(m+n) = f(m) + f(n) - 1$;

(2) 当 $x > 0$ 时,$f(x) > 1$.

解答以下问题:

(1) 求证:$f(n)$ 是增函数;

(2) 若 $f(2\,012) = 6\,037$,解不等式 $f(a^2 - 8a + 13) < 4$.

解法一 本题如将其视为抽象函数,那么其单调性便不能用通常的导数方法,只能用定义.

设
$$x_2 - x_1 = \Delta x > 0, x_2 = x_1 + \Delta x$$

由条件(1)得
$$f(x_2) = f(x_1 + \Delta x) = f(x_1) + f(\Delta x) - 1$$

再由条件(2)知
$$f(\Delta x) > 1$$

故 $f(x_2) > f(x_1)$ 成立. 即 $f(x)$ 是 $\mathbf{R}$ 上的增函数.

解法二 其实我们可以由柯西(Cauchy)方法将$f(x)$解出来,变成一个具体函数.

将条件(1)变形为
$$f(m+n)-1=[f(m)-1]+[f(n)-1] \quad ①$$
设$g(x)=f(x)-1$,则条件(1)可变为
$$g(m+n)=g(m)+g(n)$$
由柯西方程解法知
$$g(x)=cx$$
由$c=g'(0)=1$,故$g(x)=x$. 所以$f(x)=x+1$,它显然是增函数.且问题(2)也变成简单的计算.

后一种方法应用面更广,下面再举一个例子.

已知函数$f(t)$对任意实数x,y,都有$f(x+y)=f(x)+f(y)+3xy(x+y+2)+k(x+y)+3,k$为常数,且$f(1)=1,f(2)=17$. 求$f(x)$的解析式.

解 利用柯西方程可令$x=1,y=1$,得
$$f(2)=f(1)+f(1)+12+2k+3$$
由$f(1)=1,f(2)=17$得$k=0$. 所以
$$f(x+y)=f(x)+f(y)+3xy(x+y+2)+3$$
将其变形为
$$f(x+y)-(x+y)^3-3(x+y)^2+3$$
$$=[f(x)-x^3-3x^2+3]+[f(y)-y^3-3y^2+3]$$
设
$$g(x)=f(x)-x^3-3x^2+3$$
则上式可变为
$$g(x+y)=g(m)+g(y)$$
由柯西方程可知
$$g(x)=g(1)x$$
由$f(1)=1$知$g(1)=0$,故$f(x)=x^3+3x^2-3$.

为了说明这种方法在升学考试中也是有用的,我们再举一个 2008 年上海交通大学保送生考试中的试题为例.

若函数 $f(x)$ 满足
$$f(x+y)=f(x)+f(y)+xy(x+y), f'(0)=1$$
求函数 $f(x)$ 的解析式.

解 依题意有
$$xy(x+y)=(-x)(-y)(x+y)$$
注意到
$$-x-y+(x+y)=0$$
故
$$(-x)^3+(-y)^3+(x+y)^3=3xy(x+y)$$
由
$$f(x+y)=f(x)+f(y)+xy(x+y) \Rightarrow f(x+y)$$
$$=f(x)+f(y)+\frac{1}{3}[(x+y)^3-x^3-y^3]$$
$$\Rightarrow f(x+y)-\frac{1}{3}(x+y)^3$$
$$=f(x)-\frac{1}{3}x^3+f(y)-\frac{1}{3}y^3 \qquad ②$$

令 $g(x)=f(x)-\frac{1}{3}x^3$,则式②化为
$$g(x+y)=g(x)+g(y) \qquad ③$$

由于 $f'(0)=1$,则 $f(x)$ 在 $x=0$ 处连续.由此可知式③是一个柯西方程,其解为 $g(x)=ax$(其中 $a=g(1)$).所以
$$f(x)=\frac{1}{3}x^3+ax$$
所以
$$f'(x)=x^2+a$$

再由 $f'(0)=1$,知 $a=1$,所以
$$f(x)=\frac{1}{3}x^3+x$$

3　一个好班底

其实本书的成功有赖于两个优秀的班底. 第一个当然是以周国镇先生为首的竞赛命题委员会,它汇聚了许多数学界的精英,如华罗庚当年推广优选法时的助手:计雷、徐伟宣、那吉生、余其煌等,可谓高端、大气、上档次. 第二个班底就是由"希望杯"天津市组委会负责人王成维老先生组建的写作集体,其中王世堃、余凤冈、孙家文、邵德彪都是津城屈指可数的解题高手. 他们痴迷于数学解题,虽多数人年老体弱但执着认真. 有人曾这样描述2013年获诺贝尔物理学奖的80岁的英国物理学家希格斯:希格斯确实与众不同,他的生活中没有电视,没有电脑,很少接电话,电子邮件也是别人替他回复. 对他而言,只要有黑胶唱片、物理学刊物以及一支已经削好随时能用的铅笔就够了. 天津这个班底只是年龄比希格斯稍小点,其余的都挺像.

关于在数学人中年轻和年老怎样区分这个问题,20世纪80年代中期,俄罗斯数学家弗拉基米尔·伊戈列维奇跟他的学生谈起过,在不同的社会中,"年轻"(特别是年轻的数学家)的概念是如何的不同. 比如说,莫斯科数学会每年颁奖给一位30岁以下的年轻数学家. 著名的菲尔兹奖只颁发给在国际数学家大会开会当年年龄不超过40岁的杰出的年轻数学家. 而阿

诺德则这样定义何为"年轻"："数学家只要还读除他自己以外别人的工作,他就是年轻的!"

而在现代这个老龄化社会中,标准似乎应该是:如果一个人还能工作,还能做有益于社会的人,那他就算年轻人.

1998年,萨缪尔森在为《经济学:一个介绍性分析》出版50年的纪念珍藏本所写的前言中风趣地说:"看到中世纪的三个正在劳动的人,乔瑟问他们在干什么?第一个人说:'我在挣钱,钱还不少.'第二个人说:'我在把石头和玻璃雕刻成美妙的形状.'第三个人则声称:'我在建一座教堂.'当我撰写《经济学》第一版时,我实际上在同时做这三件事,尽管我当时并不知道."

作为天津"希望杯"组委会的负责人,本书的编写组织者王成维老先生虽已年过古稀,但他身边聚集着一批"最美不过夕阳红"的老年数学工作者.他们以建教堂一样宗教般的热情,连篇累牍地撰写着数学的书籍,从中考到高考.近年来这些书籍在社会上引起了不小的反响.今年他们又向更高的目标迈进,以审题要津和详细评注的模式对历届"希望杯"试题进行了系统地解析和研究.中国出版的各级各类数学考试的解答有一个共同的问题,那就是同质化,大同小异、千篇一律,并且太依赖于命题组给出的标准答案,有的竟一字不改,而且根本看不出解题思路,这与带着什么样的感情去写有关.若是对数学无感情的人,应付是最佳选择,但如果是对数学充满感情那就大不一样了.

而本书的字里行间倾注着编写者对数学的饱满热情和对读者的高度责任感.他们从应当如何审题入手,

告诉读者的是,应当怎样想,为什么这样想,而提供的解法也十有八九与标准答案不同. 对这种"手工制作"的原创版,说它是奢侈品也不为过.

1920 年 7 月,许地山从燕京大学文学院毕业,留校任助教. 3 个月后,他的夫人林月森因病去世,这对许地山打击极大.

许地山的作品里,描写爱情的内容极多,他曾这样写过:"我自信我是有情人,虽不能知道爱情的神秘,却愿多多地描写爱情生活. 我立愿尽此生,能写一篇爱情生活,便写一篇;能写十篇,便写十篇;能写百千亿万篇,便写百千亿万篇."

本书的作者们,这个老年团体也是这样. 本书成稿过程中,王成维、余凤冈等老先生数度住院但仍坚持写作.

1921 年,陈垣创办北京孤儿工读园. 校门上挂着一副对联"无私蓄,无私器,同惜公物;或劳心,或劳力,勿做游民."

中国即将进入老龄化社会,如果老人们都能如天津的这个写作班子一样或劳心,或劳力,则"中国梦"的实现指日可待.

刘培杰
2014 年 11 月 30 日
于哈工大

◎ 目录

第1章　2008年第19届"希望杯"
　　　　初二　//1
　　第1试　//1
　　第2试　//18

第2章　2009年第20届"希望杯"
　　　　初二　//37
　　第1试　//37
　　第2试　//56

第3章　2010年第21届"希望杯"
　　　　初二　//80
　　第1试　//80
　　第2试　//101

第4章　2011年第22届"希望杯"
　　　　初二　//123
　　第1试　//123
　　第2试　//140

第5章　2012年第23届"希望杯"
　　　　初二　//160
　　第1试　//160
　　第2试　//183

第6章　2012年第23届"希望杯"
　　　　初三　//204
　　第1试　//204
　　第2试　//226

第7章　2013年第24届"希望杯"初二　//248
　　第1试　//248
　　第2试　//269
第8章　2013年第24届"希望杯"初三　//283
　　第1试　//283
　　第2试　//308
第9章　2014年第25届"希望杯"初二　//320
　　第1试　//320
　　第2试　//340
第10章　2014年第25届"希望杯"初三　//359
　　第1试　//359
　　第2试　//384

2008年第19届"希望杯"初二

第1试

一、选择题

☞ 1. 以下说法中正确的是( )

(A) 1 的平方根和 1 的立方根相同.

(B) 0 的平方根和 0 的立方根相同.

(C) $\sqrt{4}$ 的平方根是 ± 2.

(D) 8 的立方根是 ± 2.

【审题要津】 在细心审题的前提下,只需逐一考察即可.

解 对于(A),因为 1 的平方根是 ± 1,1 的立方根是 1,所以 1 的平方根和 1 的立方根不相同,(A)错;对于(B),0 的平方根和 0 的立方根都是 0,所以 0 的平方根和 0 的立方根相同,(B)对;对于(C),$\sqrt{4}$ 的平方根即 2 的平方根为 $\pm\sqrt{2}$,所以 $\sqrt{4}$ 的平方根不是 ± 2,(C)错;对于(D),8 的立方根是 2,而不是 ± 2,(D)错.故选(B).

【评注】 就应试而言,考察出选项(B)正确后即可不必关注(C)和(D).

第19~25届"希望杯"全国数学邀请赛试题
审题要津 详细评注

☞ 2.若单项式$-2a^{|x|}b^{|5x|}$和$3^2a^2b^{3-x}$的次数相同,则x的整数值等于(　　)
　　(A)1.　　　　　　　(B)-1.
　　(C)±1.　　　　　　(D)±1以外的数.

【审题要津】 列方程求解即可.

解　单项式$-2a^{|x|}b^{|5x|}$的次数是$|x|+|5x|=6|x|$,单项式$3^2a^2b^{3-x}$的次数是$2+(3-x)=5-x$,依题意$6|x|=5-x$.当$x>0$时,有$6x=5-x$,解得$x=\dfrac{5}{7}$不是整数,不合题意,舍去;当$x<0$时,有$-6x=5-x$,解得$x=-1$.故选(B).

【评注】 清楚单项式的次数概念是正确求解的关键.

☞ 3.若a,b和$\sqrt{a}+\sqrt{b}$都是有理数,则(　　)
　　(A)$\sqrt{a},\sqrt{b}$都是有理数.
　　(B)$\sqrt{a},\sqrt{b}$都是无理数.
　　(C)$\sqrt{a},\sqrt{b}$都是有理数或都是无理数.
　　(D)$\sqrt{a},\sqrt{b}$中有理数和无理数各有一个.

【审题要津】 由根式性质,易知$a\geq 0,b\geq 0$,因此可从分类讨论入手求解.

解　依审题要津,对$a\geq 0,b\geq 0$,可分三种情况讨论:(Ⅰ)若$a=b=0$,则$\sqrt{a}=\sqrt{b}=0$,所以$\sqrt{a},\sqrt{b}$都是有理数;(Ⅱ)若a,b中有一个为0,不妨设$a=0$,那么$\sqrt{a}$为有理数,因为$\sqrt{a}+\sqrt{b}=0+\sqrt{b}=\sqrt{b}$为有理数,则$\sqrt{b}$也是有理数,所以$\sqrt{a},\sqrt{b}$都是有理数;(Ⅲ)若$a\neq 0,b\neq 0$,无论$\sqrt{a},\sqrt{b}$都是无理数,还是$\sqrt{a},\sqrt{b}$中有一个是无理数,那么$\sqrt{a}+\sqrt{b}$仍是无理数,与题设矛盾.所以当$a,b$

都不为0时,$\sqrt{a},\sqrt{b}$只能都是有理数,综合(Ⅰ),(Ⅱ),(Ⅲ),故选(A).

【评注】 对$a \geq 0, b \geq 0$进行分类讨论是顺利求解的关键.

☞ 4. 使不等式$|x+2|>1$成立的x的值是( )

(A)比-1大的数.

(B)比-3小的数.

(C)大于-1或小于-3的数.

(D)-2以外的数.

【审题要津】 既可利用绝对值的几何意义求解,也可通过脱去绝对值符号求解.

解 已知不等式化为$|x-(-2)|>1$,即知x到-2的距离大于1,如图所示,显然所求为$x>-1$或$x<-3$.故选(C).

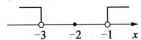

4题答案图

【评注】 也可如下求解:即由$|x+2|>1$,得$x+2>1$或$x+2<-1$,即$x>-1$或$x<-3$.

☞ 5. 设a,b,c,d,e只能从$-3,-2,-1$中取值,又$x=u-b+c-d+e, y=u^2-b^2+c^2-d^2+e^2$,则( )

(A)x的最大值比y的最大值小.

(B)x的最小值比y的最小值小.

(C)x的最大值比y的最小值小.

(D)x的最小值比y的最大值大.

【审题要津】 针对x,y的结构特征,只需分别求出各自的最大、最小值即可.

第 19～25 届"希望杯"全国数学邀请赛试题
审题要津 详细评注

解 由 $x = a - b + c - d + e$ 易知,当 $a = c = e = -3, b = d = -1$ 时,x 取最小值 -7;当 $a = c = e = -1, b = d = -3$ 时,x 取最大值 3;由 $y = a^2 - b^2 + c^2 - d^2 + e^2$ 易知,当 $a = c = e = -3, b = d = -1$ 时,y 取最大值 25;当 $a = c = e = -1, b = d = -3$ 时,y 取最小值 -15. 综上 $x_{最大} = 3, y_{最大} = 25, x_{最小} = -7, y_{最小} = -15$,可见 x 的最大值比 y 的最大值小. 故选(A).

【评注】 本题旨在考查数性,活而不难.

☞ 6. In the figure, $ABCD$ is a diamond, points E and F lie on its sides AB and BC respectively, such that $\dfrac{AE}{BE} = \dfrac{BF}{CF}$, and $\triangle DEF$ is a regular triangle. Then $\angle BAD$ is equal to(　　)

(A) $40°$. 　　　　　　(B) $60°$.
(C) $80°$. 　　　　　　(D) $100°$.

译文 如图,$ABCD$ 是菱形,点 E 和 F 分别在边 AB 和 BC 上,$\dfrac{AE}{BE} = \dfrac{BF}{CF}$,且 $\triangle DEF$ 是正三角形. 则 $\angle BAD = (　　)$

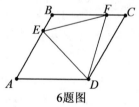

6题图

【审题要津】 针对题设和所求,显然 $\angle BAD$ 是确定的,为此可从特殊化入手探索 $\angle BAD$ 的取值. 如图 1,设点 E, F 分别为 AB 和 BC 的中点. 依题意,易知 $\triangle ADE \cong \triangle CDF$,且 $\angle ADE = \angle CDF = 30°$. 又因为

△DEF 为等边三角形,所以 ∠EDF = 60°,于是有 ∠ADC = 120°,故 ∠EAD = 180° − 120° = 60°. 当点 E,F 不是 AB,BC 中点时,可通过证明三角形全等完成所求.

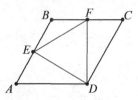

6题答案图1

解 如图2,作 $DM \perp AB$ 于 M,$DN \perp BC$ 于 N. 因为四边形 $ABCD$ 是菱形,所以 $AB = BC$,由 $S_{菱形ABCD} = BC \cdot DN = AB \cdot DM$,得 $DM = DN$. 又 △DEF 是正三角形,所以 $DE = DF$,于是有 $Rt \triangle DME \cong Rt \triangle DNF$,$\angle MDE = \angle NDF$,所以 $\angle MDN = 60°$,四边形 $BMDN$ 中 $\angle B = 360° − 90° − 90° − 60° = 120°$,所以 $\angle BAD = 60°$. 故选(B).

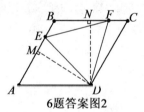

6题答案图2

【评注】 实际上,由 ∠BAD 的确定性,根据特殊化的试探结果可径直得出 ∠BAD = 60°.

☞ 7. 已知 △ABC 的三边的长分别为 a,b,c,且 $\dfrac{a}{b} + \dfrac{a}{c} = \dfrac{b+c}{b+c-a}$,则 △ABC 一定是(　　)

(A)等边三角形.

(B)腰长为a的等腰三角形.
(C)底边长为a的等腰三角形.
(D)等腰直角三角形.

【审题要津】 将已知等式化为$\dfrac{a(b+c)}{bc}=\dfrac{b+c}{b+c-a}$,进而有$\dfrac{a}{bc}=\dfrac{1}{b+c-a}$,以下只需通过去分母化简来寻找解题入口.

解 由$\dfrac{a}{b}+\dfrac{a}{c}=\dfrac{b+c}{b+c-a}$,等式左边通分,得$\dfrac{a(b+c)}{bc}=\dfrac{b+c}{b+c-a}$,两边同除以$b+c$,得$\dfrac{a}{bc}=\dfrac{1}{b+c-a}$.于是由$a(b+c-a)=bc$,即$ab+ac-a^2-bc=0$,左边分解因式$(a-b)(c-a)=0$,则知$a=b$或$a=c$,故$\triangle ABC$是腰长为$a$的等腰三角形.故选(B).

【评注】 实际上,4个选项是在提示我们从发现等边关系入手求解.

☞ 8. 初二(1)班有48名同学,其中有男同学n名,将他们编成1号,2号,……,n号.在寒假期间,1号给3名同学打过电话,2号给4名同学打过电话,3号给5名同学打过电话,……,n号给全班一半同学打过电话,由此可知该班女同学的人数是( )
(A)22. (B)24.
(C)25. (D)26.

【审题要津】 应当关注的,一是接电话的未必都是男生,二是n号男生给$n+2$名同学打电话这一规律.据此即可发现解题入口.

解 注意到1号给3名同学打过电话,2号给4

第1章 2008年第19届"希望杯"初二

名同学打过电话,3号给5名同学打过电话,……,由这一规律即可推出,n号给$(n+2)$个同学打过电话,依题意$2(n+2)=48$,所以$n=22$,即男生有22名,那么女生有$48-22=26$(名).故选(D).

【评注】 字斟句酌地审题是顺利求解的关键.

9. 使方程$3x+2y=200$成立的正整数对(x,y)有( )

(A)66个. (B)33个.
(C)30个. (D)18个.

【审题要津】 注意到$200,2y$均为偶数,即可断定$3x$只能取偶数,以下只需从极端化入手,即可通过逻辑推理获解.

解 依审题要津,又x,y均为正整数,因此由$3x+2y=200$,可知$x<\dfrac{200}{3}$.因为x为正整数,所以$1\leq x\leq 66$,为使y为正整数,x只能取从1到66的偶数,即$2,4,6,\cdots,66$共33个,所以使x,y都为正整数的数对(x,y)有33个.故选(B).

【评注】 如先从y的取值范围入手,则难免要复杂得多.

10. 一次函数$y=kx+b$的图像经过点$A(0,5)$和点$B(4,0)$,则在该图像和坐标轴围成的三角形内,横坐标和纵坐标都是正整数的点有( )

(A)6个. (B)7个.
(C)8个. (D)9个.

【审题要津】 首先应根据已知条件求出直线的解析式,进而分析$x=1,2,3$时,y的取值范围即可求

第19~25届"希望杯"全国数学邀请赛试题 审题要津 详细评注

解.

解 根据题意,画出大致图像如图,直线 AB 的解析式为 $y=-\dfrac{5}{4}x+5$,当 $x=1$ 时,$y=\dfrac{15}{4}<4$,当 $x=2$ 时,$y=\dfrac{5}{2}<3$,当 $x=3$ 时,$y=\dfrac{5}{4}<2$,所以满足题意的点有 $(1,1),(1,2),(1,3),(2,1),(2,2),(3,1)$ 共6个点,故选(A).

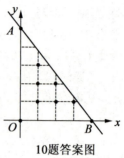

10题答案图

【评注】 也可以通过研究 $y=1,2,3,4$ 时,x 的取值范围求解,实际上观察答案图即可一目了然.

二、A 组填空题

☞ 11. 已知 a,b,c 都是正整数,并且 $abc=2\,008$,则 $a+b+c$ 的最小值是_____.

【审题要津】 由于 a,b,c 均为正整数,因此针对所求应首先将 2 008 分解成质因数连乘积的形成.

解 $2\,008=251\times2^3$,而 $2^3=1\times8$ 或 $2^3=2\times4$,故当 $a=2,b=4,c=251$ 时,$a+b+c$ 的最小值为 257.

【评注】 若 a,b,c 仅为正数,则由 $a+b+c\geqslant 3\sqrt[3]{abc}$,且当 $a=b=c$ 时等号成立,可得 $a+b+c$ 的最小值为 $3\sqrt[3]{2\,008}$,但这涉及高中的"均值不等式"知识.

☞ 12. 若 $M=-1-2-3-\cdots-2\,007-2\,008$,$N=1^2-2^2+3^2-4^2+\cdots+2\,007^2-2\,008^2$,则 M 与 N 的大小关系是_____.(填">","<"或"=")

【审题要津】 注意到 $M=(-1-2)+(-3-4)+\cdots+(-2007-2008)$,$N=(1^2-2^2)+(3^2-4^2)+\cdots+(2007^2-2008^2)$,即可采取"各个击破"的方法完成所求.

解 依审题要津,$M=(-3)+(-7)+\cdots+(-4015)$,$N=(-3)+(-7)+\cdots+(-4015)$,于是有 $M=N$,故填"$=$".

【评注】 实际上,对任意的正整数 a,均有 $-a-(a+1)=-2a-1$,又 $a^2-(a+1)^2=-2a-1=-a-(a+1)$,于是令 a 依次取 $1,2,3,\cdots,2007$,即知 $M=N$.

☞ 13.初二某班有49位同学,他们之间的年龄最多相差3岁,若按属相分组,那么人数最多的一组中至少有同学_____位.

【审题要津】 注意到"49位同学,年龄最多相差3岁",因此"按属相分组",最多不超过4组,除此以外还应充分关注"至少"这一关键语句的含义,据此应先从平均分组入手探索解题入口.

解 依题意,并针对所求,应认为49位同学的属相共有4种,由于 $49=4\times12+1$,所以人数最多的一组中至少有同学13位.故填13.

【评注】 本题意味深刻,是考查审题意识和思维能力的好题.

☞ 14.若实数 a 使等式 $\dfrac{a+1}{a-1}=3+2\sqrt{2}$ 成立,则 $a=$ _____.

【审题要津】 在解关于 a 的方程时,应着重关注数据特征.

解 由于 $\dfrac{a+1}{a-1}=1+\dfrac{2}{a-1}=3+2\sqrt{2}$,所以 $\dfrac{2}{a-1}=$

$2+2\sqrt{2}$,即 $\dfrac{1}{a-1}=\sqrt{2}+1=\dfrac{1}{\sqrt{2}-1}$,于是有 $a-1=\sqrt{2}-1$,故 $a=\sqrt{2}$.填 $\sqrt{2}$.

【评注】 如利用比例性质 $\dfrac{a}{b}=\dfrac{c}{d}\Rightarrow\dfrac{a+b}{a-b}=\dfrac{c+d}{c-d}$,则由 $\dfrac{a+1}{a-1}=\dfrac{3+2\sqrt{2}}{1}$,可知 $\dfrac{(a+1)+(a-1)}{(a+1)-(a-1)}=\dfrac{(3+2\sqrt{2})+1}{(3+2\sqrt{2})-1}=\dfrac{4+2\sqrt{2}}{2+2\sqrt{2}}=\dfrac{2+\sqrt{2}}{1+\sqrt{2}}=\dfrac{\sqrt{2}(1+\sqrt{2})}{1+\sqrt{2}}=\sqrt{2}$.

☞ 15. Let a be an integer and satisfy $(a+1)^2<2\,008<a^2$, then $a=$ _____.

译文 a 是整数,且满足 $(a+1)^2<2\,008<a^2$,则 $a=$ _____.

【审题要津】 a 是整数,但有负与非负之分,因此应通过分类讨论求解.

解 若 $a\geqslant 0$,则 $(a+1)^2>a^2$ 与题设不符,所以 $a<0$.

考虑到 $44^2<2\,008<45^2$ 可写为 $(-45+1)^2<2\,008<(-45)^2$,所以 $a=-45$.故填 -45.

【评注】 窥见 $a<0$ 这一隐情是关键.

☞ 16. 如图,△ABC 的面积是 24,点 D 是边 BC 的中点,点 E 是边 AB 的一个三等分点,CE 交 AD 于点 F,则 △AEF 的面积是 _____.

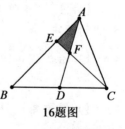

16题图

【审题要津】 依题意,显然 $S_{\triangle ABD}=12$,而 △AEF

又在△ABD中,因此只需计算出比值$\dfrac{S_{\triangle AEF}}{S_{\triangle ABD}}$即可. 此时进一步利用D为BC的中点,则可通过三角形中位线性质开辟思路.

解 如图,设点G为BE中点,连DG,则DG∥CE,从而由EG=AE,即知DF=AF.连ED,易知$S_{\triangle AEF}=S_{\triangle EDF}$.故$S_{\triangle AED}=2S_{\triangle AEF}$.又因为E为边AB的三等分点,因此可得$S_{\triangle AED}=\dfrac{1}{3}S_{\triangle ABD}=\dfrac{1}{3}\times12=4$,从而有

$S_{\triangle AEF}=\dfrac{1}{2}S_{\triangle AED}=\dfrac{1}{2}\times4=2$.故填2.

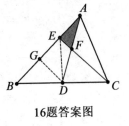

16题答案图

【评注】 也可由$S_{\triangle AEF}=\dfrac{1}{4}S_{\triangle AGD}=\dfrac{1}{4}\times\dfrac{2}{3}S_{\triangle ABD}=2$作答. 如将三等分点改为n等分点,其余不变,则$S_{\triangle AEF}=\dfrac{24}{n(n+1)}$.建议有兴趣的同学以此攻关.

☞ 17. 如图,在△ABC中,AB=AC=5,P是BC边上点B,C外的任意一点,则$AP^2+PB\cdot PC=$ _____.

【审题要津】 引入等腰△ABC三线合一之轴,即可通过勾股定理求解.

17题图

解 如图,作AH⊥BC于H,则BH=CH,由勾股定理$AP^2=AH^2+PH^2$,而$PB\cdot PC=(PH+BH)(CH-PH)=(BH+PH)(BH-PH)=BH^2-PH^2$,于是$AP^2+PB\cdot PC=(AH^2+PH^2)+$

$(BH^2 - PH^2) = AH^2 + BH^2 = AB^2 = 25$. 填 25.

【评注】 由于点 P 的相对任意性,也可以"不择手段"地硬使点 P 重合于点 C,显然所求为 25. 这便是解客观性题目时,常要用到的"极端化"思想.

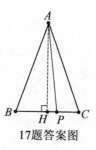

17题答案图

☞ 18. 有一个运算程序,可以使:当 $m \otimes n = k$ (k 为已知数)时,得 $(m+1) \otimes n = k - 1$, $m \otimes (n+1) = k + 2$. 现在,已知 $1 \otimes 1 = 2$,那么 $2007 \otimes 2007 = $ _____.

【审题要津】 根据题设运算程序,只需从 $1 \otimes 1 = 2$ 出发,递推出规律性的结论即可.

解 由 $1 \otimes 1 = 2$ 及题设运算程序,则有 $1 \otimes 2 = 2 + 2 = 4$,那么 $2 \otimes 2 = 4 - 1 = 3$, $2 \otimes 3 = 3 + 2 = 5$, $3 \otimes 3 = 5 - 1 = 4$,同理 $4 \otimes 4 = 5, 5 \otimes 5 = 6, \cdots$,于是可得规律:$m \otimes m = m + 1$,从而有 $2007 \otimes 2007 = 2008$. 填 2008.

【评注】 本题活而不难,也可沿 $2 \otimes 1 = 1, 2 \otimes 2 = 3, 3 \otimes 2 = 2, 3 \otimes 3 = 4$,这一线索求解.

☞ 19. 用摄氏温度计测量,水的冰点是 0 ℃,沸点是 100 ℃. 当用华氏温度计测量时,水的冰点是 32 °F,沸点是 212 °F. 现在测量某温度,用摄氏温度计测得的温度是用华氏温度计测得的温度的 5 倍,那么,当用摄氏温度计测量时,该温度是_____℃.

【审题要津】 依题意,水的冰点对应的摄氏温度与华氏温度分别为 0 ℃ 与 32 °F,而沸点对应的摄氏温

度与华氏温度又分别为 100 ℃ 与 212 °F. 但无论哪种温度, 其变化程度都是均匀变化的, 故摄氏温度与华氏温度应呈线性关系, 于是可利用待定系数法求相关直线解析式.

解 设摄氏温度为 x ℃, 华氏温度为 y °F, 显然 y 是 x 的一次函数, 设 $y = kx + b$, 将 $x_1 = 0, y_1 = 32, x_2 = 100, y_2 = 212$, 代入得 $k = 1.8, b = 32$, 所以 $y = 1.8x + 32$. 则由 $\frac{1}{5}x = 1.8x + 32$, 解得 $x = -20$.

【评注】 在生活中应当知道的, 华氏温度 y °F 与摄氏温度 x ℃ 之间的关系为 $y = 1.8x + 32$.

☞ 20. 小华同学从运动场的点 A 出发, 向东走 10 m 到达点 B, 再向北走 8 m 到达点 C, 再向西走 6 m 到达点 D, 再向南走 5 m 到达点 E, 则 E, A 两点相距_____ m.

【审题要津】 举凡涉及东、西、南、北的路径问题, 理应从建立直角坐标系入手.

解 画出平面直角坐标系, 如图, 设点 $A(0,0)$, 则 $B(10,0), C(10,8), D(4,8), E(4,3)$, 所以 $AE = \sqrt{4^2 + 3^2} = 5$, 即 E, A 两点相距 5 m. 填 5.

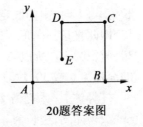

20题答案图

【评注】 递推出点 E 的坐标是关键.

三、B 组填空题

☞ 21. 甲、乙两同学都想买同一本书, 可是甲同学带的钱差 7 元, 乙同学带的钱差 6 元, 若两人带的钱合在一起买这本书则还剩 1 元, 那么甲同学带了_____元,乙同学带了_____元.

【审题要津】 只需列方程或方程组,即可顺利求解.

解 设此书的售价为 x 元,则甲同学带的钱为 $x-7$,乙同学带的钱为 $x-6$,依题意 $(x-7)+(x-6)=x+1$,解得 $x=14$,所以甲同学带了 7 元,乙同学带了 8 元. 填 7;8.

【评注】 如设甲、乙同学分别带 x 元,y 元,则由 $x+7=y+6=x+y-1$,亦可求解.

☞ 22. Rt$\triangle ABC$ 三边的长分别是 $x,x+1$ 和 5,则 $\triangle ABC$ 的周长为_____,$\triangle ABC$ 的面积为_____.

【审题要津】 从分类讨论入手,即可利用勾股定理求解.

解 (Ⅰ)当斜边长为 5 时,由勾股定理,易知 $x^2+(x+1)^2=5^2$,解得 $x=3$,易知此直角三角形三边长分别为 3,4,5,则周长为 12,面积为 6;(Ⅱ)当斜边长为 $x+1$ 时,由勾股定理 $x^2+5^2=(x+1)^2$,解得 $x=12$,即此直角三角形三边长分别为 5,12,13,则周长为 30,面积为 30,所以 $\triangle ABC$ 的周长为 12 或 30,$\triangle ABC$ 的面积为 6 或 30. 故填 12 或 30;6 或 30.

【评注】 本题着重考察的是分类讨论思想.

☞ 23. 如图,边长为 a 的正方形 $ABCD$ 和边长为 b 的正方形 $BEFG$ 并排放在一起,O_1 和 O_2 分别是两个正方形的中心,则阴影部分的面积为_____,线段 O_1O_2 的长为_____.

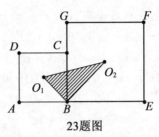

23题图

【审题要津】 注意到 $\triangle O_1BO_2$ 为直角三角形,即可通过求其两条直角边边长达到目的.

解 如题图,$\angle CBO_1 = \angle GBO_2 = 45°$,从而有 $\angle O_1BO_2 = \angle CBO_1 + \angle GBO_2 = 45° + 45° = 90°$,即 $\triangle O_1BO_2$ 为直角三角形.依题意,显然有 $O_1B = \dfrac{\sqrt{2}}{2}a$,$O_2B = \dfrac{\sqrt{2}}{2}b$,所以 $S_{\triangle O_1BO_2} = \dfrac{1}{2} \cdot \dfrac{\sqrt{2}}{2}a \cdot \dfrac{\sqrt{2}}{2}b = \dfrac{1}{4}ab$. 进而由勾股定理,可得 $O_1O_2^2 = O_1B^2 + O_2B^2 = \left(\dfrac{\sqrt{2}}{2}a\right)^2 + \left(\dfrac{\sqrt{2}}{2}b\right)^2 = \dfrac{1}{2}(a^2 + b^2)$,所以 $O_1O_2 = \sqrt{\dfrac{1}{2}(a^2 + b^2)} = \dfrac{1}{2}\sqrt{2(a^2+b^2)} = \dfrac{\sqrt{2}}{2}\sqrt{a^2+b^2}$. 填 $\dfrac{1}{4}ab$;$\dfrac{\sqrt{2}}{2}\sqrt{a^2+b^2}$.

【评注】 对45°角的敏感及熟知直角三角形的相关结论是解答本题的关键.

☞ 24. 若代数式 $x^3 + y^3 + 3x^2y + axy^2$ 含有因式 $x - y$,则 $a = $ _____,在实数范围内将这个代数式分解因式,得 $x^3 + y^3 + 3x^2y + axy^2 = $ _____.

【审题要津】由代数式 $x^3 + y^3 + 3x^2y + axy^2$ 含有因式 $x - y$,即知 $x = y$ 时,该代数式等于0,从而可通过解方程确定 a 值.以下只需对已知代数式进行因式分解

第19～25届"希望杯"全国数学邀请赛试题 审题要津 详细评注

即可,此时应充分利用含有因式 $x-y$ 这一条件.

解 令 $A = x^3 + y^3 + 3x^2y + axy^2$, 由于 A 含有因式 $x-y$, 所以当 $x=y$ 时, $A=0$. 令 $x=y$, 则 $A = x^3 + x^3 + 3x^2 \cdot x + ax \cdot x^2 = 5x^3 + ax^3 = 0$, 即当 x 为任何实数时, 总有 $ax^3 = -5x^3$, 所以 $a = -5$. 当 $a = -5$ 时, $A = x^3 + y^3 + 3x^2y - 5xy^2 = x^3 - xy^2 + y^3 - xy^2 + 3x^2y - 3xy^2 = x(x^2 - y^2) + y^2(y-x) + 3xy(x-y) = x(x-y)(x+y) - y^2(x-y) + 3xy(x-y) = (x-y)[x(x+y) - y^2 + 3xy] = (x-y)(x^2 + 4xy - y^2) = (x-y)[(x^2 + 4xy + 4y^2) - 5y^2] = (x-y)[(x+2y)^2 - (\sqrt{5}y)^2] = (x-y)[(x+2y+\sqrt{5}y)(x+2y-\sqrt{5}y)] = (x-y)[x+(2+\sqrt{5})y][x+(2-\sqrt{5})y]$.

【评注】 在对 A 式进行因式分解时,诸如其中 $-5xy^2 = -xy^2 - xy^2 - 3xy^2$ 的拆项技巧,值得体会.如熟悉多项式的竖式除法运算,则可直接通过运算落实这一步骤.

☞ 25. 如图, I 是 $\triangle ABC$ 的内心, 且 $CA + AI = BC$. 若 $\angle BAC = 80°$, 则 $\angle ABC$ 的大小是_____, $\angle AIB$ 的大小是_____.

25题图

【审题要津】 在 I 是 $\triangle ABC$ 的内心的条件下,如图所示,易知 $\angle ACI = \angle ICB$, $\angle CAI = \angle IAB$, $\angle CBI = \angle IBA$. 为了进一步利用条件"$CA + AI = BC$"开拓思路,在边 CB 上截取 $CD = CA$ 也是顺理成章的.以下只需在"$\angle BAC = 80°$"等条件的支持下,利用三角形全等关系即可一路顺风地完成所求.

解 依审题要津,如图,在 CB 上截取 $CD = CA$,在 $\triangle CAI$ 和 $\triangle CDI$ 中,由于 $CA = CD, \angle ACI = \angle DCI, CI = CI$,所以 $\triangle CAI \cong \triangle CDI$,于是有 $AI = DI$,且 $\angle CDI = \angle CAI = 40°$。因为 $CA + AI = BC$,所以 $CD + DI = BC$,而 $CD + DB = BC$,所

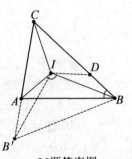

25题答案图

以 $DI = DB$. 从而有 $\angle DIB = \angle DBI$, 又因为 $\angle ABI = \angle DBI$, 所以 $\angle DIB = \angle ABI$, 所以 $ID // AB$, 则 $\angle ABC = \angle CDI = \angle CAI = 40°$. 在 $\triangle AIB$ 中, $\angle IAB = 40°$, $\angle IBA = \dfrac{1}{2} \angle ABC = 20°$, 所以 $\angle AIB = 180° - \angle IAB - \angle IBA = 180° - 40° - 20° = 120°$. 填 $40°$;$120°$.

【评注】 面对"$CA + AI = BC$"这样的条件,无非是从"截长"或"补短"的角度入手添加辅助线. 上述题解是"截长". 实际上,也可利用"补短"的方法实施:延长 CA 并在延长线上截 $AB' = AI$,连 $B'I, B'B$. 于是由 $\triangle CB'I \cong \triangle CBI$,可知 $B'I = BI$,且 $\angle CB'I = \angle CBI$,而由 $AB' = AI$,可知 $\angle AB'I = \angle AIB'$,又 $\angle CAI = \dfrac{1}{2} \angle BAC = 40°$,从而由 $\angle CAI = \angle AB'I + \angle AIB' = 40°$,可知 $\angle AB'I = \angle CBI = 20°$. 于是由 $\angle CBI = \angle ABI$,可知 $\angle ABC = 40°$,而 $\angle AIB = 180° - (\angle IAB + \angle IBA) = 180° - 60° = 120°$.

第19～25届"希望杯"全国数学邀请赛试题
审题要津 详细评注

第2试

一、选择题

☞ 1. 将数字"6"旋转180°,得到数字"9";将数字"9"旋转180°,得到数字"6". 那么将两位数"69"旋转180°,得到的数字是( )

(A)69.　　　　　　(B)96.
(C)66.　　　　　　(D)99.

【审题要津】 "6"旋转180°后变成了"9","9"旋转180°后变成了"6",但两位数"69"旋转180°后,"6"和"9"的位置却发生了变化,据此即可求解.

解 依审题要津,十位数字的"6"旋转180°后,变成了个位数字的"9",而个位数字的"9"旋转180°后,变成了十位数字的"6",故选(A).

【评注】 由中心对称,可径直选(A).

☞ 2. 关于 x, y 的方程组 $\begin{cases} x + ay + 1 = 0 \\ bx - 2y + 1 = 0 \end{cases}$ 有无数组解,则 a, b 的值为( )

(A) $a = 0, b = 0$.　　　(B) $a = -2, b = 1$.
(C) $a = 2, b = -1$.　　(D) $a = 2, b = 1$.

【审题要津】 依题意,只需使方程组中的两个方程是同解方程即可.

解 依审题要津,因方程组中两个方程的常数项相同,故只有 $a = -2, b = 1$,选(B).

【评注】 实际上,$a = -2, b = 1$ 时,两个方程对应的两条直线是重合的.

☞ 3. 在平面直角坐标系内,有等腰△AOB,O是坐标原点,点A的坐标是(a, b),底边AB的中线在

18

第1章 2008年第19届"希望杯"初二

一、三象限的角平分线上,则点 B 的坐标为
(　　)

(A)(b,a).　　　　(B)$(-a,-b)$.

(C)$(a,-b)$.　　　(D)$(-a,b)$.

【审题要津】 等腰△AOB 底边 AB 上的中线,即是 AB 的垂直平分线,故 A,B 关于一、三象限的角平分线对称,据此即可求解.

解 依审题要津,由点 A 的坐标为(a,b),即知点 B 的坐标为(b,a),故选(A).

【评注】 如将题目中的"一、三象限"改为"二、四象限",则点 B 的坐标应为$(-b,-a)$.

☞ 4. 给出两列数:(Ⅰ)$1,3,5,7,\cdots,2\,007$;(Ⅱ)$1,6,11,16,\cdots,2\,006$,则同时出现在两列数中的数的个数为(　　)

(A)201.　　　　(B)200.

(C)199.　　　　(D)198.

【审题要津】 (Ⅰ)中的一列数是 $1\sim2\,007$ 中的所有奇数,而(Ⅱ)中的一列数包含了 $1\sim2\,006$ 中的所有个位数字为 1 的奇数,而这些奇数也必在(Ⅰ)中,因此只需弄清这些奇数有多少即可.

解 从 1 开始每 10 个数中有一个个位数字是 1 的整数,显然 $1\sim2\,000$ 中有 200 个,从而 $1\sim2\,006$ 中个位数字为 1 的数共有 201 个,这 201 个奇数必在(Ⅰ)中,故选(A).

【评注】 实际上,数列(Ⅱ)是一个等差数列,如将第 i 个数记为 a_i,则有 $a_2-a_1=5,a_3-a_2=5,\cdots,a_n-a_{n-1}=5$,把它们加在一起,即 $(a_2-a_1)+(a_3-a_2)+\cdots+(a_n-a_{n-1})=5(n-1)$,整理得 $a_n-a_1=$

第19～25届"希望杯"全国数学邀请赛试题
审题要津 详细评注

$5(n-1)$,在这里 $a_1=1, a_n=2\,006$,于是有 $2\,006-1=5(n-1)$,解得 $n=401$.这就是说数列(Ⅱ)中有401个数,由1打头2 006收尾,显然其中有201个奇数,200个偶数.

☞ 5. If one side of a triangle is 2 times of another side and it has the largest possible area, then the ratio of its three sides is(   )
    (A)1:2:3.   (B)1:1:2.
    (C)$1:\sqrt{3}:2$.   (D)$1:2:\sqrt{5}$.

译文 若一个三角形的一边长是另一边长的2倍,且它的面积最大,则三角形三边之比为(   )

【审题要津】 不妨以图助解:如图,△ABC 中,$a=2b$,为了用 a,b 表示 $S_{\triangle ABC}$,过点 A 引 $AD \perp BC$ 于点 D.显然 $AD=b\sin C$,则 $S_{\triangle ABC}=\frac{1}{2}ab\sin C=b^2\sin C$,可见当 $\angle C=90°$时,$(S_{\triangle ABC})_{\max}=b^2$,以下只需利用勾股定理即可作出判断.

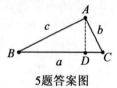
5题答案图

解 当 $\angle C=90°$时,由 $a^2+b^2=c^2$,即 $(2b)^2+b^2=c^2=5b^2$,可知 $c=\sqrt{5}b$.于是有 $b:a:c=b:2b:\sqrt{5}b=1:2:\sqrt{5}$.故选(D).

【评注】 由于研究的问题是三边之比,因此也可从特殊化入手通过赋值法求解:令 $b=1,a=2$,则 $c=\sqrt{5}$,于是三边之比为 $1:2:\sqrt{5}$.本题也可利用排除法:对于(A),由于 $1+2=3$,三角形不存在,故排除(A);对于(B),由于 $1+1=2$,三角形不存在,故排除(B);对于(C),由 $1^2+(\sqrt{3})^2=2^2$,即知该三角形为直角三角形,

且 $S_{\triangle ABC} = \frac{1}{2} \times 1 \times \sqrt{3} = \frac{\sqrt{3}}{2}$；对于(D)，由 $1^2 + 2^2 = (\sqrt{5})^2$，知该三角形为直角三角形，且 $\frac{1}{2} \times 1 \times 2 = 1$，比较(C),(D)，易知选(D).

☞ 6. 有面值为 10 元,20 元,50 元的人民币(每种至少一张)共 24 张,合计 1 000 元,那么其中面值为 20 元的人民币有(　　)张.

(A) 2 或 4.

(B) 4.

(C) 4 或 8.

(D) 2 到 45 之间的任意偶数.

【审题要津】 针对题设和所求,不妨设面值为 10 元,20 元,50 元的人民币分别有 x,y,z 张,依题意可列出方程组

$$\begin{cases} x+y+z=24 \\ 10x+20y+50z=1\ 000 \end{cases}$$

即

$$\begin{cases} x+y+z=24 & ① \\ x+2y+5z=100 & ② \end{cases}$$

消去 z 即可.

解 依审题要津,①×5,得

$$5x+5y+5z=120 \qquad ③$$

③−②,得 $4x+3y=20$. 由于 $4x,20$ 均为 4 的倍数,故 $3y$ 必是 4 的倍数,即 y 是 4 的倍数.因为 $x \geq 1$，故 $3y \leq 16$. 故 $y=4$. 选(B).

【评注】 本题也可通过消去 x 求解,但运算量大,且需要讨论.为了使消元后的常数项较小,理应选

第19~25届"希望杯"全国数学邀请赛试题
审题要津 详细评注

择消去 z.

☞ 7. 由 1,2,3 这三个数字组成四位数,在每个四位数中,这三个数字至少出现一次.这样的四位数有(　　)
(A)33 个.　　　(B)36 个.
(C)37 个.　　　(D)39 个.

【审题要津】 "在每个四位数中,这三个数字至少出现一次",即指每个四位数中总有一个数字重复出现,或是 1 出现 2 次,或是 2 出现 2 次,或是 3 出现 2 次.据此只需研究 1 出现 2 次的情况即可.于是问题归结为:1,1,2,3 的不同排列顺序共有多少种.若是 n 种,则答案为 $3n$.

【解】 依审题要津,1,1,2,3 四个数字的排列可分为两类.当 1,1 相连时,可将 1 1 视为 1 个数字,记为 |1 1|,它与 2,3 的不同排列顺序有 6 种(|1 1|打头的有 2 种;2 打头的有 2 种;3 打头的有 2 种,故共有 3×2 = 6(种));当 1,1 不相连时,有以下三个不同的布局:|1　1|,|　1 1|,|1　　1|,对其中每一个布局,对应的显然各有 2 种排法,故 1,1 不相连时,也有 3×2 =6(种)排列顺序.综上所述,1,1,2,3 四个数字的不同排列顺序有 2×6 = 12(种).类似地,2,2,1,3 四个数字及 3,3,1,2 四个数字也各有 12 种不同的排列顺序,由此可见符合题意的四位数有 3×12 = 36(个).故选(B).

【评注】 就应试而言,由"等同性"可立即排除不能被 3 整除的选项(C).而由"3 个"数字(注:1,1,2,3;2,2,1,3;3,3,1,2 均可视为 3 个数字)共有 6 种不同的排列顺序,又可排除不能被 6 整除的选项(A)和

22

(D),故选(B).为了使学生知其所以然,我们提供了上述详解.其中值得关注的是,如以1,1,2,3四个数字排列为例,用1在排列1,2,3中插空,显然有3种不同的插空法,而1,2,3三个数字的不同排序有6种,如据此认为1,1,2,3四个数字的不同排序有$6 \times 3 = 18$(种),则属误判.其原因是$\boxed{1}$,1,2,3,与1,$\boxed{1}$,2,3为同一种情况.

☞ 8. 如图,矩形$ABCD$的长$AD = 9$ cm,宽$AB = 3$ cm,将它折叠,使点D与点B重合,求折叠后DE的长和折痕EF的长分别是( )

(A)5 cm,$\sqrt{10}$ cm.　(B)5 cm,3 cm.

(C)6 cm,$\sqrt{10}$ cm.　(D)5 cm,4 cm.

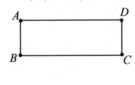
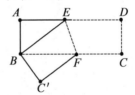

8题图

【审题要津】 由折叠性质可知$BE = DE$,且EF平分$\angle BED$,从而由等腰三角形三线合一定理,即知EF垂直平分BD.如图,设BD,EF相交于点

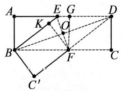

8题答案图

O,因为点O是矩形对角线BD的中点,所以点O是矩形的对称中心,从而可得$EO = OF$.又$EF \perp BD$,于是可知四边形$DEBF$是菱形.设$DE = x$,则$AE = 9 - x$.显然在Rt$\triangle BAE$中可求出x的值,从而BE可知,于是在Rt$\triangle BEO$中EO可求,则$EF = 2EO$可求.

解 设$DE = x$,则$BE = x$,$AE = 9 - x$.因为$AB = 3$,

第19～25届"希望杯"全国数学邀请赛试题
审题要津 详细评注

在 Rt△BAE 中,$3^2+(9-x)^2=x^2$,解得 $x=5$,即 $DE=5$.联结 BD 与 EF 交于点 O,则 BD 与 EF 互相垂直平分,$BD^2=AB^2+AD^2=3^2+9^2$,所以 $BD=3\sqrt{10}$,$BO=\frac{1}{2}BD=\frac{3}{2}\sqrt{10}$.在 Rt△BEO 中,$EO^2=BE^2-BO^2=25-\frac{90}{4}=\frac{10}{4}$.于是由 $EO=\frac{1}{2}\sqrt{10}$,可得 $EF=2EO=\sqrt{10}$.故选(A).

【评注】 利用折叠形成的对称性推断出四边形 EBFD 是菱形,从而得出 BD 与 EF 互相垂直平分是解题的关键.

☞ 9. 如图,函数 $y=mx-4m$ 的图像分别交 x 轴,y 轴于点 N,M,线段 MN 上两点 A,B 在 x 轴上的垂足分别为 A_1,B_1,若 $OA_1+OB_1>4$,则△OA_1A 的面积 S_1 与△OB_1B 的面积 S_2 的大小关系是( )
(A)$S_1>S_2$.　　　(B)$S_1=S_2$.
(C)$S_1<S_2$.　　　(D)不确定的.

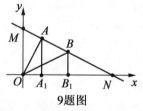
9题图

【审题要津】 依题意,将 $x=0$,代入 $y=mx-4m$,得 $M(0,-4m)$;将 $y=0$,代入 $y=mx-4m$,得 $N(4,0)$.为了利用条件"$OA_1+OB_1>4$"判断 $S_1=S_{\triangle OA_1A}$ 与 $S_2=S_{\triangle OB_1B}$ 的大小,不妨设点 A,B 的坐标分别为 $A(a,ma-4m)$,$B(b,mb-4m)$,从而有 $S_1=S_{\triangle OA_1A}=$

$\frac{1}{2}a(ma-4m) = \frac{1}{2}ma(a-4)$,$S_2 = S_{\triangle OB_1B} = \frac{1}{2}b(mb-4m) = \frac{1}{2}mb(b-4)$.在这里,$0<a<b<4$,且$a+b>4$.以下只需利用"作差比较法",即可完成求解.

解 依审题要津,$S_1 = S_{\triangle OA_1A_2} = \frac{1}{2}a(ma-4m)$,$S_2 = S_{\triangle OB_1B_2} = \frac{1}{2}b(mb-4m)$,由$M(0,-4m)$,显然$m<0$,$S_{\triangle OA_1A_2} - S_{\triangle OB_1B_2} = \frac{1}{2}m(a^2-4a-b^2+4b) = \frac{1}{2}m[(a+b)(a-b)-4(a-b)] = \frac{1}{2}m(a+b-4)(a-b)$,因为$m<0$,$OA_1+OB_1 = a+b-4>0$,$a-b<0$,所以$S_{\triangle OA_1A} - S_{\triangle OB_1B}>0$,故选(A).

【评注】 想到利用条件"$OA_1+OB_1>4$",判断S_1与S_2的大小,是正确切入解题入口的关键.在这里,借助$m<0,0<a<b$说明问题也是顺理成章的.

☞ 10. 已知a是方程$x^3+3x-1=0$的一个实数根,则直线$y=ax+1-a$不经过(　　)

(A)第一象限.　　(B)第二象限.
(C)第三象限.　　(D)第四象限.

【审题要津】 读题之后,首先应知道若通过解方程来确定a,进而再选择是不现实的.但针对设问比较"宽松",我们不妨从研究a的取值范围入手求解.易见$a \leqslant 0$时,$a^3+3a-1<0$;$a \geqslant 1$时,$a^3+3a-1>0$,由此可见方程$a^3+3a-1=0$的根在$0,1$之间,即$0<a<1$.据此不难做出判断.

解 依审题要津,$0<a<1$,所以$0<1-a<1$,又

因为 $y=ax+1-a=a(x-1)+1$,可见此直线过定点 $A(1,1)$,又因为 $x=0$ 时,$y=1-a$,因此直线与 y 轴交于 $0,1$ 之间,故直线不经过第四象限,选(D).

【评注】 针对设问比较"宽松",而想到利用不等式求解是顺理成章的,发现直线过定点$(1,1)$是解题的关键.

二、填空题

☞ 11. 化简:$\left(\dfrac{7}{3}\right)^{1\,004}\sqrt{\dfrac{3^{2\,008}+15^{2\,008}}{7^{2\,008}+35^{2\,008}}}$,得到_____.

【审题要津】 显然应从化简二次根号下的分式入手求解. 注意到其分子、分母中幂式的幂指数均为 $2\,008$,且幂的底数有公因式,因此可利用因式分解达到目的.

解 根据题意,有

$$\left(\dfrac{7}{3}\right)^{1\,004}\sqrt{\dfrac{3^{2\,008}+15^{2\,008}}{7^{2\,008}+35^{2\,008}}}=\left(\dfrac{7}{3}\right)^{1\,004}\sqrt{\dfrac{3^{2\,008}(1+5^{2\,008})}{7^{2\,008}(1+5^{2\,008})}}$$

$$=\left(\dfrac{7}{3}\right)^{1\,004}\sqrt{\left(\dfrac{3}{7}\right)^{2\,008}}$$

$$=\left(\dfrac{7}{3}\right)^{1\,004}\times\left(\dfrac{3}{7}\right)^{1\,004}=1$$

【评注】 关注数据特征是关键.

☞ 12. 三位数 $\overline{3ab}$ 的 2 倍等于 $\overline{ab8}$,则 $\overline{3ab}$ 等于 _____.

【审题要津】 依题意,$\overline{3ab}\cdot 2=\overline{ab8}$,即 $2(300+10a+b)=100a+10b+8$,以下只需根据 a 为 $1\sim 9$,b 为 $0\sim 9$ 的整数,即可顺利求解.

解 依审题要津,$80a+8b=592$,即 $10a+b=74$,故 $\overline{ab}=74$,因此 $\overline{3ab}=374$. 填 374.

【评注】 只需熟悉 $\overline{abc}$ 的含义,本题即可轻松获解.

☞ 13. 当 $x > 2$ 时,化简代数式 $\sqrt{x+2\sqrt{x-1}} + \sqrt{x-2\sqrt{x-1}}$,得_____.

【审题要津】 当 $x > 2$ 时,显然题设无理式中二次根号下的式子均为正值. 针对题目要求,只需从配方入手,即可完成所求.

解 有 $\sqrt{x+2\sqrt{x-1}} + \sqrt{x-2\sqrt{x-1}} = \sqrt{x-1+2\sqrt{x-1}+1} + \sqrt{x-1-2\sqrt{x-1}+1} = \sqrt{(\sqrt{x-1}+1)^2} + \sqrt{(\sqrt{x-1}-1)^2}$,因为 $x > 2$,所以 $\sqrt{x-1}+1 > 0$, $\sqrt{x-1}-1 > 0$,故上式 $= (\sqrt{x-1}+1) + (\sqrt{x-1}-1) = 2\sqrt{x-1}$. 填 $2\sqrt{x-1}$.

【评注】 面对题设代数式的结构特征,从配方入手是自然而然的.

☞ 14. 已知 $f(x) = \dfrac{1}{x} - \dfrac{1}{x+1} - \dfrac{1}{x+2}$,并且 $f(a) = 0$,则 a 等于_____.

【审题要津】 依题意,$\dfrac{1}{a} - \dfrac{1}{a+1} - \dfrac{1}{a+2} = 0$,以下只需解关于 a 的分式方程即可.

解 依审题要津,去分母可得 $(a+1)(a+2) - a(a+2) - a(a+1) = 0$,即 $-a^2 + 2 = 0$,解得 $a = \pm\sqrt{2}$,经检验无增根,故填 $\pm\sqrt{2}$.

【评注】 弄清楚 $f(x)$ 的含义,即可进入常规的解题程序.

☞ 15. If the sum of a 4-digit natural number and 17,

the difference between it and 72 are all square numbers, then the 4-digit natural number is _____.

译文 如果一个四位自然数与17的和及它与72的差都是完全平方数,那么这个四位自然数是_____.

【审题要津】 不妨设这个四位自然数为 x,依题意,存在自然数 a,b,使 $x+17=a^2$,$x-72=b^2$. 两式相减,则有 $a^2-b^2=89$,即 $(a+b)(a-b)=89$,以下只需关注89是一个质数,即可通过确定 a,b 解决问题.

解 依审题要津,由 $\begin{cases} a+b=89 \\ a-b=1 \end{cases}$,可得 $\begin{cases} a=45 \\ b=44 \end{cases}$. 从而有 $x=a^2-17=45^2-17=2\,025-17=2\,008$. 故填 $2\,008$.

【评注】 实际上,审题伊始就应当研究"17"和"72"这两个数字能给我们提供什么信息,只有事先关注这一点,才能有后来的一举突破.

☞ 16. 将等腰三角形纸片 ABC 的底边 BC 折起,使点 C 落在腰上,这时纸片的不重合部分也是等腰三角形,则 $\angle A = $ _____.

【审题要津】 依题意,如图,在等腰 $\triangle ABC$ 中,沿 BD 将 $\triangle CBD$ 翻折,点 C 落于边 AB 的点 C' 处,此时 $\triangle AC'D$ 为等腰三角形. 由 BD 是折痕,易知 $\triangle C'BD \cong \triangle CBD$. 于是有 $\angle BC'D = \angle C$. 又因为 $C'A = C'D$,所以 $\angle A = \angle C'DA$. 针对所求,以下只需设 $\angle A = \alpha$,即可求解.

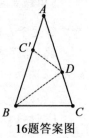

16题答案图

解 依审题要津,$\angle BC'D = \angle C = \frac{1}{2}(180° - \alpha)$,又因为$\angle BC'D = \angle A + \angle C'DA = 2\alpha$. 从而由$\frac{1}{2}(180° - \alpha) = 2\alpha$,解得$\alpha = 36°$. 故填$36°$.

【评注】 遇到几何求边或角的问题,正面计算受阻时,常通过设未知数利用解方程达到目的,这种迂回策略,即是"方程思想".

☞ 17. 将100只乒乓球放在n个盒子中,使得每个盒子中的乒乓球的个数都含有数字"8",若当$n=3$时,箱子中的乒乓球的数目可以分别为8,8,84;若当$n=5$时,有且只有两个箱子中的乒乓球个数相同,那么各箱子中的乒乓球的个数分别是_____.

【审题要津】 由"每个盒子中的乒乓球的个数都含有数字8",则知在5个箱子里放球时,应设计成先在每个箱子中各放8个. 注意到"有且只有两个箱子中的乒乓球个数相同",即可遵循题意将剩余的60个乒乓球作适当安排. 此时首要关注的是,继续放入箱子的球的个数必须是10的倍数,且不可将方案设计成$60 = 20 + 20 + 20$.

解 依审题要津,由$60 = 10 + 20 + 30$可知,在5个箱子中的3个箱子里各放入10个,20个,30个乒乓球,即可形成符合题意的设计方案,故填8,8,18,28,38.

【评注】 因为5个箱子中放入的乒乓球总数为100,个数又都含有8,因此8不可为10位数字的位置. 先在5个箱子中各放8个球,是旗开得胜的设计步骤,它有效地凝缩了解题目标,至于如何分解60,则属

第 19～25 届"希望杯"全国数学邀请赛试题
审题要津 详细评注

水到渠成之事.

☞ 18. 已知一个有序数组 (a,b,c,d)，现按下列方式重新写成数组 (a_1,b_1,c_1,d_1)，使 $a_1=a+b$，$b_1=a+c,c_1=c+d,d_1=d+a$，按照这个规律继续写出 $(a_2,b_2,c_2,d_2),\cdots,(a_n,b_n,c_n,d_n)$，若 $1\ 000<\dfrac{a_n+b_n+c_n+d_n}{a+b+c+d}<2\ 000$，则 $n=$ _____.

【审题要津】 由题目给出的有序数组 (a,b,c,d) 及重组方案，则知 $(a_1,b_1,c_1,d_1)=(a+b,b+c,c+d,d+a)$，显然 $a_1+b_1+c_1+d_1=2(a+b+c+d)$，进而有 $(a_2,b_2,c_2,d_2)=(a_1+b_1,b_1+c_1,c_1+d_1,d_1+a_1)$，于是 $a_2+b_2+c_2+d_2=2(a_1+b_1+c_1+d_1)=2^2(a+b+c+d)$.

以此类推可知：对于数组 (a_n,b_n,c_n,d_n)，$a_n+b_n+c_n+d_n=2^n(a+b+c+d)$，据此即可找到解题入口.

解 依审题要津，设 $t=a+b+c+d$，则由 $1\ 000<\dfrac{a_n+b_n+c_n+d_n}{a+b+c+d}<2\ 000$，可得 $1\ 000<\dfrac{2^n t}{t}<2\ 000$，即 $1\ 000<2^n<2\ 000$，易知 $n=10$，故填 10.

【评注】 如不能一目了然，可依题设重组线索试写一、二即可发现规律，从而使所求明朗化.

☞ 19. 如图，一束光线从点 O 射出，照在经过 $A(1,0),B(0,1)$ 的镜面上的点 D，经 AB 反射后，反射光线又照到竖立在 y 轴位置的镜面，要使最后经 y 轴再反射的光线

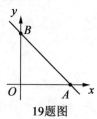

19题图

恰好通过点 A，则点 D 的坐标为_____.

【审题要津】 有关入射线、反射线的问题，不仅在数学，甚至在物理学科中也屡见不鲜．解答这类问题，通常从找光源关于投影面的对称点入手．从这条经验出发，再结合题目给出的图形结构，不妨如图，先作正方形 $OAO'B$，显然点 $O'(1,1)$ 与点 O 关于直线 AB 对称，以下只需再把 y 轴当作投影面，视点 A 为光源，即可通过继续把握对称性从容求解．

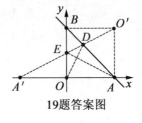

19题答案图

解 按审题要津，易知 $A(1,0)$ 与 $A'(-1,0)$ 关于 y 轴对称，于是可得直线 $O'A'$ 的解析式为 $y=\frac{1}{2}x+\frac{1}{2}$，易知点 D 即为直线 $O'A'$ 与直线 AB 的交点．而直线 AB 的解析式为 $y=-x+1$，于是由 $\begin{cases} y=-x+1 \\ y=\frac{1}{2}x+\frac{1}{2} \end{cases}$，解得 $D\left(\frac{1}{3},\frac{2}{3}\right)$．填 $\left(\frac{1}{3},\frac{2}{3}\right)$．

【评注】 把握对称性是从简求解的关键，而抓住入射线 DE 与反射线 EA 的关系，反客为主地将点 A 当作二次光源，则体现了随机应变的灵活性．

☞ 20. 某条直线公路上有 $A_1,A_2,\cdots,A_{11}$ 共 11 个车站，且 $A_iA_{i+2}\leqslant 12$ km ($i=1,2,3,\cdots,9$)，$A_iA_{i+3}\geqslant 17$ km ($i=1,2,3,\cdots,8$)．若 $A_1A_{11}=56$ km，则 $A_{10}A_{11}+A_2A_7=$_____ km．

【审题要津】 由 "$A_iA_{i+2}\leqslant 12$ km ($i=1,2,3,\cdots,9$)" 可知，在这条直线公路上，每相邻两个站距的和都

不大于 12 km,由"$A_iA_{i+3} \geq 17$ km$(i=1,2,3,\cdots,8)$"又可知每相邻三个站距的和都不小于 17 km. 又因为 $A_1A_{11} = 56$ km,可见这 10 个"站档"的平均距离为 5.6 km,为了利用数学方法解决"$A_{10}A_{11} + A_2A_7 = $ _____ km"这个问题,不妨设 $A_iA_{i+1} = a_i(i=1,2,3,\cdots,10)$,于是已知条件可转化为 $(a_1 + a_2 + a_3) + (a_4 + a_5 + a_6) + (a_7 + a_8 + a_9) + a_{10} = 56$,且 $a_1 + a_2 + a_3 \geq 17, a_4 + a_5 + a_6 \geq 17, a_7 + a_8 + a_9 \geq 17$,综上可知 $a_{10} \leq 56 - 3 \times 17 = 56 - 51 = 5$. 据此进而结合条件"$A_iA_{i+2} \leq 12$ km",即可切入解题入口.

解 依审题要津,依照推导 $a_{10} \leq 5$ 的方法,由 $a_1 + (a_2 + a_3 + a_4) + (a_5 + a_6 + a_7) + (a_8 + a_9 + a_{10}) = 56$ 及 $A_iA_{i+3} \geq 17$ km$(i=2,5,8)$,可得 $a_1 \leq 5$,同样有 $a_4 \leq 5, a_7 \leq 5$,所以
$(a_2 + a_3) + (a_5 + a_6) + (a_8 + a_9) \geq 56 - 4 \times 5 = 36$ ①
又因为 $a_2 + a_3 \leq 12, a_5 + a_6 \leq 12, a_8 + a_9 \leq 12$,所以
$(a_2 + a_3) + (a_5 + a_6) + (a_8 + a_9) \leq 3 \times 12 = 36$ ②
为了使①,②同时成立,只能是 $a_2 + a_3 = a_5 + a_6 = a_8 + a_9 = 12$. 除此之外,由 $A_1A_{11} = 56$,即 $a_1 + (a_2 + a_3) + a_4 + (a_5 + a_6) + a_7 + (a_8 + a_9) + a_{10} = 56$,又因为 $a_1 \leq 5, a_4 \leq 5, a_7 \leq 5, a_{10} \leq 5$,而 $a_1 + a_4 + a_7 + a_{10} = 56 - 36 = 20$,故可知 $a_1 = a_4 = a_7 = a_{10} = 5$. 故 $A_{10}A_{11} + A_2A_7 = a_{10} + (a_2 + a_3) + a_4 + (a_5 + a_6) = 5 + 12 + 5 + 12 = 34$.

【评注】 由不等关系推导相等关系的模型,不外乎是:① $a \geq 0$ 且 $a \leq 0$,则 $a = 0$;② $a \geq 0, b \geq 0$ 且 $a + b = 0$,则 $a = b = 0$ 等等. 就本题而言只有了解诸如此类的结论,才能根据所求设定解题目标. 作为第 2 试填空

压轴题,本题当之无愧.

三、解答题

☞ 21. 如图,在 $\triangle ABC$ 中,$\angle ACB = 90°$,$AC = BC = 10$,CD 是射线,$\angle BCF = 60°$,点 D 在 AB 上,AF,BE 分别垂直于 CD(或延长线)于 F,E,求 EF 的长.

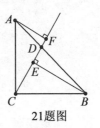

21题图

【审题要津】 由"$\angle BCF = 60°$"及 $BE \perp CD$ 于 E,易知 $\angle CBE = 30°$,从而有 $CE = \dfrac{1}{2}CB = \dfrac{1}{2} \times 10 = 5$,进而由"$\angle ACB = 90°$",可知 $\angle ACF = 90° - \angle ECB = 30°$,于是由 $AF \perp CD$ 于 F,可得 $AF = \dfrac{1}{2}AC = \dfrac{1}{2} \times 10 = 5$. 据此可在 Rt$\triangle ACF$ 中利用勾股定理求出 CF,且已求出 CE,从而问题可解.

解 依审题要津,$CE = 5$,又 $CF^2 = AC^2 - AF^2 = 10^2 - 5^2 = 75$,即 $CF = 5\sqrt{3}$,故 $EF = CF - CE = \sqrt{10^2 - 5^2} - 5 = 5\sqrt{3} - 5$.

【评注】 本题如改为求 DF 或求 AD,或许更适合第 2 试试题的区分度,尽管略显超纲,终究有些竞赛数学的色彩.

☞ 22. 如图,在平面直角坐标系中,$\triangle ABC$ 满足:$\angle C = 90°$,$AC = 2$,$BC = 1$,点 A,C 分别在 x 轴,y 轴上,当点 A 从原点开始在 x 轴的正半轴上运动时,点 C

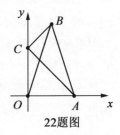

22题图

随着在 y 轴上运动.

（Ⅰ）当 A 在原点时,求原点 O 到点 B 的距离 OB;

（Ⅱ）当 $OA = OC$ 时,求原点 O 到点 B 的距离 OB;

（Ⅲ）求原点 O 到点 B 的距离 OB 的最大值,并确定此时图形应满足什么条件?

【审题要津 1】"当点 A 在原点时",由 $AC = 2$,则知点 C 的坐标为 $(0, 2)$.于是由"$\angle C = 90°$"及"$BC = 1$",即知点 B 坐标为 $(1, 2)$.从而可利用勾股定理或两点间的距离公式求出原点 O 到点 B 的距离.

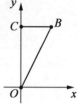

22题答案图1

解 （Ⅰ）依审题要津1,如图1,由 $AC = 2, CB = 1$,则 $AB^2 = AC^2 + CB^2 = 5$,故 $OB = \sqrt{5}$.

【审题要津 2】"当 $OA = OC$ 时",由 $AC = 2$,易知 $OC = OA = \sqrt{2}$.为了计算 OB 之长,可将其置放于一个直角三角形中.为此,不妨如图2,引 $BD \perp y$ 轴于 D,以下只需努力挖掘题设条件中的"隐情",即可通过解 $Rt\triangle OBD$ 完成所求.

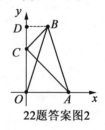

22题答案图2

解 （Ⅱ）依审题要津2,由 $OA = OC = \sqrt{2}$, $\angle AOC = 90°$,则知 $\angle OCA = \angle OAC = 45°$,又因为 $\angle ACB = 90°$,所以 $\angle DCB = 45°$,于是由 $BD \perp CD$,即知 $\triangle BCD$ 也是等腰直角三角形,从而由 $CB = 1$,可得 $CD = BD = \dfrac{\sqrt{2}}{2}$. 在 $Rt\triangle BOD$ 中,由 $OD = OC + CD =$

$\sqrt{2}+\frac{\sqrt{2}}{2}=\frac{3\sqrt{2}}{2}, BD=DC=\frac{\sqrt{2}}{2}$,即知 $OB^2=OD^2+BD^2=\left(\frac{3\sqrt{2}}{2}\right)^2+\left(\frac{\sqrt{2}}{2}\right)^2=\frac{9}{2}+\frac{1}{2}=5$,从而有 $OB=\sqrt{5}$.

【审题要津3】 在保持"$AC=2$"的条件下,点 A,C 分别在 x 轴,y 轴上滑动.在这样的背景下研究何时点 O 到点 B 的距离最大,一是要参照(Ⅰ),(Ⅱ)的结果,二是要进一步从极端化出发进行分析,显然当点 C 重合于原点 O 时,OB 的最小值为1,此时 OB 与 AC 的中点距离较远.据此可猜测当 OB 经过 AC 的中点时,点 O 到点 B 的距离最大.

解 (Ⅲ)如图3,设 AC 的中点为 E,联结 OE,BE. 由 $AC=2$,即知 $CE=1$,又因 $CB=1$,$\angle C=90°$,所以 $EB=\sqrt{2}$. 此外,由 $AC=2$,$\angle COA=90°$,E 为 AC 的中点,可得 $OE=\frac{1}{2}AC=$

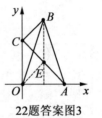

22题答案图3

1,故 $OB<OE+EB=1+\sqrt{2}$,可见 O,B,E 三点共线时,OB 的最大值为 $1+\sqrt{2}$.

【评注】 本题动静相辅,立意新颖不落俗套,(Ⅰ),(Ⅱ),(Ⅲ)连续三问,层层铺垫,拾级而上,无疑这是一道值得品味的好题.

☞ 23.已知 $m,n(m>n)$ 是正整数.

(Ⅰ)若 3^m 与 3^n 的末位数字相同,求 $m+n$ 的最小值;

(Ⅱ)若 3^m 与 3^n 的末两位数字都相同,求 $m-n$ 的最小值;

【审题要津1】 由 $3^1=3, 3^2=9, 3^3=27, 3^4=81$,

$3^5 = 243, \cdots$,可以看出 $3^n (n = 1, 2, \cdots)$ 的末位数字是以 4 为周期周而复始循环变化的,据此即可求解.

解 (Ⅰ)依审题要津 1,3^n 与 3^{n+4} 的末位数字相同.令 $m = n + 4$,取 $n = 1$,则 $m = 5$,显然 $m + n$ 的最小值为 6.

【审题要津2】 若 $3^m, 3^n$ 的末两位数字都相同,则首先末位数字必相同,由(Ⅰ)知 $m - n$ 必为 4 的倍数,设 $m - n = 4k(k$ 为正整数),则 $3^m - 3^n$ 的末两位数字只能是 0. 又因为 $3^m - 3^n = 3^{n+4k} - 3^n = 3^n(3^{4k} - 1) = 3^n(81^k - 1)$,可见 $81^k - 1$ 的末两位数字都是 0. 据此即可用列表法完成所求.

解 (Ⅱ)因为 $81^k - 1 = (9^k + 1)(9^k - 1)$,我们可列表研究 $81^k - 1$ 的末位中 0 的个数.

k	9^k	$9^k + 1$	$9^k - 1$	$81^k - 1$ 的末位 0 的个数
1	9	10	8	1
2	81	82	80	1
3	724	725	723	1
4	6 561	6 562	6 560	1
5	58 949	58 950	58 948	2

故 $k = 5$ 是使 $81^k - 1$ 的末两位数是 0 的最小值,所以 $m - n = 4k = 4 \times 5 = 20$,即 $m - n$ 的最小值为 20.

【评注】 (Ⅰ)极易,设置此问意在为解(Ⅱ)提供线索;(Ⅱ)若实际计算 $81^2, 81^3, 81^4, 81^5$ 不仅计算量大,也容易发生错误. 从研究 3^k 的末位数字变化规律,一跃而至研究 $81^k - 1$ 的末两位数字变化规律,跨距虽大,但依旧是"摸着石头过河",这正是解答类似问题的一个行之有效的基本方法.

2009年第20届"希望杯"初二

第1试

一、选择题

☞ 1. 在一次视力检查中,初二(1)班的50人中只有8人的视力达标.用扇形图表示视力检查结果,则表示视力达标的扇形的圆心角是( )

(A)64.8°.　　(B)57.6°.
(C)48°.　　　(D)16°.

【审题要津】 360°的周角对应的是全体同学,据此即可通过正比例关系求解.

解 依审题要津,设所求角为 α,则由 $\dfrac{360°}{50} = \dfrac{\alpha}{8}$,可得 $\alpha = \dfrac{8}{50} \times 360° = 57.6°$,故选(B).

【评注】 扇形统计图中,各部分对应的圆心角可由其所占总体的百分比乘以圆周角360°所得.

☞ 2. 如图,已知点 B 在反比例函数 $y = \dfrac{k}{x}$ 的图像上. 从点 B 分别作 x 轴和 y 轴的垂线段,垂足分别为 A,C. 若 $\triangle ABC$ 的面积是 4,则反比例函数的解析式是(　　)

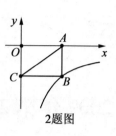

2题图

(A) $y = -\dfrac{8}{x}$.　　　(B) $y = \dfrac{8}{x}$.

(C) $y = -\dfrac{4}{x}$.　　　(D) $y = \dfrac{4}{x}$.

【审题要津】 如题图所示,点 $B(x,y)$ 在第四象限,所以 $x>0, y<0$. 依题意,点 B 的坐标满足 $y = \dfrac{k}{x}$,即 $k = xy$. 以下只需利用条件"$\triangle ABC$ 的面积是 4",即可求解.

解 依审题要津, $S_{\triangle ABC} = \dfrac{1}{2}|xy| = 4$,即 $|xy| = 8$,则 $k = xy = -8$. 故选(A).

【评注】 反比例函数中, $|k|$ 的几何意义指的就是双曲线上任意一点向坐标轴做垂线段后,垂线与坐标轴所围成的矩形的面积.

☞ 3. 如果 $a + \sqrt{2}ab + b = \sqrt{2}$,且 b 是有理数,那么(　　)

(A) a 是整数.

(B) a 是有理数.

(C) a 是无理数.

(D) a 可能是有理数,也可能是无理数.

【审题要津】 对 a 为有理数还是无理数的探究,

首先应解出 a 来再做分析.

解 依审题要津,已知等式可化为 $(\sqrt{2}b+1)a = \sqrt{2}-b$,整理得 $a = \dfrac{\sqrt{2}-b}{\sqrt{2}b+1} = \dfrac{(\sqrt{2}-b)(\sqrt{2}b-1)}{(\sqrt{2}b+1)(\sqrt{2}b-1)} = \dfrac{3b-(1+b^2)\sqrt{2}}{2b^2-1} = \dfrac{3b}{2b^2-1} - \dfrac{(1+b^2)\sqrt{2}}{2b^2-1}$. 因为 b 是有理数,所以 $\dfrac{3b}{2b^2-1}$ 和 $\dfrac{1+b^2}{2b^2-1}$ 也是有理数,而 $\sqrt{2}$ 是无理数,又因为 $1+b^2 \neq 0$,所以 a 一定为无理数,故选(C).

【评注】 本题也可用反证法求解:假设 a 为有理数,若 $a=0$,则已知等式即为 $b=\sqrt{2}$,与已知 b 是有理数不符,故 $a \neq 0$,则必有 $a+b=0$,$ab=1$ 同时成立,这与 a,b 互为相反数的事实不符,故 a 不是有理数,即 a 是无理数,因此应排除选项(A),(B),(D),选(C).

4. 复印纸的型号有 A0,A1,A2,A3,A4 等,它们有如下的关系:将上一个型号(例如 A3)的复印纸在长的方向对折后就得到两张下一型号(得到 A4)的复印纸,且各种型号的复印纸的长与宽的比相等,那么这些型号的复印纸的长与宽的比约为(   )

(A)1.414:1.　　　(B)2:1.

(C)1:0.618.　　　(D)1.732:1.

【审题要津】 由于各种型号的复印纸的长与宽的比相等,因此可以根据题目中的提示,设 A3 型号的复印纸长为 x,宽为 y,则依题意有 A4 型号的复印纸长为 y,宽为 $\dfrac{x}{2}$.据此可列方程求解.

解 依审题要津，$\dfrac{x}{y} = \dfrac{y}{\dfrac{x}{2}}$，即 $x^2 = 2y^2$，所以 $\dfrac{x}{y} = \sqrt{2} \approx 1.414$，故选（A）．

【评注】 一般地，也可设长宽比为 $k(k>0)$，则长为 ka，宽为 a，由题意可得：$\dfrac{ak}{a} = \dfrac{a}{\dfrac{1}{2}ak}$，整理得 $k^2 = 2$，故正数 $k = \sqrt{2} \approx 1.414$．

☞ 5. The number of integer solutions for the syetem of inequalities $\begin{cases} x - 2a \geq 0 \\ 3 - 2x > -1 \end{cases}$ about x is just 6, then the range of value for real number a is （　　）
(A) $-2.5 < a \leq -2$． (B) $-2.5 \leq a \leq -2$．
(C) $-5 < a \leq -4$． (D) $-5 \leq a \leq -4$．

译文 关于 x 的不等式组 $\begin{cases} x - 2a \geq 0 \\ 3 - 2x > -1 \end{cases}$ 的整数解恰好有 6 个，那么实数 a 的取值范围是（　　）

【审题要津】 针对所求，可先对已知不等式组求解：由 $\begin{cases} x - 2a \geq 0 \\ 3 - 2x > -1 \end{cases}$ 得 $2a \leq x < 2$．依题意，满足不等式 $2a \leq x < 2$ 的整数有 6 个．据此即可"挤兑"出 a 的取值范围．

解 依审题要津及题意，已知不等式的整数解从大到小依次为 $1, 0, -1, -2, -3, -4$，因此须有 $-5 < 2a \leq -4$，即 $-2.5 < a \leq -2$，故选（A）．

【评注】 充分理解"恰有 6 个整数解"这一关键语句，是正确求解的关键．如将选项（B）改为 $-2.5 < a < -2$，势必会给更多的同学造成困惑．实际上，针对

40

"恰好",即应使不等式的解集 $2a \leqslant x < 2$ 恰好能保证装进去 $-4,-3,-2,-1,0,1$ 这6个整数即可,一句话,无需扩大.对此,借用数轴印象会更深.

☞ 6. 若分式 $\dfrac{|x|-2}{3x-2}$ 的值是负数,则 x 的取值范围是(　　)

(A) $\dfrac{2}{3} < x < 2$.

(B) $x > \dfrac{2}{3}$ 或 $x < -2$.

(C) $-2 < x < 2$ 且 $x \neq \dfrac{2}{3}$.

(D) $\dfrac{2}{3} < x < 2$ 或 $x < -2$.

【审题要津】 分式的值为负数,说明分子和分母异号,从而可采用分类讨论的方法,分别解不等式组后再整合结果.

解 依审题要津,由 $\dfrac{|x|-2}{3x-2} < 0$,则有 $\begin{cases} |x|-2<0 \\ 3x-2>0 \end{cases}$ 或 $\begin{cases} |x|-2>0 \\ 3x-2<0 \end{cases}$,解得 $\dfrac{2}{3} < x < 2$ 或 $x < -2$,故选(D).

【评注】 如将分式的值是负数改为"非负数",你能根据上述结果立即得出答案吗?注意到 $|x|$ 表示原点的距离,借助数轴,相信你会做到这一点.(答案 $x \geqslant 2$ 或 $-2 \leqslant x < \dfrac{2}{3}$)

☞ 7. 在100到1 000的整数中(含100和1 000),既不是完全平方数,也不是完全立方数的有(　　)

(A)890个.   (B)884个.
(C)874个.   (D)864个.

【审题要津】 由于正面枚举较繁,不妨反其道而行之,以排除法来解决问题.为此只需找出100到1 000之间的完全平方数和完全立方数.另外要注意的是既是完全平方数又是完全立方数的数中,应警惕完全六次方数的重复问题.

解 因为 $10^2 = 100, 31^2 < 1\,000 < 32^2$,所以100到1 000的整数中有 $10^2, 11^2, 12^2, \cdots, 31^2$,共22个完全平方数.又因为 $4^3 < 100 < 5^3, 10^3 = 1\,000$,所以100到1 000的整数中有 $5^3, 6^3, \cdots, 9^3, 10^3$ 共6个完全立方数.而 $2^6 < 100 < 3^6 < 1\,000 < 4^6$,有6个立方数、有一个6次方数,因此100到1 000之间(含100和1 000)既不是完全平方数,也不是完全立方数的数共有 $901 - (22 + 6 - 1) = 874$(个),故选(C).

【评注】 "正难则反"是解答数学问题时常用的解题策略.

☞ 8. 如图,在正方形 $ABCD$ 中,E 是边 CD 的中点,点 F 在 BC 上,$\angle EAF = \angle DAE$,则下列结论中正确的是( )

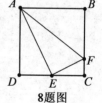
8题图

(A) $\angle EAF = \angle FAB$.
(B) $BC = 3FC$.
(C) $AF = AE + FC$.
(D) $AF = BC + FC$.

【审题要津】 由 "$\angle EAF = \angle DAE$",即知 AE 平分 $\angle DAF$,为此如图,过点 E 引 $EG \perp AF$ 于 G,则有 $EG = ED$,又因为 "E 是边 CD 的中点",所以由 $EC = $

ED,可知 $EC=EG$.以下只需证明 Rt$\triangle EGF\cong$Rt$\triangle ECF$,Rt$\triangle AEG\cong$Rt$\triangle AED$,即可利用等边代换作出判断.

8题答案图

解 依审题要津,作 $EG\perp AF$ 于点 G,设正方形边长为 $4a$,在 Rt$\triangle AED$ 和 Rt$\triangle AEG$ 中,由 $AE=AE$,$ED=EG$,则知 Rt$\triangle AEG\cong$Rt$\triangle AED$.从而有 $AG=AD$.类似地可证 Rt$\triangle EGF\cong$Rt$\triangle ECF$,于是有 $FC=FG$.所以 $AF=AG+GF=AD+FC$.又因为四边形 $ABCD$ 是正方形,所以 $AD=BC$,故 $AF=BC+FC$.选(D).

【评注】 由 $AF=BC+FC$,即知 $AF=AD+FC$,而 $AE>AD$,可见 $AF<AE+FC$,故(C)错;假设(A)正确,即 $\angle EAF=\angle FAB$,则由 $\angle EAF=\angle DAE$,可得 $\angle DAE=\dfrac{1}{3}\angle DAB=30°$,于是由直角三角形性质,可知 $AE=2DE$.而由题设 E 为 DC 的中点,又 $AD=DC=2DE$,可知 $AD=2DE$,从而可推出 $AF=AD$.显然这是不成立的,故(A)错误.

☞ 9.计算:$\sqrt{(11+4\sqrt{7})^3}+\sqrt{(11-4\sqrt{7})^3}$,结果等于( )

(A)58.　　　　　(B)$38\sqrt{7}$.

(C)$24\sqrt{7}$.　　　　(D)$32\sqrt{7}$.

【审题要津】 注意到 $11\pm4\sqrt{7}=7\pm2\times2\sqrt{7}+4=(\sqrt{7})^2\pm2\times2\sqrt{7}+2^2=(\sqrt{7}\pm2)^2$,即可将所求式化简,进而求值.

解 依审题要津,原式 $=\sqrt{(\sqrt{7}+2)^6}+$

$\sqrt{(\sqrt{7}-2)^6} = (\sqrt{7}+2)^3 + (\sqrt{7}-2)^3 = [(\sqrt{7}+2) + (\sqrt{7}-2)] \times [(\sqrt{7}+2)^2 - (\sqrt{7}+2)(\sqrt{7}-2) + (\sqrt{7}-2)^2] = 2\sqrt{7}(14+8-3) = 38\sqrt{7}$,故选(B).

【评注】 实际上,原式 $= (\sqrt{11+4\sqrt{7}})^3 + (\sqrt{11-4\sqrt{7}})^3$,可见将 $11 \pm 4\sqrt{7}$ 配方才是至关重要的.

☞ 10. 已知在代数式 $a+bx+cx^2$ 中,a,b,c 都是整数,当 $x=3$ 时,该式的值是 2 008;当 $x=7$ 时,该式的值是 2 009,这样的代数式有( )
(A)0 个. (B)1 个.
(C)10 个. (D)无穷多个.

【审题要津】 依题意,有
$$\begin{cases} 9c+3b+a=2\ 008 & ① \\ 49c+7b+a=2\ 009 & ② \end{cases}$$
② - ①,得 $40c+4b=1$,等式左边为偶数,右边为奇数,显然不存在整数 b,c 满足上式.

解 依审题要津,故选(A).

【评注】 只能从题干中所给两个条件进行探索,列出方程组后意识到本题实为不定方程解的个数问题,又观察 $40c+4b=1$ 等式两边数的奇偶性,则可得出结论.

二、A 组填空题

☞ 11. 某地区有 20 000 户居民,从中随机抽取 200 户,调查是否已安装电话,结果如下表所示,则该地区已安装电话的户数大约是_____.

电话安装情况	动迁户	原住户
已安装	60	35
未安装	45	60

44

【审题要津】 如上表所示,在200户中,已安装电话的有95户,据此即可估计出20 000户居民中已安装电话的户数.

解 依审题要津,$\dfrac{60+35}{200}\times 20\,000 = 9\,500$(户).

【评注】 本题极简.

☞ 12. 若 $14x + 5 - 21x^2 = -2$,则 $6x^2 - 4x + 5 =$ _____.

【审题要津】 条件式可化为 $3x^2 - 2x = 1$,而所求式可化为 $2(3x^2 - 2x) + 5$,以下求解只需心算即可.

解 依审题要津,$6x^2 - 4x + 5 = 2\times 1 + 5 = 7$,故填7.

【评注】 和谐化是解答数学问题的基本策略之一.

☞ 13. 不等式 $x - 1 > \sqrt{2}x$ 的最大整数解是_____.

【审题要津】 原不等式可化为 $(\sqrt{2}-1)x < -1$,由 $\sqrt{2}-1 > 0$,可得 $x < -\dfrac{1}{\sqrt{2}-1}$,即 $x < -(\sqrt{2}+1)$,以下只需求出 $-(\sqrt{2}+1)$ 的近似值,即可作答.

解 因为 $-\sqrt{2}-1 \approx -2.414$,所以原不等式的最大整数解为 $x = -3$. 故填 -3.

【评注】 先求出题干中不等式的解的范围,即可根据其范围寻找满足条件的最大整数解.

☞ 14. 已知 m 是整数,以 $4m+5, 2m-1, 20-m$ 这三个数作为同一个三角形三边的长,则这样的三角形有_____个.

【审题要津】 作为三角形的边长,显然有 $4m +$

$5>0, 2m-1>0, 20-m>0$,解之得$\frac{1}{2}<m<20$.又因为m是整数,所以$1\leq m\leq 19$,以下只需根据三角形三条边的关系定理,即可对m的取值做进一步的约束,从而可完成所求.此时需注意的是"$4m+5>2m-1$".

解 依审题要津,由"三角形两边之和大于第三边",可得$\begin{cases}4m+5<(2m-1)+(20-m)\\4m+5>(20-m)-(2m-1)\end{cases}$,即$\begin{cases}m<\frac{14}{3}\\m>\frac{16}{7}\end{cases}$,

解得$2\frac{2}{7}<m<4\frac{2}{3}$,因为$m$为整数,所以只能是$m=3$或4,可见这样的三角形有2个.故填2.

【评注】 解题过程中,大可不必分别计算两个三角形各自的三边之长.

☞ 15. 当x依次取$1,2,3,\cdots,2009,\frac{1}{2},\frac{1}{3},\frac{1}{4},\cdots,\frac{1}{2009}$时,代数式$\frac{x^2}{1+x^2}$的值的和等于_____.

【审题要津】 如果按照题干所述的"提示"直接相加,肯定不现实.考虑到需要代入的两组数中,除第一组的数1之外,其余相应位置的两个数均互为倒数.不妨将$x=m, x=\frac{1}{m}$(m为非零实数)先代入,进行一番试探.

解 依审题要津,将$x=m$和$x=\frac{1}{m}$分别代入所求

式求和得$\frac{m^2}{1+m^2}+\frac{\frac{1}{m^2}}{1+\frac{1}{m^2}}=\frac{1+m^2}{1+m^2}=1$,由此可见互为倒

数的两个数代入 $\dfrac{x^2}{1+x^2}$ 后,相加为 1. 因此可知,若将 $x = 2,3,\cdots,2\,009,\dfrac{1}{2},\dfrac{1}{3},\cdots,\dfrac{1}{2\,009}$ 代入 $\dfrac{x^2}{1+x^2}$ 求值,得到的所有值的和是 $2\,008$,又当 $x = 1$ 时,$\dfrac{x^2}{1+x^2} = \dfrac{1}{2}$,故所求为 $2\,008\dfrac{1}{2}$.

【评注】 实际上,当 $x \neq 0$ 时,$\dfrac{\dfrac{1}{x^2}}{1+\dfrac{1}{x^2}} = \dfrac{1}{1+x^2}$,又 $\dfrac{x^2}{1+x^2} = 1 - \dfrac{1}{1+x^2}$,可见将互为倒数的两个数分别代入,其结果必然是 1.

☞ 16. 由一次函数 $y = x + 2$,$y = -x + 2$ 和 x 轴围成的三角形与圆心在点 $(1,1)$、半径为 1 的圆构成的图形覆盖的面积等于_____.

【审题要津】 依题意,由点 $(1,1)$ 即圆心在直线 $y = -x + 2$ 上,可见所求图形如图是由"直线 $y = x + 2$,$y = -x + 2$ 和 x 轴围成的三角形,外加半径为 1 的半圆"组成,为了求其面积,只需计算出直线 $y = -x + 2$ 与 x 轴,y 轴的交点即可.

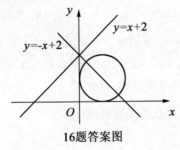

16题答案图

第19~25届"希望杯"全国数学邀请赛试题 审题要津 详细评注

解 显然直线 $y=-x+2$ 交 x 轴于点 $(2,0)$，交 y 轴于点 $(0,2)$。故所求面积为 $2\times\left(\frac{1}{2}\times 2\times 2\right)+\frac{\pi}{2}=\frac{\pi}{2}+4$，填4.

【评注】 关键是验证圆心 $(1,1)$ 在直线 $y=-x+2$ 上．

☞ 17. 在 Rt△ABC 中，$\angle C=90°$，斜边 AB 上的高为 h，则两直角边的和 $a+b$ 与斜边及其高的和 $c+h$ 的大小关系是 $a+b$ _____ $c+h$（填">"，"="，"<"）．

【审题要津】 依题意，$a+b$ 与 $c+h$ 的大小关系是确定的，为此不妨从特殊化入手求解．

解 如图，不妨设 $b=3$，$a=4$，则 $c=5$，于是由 $S_{\triangle ABC}=\frac{1}{2}ab=\frac{1}{2}ch$，可知 $3\times 4=5h$，即 $h=\frac{12}{5}$．显然

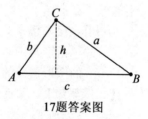

17题答案图

$5+\frac{12}{5}>3+4$，即 $a+b<c+h$，故填"<"．

【评注】 在一般情况下证明同样的结论，可以采取如下方法：因为 $S_{\triangle ABC}=\frac{1}{2}ab=\frac{1}{2}ch$，所以 $ab=ch$．又因为直角三角形中 $a^2+b^2=c^2$，因此有 $(c+h)^2-(a+b)^2=c^2+2ch+h^2-a^2-2ab-b^2=h^2>0$．故 $a+b<c+h$．面对这样的图形结构，我们还可以引申出如下结论：$\frac{1}{h^2}=\frac{1}{a^2}+\frac{1}{b^2}$．建议同学自行试之．

☞ 18. The figure is composed of square *ABCD* and triangle *BCE*, where ∠*BEC* is right angle. Suppose the length of *CE* is a, and the length of *BE* is b, then the distance between point *A* and line *CE* equals to _____.

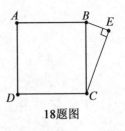

18题图

译文 如图是由正方形 *ABCD* 和 △*BCE* 组成,其中 ∠*BEC* 为直角,记 *CE* 的长度为 a,*BE* 的长度为 b,则点 *A* 到直线 *CE* 的距离等于_____.

【审题要津】 为显示表示所求的距离,如图,过点 *A* 作 *AF*⊥*CE* 于点 *F*. 既然要用 a,b 来表示 *AF* 之长,则在 *AF* 上截取与 *BE* 等长的线段是很自然的. 为此过点 *B* 引 *BH*⊥*AF* 于点 *H*. 显然四边形 *BEFH* 是矩形,因此有 *HF*=*BE*=b. 为了确定 *AH* 的长,可通过观察、猜测、论证来解决问题. 显然目标是证明 Rt△*ABH*≌Rt△*CBE*.

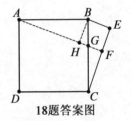

18题答案图

解 在 Rt△*ABH* 和 Rt△*CBE* 中,*AB*=*CB*,又 *AB*⊥*CB*,*AH*⊥*CE*,所以 ∠*BAH*=∠*BCE*,从而 Rt△*ABH*≌Rt△*CBE*,于是有 *AH*=*CE*. 又因为 *HF*=*BE*,所以 *AF*=*AH*+*HF*=*CE*+*BE*=$a+b$,故填 $a+b$.

【评注】 如果一个角的两条边分别垂直于另一个角的两条边,则这两个角非互补即相等,这是一个十分有用的结论.

☞ 19. 如图,在 △*ABC* 中,*AB*>*BC*,*BD* 平分 ∠*ABC*,

若 BD 将 $\triangle ABC$ 的周长分为 $4:3$ 的两部分,则 $\triangle ABD$ 与 $\triangle BCD$ 的面积比等于_____.

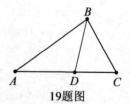

19题图

【审题要津】 依题意,$\dfrac{AB+AD}{BC+CD}=\dfrac{4}{3}$,如图,为了研究 $\triangle ABD$ 与 $\triangle BCD$ 的面积比,过点 D 引 $DE\perp AB$ 于点 E,引 $DF\perp BC$ 于点 F 则是顺理成章的.由"BD 平分 $\angle ABC$",显然有 $DE=DF$,于是 $\dfrac{S_{\triangle ABD}}{S_{\triangle BCD}}=\dfrac{DE\cdot AB}{DF\cdot BC}=\dfrac{AB}{BC}$,以下只需分析 $\dfrac{AB}{BC}$ 即可.此时借助于 $\dfrac{AB+AD}{BC+CD}=\dfrac{4}{3}$,结论已近在咫尺.

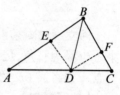

19题答案图

解 依审题要津,因为 $\dfrac{S_{\triangle ABD}}{S_{\triangle BCD}}=\dfrac{AB}{BC}$,又因为 $S_{\triangle ABD}=\dfrac{1}{2}AD\cdot d(B,AC)$,$S_{\triangle BCD}=\dfrac{1}{2}DC\cdot d(B,AC)$(其中 $d(B,AC)$ 表示点 B 到 AC 的距离),所以 $\dfrac{S_{\triangle ABD}}{S_{\triangle BCD}}=\dfrac{AD}{DC}$.于是有 $\dfrac{S_{\triangle ABD}}{S_{\triangle BCD}}=\dfrac{AB+AD}{BC+CD}=\dfrac{4}{3}$,故填 $\dfrac{4}{3}$.

【评注】 如果利用角分线性质定理,可直接得 $\dfrac{AB}{BC}=\dfrac{AD}{DC}$.上述解题实际上是给出了这个性质的一种证明方法.

☞ 20.如果将 n 个棋子放入 10 个盒子内,可以找到一种放法,使每个盒子内都有棋子,且这10个盒子内的棋子数都不同.若将$(n+1)$个棋子放入11个盒子内,却找不到一种放法,能使每个盒子内都有棋子,并且这11个盒子内的棋子数都不同,那么整数n的最大值等于_____,最小值等于_____.

【审题要津】 依题意并针对所求,不妨从所用棋子的个数最少入手.显然,10个盒子内依次放入1,2,3,…,10个棋子,这种方法既符合题目要求,所用棋子数也最少.由$1+2+3+\cdots+10=55$,可知棋子的个数n须满足$n \geq 55$.以下需要研究的问题是,往11个盒子中至少要放入多少个棋子,才能使每个盒子都有棋子,且这11个盒子内的棋子个数都不相同.注意到$1+2+3+\cdots+11=66$,则所求易解.

解 依审题要津,若$n \geq 65$,则往10个盒子内放入n个棋子可以使每个盒子内均有棋子,且每个盒子内的棋子个数不同.而往11个盒子内放入$n+1$个棋子也能做到使每个盒子内均有棋子,且每个盒子内的棋子个数不同.由此可见,当$n \geq 65$时,不合题意.综上所述,$55 \leq n < 65$,由于n为正整数,所以有$55 \leq n \leq 64$.故整数n的最大值等于64,最小值等于55,故填64;55.

【评注】 斟字酌句地读题,且准确无误地理解题意是正确解答本题的关键.本题立意精巧,难度适中,是考查学生审题能力及思维品质的绝好素材.

三、B组填空题

☞ 21. 如果自然数a与$b(a>b)$的和、差、积、商相加得27,那么$a=$_____,$b=$_____.

第19～25届"希望杯"全国数学邀请赛试题
审题要津 详细评注

【审题要津】 由题意,$(a+b)+(a-b)+ab+\dfrac{a}{b}=27$,由于27是整数,因此$a$必须是$b$的整数倍,不妨设$a=kb(k$是整数$)$,于是有$(kb+b)+(kb-b)+kb^2+k=27$,即$kb^2+2kb+k=27$.以下只需将等式两端分别进行因式分解和质因数分解,即可发现解题入口.

解 依审题要津,$k(b+1)^2=3\times 3^2=27\times 1^2$,则$k=3,b=2,a=6$ 或 $k=27,b=0,a=6$(不合题意,舍去),所以$k=3,b=2,a=6$,故填6;2.

【评注】 代数式的因式分解及整数的质因数分解,始终是解答涉及整数问题的不可回避的基本要领.

☞ 22.若$\dfrac{a}{b+c}=\dfrac{b}{c+a}=\dfrac{c}{a+b}$,则$\dfrac{2a+2b+c}{a+b-3c}=$_____ 或_____.

【审题要津】 为便于消元,不妨设$\dfrac{a}{b+c}=\dfrac{b}{c+a}=\dfrac{c}{a+b}=k$,于是有$\begin{cases}a=(b+c)k\\b=(c+a)k\\c=(a+b)k\end{cases}$,三式相加得$a+b+c=2k(a+b+c)$.以下只需针对$a+b+c$的取值(0或非0)进行讨论,即可进入解题通道.

解 依审题要津,当$a+b+c=0$,所求式$=\dfrac{2a+2b+c}{a+b-3c}=\dfrac{2(a+b+c)-c}{(a+b+c)-4c}=\dfrac{-c}{-4c}=\dfrac{1}{4}$;当$a+b+c\neq 0$时,$k=\dfrac{1}{2}$,于是由$a+b=2c$,可知所求式$=\dfrac{2a+2b+c}{a+b-3c}=\dfrac{4c+c}{2c-3c}=-5$,故填$\dfrac{1}{4}$;$-5$.

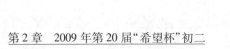

【评注】 引入比例系数 k, 不仅便于消元, 便于表述, 同时也可防止失误. 如由题设盲目地转化为 $\dfrac{a}{b+c}=\dfrac{b}{c+a}=\dfrac{c}{a+b}=\dfrac{a+b+c}{2(a+b+c)}=\dfrac{1}{2}$, 势必要丢掉一解. 所谓"盲目", 即指忽略了只有当 $a+b+c\ne 0$ 时, $\dfrac{a+b+c}{2(a+b+c)}$ 才可以约成 $\dfrac{1}{2}$.

☞ 23. 若关于 x 的方程 $\dfrac{1}{x-1}-\dfrac{a}{2-x}=\dfrac{2(a+1)}{x^2-3x+2}$ 无解, 则 $a=$ _____ 或 _____ 或 _____.

【审题要津】 分式方程无解是指: 去分母后的整式方程无解或其解使原分式方程中某项的分母为 0, 据此即可完成所求.

解 方程两端同乘以 $(x-1)(x-2)$, 得 $x-2+a(x-1)=2(a+1)$, 整理得 $(1+a)x=3a+4$, 当 $a=-1$ 时, $0=-1$ 方程无解; 当 $a\ne -1$ 时, $x=\dfrac{3a+4}{a+1}$, 为使其为增根, 只需令 $\dfrac{3a+4}{a+1}=1$ 或 2, 解得 $a=-\dfrac{3}{2}$ 或 -2. 综上所述, 当 $a=-1$ 或 $-\dfrac{3}{2}$ 或 -2 时, 原分式方程无解, 故填 -1; $-\dfrac{3}{2}$; -2.

【评注】 本题是一道全面考查分式方程增根的概念的好题目.

☞ 24. 如对于正整数 k, 记直线 $y=-\dfrac{k}{k+1}x+\dfrac{1}{k+1}$ 与坐标轴所围成的直角三角形的面积为 S_k, 则 $S_k=$ _____, $S_1+S_2+S_3+S_4=$ _____.

53

第19～25届"希望杯"全国数学邀请赛试题
审题要津 详细评注

【审题要津】 针对所求,应首先求出直线 $y = -\dfrac{k}{k+1}x + \dfrac{1}{k+1}$ 与 x 轴和 y 轴交点的坐标. 据此即可将 S_k 写成关于 k 的解析式,进而可求得 $S_1 + S_2 + S_3 + S_4$.

解 当 $x = 0$ 时, $y = \dfrac{1}{k+1}$;当 $y = 0$ 时, $x = \dfrac{1}{k}$. 故直线 $y = -\dfrac{k}{k+1}x + \dfrac{1}{k+1}$ 与 x 轴的交点坐标为 $\left(\dfrac{1}{k}, 0\right)$,与 y 轴的交点坐标为 $\left(0, \dfrac{1}{1+k}\right)$. 所以该直线与坐标轴所围成的直角三角形的面积是 $S_k = \dfrac{1}{2} \cdot \dfrac{1}{k+1} \cdot \dfrac{1}{k} = \dfrac{1}{2}\left(\dfrac{1}{k} - \dfrac{1}{k+1}\right)(k = 1,2,3,\cdots,n)$,所以 $S_1 + S_2 + S_3 + S_4 = \dfrac{1}{2}\left(1 - \dfrac{1}{2}\right) + \dfrac{1}{2}\left(\dfrac{1}{2} - \dfrac{1}{3}\right) + \dfrac{1}{2}\left(\dfrac{1}{3} - \dfrac{1}{4}\right) + \dfrac{1}{2}\left(\dfrac{1}{4} - \dfrac{1}{5}\right) = \dfrac{1}{2}\left(1 - \dfrac{1}{5}\right) = \dfrac{2}{5}$,故填 $\dfrac{1}{2}\left(\dfrac{1}{k} - \dfrac{1}{k+1}\right)(k = 1,2,3,\cdots,n)$; $\dfrac{2}{5}$.

【评注】 如不了解 $\dfrac{1}{k(k+1)} = \dfrac{1}{k} - \dfrac{1}{k+1}$ 这种拆项技巧,则需计算 $\dfrac{1}{2} \times \left(\dfrac{1}{2} + \dfrac{1}{6} + \dfrac{1}{12} + \dfrac{1}{15}\right)$,显然较繁.

☞ 25. 将 $\dfrac{1}{2}, \dfrac{1}{3}, \cdots, \dfrac{1}{100}$ 这99个分数化成小数,则其中的有限小数有_____个,纯循环小数有_____个(纯循环小数是指从小数点后第一位开始循环的小数).

【审题要津】 在 p 是整数的条件下,只有当 p 是 2 或 5 的倍数时, $\dfrac{1}{p}$ 才能是有限小数. 于是针对所求,

可设 $p=2^m \cdot 5^n$,以下只需根据 $2 \leqslant p \leqslant 100$,即可从分类讨论入手解决第一个问题.至于第二个问题,显然可借用解决第一问的思路,通过排除法求解.

解 （Ⅰ）依审题要津,$\dfrac{1}{p}$ 可以化为有限小数,则 $p=2^m \cdot 5^n$.

当 $n=0$ 时,由 $2 \leqslant 2^m \leqslant 100$,可得 $m=1,2,3,4,5,6$,此时 $p=2,4,8,16,32,64$.从而可知,99 个分数可以化成的第一组有限小数有 6 个.

当 $n=1$ 时,由 $2 \leqslant 2^m \cdot 5 \leqslant 100$,得 $1 \leqslant 2^m \leqslant 20$,于是 $m=0,1,2,3,4$,即 $p=5,10,20,40,80$,从而可知,99 个分数可以化成的第二组有限小数有 5 个.

当 $n=2$ 时,由 $2 \leqslant 2^m \cdot 5^2 \leqslant 100$,有 $1 \leqslant 2^m \leqslant 4$,于是 $m=0,1,2$,即 $p=25,50,100$,从而可知,99 个分数可以化成的第三组有限小数有 3 个.

当 $n \geqslant 3$ 时,不存在合理的 m 值.所以这 99 个分数可以化为的有限小数共有 $6+5+3=14$(个).

（Ⅱ）若 p 为正整数,且 $\dfrac{1}{p}$ 可以化为纯循环小数,则 p 的质因数一定没有 2 且没有 5.在 2 到 100 的整数中,质因数含有 2 的数有 50 个,质因数含有 5 的数有 20 个,质因数既含有 2 又含有 5 的数有 10 个.所以从 2 到 100 这 99 个整数中,质因数中没有 2 且没有 5 的整数有 $99-50-20+10=39$(个).

【评注】 值得注意的是,解(Ⅰ)时,p 有因数 2^m 或 p 有因数 $2^m \cdot 5$ 或 p 有因数 $2^m \cdot 5^2$ 的这三种情况互相不重复,因此所求只需利用分类计数即可.如针对 m 来讨论,则需考虑的情况有 7 种,显然较繁.解(Ⅱ)时,因有重复现象,故须先加后减.

第2试

一、选择题

☞ 1. 篆刻是中国独特的传统艺术,篆刻出来的艺术品叫印章.印章的文字刻成凸状的称为"阳文",刻成凹状的称为"阴文".如图的"希望"即为阳文印章在纸上盖出的效果,此印章是下列选项中的(阴影表示印章中的实体部分,白色表示印章中镂空的)( )

1题图

(A)　　　　　(B)

(C)　　　　　(D)

【审题要津】 依题意,选项(A),(B)所指的是阴文印章,其盖在纸上的效果,必是白字,故可排除(A),(B).又因为印章在纸上盖出的效果与印章本身的图形成镜面对称,印章中的"希"字在右,则盖在纸上的效果必定是"希"字在左,据此即可做出判断.

解　依审题要津,选(D).

【评注】 本题在考查生活常识的同时,对有关图形的基本对称问题也做了检测.

☞ 2. 如果 $x < y < -1$,那么代数式 $\dfrac{y+1}{x+1} - \dfrac{y}{x}$ 的值是( )

(A) 0. (B) 正数.
(C) 负数. (D) 非负数.

【审题要津】 依题设及不等式性质易知 $x+1 < y+1 < 0$,据此即可通过作差比较法对所求做出判断.

解 $\dfrac{y+1}{x+1} - \dfrac{y}{x} = \dfrac{xy+x-xy-y}{(x+1)x} = \dfrac{x-y}{(x+1)x}$,因为 $x-y<0, x+1<0, x<0$,所以 $\dfrac{x-y}{(x+1)x} < 0$,故选(C).

【评注】 实际上,由于代数式的值只能是四个选项的其中之一,因此也可利用赋值法求解,这里不作赘述.

☞ 3. 将 x 的整数部分记为 $[x]$,x 的小数部分记为 $\{x\}$,易知 $x = [x] + \{x\}$ $(0 < \{x\} < 1)$.若 $x = \sqrt{3-\sqrt{5}} - \sqrt{3+\sqrt{5}}$,那么 $[x]$ 等于( )

(A) -2. (B) -1.
(C) 0. (D) 1.

【审题要津】 针对所求,可利用配方法将 $x = \sqrt{3-\sqrt{5}} - \sqrt{3+\sqrt{5}}$ 化简,即 $x = \sqrt{\dfrac{6-2\sqrt{5}}{2}} - \sqrt{\dfrac{6+2\sqrt{5}}{2}} = \dfrac{(\sqrt{5}-1)-(\sqrt{5}+1)}{\sqrt{2}} = -\sqrt{2}$,据此即可做出判断.

解 依审题要津,$x = -\sqrt{2} \approx -1.414 = -2 + 0.586$,故 $[x] = -2$,故选(A).

【评注】 也可采取如下方法求解:因为 $x = \sqrt{3-\sqrt{5}} - \sqrt{3+\sqrt{5}} < 0$,又 $x^2 = 3-\sqrt{5} - 2\sqrt{3-\sqrt{5}} \times \sqrt{3+\sqrt{5}} + 3+\sqrt{5} = 6 - 2\sqrt{9-5} = 2$,所以 $x = -\sqrt{2}$,故

选(A).

☞ 4. 某种产品由甲、乙、丙三种元件构成. 如图,为使生产效率最高,在表示工人分配的扇形图中,生产甲、乙、丙元件的工人数量所对应的扇形圆心角的大小依次是( )

(A) $120°, 180°, 60°$.
(B) $108°, 144°, 108°$.
(C) $90°, 180°, 90°$.
(D) $72°, 216°, 72°$.

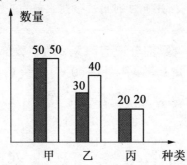

4题图

【审题要津】 依题意,在相同的时间内生产的甲、乙、丙三种元件的数量比为 $50:40:20$,即 $5:4:2$. 而 1 名工人在单位时间内生产这三种元件的数量之比为 $50:30:20$,即 $5:3:2$,所以生产甲、乙、丙元件的工人数量比为 $\dfrac{50}{50}:\dfrac{40}{30}:\dfrac{20}{20}=3:4:3$,据此即可求解.

解 依审题要津,在扇形图中,生产甲、乙、丙元件的工人数量所对应的圆心角的大小依次为 $\dfrac{3}{3+4+3}\times$

$360°$,$\dfrac{4}{3+4+3} \times 360°$,$\dfrac{3}{3+4+3} \times 360°$,即 $108°$,$144°$,$108°$,故选(B).

【评注】 就本题而言,审题能力不仅体现于识图能力,而且体现于对题干表述的阅读理解能力.

☞ 5. 面积是 48 的矩形的边长和对角线的长都是整数,则它的周长等于(　　)

(A)20.　　　　(B)28.
(C)36.　　　　(D)40.

【审题要津】 不妨设矩形的边长为 a,b,则对角线长为 $\sqrt{a^2+b^2}$.依题意,可得 $ab=48$,以下只需根据"矩形的边长和对角线的长都是整数",即可锁定 a,b 的取值,进而完成所求.

解 由 $ab=48$,且 a,b 及 $\sqrt{a^2+b^2}$ 均为整数,则知只能是 $a=6,b=8$ 或 $a=8,b=6$,从而可得矩形的周长为 $2(a+b)=2 \times 14=28$,故选(B).

【评注】 实际上,由 $ab=48=2^4 \times 3$ 及 a,b 都是正整数,如设 $a \leqslant b$,则 (a,b) 对应的是 $(1,48)$,$(2,24)$,$(3,16)$,$(4,12)$,$(6,8)$. 将上述数组分别代入 $a^2+b^2=c^2$,只有 $(6,8)$ 对应的 $c=10$ 是整数.

☞ 6. In the rectangular coordinates, abscissa and ordinate of the intersection point of the lines $y=x-k$ and $y=kx+2$ are integers for integer k, then the number of the possible values of k is(　　)

(A)4.　　　　(B)5.
(C)6.　　　　(D)7.

译文 在直角坐标系中,对于整数 k,直线 $y=x-k$ 与 $y=kx+2$ 的交点的横、纵坐标均为整数,则 k 的可

能值的个数是(　　)

【审题要津】 针对所求,不妨先求出直线 $y=x-k$ 与直线 $y=kx+2$ 的交点的横、纵坐标:由 $\begin{cases}y=x-k\\y=kx+2\end{cases}$,可得 $kx+2=x-k$,于是有 $x=\dfrac{k+2}{1-k}=\dfrac{k-1+3}{1-k}=-1+\dfrac{3}{1-k}$,$y=-1+\dfrac{3}{1-k}-k$,在 k 是整数的条件下,只需使 $\dfrac{3}{1-k}$ 为整数即可.

解 依审题要津,当 $k=0,2,-2,4$ 时,$\dfrac{3}{1-k}$ 是整数,此时两条直线的交点的横、纵坐标都是整数.故选(A).

【评注】 也可以由 $\begin{cases}y=x-k\\y=kx+2\end{cases}$ 直接导出 $k=\dfrac{x-2}{x+1}=\dfrac{x+1-3}{x+1}=1-\dfrac{3}{x+1}$.因为 k,x 均为整数,所以 $x+1=\pm1,\pm3$,即 $x=2,-4,0,-2$,此时对应的 k 分别为 $0,2,-2,4$,故选(A).上述两种解法中,将 x 化为"带分式",即 $x=-1+\dfrac{3}{1-k}$,或将 k 化为"带分式",即 $k=1-\dfrac{3}{x+1}$ 是顺利求解的关键,对此必须认真总结.

☞ 7. 将一张四边形纸片沿两组对边的中点连线剪开,得到四张小纸片,如图所示.用这四张小纸片一定可以拼

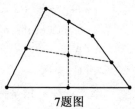

7题图

成(　　)

(A)梯形.　　　　(B)矩形.
(C)菱形.　　　　(D)平行四边形.

【审题要津】 如图,EF,MN 分别为题设四边形 $ABCD$ 的两组对边的中点连线.设 EF 交 MN 于点 O. 要想重新组拼,不妨先着眼于局部,由点 M 平分 AD 入手,可将四边形 $MOEA$ 绕点 M 顺时针旋转 $180°$,于是四边形 $MOEA$ 即转化为 $MO'E'D$. 类似地,将四边形 $FONC$ 绕点 F 逆时针旋转 $180°$,于是四边形 $FONC$ 即旋转成四边形 $FO''N'D$. 以下只需延长 $O''N'$ 及 $O'E'$ 使之相交于 O''',并证明四边形 $DN'O'''E'$ 全等于四边形 $BNOE$,即可得知拼接成功.

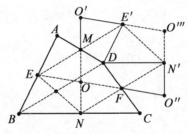

7题答案图

解 如图,有四边形 $MOEA$ 与四边形 $MO'E'D$ 关于点 M 成中心对称,故 E,M,E' 三点共线,且 $ME = ME'$,同理,N,F,N' 三点共线,且 $FN = FN'$. 联结 BD,EN,$E'N'$,由三角形中位线性质,易知 $EM \parallel BD$,且 $2EM = EE' = BD$. 同理,$NF \parallel BD$,且 $2NF = NN' = BD$,所以四边形 $EBDE'$,$BNN'D$ 及 $ENN'E'$ 都是平行四边形. 于是有 $DE' = BE$,$DN' = BN$,$E'N' = EN$. 从而可知 $\triangle DN'E' \cong \triangle BNE$. 又因为 $O'E' \parallel OE$,$O''N' \parallel ON$,所以 $E'O''' \parallel OE$,$N'O''' \parallel ON$,于是可得 $\angle O'''E'N' = \angle OEN$,

$\angle O'''N'E' = \angle ONE$,可见 $\triangle O'''E'N' \cong \triangle OEN$. 综上所述四边形 $DN'O'''E'$ 全等于四边形 $BNOE$,且由 $O'O''' \parallel OO''$,$O'O''' \parallel OO'$,可知四边形 $OO''O'''O'$ 为平行四边形,故选(D).

【评注】 本题是一道既有一定难度,又很有趣味的题目. 实际上,由于以 O 为共同顶点的两两对顶的四个角之和为 $360°$,而四边形的四个内角和也是 $360°$,因此可制定的拼接方案是,让以 O 为顶点的四个角分别成为拼接后的四边形的四个顶角. 上述解法贯彻的思路:固定位于第一"象限"的小四边形,再将第二、四"象限"的小四边形分别绕点 M, F 按顺时针、逆时针旋转 $180°$,至于第三"象限"的小四边形,完全可以沿着轨道 EE',BD,NN' 平移到相应的位置.

8. 若不等式组 $\begin{cases} -x+4m < x+10 \\ x+1 > m \end{cases}$ 的解集是 $x > 4$,则( )

(A) $m \leqslant \dfrac{9}{2}$.　　(B) $m \leqslant 5$.

(C) $m = \dfrac{9}{2}$.　　(D) $m = 5$.

【审题要津】 先将已知不等式的解集用 m 来表示,再使其与 $x > 4$ 比较,即见分晓.

解 依审题要津,由 $\begin{cases} -x+4m < x+10 \\ x+1 > m \end{cases}$,即 $\begin{cases} 2x > 4m-10 \\ x > m-1 \end{cases}$,解得 $\begin{cases} x > 2m-5 \\ x > m-1 \end{cases}$.

①若 $2m-5 = 4$,则 $m = \dfrac{9}{2}$,此时 $\begin{cases} x > 4 \\ x > \dfrac{7}{2} \end{cases}$ 符合原不

等式的解集为 $x>4$.

②若 $m-1=4$，则 $m=5$，由 $\begin{cases}x>5\\x>4\end{cases}$ 可见原不等式的解集为 $x>5$，故 $m=\dfrac{9}{2}$，选(C).

【评注】 实际上，因为原不等式的解集为 $x>4$，所以一定有 $\begin{cases}2m-5\leqslant 4\\m-1\leqslant 4\end{cases}$ 且至少有一个等号成立. 这便是上述解法的依据.

☞ 9. 如图，四边形 $ABCD$ 中，$\angle A=\angle C=90°$，$\angle ABC=60°$，$AD=4$，$CD=10$，则 BD 的长等于（ ）

(A) $4\sqrt{13}$.　　　(B) $8\sqrt{3}$.
(C) 12.　　　　　(D) $10\sqrt{3}$.

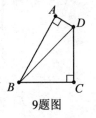

9题图

【审题要津】 既然题设给出了"$\angle ABC=60°$"，首先应想到"在直角三角形中，30°角所对的直角边等于斜边长的一半"，为此不妨如图，延长 BA，CD 使之交于点 E. 于是由 $EC\perp BC$，可知 $\angle E=30°$，进而由 $DA\perp AE$，可得 $DE=2AD=8$，从而可知 $CE=CD+DE=10+8=18$. 以下只需解 $Rt\triangle BCE$ 即可求出 BC，进而利用勾股定理可完成所求.

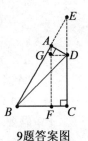

9题答案图

解 依审题要津，在 $Rt\triangle BCE$ 中，由 $\angle E=30°$，$CE=18$，即知 $BC=\dfrac{\sqrt{3}}{3}EC=6\sqrt{3}$，$BD^2=BC^2+CD^2=(6\sqrt{3})^2+10^2=108+100=208$，即 $BD=4\sqrt{13}$，故选

第19～25届"希望杯"全国数学邀请赛试题
审题要津 详细评注

(A).

【评注】 本题也可通过延长 AD,BC 实施求解. 除此之外,也可如图,引 $AF\perp BC$ 于点 F,引 $DG\perp AF$ 于点 G,易求得 $GA=2$,故 $FA=12$,从而可得 $AB=8\sqrt{3}$. 于是由 $BD^2=AB^2+AD^2=(8\sqrt{3})^2+4^2=208$,同样可求得 $BD=4\sqrt{13}$.

☞ 10. 任何一个正整数 n 都可以写成两个正整数相乘的形式,对于两个乘数的差的绝对值最小的一种分解 $n=p\times q(p\leqslant q)$ 可称为正整数 n 的最佳分解,并规定 $F(n)=\dfrac{p}{q}$. 如 $12=1\times 12=2\times 6=3\times 4$,则 $F(12)=\dfrac{3}{4}$. 有以下结论:
①$F(2)=\dfrac{1}{2}$;②$F(24)=\dfrac{3}{8}$;③ 若 n 是一个完全平方数,则 $F(n)=1$;④ 若 n 是一个完全立方数,即 $n=a^3$(a 是正整数),则 $F(n)=\dfrac{1}{a}$. 则在以上结论中,正确的结论有(　　)
(A)4 个.　　　　(B)3 个.
(C)2 个.　　　　(D)1 个.

【审题要津】 针对所求,只能根据"正整数 n 的最佳分解"的定义,对四个结论逐一验证.

解 依审题要津,考察①:由 $2=1\times 2$,易知 $F(2)=\dfrac{1}{2}$,故结论①正确;考察②:由 $24=4\times 6$,故 $F(24)=\dfrac{4}{6}=\dfrac{2}{3}$,所以 $F(24)=\dfrac{3}{8}$ 不正确;考察③:设 $n=a^2=a\times a$,则 $F(n)=\dfrac{a}{a}=1$,故③正确;考察④:取

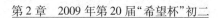

$n=64=4^3$,但 $64=8^2$,故 $F(64)=\dfrac{8}{8}=1$,可见 $F(64)=\dfrac{1}{4}$ 不正确,即 $n=a^3$(a 是正整数),$F(n)=\dfrac{1}{a}$ 不正确.综上所述,在以上的结论中,正确的结论有 2 个,故选(C).

【评注】 说明一个结论正确,必须予以论证,指出一个结论不正确,则可通过举反例说明.

二、填空题

☞ 11. 将一根钢筋锯成 a 段,需要 b min,按此速度将同样的钢筋锯成 c 段(a,b,c 都是大于 1 的自然数),需要_____ min.

【审题要津】 将"一根钢筋锯成 a 段",显然要锯 $a-1$ 次,因此每锯一段需要 $\dfrac{b}{a-1}$ min,据此即可求解.

解 依题意,将钢筋锯成 c 段,需要锯 $c-1$ 次,依审题要津,所需要的时间为 $\dfrac{b(c-1)}{a-1}$ min,故填 $\dfrac{b(c-1)}{a-1}$.

【评注】 在"a,b,c 都是大于 1 的自然数"的条件下,关注段数是正整数是关键.

☞ 12. 给机器人下一个指令 $[s,A]$($s\geqslant 0, 0°\leqslant A<180°$),它将完成下列动作:①先在原地向左旋转角度 A;②再朝它面对的方向沿直线行走 s 个单位长度的距离.现机器人站立的位置为坐标原点,取它面对的方向为 x 轴的正方向,取它的左侧为 y 轴的正方向,要想让机器人移动到点 $(-5,5)$ 处,应下指令:_____.

【审题要津】 不妨如图所示,设点 P 坐标为 $(-5,5)$.联结 OP.依题意,机器人欲想到达 $P(-5,5)$ 点处,应先向左旋转 $135°$.针对所求,以下只需求出线段 OP 之长即可.

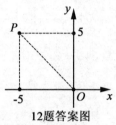

12题答案图

解 如图,联结 OP,显然 $\angle POx = 135°$,$OP = 5\sqrt{2}$,故指令为 $[5\sqrt{2}, 135°]$,填 $[5\sqrt{2}, 135°]$.

【评注】 在准确理解指令 $[s, A]$ 的前提下,此题只需心算即可.

☞ 13. 已知实数 x,y,z 满足 $\dfrac{x}{x+1} = \dfrac{y}{y+2} = \dfrac{z}{z+3} = \dfrac{x+y+z}{3}$,则 $x+y+z =$ _____ 或 _____ .

【审题要津】 不妨引入比例系数:设 $\dfrac{x}{x+1} = \dfrac{y}{y+2} = \dfrac{z}{z+3} = t$,于是有 $x = \dfrac{t}{1-t}, y = \dfrac{2t}{1-t}, z = \dfrac{3t}{1-t}$,从而 $x+y+z = \dfrac{6t}{1-t}$.以下只需通过 $\dfrac{x+y+z}{3} = t$,即可建立起关于 t 的方程,计算出 t,问题自然获解.

解 依审题要津,由 $x+y+z = \dfrac{6t}{1-t}$ 及 $x+y+z = 3t$,可得 $\dfrac{6t}{1-t} = 3t$,即 $t\left(\dfrac{6}{1-t} - 3\right) = 0$,于是有 $t = 0$ 或 $\dfrac{6}{1-t} - 3 = 0$,即 $t = 0$ 或 $t = -1$. $t = 0$ 时,$x+y+z = 0$;$t = -1$ 时,$x+y+z = -3$.故填 0;-3.

【评注】 实际上,依比例性质,即得 $\dfrac{x}{x+1} = \dfrac{y}{y+2} =$

66

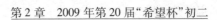

$\dfrac{z}{z+3} = \dfrac{x+y+z}{x+1+y+2+z+3} = \dfrac{x+y+z}{x+y+z+6}$,又 $\dfrac{x}{x+1} = \dfrac{y}{y+2} = \dfrac{z}{z+3} = \dfrac{x+y+z}{3}$,所以有 $\dfrac{x+y+z}{x+y+z+6} = \dfrac{x+y+z}{3}$,从而有 $x+y+z=0$ 或 $x+y+z+6=3$,即 $x+y+z=-3$.

☞ 14. 已知实数 x,y 满足 $2x-3y=4$,并且 $x \geqslant 0, y \leqslant 1$,则 $x-y$ 的最大值是_____,最小值是_____.

【审题要津】 针对所求,可先将 $x-y$ "解出来",即将其孤立于等式一边:由 $2x-3y=2(x-y)-y=4$,可得 $x-y=\dfrac{1}{2}(y+4)$. 据此,即可根据条件 $y \leqslant 1, x \geqslant 0$,即 y 的最大值为 $1, x$ 的最小值为 0,完成所求.

解 依审题要津,由 $2x-3y=2(x-y)-y=4$,可得

$$x-y=\dfrac{1}{2}(y+4) \qquad ①$$

由 $2x-3y=3(x-y)-x=4$,可得

$$x-y=\dfrac{1}{3}(x+4) \qquad ②$$

由①及 $y \leqslant 1$,易知 $x-y$ 的最大值为 $\dfrac{1}{2}(1+4)=\dfrac{5}{2}$;由②及 $x \geqslant 0$,易知 $x-y$ 的最小值为 $\dfrac{1}{3}(0+4)=\dfrac{4}{3}$. 故填 $\dfrac{5}{2}; \dfrac{4}{3}$.

【评注】 "解出" $x-y$ 是奠基,其中的代数变换不过是"略施小计". 在这样的前提下,根据条件 "$x \geqslant 0, y \leqslant 1$" 完成所求,自然而然且思路清晰. 对此认真总结必有收益. 本题也可利用图像求解:如图所示,题设

第19~25届"希望杯"全国数学邀请赛试题
审题要津 详细评注

条件 $\begin{cases} 2x-3y=4 \\ x\geq 0 \\ y\leq 1 \end{cases}$ "约束"出来的是线段 AB(含端点 A，B). 令 $u=x-y$，即 $y=x+(-u)$，可见"$-u$"表示的是动直线 $y=x+(-u)$ 的"纵截距"，即直线与 y 轴交点的纵坐标. 如图，显然"$-u$"最大为 $-\dfrac{4}{3}$，最小为 $-\dfrac{5}{2}$，即 $-\dfrac{5}{2}\leq -u\leq -\dfrac{4}{3}$，于是 $\dfrac{4}{3}\leq u\leq \dfrac{5}{2}$，这说明当 $x=0$，$y=-\dfrac{4}{3}$ 时，$x-y$ 取最小值 $\dfrac{4}{3}$；当 $x=\dfrac{7}{2}$，$y=1$ 时，$x-y$ 取最大值 $\dfrac{5}{2}$. 以上对图解法的解释，即是我们进入高中后将要学习的"线性规划"知识.

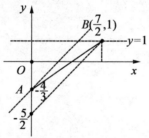

14题答案图

☞ 15. 汽车燃油价税费改革从 2009 年元旦起实施：取消养路费，同时汽油消费税每升提高 0.8 元. 若某车一年的养路费是 1 440 元，百公里耗油 8 L，在"费改税"前后该车的年支出与年行驶里程的关系分别如图中的 l_1，l_2 所示，则 l_1 与 l_2 的交点的横坐标 $m=$ _____ .（不考虑除养路费和燃油费以外的其他费用）

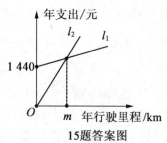

15题答案图

【审题要津】 依题意,不妨设表示年行驶里程(km)的直线为 x 轴;表示年支出(元)的直线为 y 轴. 与此同时设"费改税"之前该车行驶百公里需要支出 t 元;则"费改税"后该车行驶百公里需要支出 $t \times 8 \times 0.8 = 6.4t$(元). 于是由题图可知 $l_1: y = tx + 1\,440$; $l_2: y = (t + 6.4)x$. 据此,即可通过解联立方程组完成所求.

解 依审题要津,由 $\begin{cases} y = tx + 1\,440 \\ y = (t + 6.4)x \end{cases}$ 可得 $tx + 1\,440 = (t + 6.4)x$,即 $6.4x = 1\,440$,解得 $x = 225$,考虑到单位换算,则 $m = 22\,500$. 故填 $22\,500$.

【评注】 实际上,若1年养路费是1 440元,那么"费改税"后,相当于1年节省出1 440元,而按照1 L油增加消费税0.8元计算,又相当于1年消费汽油 $1\,440 \div 0.8 = 1\,800$(L). 若百千米耗油8 L,则相当于1年行驶了 $1\,800 \div 8 \times 100 = 22\,500$(km). 所以题图中 l_1 和 l_2 的交点的横坐标是 $m = 22\,500$.

☞ 16. Given $f(x) = ax^3 + bx^2 + cx + d$, if when x takes the value of its inverse number, the corresponding value of $f(x)$ is also the inverse number, and $f(2) = 0$, then $\dfrac{c+d}{a+b} = $ _____.

译文 已知 $f(x) = ax^3 + bx^2 + cx + d$,若 x 取相反数,$f(x)$ 对应的值也是相反数,且 $f(2) = 0$,则 $\dfrac{c+d}{a+b} = $ _____.

【审题要津】 x 的相反数是 $-x$.依题意,$a(-x)^3 + b(-x)^2 + c(-x) + d = -(ax^3 + bx^2 + cx + d)$,即 $2bx^2 + 2d = 0$,以下则可根据 x 的任意性确定 b,d 的取值,进而又可通过由 $f(2) = 0$ 得出的 c,d 的关系完成所求.

解 依审题要津,将 $x = 0, x = 1$ 分别代入 $2bx^2 + 2d = 0$,易得 $b = 0, d = 0$,于是有 $f(x) = ax^3 + cx$.又因为 $f(2) = 0$,所以 $8a + 2c = 0$,即 $c = -4a$,从而可知 $\dfrac{c+d}{a+b} = \dfrac{c}{a} = -4$.故填 -4.

【评注】 实际上,由题设条件推出 $2bx^2 + 2d = 0$ 后,视其为恒等关系,则由 x 取值的任意性,可径直得出 $b = d = 0$.

☞ 17.8 人参加象棋循环赛,规定胜 1 局得 2 分.平 1 局得 1 分,败者不得分,比赛结果是第二名的得分与最后 4 名的得分之和相同,那么第二名得_____分.

【审题要津】 8 人参加象棋循环赛,显然共赛 $\dfrac{8 \times 7}{2} = 28$(场).依题意,冠军最多得 14 分,同理第二名最多得 12 分(如果第二名得 13 分,即指他赢 6 场,且与冠军打平,显然他与冠军得分相同,这不符合他是第二名的事实),28 场比赛当中,最后 4 名选手在最后的相互之间比 $\dfrac{4 \times 3}{2} = 6$(场)比赛中,得分之和是 $6 \times 2 = 12$(分)(每场比赛 2 人的得分之和是 2 分).以下

即可根据"第二名的得分与最后 4 名的得分之和相同",求得结果.

解 为方便表述,不妨设第二名的得分数为 a,则依审题要津可知 $a \leqslant 12$. 又因为最后 4 名选手得分之和等于 b,且 $b \geqslant 12$,从而由题设 $a=b, a \leqslant 12$ 且 $b \geqslant 12$,即知 $a=12$. 故填 12.

【评注】 利用不等式关系来锁定位置数的取值是值得关注的一个思考方向.

☞ 18. 若正整数 a, b 使等式 $a + \dfrac{(a+b)(a+b-1)}{2} = 2\,009$ 成立,则 $a = \underline{\qquad}, b = \underline{\qquad}$.

【审题要津】 依 a, b 是正整数,可知 $a+b-1$ 与 $a+b$ 是两个连续的正整数. 由 $a \geqslant 1$,显然有 $\dfrac{(a+b)(a+b-1)}{2} < 2\,009$,即 $(a+b-1)(a+b) < 4\,018$. 类似地由 $b \geqslant 1$,又有 $(a+b) + \dfrac{(a+b)(a+b-1)}{2} > 2\,009$,即 $(a+b)(a+b+1) > 4\,018$. 此时设 $a+b=k$,则由 $(k-1)k < 4\,018 < k(k+1)$. 据此约束可确定 k,即 $a+b$ 的取值,进而则可根据已知等式求出 a, b.

解 依审题要津,由 k 为正整数,又 $(k-1)k < 4\,018 < k(k+1)$,由 $63^2 = 3\,969 < 4\,018 < 4\,096 = 64^2$. 验算即可得知 k 只能是 63. 于是 $a + \dfrac{62 \times 63}{2} = 2\,009$,解得 $a = 2\,009 - 1\,953 = 56, b = 63 - 56 = 7$,故填 56;7.

【评注】 这又是一道利用不等式的约束确定出未知数取值的题目. 本题也可先从单向不等式入手进行探索:设 $k = a+b$,则 $\dfrac{k(k-1)}{2} < 2\,009$,即 $k(k-1) <$

4 018,由于 $k,k-1$ 为两个连续正整数. 又因为 $64 \times 63 = 4\,032, 63 \times 62 = 3\,906$,所以 $k \leqslant 63$. 把 $k=63$ 代入已知不等式,得 $a+1\,953 = 2\,009$,解得 $a=56, b=7$. 若 $k \leqslant 62$,由 $62 \times 61 = 3\,782$,得 $a = 2\,009 - 1\,891$,即 $a \geqslant 118$,这与 $a+b=62$ 矛盾,所以只能是 $a=56, b=7$.

☞ 19. 如图,长为2的三条线段 AA', BB', CC' 交于点 O,并且 $\angle B'OA = \angle C'OB = \angle A'OC = 60°$,则这三个三角形的面积的和 $S_1 + S_2 + S_3$ _____ $\sqrt{3}$. (填"<","=",">")

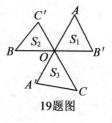
19题图

【审题要津】 注意到"$\angle B'OA = \angle C'OB = \angle A'OC = 60°$",又 $AA' = BB' = CC' = 2$,因此可设法将这三个三角形置于一个等边三角形中,为此可如图所示,将 △BOC' 沿 BB' 方向平移到 △$B'RP$ 的位置,再将 △$A'OC$ 沿 AA' 方向平移到 △AQR 的位置,易证 △OQP 恰好是一个边长为2的等边三角形. 据此即可通过相关面积计算完成所求.

解 依审题要津,$S_{\triangle AB'O} + S_{\triangle BC'O} + S_{\triangle CA'O} = S_{\triangle OQP} - S_{\triangle ARB'}$,且 $S_{\triangle OQP} = \dfrac{\sqrt{3}}{4} \times 2^2 = \sqrt{3}$,所以 $S_{\triangle AB'O} + S_{\triangle BC'O} + S_{\triangle CA'O} < \sqrt{3}$,故填"<".

【评注】 在题设条件下,由于 $S_1 + S_2 + S_3$ 与 $\sqrt{3}$ 的大小关系是确定的,因此可从特殊化入手进行探索:不妨设 AA', BB', CC' 的中点为 O,$S_1 + S_2 + S_3 = \dfrac{\sqrt{3}}{4} +$

$\frac{\sqrt{3}}{4}+\frac{\sqrt{3}}{4}=\frac{3}{4}\sqrt{3}<\sqrt{3}$,故填"<".

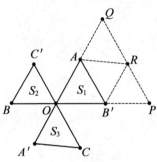

19题答案图

☞ 20. 已知正整数 x,y 满足 $2^x+49=y^2$,则 $x=$ _____,$y=$ _____.

【审题要津】 注意到 $49=7^2$,不妨将已知等式化为 $2^x=y^2-49$,由于 x 为正整数,所以 2^x 为偶数,因此 y^2-49 为偶数,即 y^2 为奇数. 又因为 2 为质数,所以 $y+7$ 和 $y-7$ 都是 2 的正整数次幂,据此即可进入常规的解题通道.

解 依审题要津,不妨设 $y+7=2^m$,$y-7=2^n$,且 $m>n$,$m+n=x$,两式相减得 $(y+7)-(y-7)=2^m-2^n=2^n(2^{m-n}-1)$,即 $14=2^n(2^{m-n}-1)$. 只能是 $2^n=2$,$2^{m-n}-1=7$,解得 $n=1$,$m-n=3$,从而 $m=4$. 于是 $x=m+n=1+4=5$,将其代入 $2^5+49=y^2$,易得 $y^2=81$,即 $y=9$,故填 $5;9$.

【评注】 解答考查整数性质的试题,几乎千篇一律地都是利用因式分解及质因数分解打开缺口. 因此将已知等式化为 $2^x=(y+7)(y-7)$ 是顺理成章的. 对 $y+7=x^m$,$y-7=2^n$,也可采取两式相加的方法求解:据此可得 $2y=2^m+2^n=2^n(1+2^{m-n})$,即 $y=2^{n-1}(1+$

2^{m-n}). 由于 y 是奇数, 所以只能是 $n-1=0$, 即 $n=1$. 因此 $y=2^n+7=9$, 将其代入 $2^x+49=y^2$, 可得 $x=5$.

三、解答题

☞ 21. 在分母小于 15 的最简分数中, 求不等于 $\frac{2}{5}$ 但与 $\frac{2}{5}$ 最接近的那个分数.

【审题要津】 不妨设所求的最简分数是 $\frac{n}{m}$, m, n 互质, 即 $(m,n)=1$. 依题意 $0<n<m<15$, 且 $\frac{n}{m} \neq \frac{2}{5}$. 针对所求, 需研究 $\left|\frac{n}{m}-\frac{2}{5}\right|=\left|\frac{5n-2m}{5m}\right|$ 何时取最小值. 为此需从 $|5n-2m|=1$ 起逐步进行探索.

解 依审题要津, 令 $|5n-2m|=1$, 当 $5n-2m=1$ 时, 则 $\frac{5n-2m}{5m}=\frac{1}{5m}$, 由于 m 为正整数, 且 m 越大, $\frac{1}{5m}$ 值越小. 若 $m=14$, 则由 $5n-28=1$, 即 $5n=29$, 可知方程无正整数解; 若 $m=13$, 则由 $5n=27$ 可知, 方程仍无正整数解; 若 $m=12$, 则由 $5n-24=1$, 即 $5n=25$, 解得 $n=5$, 此时 $\frac{n}{m}=\frac{5}{12}$, $\left|\frac{n}{m}-\frac{2}{5}\right|=\frac{1}{60}$.

当 $5n-2m=-1$ 时, 则 $\frac{5n-2m}{5m}=\frac{-1}{5m}$, 若 $m=14$, 则由 $5n=2\times14-1=27$ 可知方程无正整数解; 若 $m=13$, 则由 $5n=2\times13-1=25$, 解得 $n=5$, 此时 $\frac{n}{m}=\frac{5}{13}$, $\left|\frac{n}{m}-\frac{2}{5}\right|=\frac{1}{65}$.

当 $|5n-2m|\geq 2$ 时, 则 $\frac{5n-2m}{5m}\geq\frac{2}{5m}$, 当 $m\leq 14$

时，$\dfrac{2}{5m}$ 的最小值为 $\dfrac{2}{5\times14}=\dfrac{1}{35}$，但 $\dfrac{1}{35}>\dfrac{1}{65}$，因此所求的分数应为 $\dfrac{5}{13}$.

【评注】 上述解法是从具体化入手进行筛选的. 实际上，由 m,n 是正整数，且 $\dfrac{n}{m}\neq\dfrac{2}{5}$，即知 $|5n-2m|\geqslant 1$. （Ⅰ）当 $|5n-2m|=1$，即 $5n-2m=\pm1$ 时，可得 $n=\dfrac{2m+1}{5}$ 或 $n=\dfrac{2m-1}{5}$，由 n 是整数，知 $2m+1$ 或 $2m-1$ $(m<15)$ 是 5 的倍数. 要使 $\left|\dfrac{n}{m}-\dfrac{2}{5}\right|=\dfrac{1}{5m}$ 最小，m 应最大. 由 $2m+1$ 或 $2m-1$ $(m<15)$ 是 5 的倍数，则知 m 最大应取 13，对应的 $n=5$，此时 $\left|\dfrac{n}{m}-\dfrac{2}{5}\right|=\left|\dfrac{5}{13}-\dfrac{2}{5}\right|=\dfrac{1}{65}$；（Ⅱ）当 $|5n-2m|>1$，即 $|5n-2m|\geqslant 2$ 时，分析如解所述，自不必赘言.

☞ 22. 如图，一次函数 $y=-\sqrt{3}x+\sqrt{3}$ 的函数图像与 x 轴，y 轴分别交于点 A,B，以线段 AB 为直角边在第一象限内作 Rt△ABC，且使 $\angle ABC=30°$.

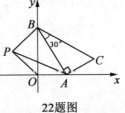

22题图

（Ⅰ）求△ABC 的面积；

（Ⅱ）如果在第二象限内有一点 $P\left(m,\dfrac{\sqrt{3}}{2}\right)$，试用含 m 的代数式表示四边形 $AOPB$ 的

面积,并求当△APB与△ABC的面积相等时m的值;

(Ⅲ)是否存在使△QAB是等腰三角形并且在坐标轴上的点Q?若存在,请写出点Q所有可能的坐标;若不存在,请说明理由.

【审题要津1】 依题设△ABC为直角三角形,又∠ABC=30°,则知$AC=\frac{1}{2}BC$,即$BC=2AC$.针对所求,只需求出AB之长,即可根据勾股定理,利用$BC^2-AC^2=AB^2$及$BC=2AC$求出AC,从而可完成所求.

解 (Ⅰ)由于一次函数解析式为$y=-\sqrt{3}x+\sqrt{3}$,易知$A(1,0),B(0,\sqrt{3})$,所以$AB^2=1^2+(\sqrt{3})^2=4$,即$AB=2$.设$AC=x$,则$BC=2x$,于是由勾股定理可得$x^2+2^2=(2x)^2$,即$3x^2=4$,从而解得$x=\frac{2}{3}\sqrt{3}$,即$AC=\frac{2}{3}\sqrt{3}$,所以$S_{\triangle ABC}=\frac{1}{2}AB\times AC=\frac{1}{2}\times 2\times\frac{2}{3}\sqrt{3}=\frac{2}{3}\sqrt{3}$.

【审题要津2】 如题图所示,显然有$S_{四边形AOPB}=S_{\triangle BOA}+S_{\triangle BPO}$,因此只需将m视为常数,计算出$S_{\triangle BPO}$即可求得$S_{四边形AOPB}$.至于寻求使$S_{\triangle APB}=S_{\triangle ABC}$的m的取值,只需关注$S_{\triangle APB}+S_{\triangle POA}=S_{四边形AOPB}$即可.此时注意到点P在第二象限,留意$m<0$是关键.

解 (Ⅱ)$S_{四边形AOPB}=S_{\triangle BOA}+S_{\triangle BPO}=\frac{1}{2}\times 1\times\sqrt{3}+\frac{1}{2}\times\sqrt{3}\times(-m)=\frac{1}{2}\sqrt{3}(1-m)$.又因为点P在第二象限,因此$S_{\triangle POA}=\frac{1}{2}OA\times y_P=\frac{1}{2}\times 1\times\frac{\sqrt{3}}{2}=\frac{\sqrt{3}}{4}$,而

$S_{\triangle APB}+S_{\triangle POA}=S_{四边形AOPB}$,所以 $S_{\triangle APB}=\frac{1}{2}\sqrt{3}(1-m)-\frac{\sqrt{3}}{4}$. 依题意 $S_{\triangle APB}=S_{\triangle ABC}$,所以 $\frac{1}{2}\sqrt{3}(1-m)-\frac{\sqrt{3}}{4}=\frac{2}{3}\sqrt{3}$,即 $\frac{1}{2}(1-m)-\frac{1}{4}=\frac{2}{3}$,于是由 $\frac{1}{2}(1-m)=\frac{11}{12}$,即 $1-m=\frac{11}{6}$,解得 $m=-\frac{5}{6}$.

【审题要津3】 由于题意仅指 $\triangle QAB$ 为等腰三角形(点 Q 在坐标轴上),因此应针对点 Q,A,B 依次为等腰三角形的顶点,分别进行讨论.

解 (Ⅲ)依审题要津3,①当点 A 为等腰 $\triangle QAB$ 的顶点时,以 A 为圆心,$AB=2$ 为半径作⊙A 交 x 轴于点 $Q_1(-1,0),Q_2(3,0)$,交 y 轴于 $Q_3(0,-\sqrt{3})$. 此时 $\triangle Q_1AB,\triangle Q_2AB,\triangle Q_3AB$ 是等腰三角形;

②当点 B 为等腰 $\triangle QAB$ 的顶点时,以 B 为圆心,$BA=2$ 为半径作⊙B 交 x 轴于 $(-1,0)$(与点 Q_1 重合),交 y 轴于点 $Q_4(0,2+\sqrt{3}),Q_5(0,-2+\sqrt{3})$. 此时 $\triangle Q_4AB,\triangle Q_5AB$ 是等腰三角形;

③当点 Q 为等腰 $\triangle QAB$ 的顶点时,以 AB 为底边时,作 AB 的垂直平分线交 x 轴于 $(-1,0)$(与点 Q_1 重合),交 y 轴于点 Q. 由 $OA=1,AB=2$ 及 $\angle AOB=90°$,则知 $\angle OAB=30°$,进而可知 $\angle QAB=\angle OAB=30°$,于是有 $\angle OAQ=60°-30°=30°$,从而可得 $OQ=\frac{1}{2}QA$,设 $OQ=x$,则 $QA=2x$. 于是由 $OQ^2+OA^2=AQ^2$,可知 $x^2+1=(2x)^2$,即 $3x^2=1$,解得 $x=\frac{\sqrt{3}}{3}$,所以 $Q_6\left(0,\frac{\sqrt{3}}{3}\right)$.

综上所述,符合条件的点 Q 有 6 个,即 $Q_1(-1,$

$0), Q_2(3,0), Q_3(0,-\sqrt{3}), Q_4(0, 2+\sqrt{3}), Q_5(0, -2+\sqrt{3}), Q_6\left(0, \dfrac{\sqrt{3}}{3}\right)$.

【评注】 (Ⅰ)较简,意在为解(Ⅱ)做铺垫;(Ⅱ)继解(Ⅰ)所得,顺水推舟即可;(Ⅲ)分类讨论整合求解时,既要防止遗漏,也要避免重复.

☞ 23. 点 $A(4,0), B(0,3)$ 与点 C 构成边长分别为 3,4,5 的直角三角形,如果点 C 在反比例函数 $y = \dfrac{k}{x}$ 的图像上,求 k 可能取的一切值.

【审题要津】 由 $A(4,0), B(0,3)$,易知 $AB=5$. 依题意,$\triangle ABC$ 为直角三角形,其边长分别为 3,4,5. 显然 AB 应为斜边,即点 C 为直角的顶点. 针对所求,不妨设点 C 的坐标为 (a,b). 以下只需依 $AC=4, BC=3$ 或 $AC=3, BC=4$ 进行讨论求解即可.

解 依审题要津,当 $BC=3, AC=4$ 时,则有

$$\begin{cases} (a-0)^2 + (b-3)^2 = 3^2 & ① \\ (a-4)^2 + b^2 = 4^2 & ② \end{cases}$$

①-②得:$8a - 16 - 6b + 9 = 9 - 16$,即 $8a - 6b = 0$,从而有 $a = \dfrac{3}{4}b$,将其代入①,即得 $\dfrac{9}{16}b^2 + b^2 - 6b = 0$. 当 $b=0$ 时,点 $C(a,b)$ 在 x 轴上,由于反比例函数的图像与 x 轴不可能相交,故舍去;当 $b \neq 0$ 时,可得 $\dfrac{25}{16}b = 6$,即 $b = \dfrac{96}{25}$,于是 $a = \dfrac{3}{4} \times \dfrac{96}{25} = \dfrac{72}{25}$,此时 $k_1 = ab = \dfrac{72}{25} \times \dfrac{96}{25} = \dfrac{6\,912}{625}$;

当 $BC=4, AC=3$ 时,则有

$$\begin{cases}(a-0)^2+(b-3)^2=4^2 & \text{③}\\(a-4)^2+b^2=3^2 & \text{④}\end{cases}$$

③$-$④得:$8a-16-6b+9=16-9$,即$8a-6b=14$,从而有$a=\dfrac{6b+14}{8}=\dfrac{3b+7}{4}$,将其代入③,即得

$$\left(\dfrac{3b+7}{4}\right)^2+(b-3)^2=4^2$$

经整理,可得$25b^2-54b-63=0$,即$(b-3)(25b+21)=0$,从而解得$b_1=3$,$b_2=-\dfrac{21}{25}$,于是有$a_1=4$,$a_2=\dfrac{28}{25}$. 故 $k_2=a_1\cdot b_1=4\cdot 3=12$,$k_3=a_2\cdot b_2=\dfrac{28}{25}\cdot\left(-\dfrac{21}{25}\right)=-\dfrac{588}{625}$. 综上所述,$k_1=\dfrac{6\,912}{625}$,$k_2=12$,$k_3=-\dfrac{588}{625}$.

【评注】 本题着重考查的仍是学好数学必须具备的计算能力.

2010年第21届"希望杯"初二

第1试

一、选择题

☞ 1. 下列图案都是由字母 m 组合而成的,其中不是中心对称图形的是 （ ）

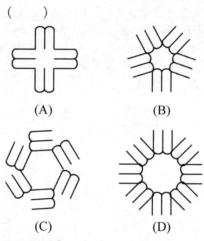

【**审题要津**】 中心对称图形的定义是:在同一平面内,如果把一个图形绕某一点旋转,旋转后的图形能与原图形完全重合,则这个图形就叫作中心对称图形. 据此即可对4个选项给出的图案进行判断.

解 依审题要津,选项(A),(C),(D)三个图案均为中心对称图形,故选(B).

【评注】 呈现出奇数个"边"、"角"的图案均非中心对称图形.

☞ 2. 若 $a^2 \geqslant a^3 \geqslant 0$,则( )

(A) $\sqrt{a} \geqslant \sqrt[3]{a}$. (B) $\sqrt{a} \leqslant \sqrt[3]{a}$.

(C) $a \geqslant 1$. (D) $0 < a < 1$.

【审题要津】 由 $a^2 \geqslant a^3 \geqslant 0$,即知 $a \geqslant 0$,显然 $a = 0$ 或 1 时,符合条件,故可排除选项(D).又当 $a > 1$ 时,$a^2 \geqslant a^3 \geqslant 0$ 不成立,故可排除(C).以下只需考察选项(A),(B)即可.

解 依审题要津,由 $a \geqslant 0$,及 $a^2 \geqslant a^3$,则有 $\sqrt[6]{a^2} \geqslant \sqrt[6]{a^3}$,即 $\sqrt[3]{a} \geqslant \sqrt[2]{a}$. 故选(B).

【评注】 事实上,若(A)成立,即知 $a \geqslant 0$,于是由 $\sqrt{a} \geqslant \sqrt[3]{a}$,可得 $(\sqrt{a})^6 \geqslant (\sqrt[3]{a})^6$,即 $a^3 \geqslant a^2$,这与题设矛盾,故应排除(A).

☞ 3. 若代数式 $\dfrac{\sqrt{2\,010 - x}}{|x| - 2\,009}$ 有意义,则 x 的取值范围是( )

(A) $x \leqslant 2\,010$.

(B) $x \leqslant 2\,010$,且 $x \neq \pm 2\,009$.

(C) $x \leqslant 2\,010$,且 $x \neq 2\,009$.

(D) $x \leqslant 2\,010$,且 $x \neq -2\,009$.

【审题要津】 若代数式 $\dfrac{\sqrt{2\,010 - x}}{|x| - 2\,009}$ 有意义,应有 $2\,010 - x \geqslant 0$,且 $|x| \neq 2\,009$. 据此即可求解.

解 依审题要津,由 $2\,010 - x \geqslant 0$,即 $x \leqslant 2\,010$ 及

第19~25届"希望杯"全国数学邀请赛试题
审题要津 详细评注

$x \neq \pm 2\,009$,即知所求为$x \leq 2\,010$,且$x \neq \pm 2\,009$,故选(B).

【评注】 依题意,字母x的取值范围应由二次根式中被开方式非负和分母不为零综合确定.

☞ 4. 正整数a,b,c是等腰三角形三边的长,并且$a+bc+b+ca=24$,则这样的三角形有( )
(A)1个.　　　　　(B)2个.
(C)3个.　　　　　(D)4个.

【审题要津】 由$a+bc+b+ca=24$,则有$(a+b)(c+1)=24$.即$(c+1)(a+b)=2^3 \times 3=2 \times 12$或$3 \times 8$或$4 \times 6$.由$a,b,c$均为正整数,于是$c+1$只能是2,3,4中之一.以下即可根据$a,b,c$是等腰三角形三边之长,通过分三种情况讨论作出判断.

解 若c为等腰三角形的底边,则$c=1$或2或3,与之对应的是$a=b=6$或4或3.若a为等腰三角形的底边,则由$b=c,(a+c)(c+1)=24$,可知当$b=c=1$时,$a=11$,此时a,b,c不能成为三角形的三边;当$b=c=2$时,$a=6$,此时a,b,c不能成为三角形的三边;当$b=c=3$时,$a=3$,此时,与c为底的情况之一重复.综上所述,满足题设条件的三角形有3个.故选(C).

【评注】 作为既考查基础知识、基本思想方法,又考查能力的综合试题,本题是一道活而不难,巧而不偏的好题.

☞ 5. 顺次联结一个凸四边形各边的中点,得到一个菱形,则这个四边形一定是( )
(A)任意的四边形.
(B)两条对角线等长的四边形.
(C)矩形.

（D）平行四边形.

【审题要津】 不妨以图助解.如图，E,F,G,H 分别为凸四边形 $ABCD$ 四条边的中点.依题意四边形 $EFGH$ 为菱形，则由 $EF=EH$ 及三角形中位线性质，可知 $AC=BD$.据此即可对照题设 4 个选项作出判断.

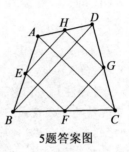

5题答案图

解 依审题要津，故选（B）.

【评注】 若凸四边形的两条对角线相互垂直，则对应的"中点四边形"是矩形.任何凸四边形所对应的"中点四边形"均为平行四边形.

☞ 6. 设 $p = \sqrt[3]{7a+1} + \sqrt[3]{7b+1} + \sqrt[3]{7c+1} + \sqrt[3]{7d+1}$，其中 a,b,c,d 是正实数，并且 $a+b+c+d=1$，则（ ）

(A) $p > 5$.　　　　(B) $p < 5$.
(C) $p < 4$.　　　　(D) $p = 5$.

【审题要津】 从题设 4 个选项看，理应从研究 p 的取值范围入手破解.针对表达 p 的解析式及条件等式结构均呈"轮换式"特征，因此只需对 $\sqrt[3]{7a+1}$ 进行化归代换即可.面对三次根式及被开方式的数据特征，应当想到以代换 $a+3a+3a+1$ 进行试探.此时比较 $a+3a+3a+1$ 与 a^3+3a^2+3a+1 的大小是关键.

解 依审题要津，由 a,b,c,d 均为正实数及 $a+b+c+d=1$，则知 $0<a<1$，于是有 $7a+1 = a+3a+3a+1 > a^3+3a^2+3a+1 = (a+1)^3$，从而 $\sqrt[3]{7a+1} >$

第19~25届"希望杯"全国数学邀请赛试题
审题要津 详细评注

$a+1$. 同理,有 $\sqrt[3]{7b+1} > b+1$, $\sqrt[3]{7c+1} > c+1$, $\sqrt[3]{7d+1} > d+1$. 以上四式相加,$p = \sqrt[3]{7a+1} + \sqrt[3]{7b+1} + \sqrt[3]{7c+1} + \sqrt[3]{7d+1} > (a+b+c+d) + 4 = 5$. 故选(A).

【评注】 所谓"轮换式"即指:不因字母更换而改变其结构的代数式. 注意到本题已知及所求式的这一特征,从而使解题目标得以凝缩,进而由 a,b,c,d 为正整数及 $a+b+c+d=1$,得知 a,b,c,d 均为小于1的正数,这才是通过放缩不等式求解的关键. 其中将 $7a+1$ 变换成 $a+3a+3a+1$,是值得品味的技巧.

7. Given a, b, c satisfy $c < b < a$ and $ac < 0$, then which one is not sure to be correct in the following inequalities(　　)

(A) $\dfrac{b}{a} > \dfrac{c}{a}$.　　(B) $\dfrac{b-a}{c} > 0$.

(C) $\dfrac{b^2}{c} > \dfrac{a^2}{c}$.　　(D) $\dfrac{a-c}{ac} < 0$.

译文 已知 a,b,c 满足 $c<b<a$ 和 $ac<0$,则下列不等式中不一定成立的是(　　)

【审题要津】 由 $c<b<a$,且 $ac<0$,即知 $a>0$,$c<0$. 为了便于分析比较,不妨将题设4个选项,变换成(A) $\dfrac{b-c}{a} > 0$,(B) $\dfrac{b-a}{c} > 0$,(C) $\dfrac{(b+a)(b-a)}{c} > 0$,(D) $\dfrac{a-c}{ac} < 0$. 以下可根据题设给出的不等关系,通过对各选项逐一考察作出判断.

解 依审题要津,考察(A):由 $b>c,a>0$,易知 $\dfrac{b-c}{a} > 0$,故 $\dfrac{b}{a} > \dfrac{c}{a}$,可见选项(A)成立;考察(B):由

$b<a, c<0$,易知 $\dfrac{b-a}{c}>0$,从而可知选项(B)成立;考察(D):由 $a>c, ac<0$,易知 $\dfrac{a-c}{ac}<0$,故选项(D)成立.由4选1,故知选(C).

【评注】 本题也可利用赋值法求解:取 $a=1, b=-2, c=-3$,则 $\dfrac{b^2}{c}=-\dfrac{4}{3}, \dfrac{a^2}{c}=-\dfrac{1}{3}$,所以 $\dfrac{b^2}{c}>\dfrac{a^2}{c}$ 不一定成立.

☞ 8.某公司的员工分别住在 A, B, C 三个小区,A 区住员工30人,B 区住员工15人,C 区住员工10人,三个小区在一条直线上,位置如图所示.若公司的班车只设一个停靠点,为使所有员工步行到停靠点的路程总和最短,那么停靠点的位置应在(　　)

(A)A 区.

(B)B 区.

(C)C 区.

(D)A, B, C 区以外的一个位置.

8题图

【审题要津】 从 A, B, C 各区员工所住的人数来比较,显然班车停靠点应设在离 A 区较近的位置.考虑到选项(D)的所指,贸然选(A)似乎有风险,因此不妨从数学方法入手进行分析,以防因想当然而失误.此时可设停靠点在 A 区左侧距 A 区 x m 处,同时设所有员工步行到停靠点的路程总和是 y m.以下只需采取分段讨论的方法,即可通过对比计算结果作出抉择.

解 需从以下四种情形进行分析:

(Ⅰ)当 $0 \leqslant x \leqslant 100$ 时,$y = 30x + 15(100 - x) + 10(300 - x) = 5x + 4\,500$,显然当 $x = 0$ 时,y 取最小值 $4\,500$.

(Ⅱ)当 $100 < x \leqslant 300$ 时,$y = 30x + 15(x - 100) + 10(300 - x) = 35x + 1\,500$,因为 $100 < x \leqslant 300$,所以 $y > 5\,000$.

(Ⅲ)当 $x < 0$(即停靠点设在 A 区左侧)时,$y = 30|x| + 15(100 + |x|) + 10(300 + |x|) = 55|x| + 4\,500$,则由 $|x| > 0$,可知 $y > 4\,500$.

(Ⅳ)当 $x > 300$(即停靠点设在 C 区右侧)时,$y = 30x + 15(x - 100) + 10(x - 300) = 55x - 4\,500$,则由 $x > 300$,可知 $y > 12\,000$.

综上可知,将停靠点设在 A 区时,所有员工步行到停靠点的路程总和最短. 故选(A).

【评注】 如单纯从应试来说,只需分析(Ⅰ),(Ⅲ)两种情形即可. 提供上述解法旨在使学生知其然,又知其所以然. 这正是我们需要提倡的研究式的学习风格.

☞ 9. △ABC 的内角 A 和 B 都是锐角,CD 是高,若 $\dfrac{AD}{DB} = \left(\dfrac{AC}{BC}\right)^2$,则 △$ABC$ 是( )

(A)直角三角形.

(B)等腰三角形.

(C)等腰直角三角形.

(D)等腰三角形或直角三角形.

【审题要津】 针对题设条件和所求,理应以图助解:如图,作 $CD \perp AB$ 于点 D. 若 $AD = DB$,可知 $AC =$

BC,即 $\triangle ABC$ 是等腰三角形;若 $AD \cdot DB = CD^2$,则知 $\angle ACB$ 是直角,即 $\triangle ABC$ 是直角三角形. 以下只需对等式 $\dfrac{AD}{DB} = \left(\dfrac{AC}{BC}\right)^2$ 采

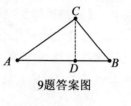

9题答案图

取去分母移项,进而实施因式分解即可发现解题入口.

解 依审题要津,由 $\dfrac{AD}{DB} = \left(\dfrac{AC}{BC}\right)^2$,可得 $AC^2 \cdot DB - BC^2 \cdot AD = 0$,即 $(AD^2 + CD^2) \cdot DB - (DB^2 + CD^2) \cdot AD = 0$,亦即 $(AD^2 \cdot DB - DB^2 \cdot AD) + (CD^2 \cdot DB - CD^2 \cdot AD) = 0$. 于是 $(AD - DB)(AD \cdot DB - CD^2) = 0$,可得 $AD = DB$ 或 $AD \cdot DB = CD^2$,从而可知 $\triangle ABC$ 是等腰三角形或直角三角形. 故选(D).

【评注】 本题也可如下求解:令 $\dfrac{AC^2}{AD} = \dfrac{BC^2}{DB} = k$,则 $AC^2 = kAD, BC^2 = kDB$. 则依勾股定理,可得 $AC^2 - AD^2 = BC^2 - DB^2 = CD^2$,即 $kAD - AD^2 = kDB - DB^2$,移项整理,有 $k(AD - DB) - (AD^2 - DB^2) = 0$,即 $(AD - DB)[k - (AD + BD)] = 0$. 当 $AD - DB = 0$,即 $AD = DB$ 时,$\triangle ABC$ 是等腰三角形;当 $k - (AD + BD) = 0$,即 $k = AD + BD = AB$ 时,则 $AC^2 = kAD = AB \cdot AD, BC^2 = kBD = AB \cdot BD$,那么 $AC^2 + BC^2 = AB(AD + BD) = AB^2$,所以 $\triangle ABC$ 是直角三角形.

☞ 10. 某人沿正在向下运动的自动扶梯从楼上走到楼下,用了 24 s. 若他站在自动扶梯上不动,从楼上到楼下要用 56 s;若扶梯停止运动,他从楼上走到楼下要用( )

(A) 32 s.   (B) 38 s.
(C) 42 s.   (D) 48 s.

第19~25届"希望杯"全国数学邀请赛试题
审题要津 详细评注

【审题要津】 周旋于路程、时间、速度之中,首先应抓住其中之一作为"把手儿". 为此不妨设楼上到楼下的路程为 S,于是由自动扶梯"从楼上到楼下要用 56 s",即知扶梯运行速度为 $\dfrac{S}{56}$. 针对所求,又可设人从楼上走到楼下的速度为 v. 以下只需根据"某人沿正在向下运动的自动扶梯从楼上走到楼下,用了 24 s",即可通过列方程完成所求.

解 依审题要津,$\dfrac{S}{\dfrac{S}{56}+v}=24$,化简方程则有 $24\left(\dfrac{S}{56}+v\right)=S$,即 $\dfrac{3}{7}S+24v=S$,从而由 $7\times 24v=4S$,则知 $42v=S$. 于是由 $\dfrac{S}{v}=42$,可知所求为 42 s. 故选(C).

【评注】 以上求解的扼要之处,是抓住"某人沿正在向下运动的自动扶梯从楼上走到楼下,用了 24 s"这一关键语句. 引入设而不求的 S,v,其目的在于表示"时间为 24"这一等量关系. 如从"速度"角度入手,注意到 $\dfrac{S}{24}$ 表示的是梯速与人速之和,也可通过方程 $\dfrac{S}{56}+\dfrac{S}{x}=\dfrac{S}{24}$ 求解(其中 S 表示的是楼上到楼下的路程,x 表示的是人从楼上走到楼下所用的时间). 由 $\dfrac{1}{56}+\dfrac{1}{v}=\dfrac{1}{24}$,可得 $\dfrac{1}{x}=\dfrac{1}{3\times 8}-\dfrac{1}{7\times 8}=\dfrac{1}{8}\times\left(\dfrac{1}{3}-\dfrac{1}{7}\right)=\dfrac{1}{8}\times\dfrac{4}{21}=\dfrac{1}{42}$,故 $x=42$. 考虑到在速度既定的前提下,路程与时间成正比关系,因此还可以从比例入手求解:设 S 为楼

上到楼下的路程,则扶梯每秒向下运动的路程为 $\dfrac{S}{56}$,又 24 s 的时间内扶梯向下运动的路程为 $24 \times \dfrac{S}{56} = \dfrac{3S}{7}$,从而可知人向下走了 $S - \dfrac{3}{7}S = \dfrac{4}{7}S$ 的路程.于是可知人每秒走的路程为 $\dfrac{4}{7}S \div 24 = \dfrac{S}{42}$,据此可得人走路程 S 需要 42 s.

二、A 组填空题

☞ 11. 四个多项式:① $-a^2 + b^2$;② $-x^2 - y^2$;③ $49x^2y^2 - z^2$;④ $16m^4 - 25n^2p^2$. 其中不能用平方差公式分解的是_____.(填写序号)

【审题要津】 将平方差公式 $a^2 - b^2 = (a+b) \cdot (a-b)$ 与题目给出的四个多项式逐一对照即可.

解 由于① $-a^2 + b^2 = b^2 - a^2$;③ $49x^2y^2 - z^2 = (7xy)^2 - z^2$;④ $16m^4 - 25m^2p^2 = (4m^2)^2 - (5np)^2$. 可见多项式①,③,④均可用平方差公式分解,故填②.

【评注】 实际上,只要熟悉平方差公式则可径直填②.

☞ 12. 若 $a = \dfrac{1}{1-b}, b = \dfrac{1}{1-c}, c = \dfrac{1}{1-d}$,则 a 与 d 的大小关系是 a _____ d.(填">","<"或"=")

【审题要津】根据已知三个等式提供的线索,依次通过消 b,消 c,即可得出 a 与 d 的关系式,据此即可获解.

解 依题设,$a = \dfrac{1}{1 - \dfrac{1}{1-c}} = \dfrac{1}{\dfrac{-c}{1-c}} = \dfrac{c-1}{c} = 1 - \dfrac{1}{c} =$

第 19～25 届"希望杯"全国数学邀请赛试题
审题要津 详细评注

$1 - \dfrac{1}{\dfrac{1}{1-d}} = 1 - (1-d) = d$，故填" = ".

【评注】 正确进行繁分式化简是解决本题的关键.

☞ 13. 分式方程 $\dfrac{2x^2}{x^2-1} + \dfrac{5}{x-1} + \dfrac{1}{x+1} = 0$ 的解是 $x =$ _____.

【审题要津】 解分式方程的步骤是：（Ⅰ）将方程的两边同乘以分母的最简公倍式，化原方程为整式方程；（Ⅱ）解整式方程；（Ⅲ）验根.据此即可完成所求.

解 依审题要津，方程两边同乘以 $x^2 - 1$，经整理原方程可化为 $2x^2 + 6x + 4 = 0$，即 $x^2 + 3x + 2 = 0$. 于是由 $(x+2)(x+1) = 0$，可得 $x = -2$ 或 $x = -1$，经检验 $x = -1$ 是增根，故填 -2.

【评注】 验根是解题过程中常被部分考生忽视的重要步骤.其实验根并不复杂，只需看所求出的根是否使分母为 0 即可.就本题而言，如去分母后列式为 $\begin{cases} 2x^2 + 6x + 4 = 0 \\ x^2 - 1 \neq 0 \end{cases}$，则可不必验根.

☞ 14. 甲、乙两人从点 A 同时同向出发沿 400 m 的环形跑道跑步，过一段时间后，甲在跑道上离点 A 200 m 处，而乙在离点 A 不到 100 m 处正向点 A 跑去.若甲、乙两人的速度比是 4∶3，则此时乙至少跑了_____ m.

【审题要津】 依题意，甲跑过的路程可能为 200 m，600 m，1 000 m，1 400 m，…，由"甲、乙两人的速度比为 4∶3"，则知乙跑过的路程可能为 150 m，450 m，750 m，1 050 m，…，相应地乙与点 A 的距离则

分别为 250 m,350 m,50 m,150 m,…. 据此即可求解.

解 依审题要津,由 50 m < 100 m 可知,此时乙至少跑了 700 m. 填 700.

【评注】 分解出第一次"50 m < 100 m",是顺利求解的关键. 从而乙至少跑了 700 m.

☞ 15. 已知等腰三角形三边的长分别是 $4x-2, x+1, 15-6x$,则它的周长是_____.

【审题要津】 在关注"三角形任意两边之和大于第三边"的前提下,只需采取分类讨论的方法,即可筛出所求.

解 若 $4x-2 = x+1$,则 $x=1$,此时三边之长分别为 2,2,9,这样的三角形不存在;若 $x+1 = 15-6x$,则 $x=2$,此时三边之长分别为 6,3,3. 这样的三角形也不存在;若 $4x-2 = 15-6x$,则 $x=1.7$,此时三边之长分别为 4.8,2.7,4.8. 从而三角形周长为 12.3. 故填 12.3.

【评注】 先确定 x 的取值范围即可避免分类讨论:由 $(x+1)+(15-6x) > 4x-2$,得 $x<2$;由 $(4x-2)+(15-6x) > x+1$,得 $x<4$;由 $(4x-2)+(x+1) > 15-6x$,得 $x > \frac{14}{11}$. 综上,x 的取值范围是 $\frac{14}{11} < x < 2$. 于是由 $x+1 < 3$ 及 $4x-3 > 3$,且 $15-6x > 3$ 可知,只能是 $4x-2 = 15-6x$,故 $x = 1.7$(下略).

☞ 16. 若 $a = -\frac{29}{37}, b = -\frac{45}{37}$,则 $a^3 - 6ab + b^3 =$ _____.

【审题要津】 注意到 $a+b = -2$,即可通过对所求式变形来寻找解题入口.

解 由已知,可得 $a+b=-2$,于是 $a^3-6ab+b^3=(a+b)(a^2-ab+b^2)-6ab=-2a^2-4ab-2b^2=-2(a+b)^2=-2\times(-2)^2=-8$. 故填 -8.

【评注】 敏锐地发现 $a+b=-2$ 是确定解题方向的关键. 由此可见,随时关注数据特征是十分重要的审题意识.

☞ 17. 直线 $y=\dfrac{5}{4}x-\dfrac{95}{4}$ 与 x 轴,y 轴的交点分别为 A,B,则线段 AB 上(包括端点 A,B)横坐标和纵坐标都是整数的点有_____个.

【审题要津】 以图助解为宜. 如图所示,直线 $y=\dfrac{5}{4}x-\dfrac{95}{4}$ 与 x 轴,y 轴的交点分别为 $A(19,0)$,$B\left(0,-\dfrac{95}{4}\right)$. 与此同时,可参照求不定方程整数解的思路,将直线的解析式变形为 $y=-25+\dfrac{5(x+1)}{4}$. 据此即可求解.

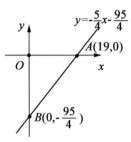

17题答案图

解 如图,线段 AB 上的点的坐标满足 $y=-25+\dfrac{5(x+1)}{4}$,而 $x+1$ 的值仅可由 1 变到 20,只有 $x+1$ 能被 4 整除时,y 的值才是整数. 所以当 $x+1$ 取 $4,8,12,$

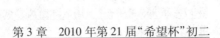

16,20时,y的值是整数,因此共有5个横坐标和纵坐标都是整数的点.故填5.

【评注】 如将直线解析式反演为$x=\dfrac{4y}{5}+19$,则更便于分析.建议学生自行试之.

☞ 18. 已知关于x的不等式$\dfrac{a^2-3x-\dfrac{1}{3}}{-4}>\dfrac{(2-a)x}{3}$的

解是$x>-1$,则$a=$ _____.

【审题要津】 针对所求,应首先以分离变量为准则将已知不等式化简,进而可根据其解为$x>-1$,研究a的取值.

解 依审题要津,可将已知方程化为$(4a+1)x>3a^2-1$.因为题设中原不等式的解是$x>-1$,所以只能是

$$\begin{cases}\dfrac{3a^2-1}{4a+1}=-1 & ① \\ 4a+1>0 & ②\end{cases}$$

由①得$a=-\dfrac{4}{3}$或$a=0$,其中$a=-\dfrac{4}{3}$不符合$4a+1>0$,所以$a=0$.故填0.

【评注】 揭示出"$4a+1>0$"这一隐含条件是正确求解的关键.如根据"不等式的解的边界即为对应方程的解"列出关于a的方程,同样可解的$a=0$或$a=-\dfrac{4}{3}$.此时须检验,检验可知,$a=-\dfrac{4}{3}$时,不等式的解为$x<-1$.

☞ 19. 当a分别取$-2,-1,0,1,2,3,\cdots,97$这100个数时,关于x的分式方程$\dfrac{1}{x-1}-\dfrac{a}{2-x}=$

$\dfrac{2(a+1)}{x^2-3x+2}$ 有解的概率是_____.

【审题要津】 针对所求不妨从逆向思维入手分析.若分式方程无解,不外乎两则:一是去分母后所得整式方程也无解;二是整式方程虽有解,但其解有使原分式方程中某个分母为 0 的情况.据此即可通过简化已知方程来做进一步探索.

解 依审题要津,由原方程可化为
$$(a+1)x = 3a+4 \quad ①$$
当 $a = -1$ 时,由方程①即知原方程无解;又原分式方程可能产生的增根是 $x=1$ 和 $x=2$. 将 $x=1, x=2$ 分别代入方程①,可求得 $a = -\dfrac{3}{2}$ 和 $a = -2$. 因此,当 $a = -\dfrac{3}{2}$ 或 $a = -2$ 或 $a = -1$ 时,原方程无解. 因此,当 a 分别取 $0, 1, 2, 3, \cdots, 97$ 时,原方程有解,其概率是 $\dfrac{98}{100} = \dfrac{49}{50}$. 故填 $\dfrac{49}{50}$.

【评注】 在题设条件下,显然方程无解的概率很小,因此从逆向思维入手求解.

20. 十位数 $2010888abc$ 能被 11 整除,则三位数 $\overline{abc}$ 的最大值是_____.

(注:能被 11 整除的自然数的特点是:奇数位上的数字和与偶数位上的数字和的差是 11 的整数倍)

【审题要津】 根据能被 11 整除的自然数的特点,得 $(2+1+8+8+b) - (8+a+c) = 11 + b - a - c$. 设 $11 + b - a - c = 11k$(k 为整数),即可由 a, b, c 的取

值范围确定k的取值,进而可确定$\overline{abc}$的最大值.

解 继审题要津,由$0 \leqslant a \leqslant 9, 0 \leqslant b \leqslant 9, 0 \leqslant c \leqslant 9$,可知$-18 \leqslant b-a-c \leqslant 9$,即$-7 \leqslant 11+b-a-c \leqslant 20$,于是由$-7 \leqslant 11k \leqslant 20$,可得$k=0$,或$k=1$. 因为$11+b-a-c=11k$,所以$k=0$时,$a=c=9, b=7$,此时$\overline{abc}$的最大值为979;$k=1$时,$b=a+c$,此时$\overline{abc}$的最大值为990,故满足题意的$\overline{abc}$的最大值是990,填990.

【评注】 首先确定$11+b-a-c$的取值范围是顺利完成所求的关键.

三、B 组填空题

☞ 21. 一个矩形的长与宽是两个不相等的整数,它的周长与面积的数值相等,那么这个矩形的长与宽分别是_____和_____.

【审题要津】 不妨设矩形的长与宽分别为x, y,则依题意可知$2(x+y) = xy$. 以下只需通过分离变量,即可根据x, y均为正整数,作出分析判断. 此时关注$x \neq y$是必要的.

解 依审题要津,当$x \neq 2$时,由$2(x+y) = xy$,可知$y = \dfrac{2x}{x-2} = \dfrac{2(x-2)+4}{x-2} = 2 + \dfrac{4}{x-2}$. 因为$y$为正整数,所以$x-2$只能等于1,2,4. 即$x$只能等于3,4,6. $x=3$时,$y=6$;$x=4$时,$y=4$(不合题意);$x=6$时,$y=3$. 所以已知矩形的长与宽分别是6和3. 故填6;3.

【评注】 本题实际上是研究不定方程的整数解问题,值得总结的是,务须将其中一个变量表示成为另一个变量的"带分式"形式.

☞ 22. 用$[x]$表示不大于x的最大整数,如$[4.1] =$

4,$[-2.5]=-3$,则方程$6x-3[x]+7=0$的解是_____或_____.

【审题要津】 首先应明确$[x]$是将x切去小尾巴a的整数,于是$x=[x]+a$,这里$0 \leqslant a<1$.据此可将方程化为关于$[x]$的二元一次方程,以下只需利用$[x]$为整数,即可"逼出"a的取值.

解 依审题要津,原方程可化为$6([x]+a)-3[x]+7=0$,即$3[x]+6a+7=0$,分离变量可得$[x]=-\dfrac{6a+7}{3}$.由$[x]$为整数且$0 \leqslant 6a<6$,则知$6a$只能取2或5.$6a=2$时,$[x]=-3$,$x=-3+\dfrac{1}{3}=-\dfrac{8}{3}$;$6a=5$时,$[x]=-4$,$x=-4+\dfrac{5}{6}=-\dfrac{19}{6}$.故填$x=-\dfrac{8}{3}$;$-\dfrac{19}{6}$.

【评注】 将已知方程化为关于$[x]$的方程,一是构建和谐化解题环境的需要;二是便于利用"整数"的"身份"制约参数a的取值范围,对比希望同学认真总结.

☞ 23. As in the figure, in a quadrilateral $ABCD$, we have its diagonal AC bisects $\angle DAB$. And $AB=21$, $AD=9$, $BC=DC=10$, then the distance from point C to line AB is _____, and the length of AC is _____.

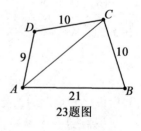

23题图

译文 如图,在四边形$ABCD$中,对角线AC平分

$\angle DAB$,且 $AB=21$,$AD=9$,$BC=DC=10$,则点 C 到 AB 的距离是_____,AC 的长是_____.

【审题要津】 为了利用角分线的性质,理应如图,过点 C 引 $CE \perp AB$ 于点 E,$CF \perp AD$ 于点 F. 易知 $CE=CF$,又因为题设 $CB=CD=10$,因此应想到利用 Rt$\triangle CEB \cong$ Rt$\triangle CFD$ 解决问题.

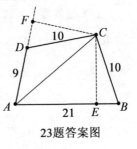

23题答案图

解 依审题要津,由 AC 平分 $\angle DAB$,则 $CF=CE$ 且 $AF=AE$. 在 Rt$\triangle CFD$ 和 Rt$\triangle CEB$ 中,$DC=CB=10$,又 $CF=CE$. 所以 $\triangle CFD \cong \triangle CEB$,且 $DF=EB$. 于是由 $AF=AE$,可得 $9+EB=21-EB$,解之,$EB=6$. 由勾股定理 $CE^2=BC^2-EB^2=10^2-6^2=8^2$,所以 $CE=8$;$AC=\sqrt{AE^2+CE^2}=\sqrt{(21-6)^2+8^2}=17$. 填 8;17.

【评注】 解答本题的思路历程是这样的:在题设 AC 平分 $\angle DAB$ 的条件下,引 $CE \perp AB$,$CF \perp AD$ 是顺理成章的. 在已知 $BC=10$ 的前提下,想方设法求出 BE 也是自然而然的. 得知 Rt$\triangle CFD \cong$ Rt$\triangle CEB$ 后,视 $DF=EB=x$,进而利用方程求解则是完成所求的必经之路.

☞ 24. 如图,Rt$\triangle ABC$ 位于第一象限内,点 A 的坐标为 $(1,1)$,两条直角边 AB,AC 分别平行于 x 轴,y 轴,$AB=4$,$AC=3$. 若反比例函数 $y=\dfrac{k}{x}(k \neq 0)$

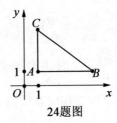

24题图

的图像与 Rt$\triangle ABC$ 有交点,则 k 的最大值是_____,最小值是_____.

【审题要津】 依题设,易知 B,C 两点的坐标分别为 $B(5,1),C(1,4)$. 不妨设反比例函数 $y=\dfrac{k}{x}(k\neq 0)$ 的图像与 $\triangle ABC$ 的交点为 $P(x,y)$,则 $k=xy$. 针对所求,应从边缘化入手求解,考虑双曲线 $y=\dfrac{k}{x}$ 与 $\triangle ABC$ 的三边 AB,AC,BC 有交点时,k 的取值范围.

解 依审题要津,可分以下三种情况讨论(如图):

24题答案图

当双曲线 $y=\dfrac{k}{x}(k\neq 0)$ 与边 AB 相交时,即点 $P(x,y)$ 在 AB 边上时,由 $1\leqslant x\leqslant 5,y=1$,得 $1\leqslant k=xy\leqslant 5$;当双曲线 $y=\dfrac{k}{x}(k\neq 0)$ 与边 AC 相交时,即点 $P(x,y)$ 在边 AC 上时,由 $1\leqslant y\leqslant 4,x=1$,得 $1\leqslant k=xy\leqslant 4$;当双曲线 $y=\dfrac{k}{x}(k\neq 0)$ 与边 BC 相交时,即点 $P(x,y)$ 在 BC 边上时,先确定线段 BC 的方程为 $y_{BC}=-\dfrac{3}{4}x+\dfrac{19}{4}(1\leqslant x\leqslant 5)$,则 $k=xy=x\left(-\dfrac{3}{4}x+\dfrac{19}{4}\right)=-\dfrac{3}{4}\left(x-\dfrac{19}{6}\right)^2+\dfrac{361}{48}$,显然当 $x=\dfrac{19}{6}$ 时,k 有最大值 $\dfrac{361}{48}$;当 $x=1$ 时,k 有最小值 4. 综上所述,$y=\dfrac{k}{x}(k\neq 0)$ 的图像与 $\triangle ABC$ 有交点,k 的最大值为 $\dfrac{361}{48}$,k 的最小值为 1. 填 $\dfrac{361}{48}$;1.

【评注】 从边缘化入手求解,体现的是极端化思想. $k=xy$ 的最小值显然 $x=1,y=1$ 时取得,但 $k=xy$ 的最大值并非是双曲线与边 BC 在直线 $y=x$ 与边 BC 交点相切时取得,而是在双曲线与边 BC 切于点 $\left(\dfrac{19}{6},\dfrac{19}{8}\right)$ 时取得.

☞ 25. 设 $A_0,A_1,\cdots,A_{n-1}$ 依次是面积为整数的正 n 边形的 n 个顶点,考虑由连续的若干个顶点连成的凸多边形,如四边形 $A_3A_4A_5A_6$、七边形 $A_{n-2}A_{n-1}A_0A_1A_2A_3A_4$ 等. 如果所有这样的凸多边形的面积之和是 231,那么 n 的最大值是_____,此时正 n 边形的面积是_____.

【审题要津】 针对题意,首先应研究正 n 边形中所含有的凸多边形的个数. 注意到每条对角线都可将正 n 边形分成两个凸多边形,正 n 边形共有 n 个顶点,而每个顶点(除去自身及与之相邻的两个顶点外)与其他 $n-3$ 个顶点均可连成对角线. 考虑到相对性,可知正 n 边形共有 $\dfrac{n(n-3)}{2}$ 条对角线,因此正 n 边形可分成 $\dfrac{n(n-3)}{2}$ 对凸多边形. 由于正 n 边形本身的面积为 S(题设),因此这 $\dfrac{n(n-3)}{2}$ 对凸多边形的面积之和为 $\dfrac{n(n-3)}{2}\times S$. 而"所有这样的凸多边形"中还包括正 n 边形本身,于是依题意可得 $\left[\dfrac{n(n-3)}{2}+1\right]\times S=231$,即 $[n(n-3)+2]S=462$. 注意到这个等式左端乘积式中的字母皆为正整数,即可通过分析作出判断.

第19~25届"希望杯"全国数学邀请赛试题
审题要津 详细评注

解 依审题要津,由$[n(n-3)+2]S=462=2\times 3\times 7\times 11$,及$S\geqslant 1$,可知当$S$取最小值1时,$[n(n-3)+2]$的值最大,此时由$n(n-3)=460=23\times 20$,可知$n=23$.即$n$的最大值是23,此时正$n$边形的面积是1.故填23;1.

【评注】 本题的难度之大首先在于题意内涵较深不易理解,斟字酌句地细心审读题意是关键.而先后对462和460分别进行质因数分解,则是破解迷雾的必要手段.除此之外,对凸n边形有$\dfrac{n(n-3)}{2}$条对角线这一结论应在理解的基础上牢记.

第2试

一、选择题

☞ 1. 计算 $2^{12} \times 5^9$,得数是( )

(A) 9 位数.　　(B) 10 位数.

(C) 11 位数.　　(D) 12 位数.

【审题要津】 从题设乘积式中化出以 10 为底的幂即可.

解 因为 $2^{12} \times 5^9 = 2^3 \times 2^9 \times 5^9 = 8 \times (2 \times 5)^9 = 8 \times 10^9$.显然这是一个 10 位数,故选(B).

【评注】 熟悉并灵活运用幂的运算法则是顺利求解的关键.

☞ 2. 若 $\dfrac{x}{2} - \dfrac{y}{3} = 1$,则代数式 $\dfrac{9x+y-18}{9x-y-18}$ 的值( )

(A) 等于 $\dfrac{7}{5}$.　　(B) 等于 $\dfrac{5}{7}$.

(C) 等于 $\dfrac{5}{7}$ 或不存在.

(D) 等于 $\dfrac{7}{5}$ 或不存在.

【审题要津】 有已知条件的支持,所求式中的 x,y 在换算过程中一定可以约去.

解 由 $\dfrac{x}{2} - \dfrac{y}{3} = 1$,可得 $3x-2y=6$,即 $9x=6y+18$.将其带入所求式,即 $\dfrac{9x+y-18}{9x-y-18} = \dfrac{(6y+18)+y-18}{(6y+18)-y-18} = \dfrac{7y}{5y}$.当 $y \neq 0$ 时,所求式的值等于 $\dfrac{7}{5}$;当 $y=0$ 时,所求式

的值不存在. 故选(D).

【评注】 解答本题也可以从 $2y=3x-6$ 入手. 如忽略分类讨论,势必会出现选(A)的失误. 任何数乘以 0 均等于 0,因此 $\dfrac{0}{0}$ 不是确定的数.

☞ 3. The integer solutions of the inequalities about x
$$\begin{cases} 3(x-a)+2 \geqslant 2(1-2x-a) \\ \dfrac{x+b}{3} < \dfrac{b-x}{2} \end{cases}$$
are 1,2,3, then the number of integer pairs (a,b) is( )
(A) 32.   (B) 35.
(C) 40.   (D) 48.

译文 如果关于 x 的不等式组
$$\begin{cases} 3(x-a)+2 \geqslant 2(1-2x-a) \\ \dfrac{x+b}{3} < \dfrac{b-x}{2} \end{cases}$$
的整数解是 1,2,3,那么整数对 (a,b) 的个数是( )

【审题要津】 本题考查的是确定不定不等式整数解的问题. 应首先将原不等式化简,以便求出未知数 x 的取值"范围",显然这个"范围"是由 a,b 表示的. 根据这个范围内只存在 1,2,3 三个整数,即可分析出 a,b 各自都有哪些整数取值.

解 依审题要津,经化简可得不等式组的解为 $\dfrac{a}{7} \leqslant x < \dfrac{b}{5}$. 因为 x 只能取 1,2,3,所以 $0 < \dfrac{a}{7} \leqslant 1, 3 < \dfrac{b}{5} \leqslant 4$,即 $0 < a \leqslant 7, 15 < b \leqslant 20$. 所以整数 $a=1,2,3,4,5,6,7$;整数 $b=16,17,18,19,20$. 显然整数对 (a,b) 的

个数是 $7 \times 5 = 35$. 故选(B).

【评注】 解答本题的关键,是确定出 $0 < \dfrac{a}{7} \leq 1$ 及 $3 < \dfrac{b}{5} \leq 4$,如借用数轴来理解,则茅塞顿开.

☞ 4. 已知三角形三个内角的度数之比为 $x:y:z$,且 $x+y<z$,则这个三角形是( )

(A)锐角三角形. (B)直角三角形.
(C)钝角三角形. (D)等腰三角形.

【审题要津】 由于三角形的三个内角之和为 $180°$,因此由"$x+y<z$"可知,三角形中最大的内角为 $\dfrac{180°}{x+y+z} \cdot z$. 如设其为 $\angle C$,则只需将 $\angle C$ 与 $90°$ 作比较. 此时应继续关注"$x+y<z$"这一条件.

解 由 $x+y<z$,即知 $\angle C = \dfrac{180°}{x+y+z} \cdot z > \dfrac{180°}{z+z} \cdot z = \dfrac{180°}{2} = 90°$,由此可见已知三角形为钝角三角形,故选(C).

【评注】 这是一道考查诸多知识点,且活而不难巧而不偏的好题.

☞ 5. 如图,一个凸六边形的六个内角都是 $120°$,六条边的长分别为 a,b,c,d,e,f,则下列等式中成立的是( )

(A) $a+b+c = d+e+f$.
(B) $a+c+e = b+d+f$.
(C) $a+b = d+e$.
(D) $a+c = b+d$.

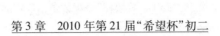

5题图

【审题要津】 既然六边形的六个内角都是 $120°$,因此它们的外角都是 $60°$,从而可如图,双向延长 a,c,e 三条边,使之构成 △ABC. 以下只需利用图中出现的诸多等边三角形,即可求解.

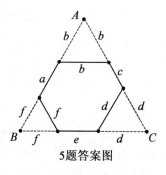

5题答案图

解 依审题要津,由于以长度分别为 b,d,f 的三条边为底的三个小三角形均为等边三角形,因此 $\angle A = \angle B = \angle C = 60°$. 从而可知 △ABC 为等边三角形,于是有 $AB = BC = CA$,即 $b + a + f = f + e + d = d + c + b$,故 $a + b = d + e$. 选(C).

【评注】 如延长长度分别为 b,d,f 的三条边,也可得出同样结果.

☞ 6. 在三边互不相等的三角形中,最长边的长为 a,最长的中线的长为 m,最长的高线的长为 h,则( )

(A)$a > m > h$.　　(B)$a > h > m$.

(C)$m > a > h$.　　(D)$h > m > a$.

【审题要津】 观察可知,三角形中最短的边上的中线最长. 如图1,在 △ABC 中,设 AC 为最短边,于是边 AC 上的中线 BD 最长. 延长 BD 到 B',使 $DB' = BD$. 易证 △ADB ≌ △CDB',从而有 $B'C = AB$. 在 △BCB' 中,$BB' < BC + B'C$,即 $2m < BC + AB$,于是 $m < \dfrac{BC + AB}{2} < \dfrac{2a}{2} = a$. 据此即可排除(C),(D). 以下只需分析 m,h 之间谁大谁小,即可作出判断.

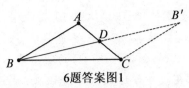

6题答案图1

解 如图2,在题图的基础上作出边 AC 上的高线 BH.依审题要津,BH 即为 $\triangle ABC$ 中最长的高线.依题意 $BH = h$.由于 $\triangle BHD$ 是直角三角形,所以 $BH < BD$,即 $h < m$,综上所述,$a > m > h$.故选(A).

【评注】 认知"三角形中最短边上的中线、高线最长"是顺利求解的关键.如不了解这个结论,在证明 $h < m$ 时,应在说明 $BH < BD$ 后,补充 $BD \leq m$ 这一步.至于证明三角形中最短边上的中线最长可采取下列方法:如图3,在 $\triangle ABC$ 中,$AB > AC$.AD,BE,CF 是三条中线,O 为重心.在 $\triangle ABD$ 和 $\triangle ACD$ 中,由于 $AD = AD$,$BD = CD$,因此由 $AB > AC$,可知 $\angle ADB > \angle ADC$,即 $\angle ODB > \angle ODC$,于是有 $OB > OC$,即 $\frac{2}{3}BE > \frac{2}{3}CF$.从而可知 $BE > CF$.

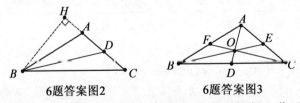

6题答案图2　　　6题答案图3

7. 某次足球比赛的计分规则是:胜一场得3分,平一场得1分,负一场得0分,某球队参赛15场,积33分,若不考虑比赛顺序,则该队胜、平、负的情况可能有(　　)
   (A)15种.　　(B)11种.
   (C)5种.　　(D)3种.

第 19~25 届"希望杯"全国数学邀请赛试题
审题要津 详细评注

【审题要津】 既然该队踢 15 场积 33 分,显然胜 11 场负 4 场,或胜 10 场平 3 场负 2 场,或胜 9 场平 6 场都在可能之列.但据此选(D)的理由是不充分的.为此还需要利用我们学过的数学知识来探个究竟.好在场数及得分数均为正整数,所以不妨从列方程入手求解.

解 设该队胜 x 场,平 y 场,负 z 场,其中 x, y, z 均为正整数,且 $0 \leqslant x, y, z \leqslant 15$. 依题意,显然有

$$\begin{cases} x+y+z=15 & \text{①} \\ 3x+y=33 & \text{②} \end{cases}$$

由式②可得,$x = 11 - \dfrac{y}{3}$. 由 y 及 $\dfrac{y}{3}$ 均为正整数,又 $0 \leqslant y \leqslant 15$,故 y 可能取的值为 $0, 3, 6, 9, 12, 15$. 据此列表如下:

y	0	3	6	9	12	15
x	11	10	9	8	7	6
z	4	2	0	/	1	/
评	符合	符合	符合	不符合	不符合	不符合

综上,该队胜、平、负的情况可能有 3 种:

胜 11 场,平 0 场,负 4 场;胜 10 场,平 3 场,负 2 场;胜 9 场,平 6 场,负 0 场.故选(D).

【评注】 作为考查不定方程整数解的试题,本题颇为灵巧,它是培养学生利用数学知识解决实际问题的绝好素材.实际上,利用由②得出的 $y = 3(11-x)$ 同样可以求解.最后要说的是,赋表列举是个好方法.

☞ 8. 若 $xy \neq 0, x+y \neq 0, \dfrac{1}{x} + \dfrac{1}{y}$ 与 $x+y$ 成反比,则 $(x+y)^2$ 与 x^2+y^2 (   )

(A)成正比.
(B)成反比.
(C)既不成正比,也不成反比.
(D)关系不确定.

【审题要津】 由 $\dfrac{1}{x}+\dfrac{1}{y}$ 与 $x+y$ 成反比例关系,又 $x+y\neq 0$,所以 $\left(\dfrac{1}{x}+\dfrac{1}{y}\right)(x+y)=k$,即 $1+\dfrac{y}{x}+\dfrac{x}{y}+1=k(k$ 为常数,$k\neq 2,k\neq 0)$,从而有 $x^2+2xy+y^2=kxy$.于是由 $(x+y)^2=kxy$,且 $k\neq 0$,可知 $(x+y)^2$ 与 xy 成正比例关系.针对所求,只需探索 x^2+y^2 与 xy 究竟存在什么关系即可.此时应当再次关注 $x^2+2xy+y^2=kxy$.

解 依审题要津,由 $x^2+2xy+y^2=kxy$,可得 $x^2+y^2=(k-2)xy$.又因为 $(x+y)^2=kxy(k\neq 0,k\neq 2)$,于是有 $\dfrac{(x+y)^2}{x^2+y^2}=\dfrac{kxy}{(k-2)xy}=\dfrac{k}{k-2}$.由 $xy\neq 0$,即知 $x^2+y^2\neq 0$,从而可知 $\dfrac{k}{k-2}$ 是一个不为零的常数,故 $(x+y)^2$ 与 x^2+y^2 成正比.选(A).

【评注】 设 x,y,z 是三个变量.若 x,y 成正比,y,z 也成正比,则 x,z 成正比.本题求解用到的就是这种正比例关系的传递性.

☞ 9.如图,已知函数 $y=\dfrac{2}{x}(x>0)$,$y=\dfrac{k}{x}(x<0)$,点 A 在正 y 轴上,过点 A 作 $BC/\!/x$ 轴,交两个函数的图像于点 B 和 C,若 $AB:AC=1:3$,则 k 的值是( )
(A)6.   (B)3.

第19～25届"希望杯"全国数学邀请赛试题
审题要津 详细评注

(C) -3.　　(D) -6.

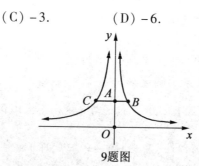

9题图

【审题要津】 不妨设 B,C 两点坐标分别为 (x_B, y_B), (x_C, y_C). 由 $BC \parallel x$ 轴, 易知 $y_B = y_C$, 即 $\dfrac{2}{x_B} = \dfrac{k}{x_C}$, 在这里 $x_B > 0, x_C < 0$. 以下只需利用 $AB:AC = 1:3$, 即可通过数形结合完成所求.

解 依审题要津, 易知 $k = \dfrac{2x_C}{x_B}$, 参照图示, 由 $AB:AC = 1:3$, 又 $x_B > 0, x_C < 0$. 则知 $x_C = -3x_B$, 即 $\dfrac{x_C}{x_B} = -3$, 故 $k = -6$. 选(D).

【评注】 本题给出的仅是一个等式, 而所求也不过是一个未知的 k, 因此只需列一元方程求解. 倘如数形结合运用自如, 本题心算即可作答.

☞ 10. 10个人围成一圈做游戏. 游戏的规则是: 每个人心里都想一个数, 并把自己想的数告诉与他相邻的两个人, 然后每个人将与他相邻的两个人告诉他的数的平均数报出来. 若报出来的数如图所示, 则报出来的数是3的人心里想的数是(　　)

10题图

(A)2.　　　　(B)－2.
(C)4.　　　　(D)－4.

【审题要津】 题目涉及的数有两类:一类是10个人每人报出来的数,在明处;一类是每个人心里想的数,属未知,因此需利用列方程组求解.针对所求,不妨设报出数3的人心里想的数为 x_1.考虑到如题图所示的循环特征,可继续设报数为 $5,7,9,1$ 的人心里想的数分别为 x_2,x_3,x_4,x_5.以下只需根据题设的游戏规则,即可通过解方程组完成所求.

解 依审题要津及题设游戏规则,可得

$$\begin{cases} x_1+x_2=8 \\ x_2+x_3=12 \\ x_3+x_4=16 \\ x_4+x_5=20 \\ x_5+x_1=4 \end{cases} \Rightarrow \begin{cases} x_1-x_3=-4 \\ x_3+x_4=16 \\ x_4+x_5=20 \\ x_5+x_1=4 \end{cases} \Rightarrow \begin{cases} x_1+x_4=12 \\ x_4+x_5=20 \\ x_5+x_1=4 \end{cases} \Rightarrow$$

$$\begin{cases} x_1-x_5=-8 \\ x_5+x_1=4 \end{cases} \Rightarrow x_1=-2$$

故选(B).

【评注】 每个人报出的数均为左邻与右舍心想数的算术平均数,这才是问题的本质.命题人设问只求一个人心想之数.显然是个陷阱.阅读完上述解答过程,对此当有所体会.

二、填空题

☞ 11.若 $x^2-2\sqrt{7}x+2=0$,则 $x^4-24x^2=$ _____.

【审题要津】 关注已知等式和所求式结构上的异同,则可从构建和谐化的解题环境入手求解.已知等式可化为 $x^2+2=-2\sqrt{7}x$,则两边平方即得 x^4+4x^2+

$4=28x^2$,于是有 $x^4-24x^2=-4$.

解 依审题要津,$x^4-24x^2=-4$,故填 -4.

【评注】 本题也可从逆向入手求解:$x^4-24x^2 = x^4+4x^2-28x^2+4-4=(x^2+2)^2-28x^2-4$. 由于已知条件可化为 $(x^2+2)^2=28x^2$,从而可知 $x^4-24x^2=-4$.

☞ 12. 如图,已知点 $A(a,b)$,O 是原点,$OA=OA_1$,$OA\perp OA_1$,则点 A_1 的坐标是 _____.

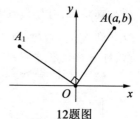

12题图

【审题要津】 由于 $OA=OA_1$,$OA\perp OA_1$,又点 $A(a,b)$,因此可利用构造全等的直角三角形完成所求.

解 依审题要津,如图引 $AB\perp y$ 轴于 B,引 $A_1B_1\perp x$ 轴于 B_1. 由 $\angle AOB+\angle A_1OB=\angle A_1OB_1+\angle A_1OB=90°$,故 $\angle AOB=\angle A_1OB_1$,又因为 $OA=OA_1$,所以 Rt$\triangle A_1OB_1\cong$ Rt$\triangle AOB$,因此有 $B_1A_1=BA$,$B_1O=BO$. 从而由 $A(a,b)$,可知 $B_1A_1=BA=a$,$B_1O=BO=b$,即点 A_1 的坐标为 $(-b,a)$. 故填 $(-b,a)$.

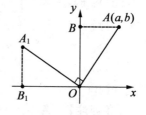

12题答案图

【评注】 如从点 A_1 向 y 轴做垂线,从点 A 向 x 轴作垂线,同样可以求解.

☞ 13. 已知 $ab\neq 0$,并且 $a+b>0$,则 $\dfrac{a}{b^2}+\dfrac{b}{a^2}$ _____ $\dfrac{1}{a}+\dfrac{1}{b}$.(填"$>$","$<$","$\geqslant$"或"$\leqslant$")

【审题要津】 由于题设有"$a+b>0$",因此首先要从参加比较大小的两个代数式中"化出""$a+b$",以使已知和所求便于沟通. 完成这项工作后,即可利用"作差比较法"求解.

解 依审题要津,$\dfrac{a}{b^2}+\dfrac{b}{a^2}=\dfrac{a^3+b^3}{a^2b^2}=\dfrac{(a+b)(a^2-ab+b^2)}{a^2b^2}$,又$\dfrac{1}{a}+\dfrac{1}{b}=\dfrac{a+b}{ab}$. 所以$\dfrac{a}{b^2}+\dfrac{b}{a^2}-\left(\dfrac{1}{a}+\dfrac{1}{b}\right)=\dfrac{a+b}{ab}\left(\dfrac{a^2-ab+b^2}{ab}-1\right)=\dfrac{a+b}{ab}\cdot\left(\dfrac{a^2-2ab+b^2}{ab}\right)=\dfrac{(a+b)(a-b)^2}{a^2b^2}$. 由 $a+b>0$,$\dfrac{(a-b)^2}{a^2b^2}\geqslant 0$,即知$\dfrac{a}{b^2}+\dfrac{b}{a^2}-\left(\dfrac{1}{a}+\dfrac{1}{b}\right)\geqslant 0$,故填"$\geqslant$".

【评注】 本题也可以从作商比较法入手求解. 不妨设 $ab>0$,则$\dfrac{a+b}{ab}$与$\dfrac{(a+b)(a^2-ab+b^2)}{a^2b^2}$均为正值(注). 后者比前者,即$\dfrac{(a+b)(a^2-ab+b^2)}{a^2b^2}\cdot\dfrac{ab}{a+b}=\dfrac{a^2-ab+b^2}{ab}$. 由 $(a-b)^2=a^2+b^2-2ab\geqslant 0$,即知 $a^2+b^2\geqslant 2ab$,于是 $a^2+b^2-ab\geqslant ab$,故$\dfrac{a^2-ab+b^2}{ab}\geqslant\dfrac{ab}{ab}=1$,从而可得$\dfrac{a^3+b^3}{a^2b^2}\geqslant\dfrac{1}{a}+\dfrac{1}{b}$. 当 $ab<0$ 时,由$\dfrac{a^3+b^3}{a^2b^2}=\dfrac{(a+b)(a^2-ab+b^2)}{a^2b^2}>0$,$\dfrac{1}{a}+\dfrac{1}{b}<0$,显然$\dfrac{a^3+b^3}{a^2b^2}>\dfrac{1}{a}+\dfrac{1}{b}$. 故填"$\geqslant$". 注:$a^2-ab+b^2>0$ 既可以通过配方,也可以视"a^2-ab+b^2"为关于 a 的二次三项式,

进而利用首项系数 $1>0$ 及判别式 $(-b)^2-4b^2=-3b^2<0$ 说明.

☞ 14. 若 $a^2+b-2a-2\sqrt{b}+2=0$,则代数式 $a^{a+b}\cdot b^{a-b}$ 的值是_____.

【审题要津】 针对已知等式的结构特征,面对所求 $a^{a+b}\cdot b^{a-b}$ 的"怪异",应当想到利用配方将已知等式化为 $(\ )^2+(\ )^2=0$ 的形式.

解 依审题要津,$a^2+b-2a-2\sqrt{b}+2=0$ 可化为 $(a^2-2a+1)+(b-2\sqrt{b}+1)=0$,即 $(a-1)^2+(\sqrt{b}-1)^2=0$,从而可知 $a=b=1$. 故 $a^{a+b}\times b^{a-b}=1^2\times 1^0=1$. 故填 1.

【评注】 对数据特征的敏感是顺利求解的关键.

☞ 15. 将代数式 $x^3+(2a+1)x^2+(a^2+2a-1)x+(a^2-1)$ 分解因式,得_____.

【审题要津】 处处受阻万般无奈时,不妨视题设代数式为关于 a 的二次三项式.

解 原式 $=(x+1)a^2+(2x^2+2x)a+(x^3+x^2-x-1)=(x+1)a^2+2x(x+1)a+(x+1)(x^2-1)=(x+1)(a^2+2ax+x^2-1)=(x+1)(x+a+1)(x+a-1)$.

【评注】 化为关于 a 的二次三项式后,应首先对每一项先进行因式分解,以便为随后的解题作出铺垫. 本题也可采取"试根法":将 $x=-1$ 代入已知式,显然已知式等于 0,从而可知已知式中必有因式 $(x+1)$. 以下即可利用多项式的综合除法求解.

☞ 16. A,B,C 三辆车在同一条直路上同向行驶,某一时刻,A 在前,C 在后,B 在 A,C 正中间. 10 min 后,C 追上 B;又过了 5 min,C 追上 A.

则再过_____ min，B 追上 A.

【审题要津】 追赶问题涉及的是速度差，因此不妨设 A,B,C 三辆车车速分别为 a,b,c. 与此同时，设某一时刻，即起始时，B 车与 A 车及 C 车相距均为 S. 以上字母均应视为参数. 针对所求，不妨设从开始到 B 追上 A 需要 x min. 据此即可通过列方程组求解.

解 依题意

$$\begin{cases} 10(c-b)=S & \text{①} \\ 15(c-a)=2S & \text{②} \\ x(b-a)=S & \text{③} \end{cases}$$

由①，②可知 $b-c=-\dfrac{S}{10}$，$c-a=\dfrac{2S}{15}$，$b-a=(b-c)+(c-a)=\dfrac{2S}{15}-\dfrac{S}{10}$，将其代入③，则 $x\left(\dfrac{2S}{15}-\dfrac{S}{10}\right)=S$，即 $x\left(\dfrac{2}{15}-\dfrac{1}{10}\right)=1$，解得 $x=30$，$30-15=15$，故填 15.

【评注】 针对所求，关注速度差是扼要之举，这正是切入解题入口的关键. 值得总结的，一是引入"设而不求"的参数；二是消去 a,b,c,S 所采取的运算技巧.

☞ 17. 边长是整数，周长等于 20 的等腰三角形有_____种，其中面积最大的三角形底边的长是_____.

【审题要津】 设三角形边长分别为正整数 a,b,c，且 $a\geqslant b\geqslant c$. 依题意，$a+b+c=20$. 因为 $a\geqslant\dfrac{20}{3}$，又 a 为正整数，所以 $a\geqslant 7$. 由于 $a<b+c$，因此 $2a<a+b+c=20$，即 $a<10$，故 $7\leqslant a\leqslant 9$. 即 a 的取值为 $7,8,9$ 三个数之一，以下只需从 a 为等腰三角形的底或腰入手进行分类讨论即可.

第 19~25 届"希望杯"全国数学邀请赛试题
审题要津 详细评注

解 依审题要津,设 (a,b,c) 为三角形三边的组合. 如 a 为底,由 $b=c$,且 b,c 均为正整数,又三角形周长为 20 可知,(a,b,c) 只能是 $(8,6,6)$. 如 a 为腰,当 $a=b=7$ 时,$c=6$,可得 (a,b,c) 为 $(7,7,6)$;当 $a=b=8$ 时,$c=4$,可得 (a,b,c) 为 $(8,8,4)$;当 $a=b=9$ 时,$c=2$,可得 (a,b,c) 为 $(9,9,2)$. 故边长是整数,周长等于 20 的等腰三角形有 4 种,在周长为定值的条件下,三角形成等边三角形时面积最大,而在上述四种等腰三角形中,边长为 $(7,7,6)$ 的三角形最接近等边三角形,因此它的面积最大,其底边长为 6. 故填 4;6.

【评注】 确定出边长 a 的取值范围是突破思维瓶颈顺利求解的关键. 其中导出 $a\leqslant 9$ 是值得思考和品味的. 对此应当注意总结.

☞ 18. 如图,在 $\triangle ABC$ 中,$AC=BD$,图中的数据说明 $\angle ABC=$ _____.

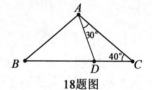

18题图

【审题要津】 为了有效地利用条件"$AC=BD$",可首先将边 AC 向左平移使点 C 重合于点 D(如图 1 所示),进而过点 A 作 $AC'\parallel BD$,使其与平移后的 AC 交于点 C'. 以下只需利用三角形的外角定理及边、角的等量关系即可求解.

解 继审题要津,易知四边形 $AC'DC$ 是平行四边形,于是有 $AC=C'D$,又 $AC=BD$,故 $BD=C'D$,因此 $\triangle BDC'$ 为等腰三角形. 因为 $\angle C'DB=\angle ACD=40°$,所以 $\angle C'BD=\dfrac{1}{2}(180°-40°)=70°$,又因为 $\angle ADB=\angle C+\angle DAC=40°+30°=70°$,故四边形 $C'BDA$ 为等

腰梯形.从而有 $AB = C'D = AC$,于是 $\triangle ABC$ 为等腰三角形,所以 $\angle ABC = \angle ACB = 40°$,故填 $40°$.

【评注】 本题也可如下求解:如图2,设 $CD' = AC$,则 $\triangle ACD'$ 为等腰三角形,从而由 $\angle C = 40°$,可得 $\angle AD'C = \angle D'AC = 70°$,又因为 $\angle ADD' = \angle C + \angle DAC = 40° + 30° = 70°$,故 $AD' = AD$.在 $\triangle AD'C$ 和 $\triangle ADB$ 中,由题设 $AC = BD$ 及 $CD' = AC$,则有 $BD = CD'$,又 $\angle AD'C = \angle ADB = 70°$,$AD' = AD$,所以 $\triangle AD'C \cong \triangle ADB$.故 $\angle ABD = \angle ACD' = 40°$,于是有 $\angle ABC = 40°$.

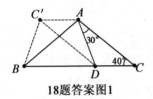

18题答案图1　　　　18题答案图2

☞ 19. 如图,直线 $y = -\dfrac{\sqrt{3}}{3}x + 1$ 与 x 轴,y 轴分别交于 A,B,以线段 AB 为直角边在第一象限内作等腰 Rt $\triangle ABC$, $\angle BAC = 90°$.在第二象限内有一点 $P\left(a, \dfrac{1}{2}\right)$,且 $\triangle ABP$ 的面积与 $\triangle ABC$ 的面积相等.则 $\triangle ABC$ 的面积是_____;$a = $_____.

19题图

【审题要津】 依题意,易知 $A(\sqrt{3}, 0), B(0, 1)$,显然 $AB = 2$,又 $\angle BAC = 90°$,且 $AC = AB = 2$,因此有 $S_{\triangle ABC} = \dfrac{1}{2}AB \times AC = \dfrac{1}{2} \times 2 \times 2 = 2$.以下只需视 a 为常数,"计算"出 $S_{\triangle ABP}$,即可通过解方程 $S_{\triangle ABP} = 2$ 求出 a

值,此时应关注直线 OB 剖分 $\triangle ABP$ 的图形结构特征.

解 依审题要津,如图,联结 PO,显而易见 $S_{\triangle ABP} = S_{\triangle AOB} + S_{\triangle POB} - S_{\triangle APO}$,因为 $S_{\triangle AOB} = \frac{1}{2} OA \times OB = \frac{1}{2} \times \sqrt{3} \times 1 = \frac{\sqrt{3}}{2}$,$S_{\triangle BOP} = \frac{1}{2} PD \times OB = \frac{1}{2} \times (-a) \times 1 = -\frac{a}{2}$,$S_{\triangle APO} = \frac{1}{2} EP \times OA = \frac{1}{2} \times \frac{1}{2} \times \sqrt{3} = \frac{\sqrt{3}}{4}$.于是由 $S_{\triangle ABP} = S_{\triangle ABC} = 2$ 可得关于 a 的方程 $\frac{\sqrt{3}}{2} + \left(-\frac{a}{2}\right) - \frac{\sqrt{3}}{4} = 2$,解之得 $a = \frac{\sqrt{3}}{2} - 4$.故填 $2;\frac{\sqrt{3}}{2} - 4$.

【评注】 计算 $S_{\triangle ABC}$ 易如反掌,计算 $S_{\triangle ABP}$ 也可采取下列常规方法:如图,设直线 AP 交 y 轴于点 F.可求得 $F\left(0, \frac{\sqrt{3}}{2(\sqrt{3}-a)}\right)$.故 $FB = 1 - \frac{\sqrt{3}}{2(\sqrt{3}-a)}$,易知 $S_{\triangle ABP} = \frac{1}{2}(EO + OA) \cdot FB = \frac{1}{2} EA \cdot FB = \frac{1}{2}(\sqrt{3}-a)\left[1 - \frac{\sqrt{3}}{2(\sqrt{3}-a)}\right] = \frac{1}{2}(\sqrt{3}-a) - \frac{\sqrt{3}}{4} = \frac{\sqrt{3}}{4} - \frac{a}{2}$.从而由 $S_{\triangle ABP} = S_{\triangle ABC} = 2$,即 $\frac{\sqrt{3}}{4} - \frac{a}{2} = 2$,可解得 $a = \frac{\sqrt{3}}{2} - 4$.就本题而言,由于点 F 的坐标数据较繁,因此计算量略大,但这种不失一般化的解题思路还是值得总结的.

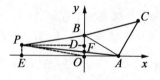

19题答案图

☞ 20. Given the area of △ABC is S_1, and the length of its three sides are $3\frac{11}{13}, 9\frac{3}{13}, 10$ respectively. And the perimeter of △A'B'C' is 18, its area is S_2. Then the relationship between S_1 and S_2 is S_1 _____ S_2. (fill in the blank with " > ", " = " or " < ")

译文 已知△ABC的面积为S_1,且该三角形三边长度分别为$3\frac{11}{13}, 9\frac{3}{13}, 10$. △A'B'C'的周长为18,其面积为$S_2$那么$S_1$和$S_2$关系是$S_1$ _____ S_2.(填写" > "," = "或" < ")

【审题要津】 针对所求,显然应分别计算△ABC和△A'B'C'的面积,即S_1, S_2的取值.根据题设△ABC的三边之长数据,应当想到它是一个特殊三角形.而对△A'B'C'来说,只知其周长为18,显然它的面积S_2不是一个定值,且有最大而无最小值.

解 因为$\left(3\frac{11}{13}\right)^2 + \left(3\frac{11}{13}\right)^2 = \left(\frac{50}{13}\right)^2 + \left(\frac{120}{13}\right)^2 = 10^2$,所以△ABC是直角三角形,于是有$S_1 = \frac{1}{2} \times \frac{50}{13} \times \frac{120}{13} = \frac{3\ 000}{169} \approx 17.75$. △A'B'C'的周长是18,而周长一定的三角形中,面积最大的是等边三角形,因此△A'B'C'的最大面积为$S_2 = \frac{\sqrt{3}}{4} \times 6^2 = 9\sqrt{3} \approx 15.59$. 由$17.75 > 15.59$,可知$S_1 > S_2$. 故填" > ".

【评注】 本题顺利求解的关键,一是想到并推算出△ABC是直角三角形,二是用S_2的最大值与S_1作比较.

三、解答题

☞ 21. 解方程：$\dfrac{2x+3}{4}+\dfrac{4}{2x+3}=\dfrac{4-x}{3}+\dfrac{3}{4-x}$.

【审题要津】 面对已知方程左、右两边均有互为倒数的两个关于 x 的分式，首先应想到利用变量代换切入. 此时不妨设 $u=\dfrac{2x+3}{4}, v=\dfrac{4-x}{3}$，于是方程可化为 $u+\dfrac{1}{u}=v+\dfrac{1}{v}$，即 $\dfrac{u^2+1}{u}-\dfrac{v^2+1}{v}=0$，消去分母整理，可得 $(u-v)(uv-1)=0$，于是有 $u=v$ 或 $uv=1$. 以下只需还原为关于 x 的方程即可完成所求.

解 依审题要津，当 $u=v$ 时，即 $\dfrac{2x+3}{4}=\dfrac{4-x}{3}$ 时，解得 $x=\dfrac{7}{10}$；当 $uv=1$ 时，即 $\dfrac{2x+3}{4}\cdot\dfrac{4-x}{3}=1$ 时，解得 $x=0$ 或 $x=\dfrac{5}{2}$. 经检验无增根，即原方程的根为 $\dfrac{7}{10}, 0, \dfrac{5}{2}$.

【评注】 虽然利用 u,v 实施变量代换只是形式上的化简，但它为因式分解提供了方便. 这正是突破难关的关键，值得注意的是，解分式方程必须验根.

☞ 22. 如图，等腰 $\text{Rt}\triangle ABC$ 的斜边 AB 上有两点 M, N，且满足 $MN^2=BN^2+AM^2$. 将 $\triangle ABC$ 绕着点 C 顺时针旋转 $90°$ 后，点 M, N 的对应点分别为 T, S.

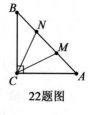

22题图

（Ⅰ）请画出旋转后的图形，并证明 $\triangle MCN \cong \triangle MCS$；

(Ⅱ)求∠MCN的度数.

【审题要津1】 将△ABC绕着点C顺时针旋转90°后,点B重合于原图中的点A,而点A则转到了图中的A′. 又点M,N始终随着所在边AB旋转,据此即可画出如图所示的旋转后的图形. 注意到点N的对应点为点S,则易知CS = CN,由于CM为△CMN与△CMS的公共边,因此只需证明MS = MN,即可完成所求.

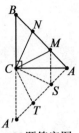

22题答案图

解 (Ⅰ)依审题要津,如图,联结MS. 由CS = CN,又因为∠CAS = ∠B = 45°,∠MAC = 45°,所以∠MAS = 90°. 于是由$AM^2 + AS^2 = MS^2$及$AM^2 + BN^2 = MN^2$,即知MS = MN,又因CN = CS,CM = CM(公共边),故△MCN ≌ △MCS.

【审题要津2】 由于边CS是由CN随△ABC绕点C旋转90°所得,显然∠NCS = 90°,据此则可结合(Ⅰ)的结论求得结果.

解 (Ⅱ)由△MCN ≌ △MCS,又∠NCS = 90°,故∠MCN = ∠MCS = $\frac{1}{2}$∠NCS = 45°.

【评注】 把握处于旋转过程中的不变因素,是解答相关问题的关键.

☞ 23. 已知长方形的边长都是整数,将边长为2的正方形纸片放入长方形,要求正方形的边与长方形的边平行或重合,且任意两个正方形重叠部分的面积为0,放入的正方形越多越好.

(Ⅰ)如果长方形的长是4,宽是3,那么最多可以放入多少个边长为2的正方形?长方形被覆盖的面积占整个长方形面积的百分比是多少?

(Ⅱ)如果长方形的长是$n(n\geq 4)$,宽是$n-2$,那么最多可以放入多少个边长为2的正方形?长方形被覆盖的面积占整个长方形面积的百分比是多少?

(Ⅲ)对于任意满足条件的长方形,使长方形被覆盖的面积小于整个长方形面积的55%.求长方形边长的所有可能值(已知$\sqrt{0.55}\approx 0.74$).

【审题要津1】 按照题目所说的规定,在边长都是整数的长方形内,放入边长为2的正方形,注意并领会"放入的正方形越多越好",第一个问题将唾手可得.

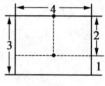

23题答案图1

解 (Ⅰ)如图1所示,长为4,宽为3的长方形内最多可放入2个边长为2的正方形,长方形被覆盖的面积占整个长方形面积的百分比是$\dfrac{2\times 2^2}{4\times 3}=\dfrac{2}{3}\approx 66.7\%$.

【审题要津2】 针对问题所求,首先应从奇偶性入手对n的取值进行讨论.此时可参照图2,予以引申.

23题答案图2

解 (Ⅱ)当n为偶数时,$n-2$也是偶数,由于放入的正方形边长为2,面积为4,因此,长方形内最多可以放入$\frac{n}{2}\cdot\frac{n-2}{2}=\frac{n(n-2)}{4}$个正方形,长方形被覆盖的面积占整个长方形面积的百分比是100%;当n为奇数时,$n-2$也是奇数,而$n-1$和$n-3$均为偶数,此时长方形最多可放入$\frac{n-1}{2}\cdot\frac{n-3}{2}=\frac{(n-1)(n-3)}{4}$个正方形,长方形被覆盖的面积占整个长方形面积的百分比是$\frac{(n-1)(n-3)}{n(n-2)}\times 100\%$.

【审题要津3】 面对问题的进一步扩展,不妨设长方形的宽与长分别为x,y.针对所求,应从x,y均为偶数及x,y一奇一偶或x,y都是奇数三种不同情况入手进行讨论.

解 (Ⅲ)设长方形的宽与长分别为x,y,当x,y都是偶数时,长方形被覆盖的面积占整个长方形面积的100%,不符合题意.当x,y中一个是偶数$2a$,一个是奇数$2b+1$(a,b是正整数)时,如图2,由$\frac{4ab}{xy}=\frac{4ab}{2a(2b+1)}=\frac{2b}{2b+1}<0.55$,解得$b<0.61$,显然这样的正整数$b$不存在,可见这种情况也不符合题意.当$x,y$都是奇数时,令$\begin{cases}x=2a+1\\y=2b+1\end{cases}$,这里$a,b$是正整数,不妨设$a\leqslant b$,则依题意有

$$\frac{4ab}{(2a+1)(2b+1)}<0.55 \qquad ①$$

在$a\leqslant b$的条件下,因为$\frac{4ab}{(2a+1)(2b+1)}=$

第 19～25 届"希望杯"全国数学邀请赛试题
审题要津 详细评注

$$\frac{1}{\left(1+\frac{1}{2a}\right)\left(1+\frac{1}{2b}\right)} \geqslant \frac{1}{\left(1+\frac{1}{2a}\right)\left(1+\frac{1}{2a}\right)} = \frac{1}{\left(1+\frac{1}{2a}\right)^2} =$$

$\left(\frac{2a}{1+2a}\right)^2$,由 $\left(\frac{2a}{1+2a}\right)^2 < \frac{55}{100}$,则知 $\left(\frac{2a}{1+2a}\right)^2 < \frac{64}{100}$,即 $\frac{2a}{1+2a} < \frac{8}{10}$,解得 $a < 2$. 由 a 为正整数,所以 $a=1$. 将其代入式①,得 $\frac{4b}{3(2b+1)} < 0.55$,解得 $b < \frac{33}{14}$. 由 b 为正整数,所以 $b=1$ 或 2. 当 $a=1, b=1$ 时, $x=y=3$;当 $a=1, b=2$ 时, $x=3, y=5$. 即长方形的长为 5,宽为 3;或长与宽都是 3.

【评注】 (1)引入极简单的问题(Ⅰ),就是让你从具体的形式入手,逐步理解一般情况下的规律. (2)设置问题(Ⅱ)也在于为解答问题(Ⅲ)作出铺垫,分类讨论思想的介入恰好说明了这一点. (3)上述解答需要注意的,一是利用不等式放缩法消元时,去掉 b 保留 a 的理由是先研究较小的 a 的取值情况,对后继求 b 会方便些;二是不利用提示:$\sqrt{0.55} \approx 0.74$ 求解,反而来的更自然. 最后要说的是,"放缩法"是解决有关不等式问题不可或缺的技巧,对此必须予以重视.

2011年第22届"希望杯"初二

第1试

一、选择题

1. 将 a kg 含盐 10% 的盐水配制成含盐 15% 的盐水,需加盐 x kg,则由此可列出方程(　　)

(A) $a(1-10\%) = (a+x)(1-15\%)$.

(B) $a \cdot 10\% = (a+x) \cdot 15\%$.

(C) $a \cdot 10\% + x = a \cdot 15\%$.

(D) $a(1-10\%) = x(1-15\%)$.

【审题要津】 方程即是含有未知数的等式,因此,寻找不变量即找出等量关系是关键.

解 加盐前,水重为 $a(1-10\%)$;加盐后,水重为 $(x+a)(1-15\%)$;加盐前后,水重不变,选(A).

【评注】 (B),(C),(D)三个选项错在何处是值得同学思考的.

第19~25届"希望杯"全国数学邀请赛试题
审题要津 详细评注

☞ 2. 一辆汽车从 A 地匀速驶往 B 地,如果汽车行驶的速度增加 $a\%$,则所用的时间减少 $b\%$,则 a, b 的关系是( )

(A) $b = \dfrac{100a}{1+a\%}$.   (B) $b = \dfrac{100}{1+a\%}$.

(C) $b = \dfrac{100}{1+a}$.   (D) $b = \dfrac{100a}{100+a}$.

【审题要津】 把握"距离 = 距离"这一关键隐含信息,即可通过设未知数列方程解决问题.

解 设原速为 x,所用时间为 t,则有 $xt = \left(1+\dfrac{a}{100}\right)x \cdot \left(1-\dfrac{b}{100}\right)t$,即 $\dfrac{100+a}{100} \times \dfrac{100-b}{100} = 1$,$100 - b = \dfrac{10\,000}{100+a}$,$b = 100 - \dfrac{10\,000}{100+a} = \dfrac{10\,000 + 100a - 10\,000}{100+a} = \dfrac{100a}{100+a}$,选 (D).

【评注】 其实根据"时间"与"速度"成反比例关系,即可直接得出 $(1+a\%)(1-b\%) = 1$.

☞ 3. 当 $x \geq 1$ 时,不等式 $|x+1| + \sqrt{x-1} \geq m - |x-2|$ 恒成立,那么实数 m 的最大值是( )

(A) 1.   (B) 2.

(C) 3.   (D) 4.

【审题要津】 首先应将参变数 m 孤立于不等式一侧,即 $|x+1| + \sqrt{x-1} + |x-2| \geq m$."恒成立"的意思,就是说左边的最小值不小于 m. 于是问题转化为:在 $x \geq 1$ 的条件下求 $|x+1| + \sqrt{x-1} + |x-2|$ 的最小值. 为了方便求解,可利用条件"$x \geq 1$"从脱去绝对值符号入手,为此需对不等式左端通过分类讨论进行化简.

解 （Ⅰ）当 $1 \leqslant x < 2$ 时，原不等式化为 $x+1+\sqrt{x-1}+2-x \geqslant m$，$\sqrt{x-1}+3 \geqslant m$；当 $x=1$ 时，$\sqrt{x-1}+3$ 有最小值 3，即 m 的最大值为 3.

（Ⅱ）当 $x \geqslant 2$ 时，化成 $x+1+\sqrt{x-1}+x-2 \geqslant m$，$2x+\sqrt{x-1}-1 \geqslant m$；当 $x=2$ 时，$2x+\sqrt{x-1}-1$ 有最小值 $4+\sqrt{2-1}-1=4$，即 m 的最大值为 4.

综合（Ⅰ），（Ⅱ），并关注"恒成立"的前提，即知 m 的最大值为 3，选（C）.

【评注】 正确理解"恒成立"的内涵是解答本题的关键，如"想当然"地选（D），则属误判，须知 $x=1$ 时，不等式 $x+1+\sqrt{x-1}+2-x \geqslant 4$ 并不成立.

☞ 4．在平面直角坐标系中，横、纵坐标都是整数的点称为整点．已知 k 为整数，若函数 $y=2x-1$ 与 $y=kx+k$ 的图像的交点是整点，则 k 的值有（　　）

(A) 2 个． 　　　(B) 3 个．
(C) 4 个． 　　　(D) 5 个．

【审题要津】 首先应利用"分离参数法"，将 $y=kx+k$ 化为 $k=\dfrac{y}{x+1}(x \neq -1)$，以下将 $y-2x-1$ 代入之，即可根据题设条件通过分析、推理作出判断.

解 依审题要津，由 $y=kx+k$，及 $y=2x-1$，有 $k=\dfrac{2x-1}{x+1}=\dfrac{2x+2-3}{x+1}=2-\dfrac{3}{x+1}$．因为 k 为整数，所以只能是 $x=-4,-2,0,2$，相应地有 $k=3,5,-1,1$．共 4 个值，故选（C）.

【评注】 本题也可如下求解：依题设，显然有

第19~25届"希望杯"全国数学邀请赛试题
审题要津 详细评注

$2x-1=kx+k$,即$(2-k)x=k+1$,从而有$x=\dfrac{k+1}{2-k}=\dfrac{k-2+3}{2-k}=-1+\dfrac{3}{2-k}$. 因为$x$为整数,所以$2-k$只能为$\pm1,\pm3$之一.

☞ 5. The sum of all such integers x that satisfy inequality $2\leqslant|2x-1|\leqslant6$ is(　　)
(A)8.　　　　　(B)5.
(C)2.　　　　　(D)0.

译文　满足不等式$2\leqslant|2x-1|\leqslant6$的所有整数之和为(　　)

【**审题要津**】　化已知不等式为$1\leqslant\left|x-\dfrac{1}{2}\right|\leqslant3$,将$\left|x-\dfrac{1}{2}\right|$理解为"$x$到$\dfrac{1}{2}$的距离",即可借助数轴找出满足不等式的所有整数.

解　依审题要津,如图所示,显然已知不等式的整数解为$-2,-1,2,3$,其和为2. 故选(C).

5题答案图

【**评注**】　本题也可通过分类讨论求解:当$x\geqslant\dfrac{1}{2}$时,原不等式可化为$2\leqslant2x-1\leqslant6$,其整数解为$2,3$;当$x<\dfrac{1}{2}$时,原不等式可化为$2\leqslant1-2x\leqslant6$,即$-6\leqslant2x-1\leqslant-2$,其整数解为$-1,-2$. 综上所述,所求为2,故选(C).

☞ 6. 若三角形的三条边的长分别为a,b,c,且a^2b-

$a^2c + b^2c - b^3 = 0$,则这个三角形一定是(　　)

(A)等腰三角形. (B)直角三角形.

(C)等边三角形. (D)等腰直角三角形.

【审题要津】 从给出的4个选项分析,应对已知等式左端进行因式分解.

解 $a^2b - a^2c + b^2c - b^3 = 0, a^2(b-c) + b^2(c-b) = 0, (a^2 - b^2)(b-c) = 0, (a+b)(a-b)(b-c) = 0$.

因为 $a + b > 0$,故 $a = b, b = c$ 两个等式至少有一等式成立,因此这个三角形一定是等腰三角形,选(A).

【评注】 $a = b, b = c$ 两个等式中至少有一个成立,与 $a = b, b = c$ 同时成立,是完全不同的结论,且不可混为一谈.

☞ 7. As shown in figure, point C is on the segment BG and quadrilateral $ABCD$ is a square. AG intersects BD and CD at points E and F, respectively. If $AE = 5$ and $EF = 3$, then $FG = (\quad)$

(A) $\dfrac{16}{3}$. (B) $\dfrac{8}{3}$.

(C) 4. (D) 5.

译文 如图所示,点 C 是线段 BG 上一点,四边形 $ABCD$ 为正方形,AG 分别交 BD,CD 于点 E,F. 若 $AE = 5$,$EF = 3$,则 $FG = (\quad)$

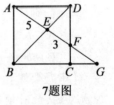

7题图

【审题要津】 利用平行线的条件,寻找线段的等比关系即可求解,而引入比例系数则更便于描述推导过程.

第19~25届"希望杯"全国数学邀请赛试题
审题要津 详细评注

解 因为 $\dfrac{DF}{AB}=\dfrac{EF}{AE}=\dfrac{3}{5}$，故可设 $AB=5t, DF=3t$，从而 $CF=2t$，由 $\dfrac{FG}{AF}=\dfrac{FC}{FD}=\dfrac{2}{3}$，可知 $FG=AF\times\dfrac{2}{3}=8\times\dfrac{2}{3}=\dfrac{16}{3}$. 选（A）.

【评注】 引入比例系数是从简解决问题的关键.

☞ 8. $2^{16}-1$ 能分解成 n 个质因数的乘积，n 的值是（　　）

(A) 6.   (B) 5.
(C) 4.   (D) 3.

【审题要津】 利用平方差公式将 $2^{16}-1$ 穷尽地进行因式分解，随即进行运算，即可作出判断.

解 $2^{16}-1=(2^8+1)(2^8-1)=(2^8+1)(2^4+1)(2^4-1)=(2^8+1)(2^4+1)(2^2+1)(2^2-1)=257\times17\times5\times3$，为 4 个质因数，故选（C）.

【评注】 由 $2^8+1>2^4+1>2^2+1>2^2-1$，则知 $257=2^8+1$，与此同时也说明了 257 是质数.

☞ 9. 若关于 x,y 的方程组 $\begin{cases}x+ay+1=0\\bx-2y+a=0\end{cases}$ 没有实数解，则（　　）

(A) $ab=-2$.   (B) $ab=-2$ 且 $a\neq 1$.
(C) $ab\neq-2$.   (D) $ab=-2$ 且 $a\neq 2$.

【审题要津】 利用消元，导出一元一次方程是顺理成章的，此时须知形如 $ax=b$ 的方程无实数解，即是说 $a=0$ 且 $b\neq 0$，亦即 $\begin{cases}a=0\\b\neq 0\end{cases}$.

解 根据题意，有

第4章 2011年第22届"希望杯"初二

$$\begin{cases} x + ay + 1 = 0 & ① \\ bx - 2y + a = 0 & ② \end{cases}$$

①×b

$$bx + aby + b = 0 \quad ③$$

③-②

$$(ab + 2)y = a - b$$

由方程无实数解,即 $ab + 2 = 0$,且 $a - b \neq 0$. 因为 $ab = -2$,所以 a, b 符号相反,$a - b$ 必不为零,选(A).

【评注】 本题也可从另外一个角度求解:若关于 x, y 的方程组 $\begin{cases} x + ay + 1 = 0 \\ bx - 2y + a = 0 \end{cases}$ 无实数解,则 $\dfrac{1}{b} = \dfrac{a}{-2} \neq \dfrac{1}{a}$,所以 $ab = -2$.

☞ 10. 如图,$\angle AOB = 45°$,OP 平分 $\angle AOB$,$PC \perp OB$ 于点 C. 若 $PC = 2$,则 OC 的长是(   )

(A)7.

(B)6.

(C)$2 + 2\sqrt{2}$.

(D)$2 + \sqrt{3}$.

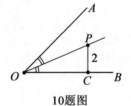

10题图

【审题要津】 如图,由 OP 平分 $\angle AOB$,所以引 $PD \perp OA$,即有 $PD = PC = 2$,又因为 $\angle AOB = 45°$,延长 CP 交 OA 于 E. 显然 $EC = OC$,于是利用等腰直角三角形的性质即可心算得出结果.

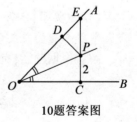

10题答案图

解 由 $\angle EOC = 45°$,$EC \perp OC$,所以 $\angle OEC = 45°$,

又因为 $PD \perp OE$，所以 $\triangle EDP$ 为等腰直角三角形，所以 $PE = 2\sqrt{2}, PD = \sqrt{2}, CE = CP + PE = 2 + 2\sqrt{2}$，故 $OC = CE = 2 + 2\sqrt{2}$. 故选（C）．

【评注】 审题要津中所提出的添加辅助线，应认为是题设条件中的提示．

二、A 组填空题

☞ 11. 化简：$\dfrac{9+4\sqrt{5}}{2+\sqrt{5}} = $ _____．

【审题要津】 化简"无理分式"的常规手段是分母有理化，但分式化简，首先应考虑的还是约分．

解 $\dfrac{9+4\sqrt{5}}{2+\sqrt{5}} = \dfrac{(9+4\sqrt{5})(2-\sqrt{5})}{(2+\sqrt{5})(2-\sqrt{5})} = -(18-20-\sqrt{5}) = 2+\sqrt{5}$．

【评注】 本题也可如下求解：原式 $= \dfrac{(2+\sqrt{5})^2}{2+\sqrt{5}} = 2+\sqrt{5}$．故填 $2+\sqrt{5}$．

☞ 12. 若关于 x, y 的方程组 $\begin{cases} 3x+2y=k-1 \\ 2x-3y=2 \end{cases}$ 的解使 $4x+7y>2$，则 k 的取值范围是 _____．

【审题要津】 将两个方程的左端，变换成 $4x+7y$ 即是解答本题的首要之举．

解 根据题意，有

$$\begin{cases} 3x+2y=k-1 & \text{①} \\ 2x-3y=2 & \text{②} \end{cases}$$

① $\times 2$

$$6x+4y=2k-2 \qquad \text{③}$$

③ $-$ ②，得 $4x+7y=2k-4, 2k-4>2, k>3$．故填

$k > 3$.

【评注】 本题不直接求出 x, y 而巧夺天工. 实际上是求 $m(3x+2y) + n(2x-3y) = p(4x+7y)$, 用观察分析发现 $m = 2, n = 1, p = 1$.

☞ 13. 如图, 平行于 BC 的线段 MN 把等边 $\triangle ABC$ 分成一个三角形和一个四边形, 已知 $\triangle AMN$ 和四边形 $MBCN$ 的周长相等, 则 BC 与 MN 的长度之比是_____.

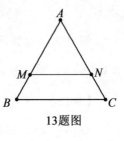

13题图

【审题要津】 充分利用题设中所有涉及边长相等的条件, 与此同时设 $MN = x$, 即可通过列方程求解完成所求.

解 针对所求的比值, 不妨设 $BC = 1, MN = x$, 如图所示, 依题意可得 $x + x + x = x + 2(1-x) + 1$, 即 $4x = 3$, 解得 $x = \dfrac{3}{4}$, 所以 $BC : MN = 1 : \dfrac{3}{4} = 4 : 3$. 故填 $4 : 3$.

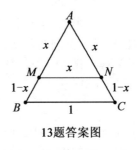

13题答案图

【评注】 设 $BC = a$, 可得出同样结果.

☞ 14. 小华测得自家冰箱的压缩机运转很有规律, 每运转 5 min, 停机 15 min, 再运转 5 min, 再停机 15 min, ……. 又知 8 月份这台冰箱的耗电量是 24.18 度(1 度 = 1 千瓦时), 则这台冰箱的压缩机运转时的功率是_____瓦.

第19~25届"希望杯"全国数学邀请赛试题
审题要津 详细评注

【审题要津】 依题意,压缩机每20 min 只运转5 min,即每小时运转15 min,因此每天只运转$24 \times \frac{1}{4}$(h)=6(h).据此并了解8月份含31天,即可从容求解.

解 冰箱每天运转$\frac{1}{4}$天 = 6 h,31天共运转$31 \times 6 = 186$(h),24 180÷186=130,功率为130瓦.

【评注】 冰箱运转时间为$\frac{5}{15+5} = \frac{1}{4}$.

☞ 15. 已知自然数a,b,c满足$a^2 + b^2 + c^2 + 42 < 4a + 4b + 12c$和$a^2 - a - 2 > 0$,则代数式$\frac{1}{a} + \frac{1}{b} + \frac{1}{c}$的值是_____.

【审题要津】 由不等关系来确定字母代数的取值,通常需要利用推理求解.

解 由$a^2 + b^2 + c^2 + 42 < 4a + 4b + 12c$,可得$a^2 - 4a + 4 + b^2 - 4b + 4 + c^2 - 12c + 36 < 2$,即
$$(a-2)^2 + (b-2)^2 + (c-6)^2 < 2 \qquad ①$$
对于$a^2 - a - 2 > 0$,即$(a-2)(a+1) > 0$来说,因为$a+1>0$,所以$a-2>0$,由此可见式①要成立,只能是$a-2=1, b-2=0, c-6=0$,即$a=3, b=2, c=6$. $\frac{1}{a} + \frac{1}{b} + \frac{1}{c} = \frac{1}{3} + \frac{1}{2} + \frac{1}{6} = 1$.故填1.

【评注】 应试涉及整数或正整数的问题,配方法和因式分解法常用来作为推理求解的铺垫.对此应认真理会.

☞ 16. 已知 A,B 是反比例函数 $y=\dfrac{2}{x}$ 的图像上的两点,A,B 的横坐标分别是 $3,5$. 设 O 为原点,则 $\triangle AOB$ 的面积是_____.

【审题要津】 已知三角形的三个顶点坐标,求其面积的策略之一是"构制面积差".

解 在 $y=\dfrac{2}{x}$ 的图像上,过点 A 作平行于 x 轴的直线,过点 B 作平行于 y 轴的直线,连同坐标轴即构成矩形 $ODEC$. 易知 $A\left(3,\dfrac{2}{3}\right)$,$B\left(5,\dfrac{2}{5}\right)$,故 $C\left(0,\dfrac{2}{3}\right)$,$D(5,0)$,$E\left(5,\dfrac{2}{3}\right)$,$S_{\triangle OAC}=\dfrac{1}{2}\times 3\times\dfrac{2}{3}=1$,$S_{\triangle ODB}=\dfrac{1}{2}\times 5\times\dfrac{2}{5}=1$,$S_{\triangle ABE}=\dfrac{1}{2}AE\cdot EB=\dfrac{1}{2}(5-3)\left(\dfrac{2}{3}-\dfrac{2}{5}\right)=\dfrac{4}{15}$,$S_{矩形ODEC}=5\times\dfrac{2}{3}=\dfrac{10}{3}$. 所以 $S_{\triangle AOB}=S_{矩形ODEC}-S_{\triangle OAC}-S_{\triangle ODB}-S_{\triangle ABE}=\dfrac{10}{3}-1-1-\dfrac{4}{15}=\dfrac{16}{15}$,故填 $\dfrac{16}{15}$.

【评注】 如图 1,也可以引 $BP\perp OC$ 于点 P,交 OA 于点 F. 以下可通过求点 F 的坐标来开拓另解思路.将这一解题思路进行推广,可得出以下一般化的结论:

如图 2,在 $\triangle ABC$ 中,$A(x_1,y_1)$,$B(x_2,y_2)$,$C(x_3,y_3)$.

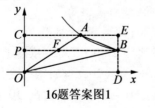

16题答案图1

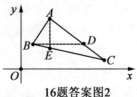

16题答案图2

引 $BD // x$ 轴,交 AC 于点 D,易知 $S_{\triangle ABC} = \frac{1}{2}|BD| \cdot |y_1 - y_3|$.

若引 $AE // y$ 轴,交 BC 于点 E,类似地可得 $S_{\triangle ABC} = \frac{1}{2}|AE| \cdot |x_2 - x_3|$.

☞ 17. 设完全平方数 A 是 11 个连续整数的平方和,则 A 的最小值是_____.

【审题要津】 "连续整数的平方和"最小,即是这些连续整数的绝对值之和最小. 因此在找到原点后,还应继续在其左、右进行搜寻,以便找出接近要求的 11 个整数.

解 $A \geq (-5)^2 + (-4)^2 + (-3)^2 + (-2)^2 + (-1)^2 + 0^2 + 1^2 + 2^2 + 3^2 + 4^2 + 5^2 = 110$,大于 A 而最接近 A 的完全平方数显然为 121, $121 - 110 = 11$. 又因为还有 $6^2 - 5^2 = 36 - 25 = 11$,所以可取 $-4, -3, -2, -1, 0, 1, 2, 3, 4, 5, 6$ 这 11 个连续的整数,故填 121.

【评注】 恰到好处地调整,体现了对"数性"的娴熟把握.

☞ 18. 将 100 个连续的偶数从小到大排成一行,其中第 38 个数与第 63 个数的和为 218,则首尾两个数的和是_____.

【审题要津】 在"连续偶数从小到大"的题设条件下,充分关注"第 38 个数与第 63 个数的和为 218"这一重要信息. 即可通过列方程打破僵局.

解 设第一个偶数为 $2n$,则第 38 个偶数为 $2n + 37 \times 2$,类似地第 63 个偶数为 $2n + 62 \times 2$. 依题意,$(2n + 74) + (2n + 124) = 218, 4n = 20, n = 5$,第一个偶数为 10,第 100 个偶数为 $10 + 198 = 208$,故 $10 +$

$208=218$,填 218.

【评注】 "设第一个偶数为 $2n$",贯彻了利用方程求解的初衷.

☞ 19. A,B 两地相距 15 km,甲、乙两人同时从 A 出发去 B.甲先乘汽车到达 A,B 之间的 C 地,然后下车步行,乙全程骑自行车,结果两人同时到达.已知甲步行的速度是乙骑自行车速度的一半,乙骑自行车的速度是甲乘汽车速度的一半.那么,C 地与 A 地相距 _____ km.

【审题要津】 抓住题干中"同时到达"这一关键信息或利用"$AC+CB=AB$"这一隐含条件,即可通过设未知数列方程解决问题.

解法 1 如图 1,设乙从 A 地到达 C 地,及从 C 地到达 B 地所用时间分别为 t_1,t_2,依题意,同样路径甲(先乘车后步行)所用时间分别为 $\frac{t_1}{2},2t_2$.于是有 $t_1+t_2=\frac{t_1}{2}+2t_2$,即 $t_1=2t_2$.由于乙在 t_1,t_2 这两段时间内自行车速可视为不变,从而可知 $AC=2CB$,所以 $AC=10$.

解法 2 如图 2,设甲步行速度为 x,则乙骑车速度为 $2x$,甲所乘的汽车速度为 $4x$;

19题答案图1   19题答案图2

设 $AC=y$,则 $CB=15-y$.于是 $\frac{y}{4x}+\frac{15-y}{x}=\frac{15}{2x}$,解之得 $y=10$,即 $AC=10$.填 10.

【评注】 解法2多设了一个辅助未知数 y，与解法1相比，便减轻了思维负荷.

☞ 20. 已知 $\dfrac{b+c}{a} = \dfrac{a+c}{b} = \dfrac{a+b}{c} = k$，则直线 $y = kx + k$ 必经过点_____.

【审题要津】 由 $\dfrac{b+c}{a} = \dfrac{a+c}{b} = \dfrac{a+b}{c} = k$，即知

$\begin{cases} b+c = ak \\ a+c = bk \\ a+b = ck \end{cases}$，三式相加得 $2(a+b+c) = (a+b+c) \cdot k$.

以下只需通过分类讨论即可求解.

解 （Ⅰ）当 $a+b+c \neq 0$ 时，$k_1 = 2$，此时直线方程为 $y = 2x + 2$；

（Ⅱ）当 $a+b+c = 0$ 时，$b+c = -a$，$\dfrac{b+c}{a} = -1$，所以 $k_2 = -1$，此时直线方程为 $y = -x - 1$.

综上所述，题设直线必过定点 $(-1, 0)$. 故填 $(-1, 0)$.

【评注】 其实 k 取任意值时，直线 $y = kx + k = k(x+1)$ 必经过定点 $(-1, 0)$，可见题设条件过强.

三、B 组填空题

☞ 21. 等腰三角形的两个内角之比是 2∶5，则这个三角形的最大内角的度数是_____或_____.

【审题要津】 由所求"或"字的暗示即知应通过分类讨论来解决问题.

解 ①当等腰三角形的三个内角的度数之比为 2∶5∶5 时，最大角为 $180° \times \dfrac{5}{12} = 75°$；

②当等腰三角形的三个内角的度数之比为 $2:2:5$ 时,最大角为 $180°×\dfrac{5}{9}=100°$. 故填 $75°$;$100°$.

【评注】 "瞻前顾后"也是审题的基本要领.

☞ 22. 已知 10 个数 $x_1,x_2,x_3,\cdots,x_{10}$ 中,$x_1=10$,对于整数 $n>1$,有 $x_n=\dfrac{n}{x_{n-1}}$,则 $x_1x_2=$＿＿＿＿,$x_2x_3\cdots x_{10}=$＿＿＿＿.

【审题要津】 由于 $x_n=\dfrac{n}{x_{n-1}}$,即 $x_{n-1}x_n=n$,因此可求出 $x_1x_2,x_3x_4,x_5x_6,x_7x_8,x_9x_{10}$.对照所求,或剔除或补缺,尽可随意处之.

解 由 $x_n=\dfrac{n}{x_{n-1}}$,即 $x_{n-1}x_n=n$,所以 $x_1x_2=2$,$x_3x_4=4,x_5x_6=6,x_7x_8=8,x_9x_{10}=10$. 由 $x_1=10$,易知 $x_2=\dfrac{2}{x_1}=\dfrac{1}{5}$,所以 $x_1x_2=10×\dfrac{1}{5}=2$;$x_2x_3\cdots x_{10}=\dfrac{1}{5}×4×6×8×10=384$,故填 2;384.

【评注】 对本题第二问,也可如下求解:依题意,易知 $x_1x_2=2$,且 $x_1x_2x_3\cdots x_{10}=3\,840$. 因为 $x_1=10$,故所求为 384.

☞ 23. 从甲、乙、丙三名男生和 A,B 两名女生中选出一名男生和一名女生,则所有可能出现的结果有＿＿＿＿种;恰好选中男生甲和女生 A 的概率是＿＿＿＿.

【审题要津】 选出一名女生的方法有 2 种,对其中每一种选法,选出男生的方法均有 3 种,因此所有可能出现的结果有 $3×2=6$(种). 如图

23题答案图

所示,更易理解(每条连线表示一种选法).

解 依审题要津,填 $6; \dfrac{1}{6}$.

【评注】 如题设改为男生为 m 名,女生为 n 名,而所求不变,则应填 $mn; \dfrac{1}{mn}$.

☞ 24.若关于 x 的方程 $x + \dfrac{b}{x} = a + \dfrac{b}{a}$ 的解是 $x_1 = a$, $x_2 = \dfrac{b}{a}$,那么方程 $x - \dfrac{2}{x-1} = a - \dfrac{2}{a-1}$ 的解是 $x_1 = \underline{\qquad}$, $x_2 = \underline{\qquad}$.

【审题要津】 对照已给出解的方程及其解的表达式,只需将未解方程适当变形,即可照猫画虎完成所求.

解 依审题要津,化 $x - \dfrac{2}{x-1} = a - \dfrac{2}{a-1}$ 为 $x - 1 + \dfrac{-2}{x-1} = a - 1 + \dfrac{-2}{a-1}$,则由题设得 $x_1 - 1 = a - 1, x_2 - 1 = \dfrac{-2}{a-1}$. 故 $x_1 = a, x_2 = \dfrac{a-3}{a-1}$. 填 $a; \dfrac{a-3}{a-1}$.

【评注】 本题考查的,是解数学题常用的"类比思想".

☞ 25.若两个自然数的差是一个数码相同的两位数,它们的积是一个数码相同的三位数,那么这两个自然数是_____和_____.

【审题要津】 对于这类题型,多数是在考查与整除定则相关的整数性质.因此应从"它们的积是一个数码相同的三位数"入手分析.为此不妨设其积为 $\overline{aaa} = a \times 111$.显然 $111 = 3 \times 37$.回顾题设中的另一个信息,即可通过分类讨论逐渐缩小解题目标并最终确认所求.

解 因为 $\overline{aaa} = a \times 111 = a \times 3 \times 37$,则:

①若两个自然数中其中一个数为 37,由 $3 \times 37 = 111$ 可知,另一个数必为 3,6,9,12,15,18,21,24,27 之一,其中只有 15 满足题设条件,即 $37 - 15 = 22$;

②若两个自然数中其中一个数为 $2 \times 37 = 74$,另一个数必为 3,6,9,12 之一,均不符合第一个条件;

③若两个自然数中其中一个数为 $3 \times 7 = 111$(或 222,…),另一个数必为个位数 a,其差不可能为两位数.

综上所述,这两个自然数只能是 37,15. 故填 37;15.

【评注】 结合题设条件,对 $\overline{aaa}$ 进行因数分解,随之进行讨论分析,使得解题目标逐步缩小. 这是一道考查数学思维能力,体现分类讨论思想重要性的好题.

第19~25届"希望杯"全国数学邀请赛试题
审题要津 详细评注

第2试

一、选择题

☞ 1. Given $A:B = \sqrt[3]{2}:\sqrt{3}, A = \sqrt{2}, C = \sqrt{\dfrac{29}{10}}$. The size relationship between B and C is(　　)

(A) $B > C$.　　　　(B) $B = C$.

(C) $B < C$.　　　　(D) uncertain.

译文 如果满足 $A:B = \sqrt[3]{2}:\sqrt{3}, A = \sqrt{2}, C = \sqrt{\dfrac{29}{10}}$. 那么 B 与 C 的大小关系是(　　)

【审题要津】 将脱根号所需要的乘方运算的次数定为根指数的最小公倍数再议.

解 因为 $\dfrac{A}{B} = \dfrac{\sqrt[3]{2}}{\sqrt{3}}$,所以 $\dfrac{A^6}{B^6} = \dfrac{4}{27}$. 将 $A = \sqrt{2}$ 代入之,解得 $B^6 = \dfrac{27(\sqrt{2})^6}{4} = 54$. 因为 $C^6 = \left(\sqrt{\dfrac{29}{10}}\right)^6 = \left(\dfrac{29}{10}\right)^3 < 3^3 = 27$. 所以 $B^6 > C^6$,故 $B > C$. 选(A).

【评注】 题解中 "$\left(\dfrac{29}{10}\right)^3 < 3^3$" 这一步,体现了"放缩法"在论证不等式问题中的关键作用.

☞ 2. 已知 $a^2 - a = 7$,则代数式 $\dfrac{a-1}{a+2} \cdot \dfrac{a^2-4}{a^2-2a+1} \div \dfrac{1}{a^2-1}$ 的值是(　　)

(A) 3.　　　　(B) $\dfrac{7}{2}$.

(C) 4.　　　　(D) 5.

【审题要津】 先化简后代值,即可速决.

解 所求式 $= \dfrac{a-1}{a+2} \cdot \dfrac{(a+2)(a-2)}{(a-1)^2} \cdot (a+1) \cdot (a-1) = (a-2)(a+1) = a^2 - a - 2 = 7 - 2 = 5$. 故选(D).

【评注】 针对题设条件,应想到化简所求式一定会出现"$a^2 - a$". 若将已知条件改为"$a^2 - a = 2$",或许有人会通过先求根再代入来求解.

☞ 3. 一个凸四边形的四个内角可以( )

(A)都是锐角.

(B)都是直角.

(C)都是钝角.

(D)有三个是直角,另一个是锐角或钝角.

【审题要津】 "凸 n 边形 n 个内角的和等于 $(n-2) \cdot 180° (n \geqslant 3)$",由此即可求解.

解 由审题要津提示的"多边形内角和定理",即知四边形内角和为 $360°$,故选(B).

【评注】 由"多边形外角和定理:任何多边形的外角和为 $360°$"亦可求解.

☞ 4. 如果直线 $y = 2x + m$ 与直角坐标系的两坐标轴围成的三角形的面积等于 4,则 m 的值是( )

(A) ± 3. (B) 3.

(C) ± 4. (D) 4.

【审题要津】 注意到直线 $y = 2x + m$ 与 x 轴,y 轴的交点分别为 $A\left(-\dfrac{m}{2}, 0\right)$ 及 $B(0, m)$,即可由 $S_{\triangle AOB} = 4$ 得出关于 m 的方程.

第19~25届"希望杯"全国数学邀请赛试题
审题要津 详细评注

解 依题意,$\frac{1}{2}|m| \cdot |-\frac{m}{2}| = 4$,$m^2 = 16$,所以 $m = \pm 4$.故选(C).

☞ 5.若 $n+1 = 2010^2 + 2011^2$,则 $\sqrt{2n+1} = ($ $)$
  (A)2 011. (B)2 010.
  (C)4 022. (D)4 021.

【审题要津】 对照4个选项,易知 $2n+1$ 是一个完全平方数,从而可通过配方求解.

解 由 $n+1 = 2010^2 + 2011^2$,则 $2n+1 = 2(n+1) - 1 = 2(2010^2 + 2011^2) - 1 = 2 \times 2010^2 + 2(2010+1)^2 - 1 = 4 \times 2010^2 + 4 \times 2010 + 1 = (2 \times 2010 + 1)^2 = 4021^2$,所以 $\sqrt{2n+1} = 4021$,选(C).

【评注】 若由题设解出 $n = 2010^2 + 2011^2 - 1$ 代入求解,则不胜其繁.可见审题"瞻前顾后"的重要性.

☞ 6.有四个命题:
① 若两个等腰三角形的腰相等,腰上的高也相等,则这两个三角形全等.
② 有一条边相等的两个等腰直角三角形全等.
③ 有一条边和一个锐角对应相等的两个直角三角形全等.
④ 两边及另一边上的高对应相等的两个三角形全等.

其中正确的命题有( )
  (A)0个. (B)1个.
  (C)2个. (D)3个.

【审题要津】 题干给出的4个命题均涉及了三角形内某边的高线,及边与边的垂直,因此只需根据"直角三角形全等的判定定理"来判别真伪.

解 考察①:如图1,在 Rt△ABC 中,D 是斜边 BC 的中点,于是在 △DAB 和 △DAC 中,AD = BD = DC. 引 AE⊥BC 于 E. 显然 AE 同时是这两个等腰三角形腰上的高. 但 △DAB 和 △DAC 显然不(一定)全等,故①不真.

考察②:如图2,等腰 Rt△ABC 和等腰 Rt△ADC 中,AC = AC,但 △ABC 与 △ADC 不全等,故②不真.

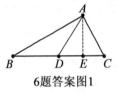

6题答案图1　　6题答案图2

考察③:如图 1,Rt△ABC 与 Rt△AEC 中,AC = AC,∠C = ∠C,但 Rt△ABC 与 Rt△ADC 不全等,故③不真.

考察④:如图1,在 △ABC 和 △ABD 中,AB = AB,AC = AD,且 AE = AE,但 △ABC 与 △ABD 不全等,故④不真.

综上,正确的命题不存在,选(A).

【评注】 从标答上看,命题人认为③正确,因此给出的答案是(B). 其本意是,"一条边"指的是与锐角相邻的直角边或斜边. 我们认为文字表述与本意不符. 对类似这种是非判断题,说明命题正确,必须严格论证;说明命题不正确,只需举出反例.

☞ 7. 如图,Rt△ABC 两直角边上的中线分别为 AE 和 BD,则 $AE^2 + BD^2$ 与 AB^2 的比值为(　　)

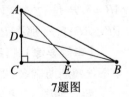

7题图

第 19~25 届"希望杯"全国数学邀请赛试题
审题要津　详细评注

(A) $\dfrac{3}{4}$.　　　　　(B) 1.

(C) $\dfrac{5}{4}$.　　　　　(D) $\dfrac{3}{2}$.

【审题要津】　利用"勾股定理"及"中线"的条件,将"AE^2+BD^2"和"AB^2"均用 AC,BC 表示即可.

解　设 $AC=m,BC=n$,于是 $AE^2=m^2+\left(\dfrac{n}{2}\right)^2=\dfrac{4m^2+n^2}{4},BD^2=\left(\dfrac{m}{2}\right)^2+n^2=\dfrac{m^2+4n^2}{4},AB^2=m^2+n^2$.

所以 $\dfrac{AE^2+BD^2}{AB^2}=\dfrac{(4m^2+n^2)+(m^2+4n^2)}{4(m^2+n^2)}=\dfrac{5}{4}$,选 (C).

【评注】　不论其应用价值如何,本题的结论给出的终究是有关直角三角形的一个性质.

☞ 8. As shown in figure, $ABCD$ is a rectangle and $AD=12, AB=5$. P is any point on AD and $PE \perp BD$ at point E, $PF \perp AC$ at point F. Then $PE+PF$ has a total length of (　　)

(A) $\dfrac{48}{13}$.　　　　　(B) $\dfrac{60}{13}$.

(C) 5.　　　　　(D) $\dfrac{70}{13}$.

译文　如图,四边形 $ABCD$ 是矩形,$AD=12$,$AB=5$. P 是边 AD 上任意一点并且 $PE \perp BD$ 于 E,$PF \perp AC$ 于 F. 那么 PE 与 PF 的长度之和是(　　)

【审题要津】　注意到"P 为 AD 上任意一点",及 4 个选项均为常数,则可利用"极端化"思路求解.

解　如图,令 P 重合于 D,则 $PE+PF=0+DG$.

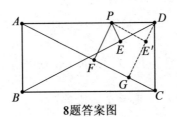

8题答案图

由 $DG \cdot AC = AD \cdot DC$,即 $DG \cdot 13 = 12 \cdot 5$,所以 $DG = \dfrac{60}{13}$,选(B).

【评注】 只有认定 $PE + PF$ 是常数,才可用"极端化"求解.

规范的解题思路是:引 $PE' \perp DG$ 于 E',利用直角三角形全等证明 $DE' = PE$,进而说明 $PF + PE = DG$.

☞ 9. 如图,正方形 $ABCD$ 的边 AB 在 x 轴的正半轴上,$C(2,1)$,$D(1,1)$. 反比例函数 $y = \dfrac{k}{x}$ 的图像与边 BC 交于点 E,与边 CD 交于点 F. 已知 $BE:CE = 3:1$,则 $DF:FC$ 等于( )

9题图

(A) $4:1$.   (B) $3:1$.
(C) $2:1$.   (D) $1:1$.

【审题要津】 由题设可知,直线 BC 对应的表达式为 $x = 2$,直线 DC 对应的表达式为 $y = 1$. 因此联立 $y = \dfrac{k}{x}$,$x = 2$,利用 "$BE:CE = 3:1$" 即可写出点 E 坐标,从而可确定 k 值.

解 由 $BE:CE = 3:1$,即知 $E\left(2, \dfrac{3}{4}\right)$;由 E 在 $y = \dfrac{k}{x}$

的图像上,$\frac{3}{4}=\frac{k}{2}$,解得 $k=\frac{3}{2}$.将 $y=1$ 代入 $y=\frac{3}{2x}$,即可解得 $x_F=\frac{3}{2}$.可见 F 为 DC 的中点.选(D).

【评注】 举凡涉及反比例函数 $y=\frac{k}{x}$ 的问题,把确定 k 值设定为解题目标是毫无疑义的.

☞ 10. 如图,a,b,c,d,e 分别代表 1,2,3,4,5 中的一个数,若 $b+a+c$ 及 $d+a+e$ 除以 3 都余 1,则不同的填数方法有(　　)

(A)2 种.　　　　(B)4 种.
(C)8 种.　　　　(D)16 种.

10题图

【审题要津】 面对相对抽象的题设背景,可先研究处于特殊位置的数字 a 的取值情况.

依题意,$(b+a+c)+(d+a+e)=(1+2+3+4+5)+a=15+a$ 被 3 除余 2,从而得知只能是 $a=2$ 或 $a=5$.以下对 $a=2$ 和 $a=5$ 分别进行讨论即可探索出解题通道.

解 若 $a=2$,不妨设 $b=1$.于是余下的 3,4,5 中,c 只能取 4.进而 $(d,e)=(3,5)$ 或 $(5,3)$,从而得知 $b=1$,故 $a=2$ 时符合题意的填法有两种;若 $a=5$,不妨设 $b=1$,余下的 2,3,4 中,c 只能取 4.进而 $(d,e)=(2,3)$ 或 $(3,2)$,从而可知 $b=1,a=5$ 时也有两种填法.

综上,$b=1$ 时,符合题意的填法有 4 种.类似地,$d=1,c=1,e=1$ 时,分别都对应着 4 种填法.

因此,符合题意的不同的填数方法有 $4\times 4=16$(种).选(D).

【评注】 注意到 $b=1$ 与 $c=1,d=1,e=1$ 时,对

应的填法种数是相同的,即可减轻思维负荷.

在此之前把握 a 的取值特征,则使对问题的讨论一下子简单了许多.

二、填空题

☞ 11. 下表为甲、乙两人比赛投篮球的记录,以命中率(投进球数与投球次数的比值)来比较投球成绩的好坏,若他们的成绩一样好.现有以下关系式:①$a-b=5$;②$a+b=18$;③$a:b=2:1$;④$a:18=2:3$. 其中正确的是_____(填序号).

学生	投进球数	没投进球数	投球次数
甲	10	5	15
乙	a	b	18

【审题要津】 由已知,甲投球命中率为 $\frac{10}{15}=\frac{2}{3}$,乙投球的命中率是 $\frac{a}{18}$,由"他们的成绩一样好",则知 $\frac{a}{18}=\frac{2}{3}$,即 $a=12$.据此即可验证题设 4 个关系式的正误.

解 考察①,由 $a+b=18$,又 $a=12$,故 $b=6$,于是有 $a-b=6$,故①错;

考察②,由 $\frac{a}{18}=\frac{2}{3}$,即知 $\frac{b}{18}=\frac{1}{3}$, 故 $b=6$,从而有 $a+b=18$,所以②正确;

考察③,由 $a=12,b=6$,即知 $a:b=2:1$,故③正确;
考察④,由 $a=12$,即知 $a:18=2:3$,故④正确.
综上所述,填②,③,④.

第19~25届"希望杯"全国数学邀请赛试题 审题要津 详细评注

【评注】 既然②$a+b=18$显然正确,则由 $\begin{cases} a-b=5 \\ a+b=18 \end{cases}$ 无整数解,立知①错.至于③,④的正确,心算即可.

☞ 12. 已知方程组 $\begin{cases} 2x+y=4 \\ x-y=5 \end{cases}$ 的解为 $\begin{cases} x=m \\ y=n \end{cases}$,又知点 $A(m,n)$ 在反比例函数 $y=\dfrac{k}{x}$ 的图像上,则 k 的值是_____.

【审题要津】 只需解方程组即可确定 m,n 的取值,由 $n=\dfrac{k}{m}$,即得 $k=mn$.

解 由 $\begin{cases} 2x+y=4 \\ x-y=5 \end{cases}$,易得 $\begin{cases} x=3 \\ y=-2 \end{cases}$.又因为 $A(-3,2)$ 满足 $y=\dfrac{k}{x}$,故 $-2=\dfrac{k}{3}$,所以 $k=-6$.

【评注】 本题极简.

☞ 13. 等腰三角形的两个内角的度数之比为 $a:b$ ($a<b$),若这个三角形是钝角三角形,则 $\dfrac{b}{a}$ 的取值范围是_____.

【审题要津】 由 $a<b$,又"等腰三角形也是钝角三角形",即知 $90°<b<180°, 0°<a<45°$.以下只需利用不等式性质即可求解.

解 经审题要津分析,即知 $\dfrac{1}{a}>\dfrac{1}{45°}, b>90°$,所以 $\dfrac{b}{a}>\dfrac{90°}{45°}$,即 $\dfrac{b}{a}>2$.填 $(2,+\infty)$.

【评注】 斟字酌句地审题是正确求解的关键.若

题目未指出三角形为等腰的,则应从分类讨论入手求解.若 c 为钝角,则 $\dfrac{b}{a}>1$;若 b 为钝角,仍有 $\dfrac{b}{a}>1$,请同学思考这是为什么.

☞ 14. 定义 $f(x)=\dfrac{1}{1-x}(x\neq 1)$,那么

$$\underbrace{f(f(f(\cdots f(2\,011)\cdots)))}_{2\,011 个}=\underline{\qquad}.$$

【审题要津】 探索并确认出 "$f(x)=\dfrac{1}{1-x}$" 循环的周期,即可求解.

解 因为 $f(x)=\dfrac{1}{1-x}$,所以 $f[f(x)]=\dfrac{1}{1-\dfrac{1}{1-x}}=\dfrac{x-1}{x}$,$f\{f[f(x)]\}=\dfrac{1}{1-\dfrac{x-1}{x}}=x$.

又 $2\,011\div 3=670$ 余 1.故所求为 $\dfrac{1}{1-x}=-\dfrac{1}{2\,010}$.

【评注】 注意到 $f(f(f(f(x))))=\dfrac{1}{1-x}$,即可从容求解.

☞ 15. 函数 $y=ax$ 与函数 $y=\dfrac{2}{3}x+b$ 的图像如图所示,则关于 x,y 的方程组 $\begin{cases}ax-y=0\\3y-2x=3b\end{cases}$ 的解是 $\underline{\qquad}$.

第19~25届"希望杯"全国数学邀请赛试题
审题要津 详细评注

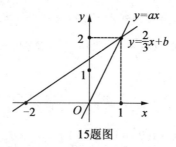

15题图

【审题要津】 数形结合即知.

解 如题图所示,函数 $y=ax$ 与函数 $y=\dfrac{2}{3}x+b$ 的图像交于点 $(1,2)$. 即方程组 $\begin{cases} ax-y=0 \\ 3y-2x=3b \end{cases}$ 的解为 $\begin{cases} x=1 \\ y=2 \end{cases}$. 填 $\begin{cases} x=1 \\ y=2 \end{cases}$.

【评注】 如将 $x=1,y=2$ 代入方程组,进而确定出 $a=2,b=\dfrac{4}{3}$ 再求解,则毫无意义.

☞ 16. 若 a,b 是自然数,且 $a>b, 2\,011=a(a-1)+b$. 那么 $a=$ _____;$b=$ _____.

【审题要津】 由 $2\,011=a(a-1)+b$ 且 $0\leqslant b<a$,应想到 a 必须充分大,同时也应顾及 $a(a-1)<2\,011$.

把握这两点即可通过探索确定 a 的取值.

解 因为 $45^2=2\,025, 45\times 44=1\,980$,而 $44\times 43=1\,892$,若取 $a=44$,则 $b=2\,011-1\,892=119>a$.

故只能是 $a=45,b=31$.

【评注】 注意到 $2\,011=a^2+(b-a)$,又 $b-a<0$,则更有利于快速求解.

☞ 17. 一个骰子,六个面上面的数字分别是 1,2,3,

4,5,6. 两次掷这个骰子,朝上一面的数依次记为 m, n. 则关于 x, y 的方程组 $\begin{cases} mx + ny = 1 \\ 2x + y = 3 \end{cases}$ 有解的概率为 _____.

【审题要津】 第一次掷骰子,朝上一面出现的数字有6种可能($m=1,2,3,4,5,6$),掷第二次时,朝上一面出现的数字仍有6种可能($n=1,2,3,4,5,6$). 因此,两次掷这个骰子出现的不同数对有 $6 \times 6 = 36$(种). 而方程 $\begin{cases} mx + ny = 1 \\ 2x + y = 3 \end{cases}$ 有解须 $m \neq 2n$,即 $(m, n) = (2,1), (4,2), (6,3)$ 时,不合题意.

于是可由逆向思维获解.

解 综合上述,所求为 $p = 1 - \dfrac{3}{36} = \dfrac{11}{12}$.

【评注】 若执意从 $m \neq 2n$ 思考,则繁.

☞ 18. 如图,边长为 $2 + \sqrt{3}$ 的正方形 $ABCD$ 内有一点 P,且 $\angle PAB = 30°$,$PA = 2$,在正方形 $ABCD$ 的边上有一点 Q,且 $\triangle PAQ$ 为等腰三角形,则符合条件的点 Q 有 _____ 个.

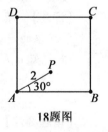

18题图

【审题要津】 针对题目要求,可利用作图(如图)求解. 此时应考虑到以 A, P, Q 分别为顶角顶点,全面进行思考.

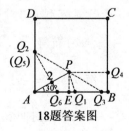

18题答案图

解 ①以 A 为顶角的顶点:因为 $AB = AD = 2 + \sqrt{3} > 2$,

因此可在 AB,AD 上分别截取 $AQ_1=AQ_2=2$. 此时 $\triangle APQ_1$，$\triangle APQ_2$ 均为等腰三角形.

②以 P 为顶角的顶点：引 $PE\perp AB$ 于 E，显然 $AE=2\cos 30°=\sqrt{3}$，$EB=2>\sqrt{3}$，因此可在 EB 上截取 $EQ_3=\sqrt{3}$，此时 $\triangle PAQ_3$ 为等腰三角形.

引 $PQ_4\perp BC$，易知 $PQ_4=EB=PA=2$. 故 $\triangle PAQ_4$ 为等腰三角形.

③以 Q 为顶角的顶点：作 AP 的垂直平分线，分别交 AB,AD 于 Q_5,Q_6.

显然 $AQ_5=\dfrac{1}{\cos 30°}=\dfrac{2}{\sqrt{3}}=\dfrac{2\sqrt{3}}{3}<2$，$AQ_6=\dfrac{1}{\cos 60°}=2$. 故点 Q_6 重合于 Q_2. 此时 $\triangle APQ_5$ 为等腰三角形.

故填 5.

【评注】 填空作答，显然无须以上论述. 但从培养数学思维的严谨性来说，如此点拨是有必要的.

☞ 19. 已知 a,b,c 为实数，并且对于任意实数 x，恒有 $|x+a|+|2x+b|=|3x+c|$，则 $a:b:c=$ _____.

【审题要津】 针对题目结构，应想到"几个非负式之和为零，则每个非负式皆为零"这一结论.

于是可利用"对任意实数 x"这一题设，令 $x=-\dfrac{c}{3}$，即可获解.

解 令 $x=-\dfrac{c}{3}$，将其代入等式，则 $\left|-\dfrac{c}{3}+a\right|+\left|-\dfrac{2c}{3}+b\right|=0$. 即 $|3a-c|+|3b-2c|=0$，则 $3a=c$，

$3b=2c$,故 $c=3a$,$b=\dfrac{2c}{3}=\dfrac{6a}{3}=2a$. 从而 $a:b:c=1:2:3$.

【评注】 充分关注题设中"对于任意实数 x,恒有……"这段表述,是开启解题入口的关键.

☞ 20. 一个自行车轮胎,若安装在前轮,则行驶 5 000 km 后报废;若安装在后轮,则行驶 3 000 km 后报废.现有一辆新自行车,在行驶一定路程后,交换前后两轮的轮胎,再继续行驶,使得两个轮胎同时报废,那么该车最多行驶 _____ km.

【审题要津】 设这种轮胎的"寿命"为"1",则依题意可知,行驶之中前轮每千米消耗此轮胎"寿命"的 $\dfrac{1}{5\,000}$;后轮每千米消耗此轮胎"寿命"的 $\dfrac{1}{3\,000}$. 以下根据"两个轮胎同时报废",即可通过列方程解决问题.

解 设前、后轮胎交换之前行驶了 x km,交换后又行驶了 y km. 则行驶一个全程先作为前轮胎的轮胎消耗的是 $\dfrac{x}{5\,000}+\dfrac{y}{3\,000}$,同理,先作为后轮胎的轮胎消耗的是 $\dfrac{x}{3\,000}+\dfrac{y}{5\,000}$,依题意,$\dfrac{x}{5\,000}+\dfrac{y}{3\,000}=\dfrac{x}{3\,000}+\dfrac{y}{5\,000}=1$,解得 $x=y=\dfrac{1\,500}{8}$,故所求为 $x+y=\dfrac{1\,500}{4}=3\,750\,(\text{km})$.

【评注】 本题也可如下求解:备 4 副(8 条)轮胎,行驶 $3\times5\,000=5\times3\,000=1\,500\,(\text{km})$ 后.前轮用了 3 条,后轮用了 5 条,恰同时报废,于是一副轮胎若使其交换后达到同时报废,行驶的里程为 $\dfrac{1\,500}{4}=3\,750\,(\text{km})$.

三、解答题

☞ 21. 平面直角坐标系中,正方形 $ABCD$ 四个顶点的坐标分别为 $(-1,-1),(1,-1),(1,1),(-1,1)$. 设正方形 $ABCD$ 在 $y=|x-a|+a$ 的图像以上部分的面积为 S,试求 S 关于 a 的函数关系式,并写出 S 的最大值.

【审题要津】 先画出函数 $y=|x|$ 的图像 l,显然其"顶点"为 $(0,0)$,而函数 $y=|x-a|+a$ 的图像与 l 形状一致,其"顶点"为 (a,a),显然它在直线 $y=x$ 上. 如图所示,即可通过分类讨论解决问题.

解 因为 $y=|x-a|+a=\begin{cases}x,x\geqslant a\\-x+2a,x<a\end{cases}$. 如图,

$$S=\begin{cases}2,a\leqslant -1\\2-(1+a)^2,-1<a\leqslant 0\\(1-a)^2,0<a\leqslant 1\\0,a>1\end{cases}$$

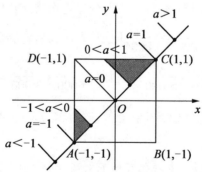

21题答案图

综上所述,S 的最大值为 2.

【评注】 如图,分别归纳出阴影部分的面积是难点.

实际上,将它们转化为以斜边上的高为边长的正方形面积,即可心明眼亮.

☞ 22. 直线 $l:y=x+3$ 交 x 轴于点 A,交 y 轴交于点 B. 坐标原点 O 关于直线 l 的对称点 O' 在反比例函数 $y=\dfrac{k}{x}$ 的图像上.

(Ⅰ)求反比例函数 $y=\dfrac{k}{x}$ 的解析式;

(Ⅱ)将直线 l 绕点 A 逆时针旋转角 $\theta(0°<\theta<45°)$ 得到直线 l',l' 交于 y 轴于点 P,过点 P 做 x 轴的平行线,与上述反比例函数 $y=\dfrac{k}{x}$ 的图像交于点 Q,当四边形 $APQO'$ 的面积为 $9-\dfrac{3\sqrt{3}}{2}$ 时,求 θ 的值.

【审题要津1】 如图,直线 $l:y=x+3$ 与 x 轴,y 轴分别交于 $A(-3,0)$ 及 $B(0,3)$,显然坐标原点关于直线 l 的对称点为 $O'(-3,3)$.此时,依点 O' 在反比例函数 $y=\dfrac{k}{x}$ 的图像上,即可求解.

解 (Ⅰ)依题意 $3=\dfrac{k}{-3}$,所以 $k=-9$,故所求为 $y=-\dfrac{9}{x}$.

【审题要津2】 如图可见,四边形 $APQO'$ 的面积等于 Rt $\triangle APC$ 的面积减去 $\triangle O'QC$ 的面积,此时设 $P(0,p)$,即可列出关于 p 的方程.于是可通过解方程确定 $\angle PAO$,从而求出 θ.

第 19~25 届"希望杯"全国数学邀请赛试题
审题要津 详细评注

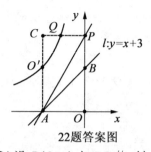

22题答案图

解 （Ⅱ）设 $P(0,p)$ 由 $PQ\parallel x$ 轴, 及点 Q 在反比例函数 $y=-\dfrac{9}{x}$ 的图像上, 知 $Q\left(-\dfrac{9}{p},p\right)$, 延长 PQ, AO', 使之交于 C, 则 $C(-3,p)$. 于是 $|CQ|=-\dfrac{9}{p}-(-3)=3-\dfrac{9}{p}$, $|O'C|=p-3$, $S_{\triangle O'QC}=\dfrac{1}{2}(p-3)\left(3-\dfrac{9}{p}\right)=\dfrac{3(p-3)^2}{2p}$, 又 $S_{\triangle APC}=S_{\triangle AOP}=\dfrac{3p}{2}$, 依题意:

$$S=\dfrac{3p}{2}-\dfrac{3(p-3)^2}{2p}=9-\dfrac{3\sqrt{3}}{2}=\dfrac{3(6-\sqrt{3})}{2},$$ 即

$$\dfrac{p^2-(p-3)^2}{p}=6-\sqrt{3}.$$

所以 $p=3\sqrt{3}$, 于是 $|OP|=3\sqrt{3}$, 所以 $\angle PAO=60°$, $\theta=\angle PAO-\angle BAO=60°-45°=15°$.

☞ 23. 给定 $m(m>3)$ 个数字组成的一列数 a_1, $a_2,\cdots,a_m$, 其中每一个数 $a_i(i=1,2,\cdots,m)$ 只能是 1 或 0. 在这一列数中, 如果存在连续的 k 个数和另一组连续的 k 个数恰好按次序对应相等, 则称这一列是"k 阶可重复的". 例如, 由 7 个数组成的一列数:0,1,1,0,1,1,0, 因为 a_1,a_2,a_3,a_4 与 a_4,a_5,a_6,a_7 按次序对应

相等,所以称这列数为"4 阶可重复的".

(Ⅰ)分别判断下面的两列数是否是"5 阶可重复的"? 如果是,请写出重复的这 5 个数.

①0,0,0,1,1,0,0,1,1,0;

②1,1,1,1,1,0,1,1,1,1.

(Ⅱ)如果一列数 $a_1,a_2,\cdots,a_m$ 一定是"3 阶可重复的",求 m 的最小值.

(Ⅲ)假设一列数不是"5 阶可重复的"且第 4 个数是 1,但若在这列数最后一个数后再添加一个 0 或 1,均可使新的一列数是"5 阶可重复的",那么原来的数列中的最后一个数是什么? 说明理由.

【审题要津 1】 依题意 $m \geqslant 3 \geqslant k$,由"例如,……,所以称这列数为 4 阶可重复的"这一段话的提示,即可对①,②作出判断.

解 (Ⅰ)在①中,因为 a_2,a_3,a_4,a_5,a_6 与 a_6,a_7,a_8,a_9,a_{10} 按次序对应相等,所以①是"5 阶可重复的",重复的这 5 个数是 0,0,1,1,0;在②中,因为连续的 5 个数分别为 1,1,1,1,1;1,1,1,1,0;1,1,1,0,1;1,1,0,1,1;1,0,1,1,1;0,1,1,1,1. 其中没有完全相同的,所以②不是"5 阶可重复的".

【审题要津 2】 首先应研究的,一是由 0,1 组成的不同的"三连项数列"究竟最多有多少,进而要归纳的是在列数 $a_1,a_2,a_3,\cdots,a_m$ 中究竟能截取多少个不同的"三连项数列"完成以上两项工作后,即可由"$a_1,a_2,\cdots,a_m$ 一定是 3 阶可重复的"作出推断.

解 (Ⅱ)所有由 0,1 组成的三项数列共有 $2^3 =$

第19～25届"希望杯"全国数学邀请赛试题
审题要津 详细评注

8种,即000,001,010,011,100,101,110,111. 而从a_1, $a_2, a_3, \cdots, a_m$中截取三连项的子数列,共有$m-3+1 = m-2$种截法,若使这些子数列中恒有相同的,则必须$m-2 \geq 9$,即$m \geq 11$(这是简单的"鸽巢"原理问题). $m=11$时,则在这一列数中有9组连续的三个数,它们分别是$a_1,a_2,a_3;a_2,a_3,a_4;a_3,a_4,a_5;\cdots;a_9,a_{10},a_{11}$,其中至少有两组按顺序对应相等,因此这数列一定是"3阶可重复的".

若$m=10$,存在如下一列数0,0,1,0,1,1,1,0,0,0,(类似地还可以写出一些)它不是"3阶可重复的". 所以,要使一列数一定是"3阶可重复的",m的最小值是11.

【审题要津3】 根据题目条件和要求,不妨设这个数列的最后4连项为a,b,c,d. 由于此数列不是"5阶可重复的",但末尾再加个"0"或"1",它便可以成为"5阶可重复的". 可见"a,b,c,d"的前面必定存在着"$a,b,c,d,0$"和"$a,b,c,d,1$"这两个5连项. 注意到题设条件中,不是"5阶可重复的"这个数列的"第四个数是1",又注意到所求的是这个数列的"最后一个数",因此想到论证这个数列的前4项一定是a,b,c,d.

解 (Ⅲ)若此数列的前4项不是"a,b,c,d",则可设"$a,b,c,d,\neq 0$"及"$a,b,c,d,\neq 1$"前面的数分别为m,n. 设末尾的"a,b,c,d"前面的数为p(m,n,p必为0或1).

①若$m=n$,则"m,a,b,c,d"与"n,a,b,c,d"按次序对应相等,即此数列为"5阶可重复的",这与已知矛盾. 故必有$m \neq n$.

②若$m \neq n$,由于m,n,p各自只能取"0"或"1",因

此必有 $p=m$ 或 $p=n$. 于是原数列又成为"5 阶可重复的",仍与已知矛盾.

综上所述,此数列的前 4 项必为 a,b,c,d. 又因为已知此数列第 4 项为 1,故 $d=1$,即原来的数列中的最后一个数是 1.

【评注】 例如,数列"1,1,1,1,1,0,1,1,1,1"即为满足已知条件的数列,末尾添加"1",则"5 阶可重复的"为"1,1,1,1,1";末尾添加"0",则"5 阶可重复的"为"1,1,1,1,0". 寻找本题的解题入口,全在于深入精细地审题. 突破思维瓶颈的成功,全在于"反证法"的力度.

2012年第23届"希望杯"初二

第1试

一、选择题

☞ 1. 如果 $0<m<1$，那么 m 一定小于它的（　　）
(A) 相反数.　(B) 倒数.
(C) 绝对值.　(D) 平方.

【审题要津】 由特殊寓于一般之中，不妨令 $m=\dfrac{1}{2}$ 验之.

解 令 $m=\dfrac{1}{2}$，$\dfrac{1}{m}=2>m$，故(B)正确，选(B).

【评注】 实际上，m 的相反数、倒数、绝对值、平分依次为 $-m,\dfrac{1}{m},m,m^2$，因此用"作差比较法"可作出判断. 由 $m-\dfrac{1}{m}=\dfrac{(m+1)(m-1)}{m}$，及 $0<m<1$，即知 $m<\dfrac{1}{m}$.

☞ 2. 在 $2^{77},3^{55},5^{44},6^{33}$ 这4个数中，最大的数是（　　）
(A) 2^{77}.　(B) 3^{55}.
(C) 5^{44}.　(D) 6^{33}.

【审题要津】 注意到4个幂式中指数均为11的倍数,即可依"和谐化"原则,将其统一为指数相同的形式.

解 $2^{77}=(2^7)^{11}=128^{11}$, $3^{55}=(3^5)^{11}=243^{11}$, $5^{44}=(5^4)^{11}=625^{11}$, $6^{33}=(6^3)^{11}=216^{11}$, 因为 $625>243>216>128$, 所以 5^{44} 最大. 选(C).

【评注】 留意一些常用的幂运算结果. 如 $2^{10}=(2^5)^2=32^2=1\,024$; $25^2=625$; $35^2=1\,225$; $45^3=2\,025$; 及不同底数的幂运算结果中尾数的变化规律等等, 对提高解题速度十分重要.

☞ 3. 若 $a+b=2\,012$, $b\neq a+1$, 则 $\dfrac{a^2-b^2+2b-1}{a^2-b^2+a+b}$ 的值等于( )

(A) $2\,012$.   (B) $2\,011$.

(C) $\dfrac{2\,012}{2\,011}$.   (D) $\dfrac{2\,011}{2\,012}$.

【审题要津】 "$b\neq a+1$" 这一条件暗示着化简已知公式时, $a-b+1$ 是可以作除式的.

解 原式 $=\dfrac{a^2-(b^2-2b+1)}{(a+b)(a-b)+(a+b)}=\dfrac{a^2-(b-1)^2}{(a+b)(a-b+1)}=\dfrac{(a+b-1)(a-b+1)}{(a+b)(a-b+1)}$, 因为 $b\neq a+1$, 所以 $a-b+1\neq 0$, 故原式 $=\dfrac{a+b-1}{a+b}=\dfrac{2\,012-1}{2\,012}=\dfrac{2\,011}{2\,012}$. 选(D).

【评注】 在题设条件的暗示下, 应满怀信心地完成对分子、分母的因式分解.

☞ 4. 方程 $\dfrac{1}{x-1}-\dfrac{2}{x^2-1}=\dfrac{1}{3}$ ( )

第19~25届"希望杯"全国数学邀请赛试题
审题要津 详细评注

(A)只有一个根 $x=1$.

(B)只有一个根 $x=2$.

(C)有两个根 $x_1=1, x_2=2$.

(D)无解.

【审题要津】 由于 $x=1$ 时,等式(方程)左端出现分母为 0 的情况,故可排除(A),(C). 以下只需将 $x=2$ 代入方程检验即可作出判断.

解 结合审题要津,当 $x=2$ 时,等式成立,故 $x=2$ 是方程的根,选(B).

【评注】 如通过解方程判断,则繁.

☞ 5. 方程组 $\begin{cases} x+y+z=10 \\ 3x+y-z=50 \\ 2x+y=40 \end{cases}$ ( )

(A)无解.   (B)有 1 组解.

(C)有 2 组解.   (D)有无穷多组解.

【审题要津】 先消去 z 再议.

解 根据题意,有

$$\begin{cases} x+y+z=10 & ① \\ 3x+y-z=50 & ② \\ 2x+y=40 & ③ \end{cases}$$

①+②,得 $4x+2y=60$,与③矛盾,所以原方程组无解,故选(A).

【评注】 无论如何消元,总会发现两个矛盾的等式.

☞ 6. As in the figure, there are four circles with radius of 2. The four circles are apart from each other. Link their

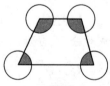

6题图

centers to form a quadrilateral, then the total area of the shaded in the figure is( )

(A)2π. (B)4π.
(C)6π. (D)8π.

译文 如图,四个半径为 2 的等圆彼此外离,联结它们的圆心构成一个四边形,则图中阴影部分的面积之和是( )

【**审题要津**】 面对 4 个等半径的圆,针对图形结构,只需了解四边形的内角和为 360°即可求解.

解 由审题要津的提示,将 4 处阴影移至一个圆中,恰好不重复且无遗漏地充盈其中,故 $S_{阴影} = \pi r^2 = 4\pi$,选(B).

【**评注**】 彼此外离的 4 个圆,无论位置怎样摆放,只要半径相同,上述解法即成立. 可见把握定性才是解决动态问题的关键.

☞ 7.在平面直角坐标系中,先将直线 $y = 3x - 2$ 关于 x 轴作轴对称变换,再将所得直线关于 y 轴作轴对称变换,则经过两次变换后所得直线的表达式是( )

(A)$y = 2x - 3$. (B)$y = 3x - 2$.
(C)$y = 2x + 3$. (D)$y = 3x + 2$.

【**审题要津**】 函数的图像关于 x 轴作轴对称变换,其要领是:横坐标不变,纵坐标变号;关于 y 轴作轴对称变换,则纵坐标不变,横坐标变号,依此即可求解.

解 依审题要津,第一次变换,由 $y = 3x - 2$,转化为 $-y = 3x - 2$,即 $y = -3x + 2$,依题意,由 $-y = 3x - 2$ 再转化,得 $y = -3 \cdot (-x) + 2$,即 $y = 3x + 2$,故选(D).

第19~25届"希望杯"全国数学邀请赛试题 审题要津 详细评注

【评注】 先关于 x 轴作轴对称变换,再关于 y 轴作轴对称变换,等同于直线关于原点作中心对称变换,即以"$-x$","$-y$"取代 x,y 即可. 直线 $y=3x-2$ 关于原点作中心对称变换,得 $-y=-3x-2$,即 $y=3x+2$.

☞ 8. 一次函数 $y=(m^2-4)x+(1-m)$ 和 $y=(m+2)x+(m^2-3)$ 的图像分别与 y 轴交于点 P 和 Q. 这两点关于 x 轴对称,则 m 的值是(　　)
 (A) 2.　　　　　(B) 2 或 -1.
 (C) 1 或 -1.　　(D) -1.

【审题要津】 依题意,$\begin{cases} m^2-4\neq 0 \\ m+2\neq 0 \end{cases}$,即 $m\neq\pm 2$. 据此可排除(A),(B). 以下只需将 $m=1$ 代入已知两个函数式,即见分晓.

解 $m=1$ 时,已知两个一次函数分别为 $y=-3x$ 和 $y=3x-2$,它们与 y 轴的交点分别为 $P(0,0), Q(0,-2)$,显然不合题意,故选(D).

【评注】 本题也可作如下处理:显然 $P=(0,1-m), Q=(0,m^2-3)$,若点 P,Q 关于 x 轴对称,则 $(m^2-3)+(1-m)=0$,即 $m^2-m-2=0$,解得 $m=-1$ 或 $m=2$(舍),故 $m=-1$.

☞ 9. 如图,在周长为 10 cm 的平行四边形 $ABCD$ 中,$AB\neq AD$,AC,BD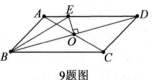

9题图

相交于点 O,点 E 在 AD 边上,且 $OE\perp BD$,则 $\triangle ABE$ 的周长是(　　)
 (A) 2 cm.　　　　(B) 3 cm.
 (C) 4 cm.　　　　(D) 5 cm.

【审题要津】 把握"平行四边形是中心对称图形",进而利用线段中垂线的性质,即可从容求解.

解法 1 因为四边形 $ABCD$ 是平行四边形,所以 $BO = OD$,又因为 $OE \perp BD$,所以 $EB = ED$,于是 $AB + AE + EB = AB + AE + ED = AB + AD = \dfrac{1}{2} \times 10 = 5(\text{cm})$,故选(D).

解法 2 如图,延长 EO 交 BC 于点 F,由平行四边形 $ABCD$ 中心对称,即知 $OE = OF$. 又因为

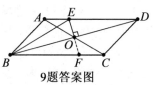

9题答案图

$OE \perp BD$,所以 $BE = BF$,从而 $AB + AE + BE = AB + AE + BF = CD + CF + ED = \dfrac{1}{2} \times 10 = 5(\text{cm})$,故选(D).

【评注】 抓住平行四边形是中心对称图形这一核心性质,是解答本题的关键.

☞ 10. $x_1, x_2, \cdots, x_{100}$ 是自然数,且 $x_1 < x_2 < \cdots < x_{100}$,若 $x_1 + x_2 + \cdots + x_{100} = 7\,001$,那么,$x_1 + x_2 + \cdots + x_{50}$ 的最大值是( )
(A) 2 225. (B) 2 226.
(C) 2 227. (D) 2 228.

【审题要津】 欲使 $x_1 + x_2 + \cdots + x_{50}$ 最大,只需使 $x_{51} + x_{52} + \cdots + x_{100}$ 最小. 可见后面这 50 个必须是连续的正整数. 与此同时,x_{50} 与 x_{51} 也应是相连的,即 $x_{50} + 1 = x_{51}$. 因此,解答本题需先找连续的 100 个自然数,使其和最接近 7 001. 随后再将余下的数值向这 100 个自然数的"间隔"里"分配". 每一个自然数值的增加,都直接影响着后面自然数的大小. 求和时,应采取"高斯加法策略"

第19~25届"希望杯"全国数学邀请赛试题
审题要津 详细评注

$$1 + 2 + \cdots + 100 = \frac{1}{2}[(1 + 2 + \cdots + 100) + (100 + 99 + \cdots + 2 + 1)]$$

$$= \frac{1}{2}(100 \times 101) = 5\ 050$$

解法1 设100个连续的正整数为 $a, a+1, a+2, \cdots, a+99$. 其和 $S = 100a + (0 + 1 + 2 + \cdots + 99) = 100a + 50(0 + 99) = 100a + 4\ 950$. 显然 $a = 20$ 时, $S = 6\ 950$ 与 $7\ 001$ 最接近. 此时连续的 100 个整数是 $20, 21, \cdots, 69$(第50个), 70(第51个), $71, \cdots, 119$. 因为 $7\ 001 - 6\ 950 = 51$, 为了使前50个数相加最大, 保证满足 $x_1 < x_2 < \cdots < x_{100}$, 理应将这 51 个 1, 按如下方案分配: 先将第50个数69变成70, 再将后50个数每个数加1, 则恰好将51个分配完毕. 故前50个正整数之和的最大值为 $20 + 21 + 22 + \cdots + 69 + 1 = 25(20 + 69) + 1 = 2\ 226$. 故选(B).

解法2 对 $\{x_n\}$, 令 S_1 为前50项之和, S_2 为后50项之和. 由 $S_1 + S_2 = 7\ 001$ 为奇数, 故 $\{x_n\}$ 不能是100个连续自然数. 设 $k \in \{1, 2, \cdots, 99\}$, 令 $d_k = x_{k+1} - x_k$, 若 $d_k = 1$, 则称 $\{x_n\}$ 在 k 处连续. 若 $d_k = 2$, 则称 $\{x_n\}$ 在 k 处有一个缝隙; 若 $d_k \geq 3$, 则称 $\{x_n\}$ 在 k 处有一跳跃, 缝隙与跳跃统称为断裂. 若 $\{x_n\}$ 在 k_1 及 k_2 处均有断裂, 且 $k_1 < k_2$, 称 k_2 处断裂比 k_1 处的高.

首先处理较高处的跳跃, 设 k 处跳跃最高, 分别以 $x_k + 1, x_{k+1} - 1$ 替换 x_k, x_{k+1}, 称为一次变换. 易见当 $k \leq 49$ 或 $k \geq 51$ 时, 变换前后 S_1, S_2 均不变. 而当 $k = 50$ 时, 变换后 S_1 变大, S_2 变小, 且 x_1 不减, x_{100} 不增. 重新审视变换后得到的新数列, 它可能有新的断裂, 但位置向两端移动, 继续优先处理较高处的跳跃, 则经过有限

次变换(因 x_1 不减,x_{100} 不增)后,所得到数列 $\{x_n\}$ 将无跳跃,而仅有缝隙,若缝隙不止一处,则处理两个最高的缝隙,设 $k_1 < k_2$ 处为最高的缝隙.以 $x_{k_1}+1$ 替换 x_{k_1},且以 $x_{k_2+1}-1$ 替换 x_{k_2+1},也称一次变换.则当 $k_1 \geqslant 51$ 时或 $k_2 \leqslant 49$ 时变换前后 S_1, S_2 均不改变,当 $k_1 \leqslant 50$ 时或 $k_2 \geqslant 50$ 时,S_1 变大且 S_2 变小,变换后可能产生新的跳跃,对新数列还是优先处理跳跃,然后再处理缝隙.例如最后五项如下是 $\{142,143,145,148,149\}$,变换过程是 $\{142,143,146,147,149\} \to \{142,144,145,147,149\} \to \{142,144,146,147,148\} \to \{143,144,145,147,148\}$ 经有限次变换后,$\{x_n\}$ 恰有一处缝隙,其余均连续.

此时 S_1 才可能最大,设唯一缝隙在 k 处,则 $x_k = x_1+k-1, x_{k+1}=x_1+k+1$,补上 $x'=x_1+k$ 后得 101 个连续的自然数.$x_1, x_2, \cdots, x_k, x', x_{k+1}, \cdots, x_{100}$,这些数之和为 $7001+x'=101x_1+\dfrac{101\times 100}{2}$,即 $7001+x_1+k=101x_1+50\times 101$,$7001+k=100x_1+50\times 101=50(2x_1+101)$.

于是有 $k=49+50m \in \{1,2,\cdots,99\}$,故 $m=0$ 或 $m=1$.

若 $m=1$,则有 $7001+99=50(2x_1+101)$,$7100=50(2x_1+101)$,$142=2x_1+101$,$2x_1=41$ 不可能.故 $m=0$,此时有 $7001+49=50(2x_1+101)$,$141=2x_1+101$,$x_1=20$.

故 S_1 最大值为 $20+21+\cdots+68+70=20+21+\cdots+69+1=20\times 50+\dfrac{50\times 49}{2}+1=2226$.故选

(B).

【评注】 解法1朴素自然,解法2给予严格论证以供教师及学有余力的同学参考.若仅从应试来说,解答本题完全可以从逆向思维入手,利用整体结构实施巧解:由于这100个自然数是按从小到大的顺序排列的,因此后50个数必须为连续的正整数,只有如此,才能使其和取得最小值,而50个连续正整数之和的个位数字一定是5(注),于是7 001减去后50个连续正整数之和的差,其个位数字必然是6,对照4个选项.故选(B).

注:设 a 为自然数,则 $(a+1)+(a+2)+\cdots+(a+50)=50a+(1+2+\cdots+50)$. 设 $S=1+2+\cdots+50$,则 $S=50+49+\cdots+2+1$. 故 $2S=50(1+50)$,即 $S=\dfrac{50(1+50)}{2}=25\times 51$. 因此 $(a+1)+(a+2)+\cdots+(a+50)$ 的个位数字一定是5.

二、A 组填空题

11. 有下列命题:
①矩形既是中心对称图形,又是轴对称图形;
②平行四边形是中心对称图形,不是轴对称图形;
③等腰梯形是轴对称图形,不是中心对称图形;
④有一个锐角是30°的直角三角形不是中心对称图形,也不是轴对称图形.
其中正确命题的序号是_____.(把所有正确的命题的序号都填上)

【审题要津】 "中心对称"与"轴对称"是截然不

第5章 2012年第23届"希望杯"初二

同的两个概念,理解这一点,即可顺利求解.

解 正确的命题序号是①,②,③,④.

【评注】 只有一个锐角是45°的直角三角形才是轴对称图形.

☞ 12. 若 n 是正整数,且 $x^{2n} = 5$,则 $(2x^{3n})^2 \div (4x^{2n}) = $ _____.

【审题要津】 力图将所求式用"x^{2n}"表示,即可速解.

解 所求式 $= 4x^{6n} \div 4 \cdot x^{2n} = 4(x^{2n})^3 \div 4 \cdot x^{2n} = \dfrac{4(x^{2n})^3}{4 \cdot x^{2n}} = (x^{2n})^2$. 因为 $x^{2n} = 5$,故所求为25.

【评注】 如将已知条件化为 $(x^n)^2 = 5$,再以"x^n"为基准进行变换,则繁.

☞ 13. 已知整数 a, b 满足 $6ab = 9a - 10b + 16$,则 $a + b$ 的值是 _____.

【审题要津】 将已知等式化为 $6ab + 10b - 9a - 15 = 1$,即 $3a(2b-3) + 5(2b-3) = 1$,从而可得出 $(3a+5)(2b-3) = 1$,以下只需根据 a, b 为整数,即可通过讨论求解.

解 因为 a, b 均为整数,所以 $3a - 5$ 和 $2b - 3$ 均为整数,于是由 $(3a-5)(2b-3) = 1$,即知

$\begin{cases} 3a+5=1 \\ 2b-3=1 \end{cases}$ 或 $\begin{cases} 3a+5=-1 \\ 2b-3=-1 \end{cases}$,解得 $\begin{cases} a=-\dfrac{4}{3} \\ b=1 \end{cases}$(舍),

$\begin{cases} a=-2 \\ b=1 \end{cases}$,故 $a+b = -1$.

【评注】 审题注意到了数据特征,因此果断地进行拆项代换,这才是高觉悟的审题.

第19~25届"希望杯"全国数学邀请赛试题
审题要津 详细评注

☞ 14. The original railway from A to B is 310 km, and now a 280 km long high-speed railway is built. The train speed on the high-speed railway is twice the original speed, so the traveling time from A to B is 2 hours shorter. Then the original train speed on the original railway is _____ km/h.

译文 从 A 地到 B 地的原有铁路长 310 km,现在建成一条长 280 km 的高速铁路.高速列车运行速度是原来的两倍,所以从 A 地到 B 地的时间缩短了 2 h.那么原有铁路列车的速度是_____ km/h.

【审题要津】 从 A 地到 B 地,原线路之长为 310 km,高铁线路长是 280 km,不同的机车必须在不同的线路上行驶,在这个前提之下,只需设行驶在原线路的车速为 v,则行驶在高铁线上的车速度即为 $2v$,从而可列方程求解.

解 依题意,$\dfrac{310}{v} - \dfrac{280}{2v} = 2$,解得 $v = 85$ km/h.

【评注】 对熟悉高铁概念的同学,读懂题意则求解易如反掌.

☞ 15. 如图,已知 △ABC 中,AD 平分 $\angle BAC$,$\angle C = 20°$,$AB + BD = AC$,则 $\angle B$ 的度数是_____.

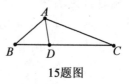

15题图

【审题要津】 由 AD 平分 $\angle BAC$,如图即知 $\angle 1 = \angle 2$,由 $AB + BD = AC$,应想到延长 AB 至 C_1 使

15题答案图

$AC_1 = AC$,或在 AC 上截取 $AB_1 = AB$,无论如何,总可以由三角形全等找到另外的等角关系,据此并结合 $\angle C = 20°$,即可求解.

解 在 AC 上截取 $AB_1 = AB$,则由 $\angle 1 = \angle 2$,及 $AD = AD$,则知 $\triangle ABD \cong \triangle AB_1D$,从而有 $B_1D = BD$.而由 $AB + BD = AC$,可知 $B_1C = BD$,故 $\angle 3 = \angle C = 20°$.

于是 $\angle 4 = \angle 3 + \angle C = 40°$.因为 $\triangle ABD \cong \triangle AB_1D$,所以 $\angle B = \angle 4 = 40°$.

【评注】 只有依审题要津提示的方法,才能有效地利用条件"$AB + BD = AC$".

☞ 16.若 $\triangle ABC$ 的三个内角满足 $3\angle A > 5\angle B$,$3\angle C < 2\angle B$,则 $\triangle ABC$ 必是_____三角形.(填"锐角"、"直角"或"钝角")

【审题要津】 为醒目起见,$\angle A$,$\angle B$,$\angle C$ 分别以 A,B,C 表示.则依题设有"$3A > 5B$,$3C < 2B$"可见在 $\triangle ABC$ 中,A 最大.以下只需根据上述不等式及 $A + B + C = 180°$,即可通过研究 A 与 $90°$ 的大小作出判断.

解 依题意,可知 $6A > 10B > 15C$,又因为 $A + B + C = 180°$,所以 $30(A + B + C) = 30A + 30B + 30C = 30 \times 180°$.因为 $18A > 30B$,$12A > 30C$,所以 $30A + 18A + 12A > 30A + 30B + 30C = 30 \times 180°$.故 $60A > 30 \times 180°$,即 $A > 90°$,因此 $\triangle ABC$ 必是钝角三角形.

【评注】 注意到 $2,3,5$ 的最小公倍数是 30,才设计出上述的解题思路,这样表述条理清晰.

☞ 17.若关于 x 的分式方程 $\dfrac{mx-1}{x-2} + \dfrac{1}{2-x} = 2$ 有整数解,整数 m 的值是_____.

【审题要津】 根据题目要求,可将已知分式方程

通过去分母化为 $mx-2=2(x-2)$,即 $(m-2)x=-2$.进而选择分离变量的方式,得出 $x=-\dfrac{2}{m-2}$,以下通过分析、讨论即可得出结果.

解 由于 $x=-\dfrac{2}{m-2}$ 是整数,因此 $m-2$ 只能等于 ± 1 或 ± 2.

① $m-2=1$ 时,$m=3$,此时 $x=-2$ 满足方程;

② $m-2=-1$ 时,$m=1$,此时 $x=2$(舍);

③ $m-2=2$ 时,$m=4$,此时 $x=-\dfrac{1}{2}$ 满足方程;

④ $m-2=-2$ 时,$m=0$,此时 $x=1$ 满足方程.

故整数 m 的值为 $3,4$ 或 0.

【评注】 解答本题也可作如下表述:依题意,$x\neq 0$($x=0$ 不满足方程).故可得 $m-2=-\dfrac{2}{x}$,即 $m=-\dfrac{2}{x}+2$.由 m 为整数,且 $x\neq 2$,因此只有 $x=\pm 1$,或 $x=-2$.

当 $x=1$ 时,$m=0$,此时 $x=1$ 满足方程;

当 $x=-1$ 时,$m=4$,此时 $x=-1$ 满足方程;

当 $x=-2$ 时,$m=3$,此时 $x=-2$ 满足方程.

故整数 m 的值为 $0,4$ 或 3.

这里必须强调的是,对有关分式方程的解答题,表述过程中,验根的说明是不可忽略的.

☞ 18. 已知 $a+x^2=2\,011$,$b+x^2=2\,012$,$c+x^2=2\,013$,且 $abc=24$,则 $\dfrac{a}{bc}+\dfrac{c}{ab}+\dfrac{b}{ac}-\dfrac{1}{a}-\dfrac{1}{b}-\dfrac{1}{c}=$ _____.

【审题要津】 面对似乎难以沟通的已知和所求,理应从前后对比的角度冷静地去探索规律.注意到 $abc=24$ 这一条件及所求分式的结构,则对去分母化简的思路及采用何种手段,当胸有成竹.至于题设中含 x^2 的三个等式,它表明的不过是 $a-b=-1, b-c=-1, c-a=2$ 而已.此刻也应想到对所求式进行因式分解.

解 综上,所求式 $= \dfrac{1}{abc}(a^2+c^2+b^2-bc-ac-ab) = \dfrac{1}{2abc}(2a^2+2c^2+2b^2-2bc-2ac-2ab) = \dfrac{1}{2abc}[(a-b)^2+(b-c)^2+(c-a)^2] = \dfrac{1}{48}(1+1+4) = \dfrac{1}{8}$.

【评注】 化简所求式时,如对提取 $\dfrac{1}{abc}$ 不熟悉,可采取同时乘以并除以 abc 来实施.至于将 $a^2+c^2+b^2-bc-ac-ab$ 分解因式的技巧,对大多数同学来讲,应当属于经验之谈.

☞ 19. 若 x 是自然数,$x+13$ 和 $x-76$ 都是完全平方数,那么 $x=$ _____.

【审题要津】 依题意,设 $a^2=x+13, b^2=x-76$.此时从 $a^2-b^2=(a+b)(a-b)=89$(质数)入手分析则是顺理成章的.

解 令 $a^2=x+13, b^2=x-76$,显然有 $a^2>b^2$,不妨设 $a>b>0$,于是有 $a^2-b^2=(a+b)(a-b)=89$,因为 89 是质数,所以只能是 $\begin{cases} a+b=89 \\ a-b=1 \end{cases}$,即 $\begin{cases} a=45 \\ b=44 \end{cases}$.所以 $x=a^2-13=45^2-13=2\,025-13=2\,012$.

【评注】 即便是中考试卷,也难免出现一些涉及考查整数性质的问题,对此应有思想准备.

☞ 20. 如图,在 $\square ABCD$ 中,点 E,F,G,H 分别是 AB,BC,CD,DA 的中点,点 P 在线段 GF 上,则 $\triangle PHE$ 与 $\square ABCD$ 的面积的比值是 _____.

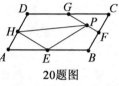

20题图

【审题要津】 注意到 GF 和 EH 均平行于四边形对角线 BD,则知 $GF \parallel EH$.

此时想到平行线间垂直距离不变,即从特殊化入手求解.

解 如图,连 BD,由三角形中位线性质,即知 $EH \parallel BD$,$FG \parallel BD$,于是 $GF \parallel EH$.

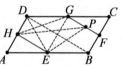

20题答案图

连 GH, GE,则 $S_{\triangle GHE} = S_{\triangle PHE}$,连 DE,由 $AD \parallel EG$,即知 $S_{\triangle GHE} = S_{\triangle GDE}$,显然 $S_{\triangle GDE} = \frac{1}{2} S_{\square AEGD}$,而 $S_{\square AEGD} = \frac{1}{2} S_{\square ABCD}$,故 $S_{\triangle PHE}$ 与 $\square ABCD$ 的面积的比值为 $\frac{1}{4}$.

【评注】 一个三角形的顶点沿着与其对边平行的直线移动时,三角形的面积不变,这一等积变换的原理在求解某些相关问题时非常有用.

上述解法是先将点 P 沿 EH 方向移至点 G 处,再将点 H 沿 EG 方向移至点 D 处.实际上,只需将点 P 沿 HE 方向移至点 F 处,即可一目了然.

三、B 组填空题

☞ 21. 直线 $y = 3x + k + 2$ 与直线 $y = -x + 2k$ 的交点

在第二象限,且 k 是正整数,则 k 的值是 _____;交点的坐标是 _____.

【审题要津】 依题意,方程组 $\begin{cases} y = 3x + k + 2 \\ y = -x + 2k \end{cases}$ 的解 (x_0, y_0) 应满足 $\begin{cases} x_0 < 0 \\ y_0 > 0 \end{cases}$,据此即可由 k 是正整数解得 k 值.将其代入 (x_0, y_0),即得交点坐标.

解 由 $\begin{cases} y = 3x + k + 2 \\ y = -x + 2k \end{cases}$ 解得 $\begin{cases} x = \dfrac{k-2}{4} \\ y = \dfrac{7k+2}{4} \end{cases}$,依题意,

$\begin{cases} \dfrac{k-2}{4} < 0 \\ \dfrac{7k+2}{4} > 0 \end{cases}$. 因为 k 为正整数,所以 $k = 1$. $k = 1$ 时,所求直线交点为 $\left(-\dfrac{1}{4}, \dfrac{9}{4} \right)$.

【评注】 由 k 是正整数及 $\dfrac{7k+2}{4} > 0$,即知题设交点只能在一、二象限.因此将本题中"交点在第二象限"改为"交点不在第一象限"为好.

☞ 22. 一个三角形的三条边的长分别是 5,7,10,另一个三角形的三条边的长分别是 5,$3x - 2$,$2y + 1$,若这两个三角形全等,则 $x + y$ 的值是 _____ 或 _____.

【审题要津】 题设中已明确,两个全等的三角形中均有边长为 5 的一条边,因此只能是各自其他的两条边对应相等,因此分两种不同情况进行讨论是自然而然的.

解 如 $\begin{cases}3x-2=7\\2y+1=10\end{cases}$，则 $\begin{cases}x=3\\y=\dfrac{9}{2}\end{cases}$，于是 $x+y=\dfrac{15}{2}$；

如 $\begin{cases}3x-2=10\\2y+1=7\end{cases}$，则 $\begin{cases}x=4\\y=3\end{cases}$，于是 $x+y=7$.

【评注】 所求分两个空，意在提示你应通过分类讨论求解.

☞ 23. 点 A 和 B 在直线 $y=-\dfrac{3}{4}x+6$ 上，点 A 的横坐标是 2，且 $AB=5$. 当线段 AB 绕点 A 顺时针旋转 $90°$ 后，点 B 的坐标是 _____ 或 _____.

【审题要津】 由直线解析式 $y=-\dfrac{3}{4}x+6$ 及点 A 的横坐标 2，易求得 $A\left(2,\dfrac{9}{2}\right)$. 而 $AB=5$ 时，如图 1，点 B 可能在点 A 上方（设其为 B_1），也可能在点 A 下方（设其为 B_2）. 如设旋转后的点 B 位置分别为 B_1'，B_2'，则依题意 B_1，B_1'，B_2，B_2' 四点应连成对角线长度为 10 的正方形.

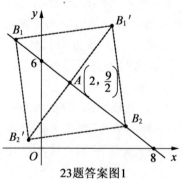

23题答案图1

据此即可求解.

解 设 $B_1(x_1,y_1),B_2(x_2,y_2)$. 依题意及审题要津,

$$\begin{cases} y_1 = -\dfrac{3}{4}x_1 + 6 \\ y_2 = -\dfrac{3}{4}x_2 + 6 \\ x_1 + x_2 = 4 \\ (x_1-x_2)^2 + (y_1-y_2)^2 = 100 \end{cases}, 解得 \begin{cases} x_1 = -2 \\ x_2 = 6 \\ y_1 = \dfrac{15}{2} \\ y_2 = \dfrac{3}{2} \end{cases}.$$

故 $B_1\left(-2,\dfrac{15}{2}\right), B_2\left(6,\dfrac{3}{2}\right)$. 由 $B_1'B_2' \perp B_1B_2$, 故可设 $B_1'B_2'$ 的解析式为 $y = \dfrac{4}{3}x + b$, 因为点 $A\left(2,\dfrac{9}{2}\right)$ 在其上,所以由 $\dfrac{4}{3} \times 2 + b = \dfrac{9}{2}$, 可得 $b = \dfrac{11}{6}$. 于是 $B_1'B_2'$ 的解析式为 $y = \dfrac{4}{3}x + \dfrac{11}{6}$. 设 $B_1'(x_1',y_1'), B_2'(x_2',y_2')$, 则

$$\begin{cases} y_1' = \dfrac{4}{3}x_1' + \dfrac{11}{6} \\ y_2' = \dfrac{4}{3}x_2' + \dfrac{11}{6} \\ x_1' + x_2' = 4 \\ (x_1'-x_2')^2 + (y_1'-y_2')^2 = 100 \end{cases}, 解得 \begin{cases} x_1' = 5 \\ x_2' = -1 \\ y_1' = \dfrac{17}{2} \\ y_2' = \dfrac{1}{2} \end{cases}, 故所求$$

为 $B_1'\left(5,\dfrac{17}{2}\right), B_2'\left(-1,\dfrac{1}{2}\right)$.

【评注】 如上解答运算量较大,如不了解互相垂直的两条直线其解析式中 x 的系数(斜率)成负倒数,则会陷入更复杂的运算程序. 倘若你在审题上,沿着数形结合的思路,精耕细作地作一番探讨,则解答本题无需三分钟:如图2,显然直线 AB 分别截横、纵轴于点 $D(8,0), C(0,6)$, 故 $CD = 10$, 见到6,8,10应想到3,

4,5. 此时以 AB_2' 为斜边作 $\mathrm{Rt}\triangle APB_2'$，使 AP，$B_2'P$ 分别垂直于 x 轴，y 轴，则 $\triangle APB_2' \backsim \triangle DOC$，于是由 $AB_2' = 5$，可知 $B_2'P = 3$，$PA = 4$。而点 A 的坐标为 $\left(2, \dfrac{9}{2}\right)$，故 B_2' 的横、纵坐标分别为 $2-3$，$\dfrac{9}{2}-4$。即 $B_2'\left(-1, \dfrac{1}{2}\right)$。同理可求得点 B_1' 的横、纵坐标分别为 $2+3$，$\dfrac{9}{2}+4$，即 $B_1'\left(5, \dfrac{17}{2}\right)$。

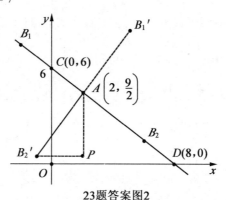

23题答案图2

☞ 24. 等腰 $\mathrm{Rt}\triangle ABC$ 中，$\angle ACB = 90°$，点 D 和 E 在 AB 边上，$AD = 3$，$BE = 4$，$\angle DCE = 45°$，则 $DE = $ _____ 或 _____。

【审题要津】 既然题设给出了等腰直角三角形，于是如图，取斜边 AB 中点 P，连 CP 是很自然的。因为 $\angle 1 + \angle 4 = \angle 1 + \angle 3 = \angle 2 + \angle 3 = 45°$，所以 $\angle 1 = \angle 2$，$\angle 3 = \angle 4$。由 $CP \perp AB$，则知 $\triangle CDP$ 是直角三角形，为了利用相似比求解，不妨引 $EF \perp BC$ 于 F，于是 $\mathrm{Rt}\triangle CDP \backsim \mathrm{Rt}\triangle CEF$。设 $DE = x$，则 $AB = 7 + x$，$AP = $

$PC = PB = \dfrac{7+x}{2}$,于是 $BC = \dfrac{\sqrt{2}(7+x)}{2}$, $DP = \dfrac{7+x}{2} - 3 = \dfrac{1+x}{2}$. 因为 $\angle B = 45°$, $EF \perp BC$, 所以 $EF = BF = \dfrac{\sqrt{2}}{2} BE = 2\sqrt{2}$.

故 $CF = BC - BF = \dfrac{\sqrt{2}(7+x)}{2} - 2\sqrt{2}$. 至此 DP, CP, CF, EF 皆可由 x 表示,从而可利用比例式列方程求解.

解法 1 依审题要津,即知图 1 中 $\mathrm{Rt}\triangle CDP \backsim \mathrm{Rt}\triangle CEF$, 于是 $\dfrac{DP}{EF} = \dfrac{CP}{CF}$, 即 $\dfrac{\frac{1+x}{2}}{2\sqrt{2}} = \dfrac{\frac{7+x}{2}}{\frac{\sqrt{2}(7+x)}{2} - 2\sqrt{2}}$, 化简得 $\dfrac{1+x}{4\sqrt{2}} = \dfrac{7+x}{\sqrt{2}(3+x)}$, 经整理, $x^2 + 4x + 3 = 4x + 28$, 解得 $x = 5$. 如图 2 所示, $AD = 3, BE = 4$, 设 $ED = x$, 此时 $AB = 7 - x, AP = PC = PB = \dfrac{7-x}{2}$, 于是 $BC = \dfrac{\sqrt{2}(7-x)}{2}$.

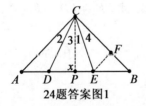
24题答案图1

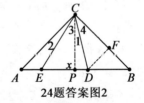
24题答案图2

而 $DB = BE - DE = 4 - x$, 故 $DF = BF = \dfrac{\sqrt{2}}{2}(4-x)$,

从而 $CF = BC - BF = \dfrac{\sqrt{2}(7-x)}{2} - \dfrac{\sqrt{2}(4-x)}{2} = \dfrac{3\sqrt{2}}{2}$. 因为 $\mathrm{Rt}\triangle EPC \backsim \mathrm{Rt}\triangle DFC$, 所以 $\dfrac{EP}{PC} = \dfrac{DF}{FC}$, 其中 $EP = $

$EB - PB = 4 - \dfrac{7-x}{2} = \dfrac{1+x}{2}$,故有 $\dfrac{\frac{1+x}{2}}{\frac{7-x}{2}} = \dfrac{\frac{\sqrt{2}}{2}(4-x)}{\frac{3\sqrt{2}}{2}}$. 化简得 $\dfrac{1+x}{7-x} = \dfrac{4-x}{3}$,即 $x^2 - 14x + 25 = 0$,解得 $x = 7 - 2\sqrt{6}$ (舍去 $x = 7 + 2\sqrt{6}$).所以 $DE = 5$ 或 $7 - 2\sqrt{6}$.

解法 2 分图 3,图 4 两种情况讨论:

(1) 如图 3,将 $\triangle CAD$ 以 CD 为轴翻折成 $\triangle CFD$,连 DF, EF. $AD = 3, BE = 4$. 因为 $\angle 1 = \angle 2$,又因为 $\angle DCE = \angle 2 + \angle 3 = 45°$,所以 $\angle 1 + \angle 4 = 90° - 45° = 45°$,所以 $\angle 3 = \angle 4$. 因为 $CA = CF$,又 $CA = CB$,所以 $CF = CB$,从而 $\triangle FCE \cong \triangle BCE$.

故 $DF = AD = 3, EF = BE = 4, \angle 5 = \angle A = \angle B = \angle 6 = 45°$. 于是 $\angle DFE = 90°$,则 $DE^2 = DF^2 + EF^2 = 3^2 + 4^2 = 25$,即 $DE = 5$.

(2) 如图 4,将 $\triangle CAE$ 以 CE 为轴翻折成 $\triangle CFE$,连 DF, EF. $AD = 3, BE = 4$,设 $DE = x$,则 $AE = 3 - x, BD = 4 - x$. 因为仍有 $\angle EFD = 90°$,因此 $EF^2 + FD^2 = ED^2$ 依然成立,即 $(3-x)^2 + (4-x)^2 = x^2$,整理成 $x^2 - 14x + 25 = 0$,解得 $x = 7 \pm 2\sqrt{6}$,舍去 $x = 7 + 2\sqrt{6}$,即得 $x = DE = 7 - 2\sqrt{6}$.

所以 $DE = 5$ 或 $7 - 2\sqrt{6}$.

24题答案图3

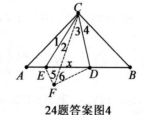
24题答案图4

第5章 2012年第23届"希望杯"初二

【评注】 解法2别开生面,值得品味,更值得总结和借鉴.妙解之所以油然而生,全在于解题经验所产生的预测.

☞ 25. 袋中有红、黄、黑三种颜色的球各若干个,黄色球上标有数字5,黑色球上标有数字6,红色球上标的数字看不清.现从袋中拿出8个球,其中黄色球和黑色球的个数分别少于红色球的个数.已知8个球上的数字和是39,那么红色球上标的数字是_____;拿出黑色球的个数是_____.

【审题要津】 既然黄球和黑球的个数均少于红球的个数,显然红球的个数至少不小于4.假如只有3个红球,则黑球、黄球加起来有5个,于是它们中总有一类球是3个.这不合题意.为了方便研究问题,不妨设红、黄、黑球的个数分别为 m, n, p.其上所标数字分别为正整数 $x, 5, 6$.此时 $m+n+p=8, m \geq 4$ (m, n, p 均为正整数).依题设,$mx+5n+6p=39$,以下即可通过分类讨论求解.

解 (1)若 $m=4, n=3, p=1$,则有 $4x+21=39$,即 $4x=18$,由 x 为正整数,故方程无解;

若 $m=4, n=1, p=3$,则有 $4x+23=39$,得 $x=4$.

(2)若 $m=5, n=2, p=1$,则有 $5x+16=39$,无正整数解;

若 $m=5, n=1, p=2$,则有 $5x+17=39$,无正整数解.

(3)若 $m=6, n=p=1$,则有 $6x+11=39$,无正整数解.

故红色球上标的数字为4,黑色球的个数为3.

第19~25届"希望杯"全国数学邀请赛试题
审题要津 详细评注

【评注】 判断出红球个数至少不小于4后,采用直接推理的方法亦可求解:既然黄球、黑球上分别标有数字5,6,则红球上标的数字必小于5,若红球上标的是5,而5,5,6中5为最小,则8个球的数字之和最小为$4×5+3×6+5=43$. 类似地也可判断红球上所标的数字必大于3. 若红球上所标的数字为3,注意到3,5,6中,3最小,则8个球的数字之和最大为$4×3+3×6+5=35$. 综上所述,红球上的数字必为4. 除此之外,若红球多于4个,则三种球上的数字之和最大为$5×3+2×6+1×5=37$(不合题意),故所求为4,3. 解答本题的关键,在于首先断定红球至少有4个,与此同时分析各种情况时,务必要关注三种球上的数字何为最大,何为最小.

第2试

一、选择题

☞ 1. 实数 a,b,c,d 满足：①$a+b=c+d$；②$a+d<b+c$；③$c<d$. 则 a,b,c,d 的大小关系是（　　）

(A) $a<c<d<b$.　　　(B) $b<c<d<a$.

(C) $c<d<a<b$.　　　(D) $c<d<b<a$.

【审题要津】 条件式中有一个等式、两个不等式. 应合理地利用等式的条件, 对不等式进行消元换算, 从而得到不等的结论.

解 ①+②, 得 $2a+b+d<2c+b+d$, $2a<2c$, $a<c$, 据此即可排除(B), (C), (D) 三个选项, 故选(A).

【评注】 实际上, 令 $a=2, b=5, c=3, d=4$, 立知应选(A).

☞ 2. 下列等式中不恒成立的是（　　）

(A) $\dfrac{a+b}{a} + \dfrac{a+b}{b} = \dfrac{a+b}{a} \cdot \dfrac{a+b}{b}$.

(B) $\dfrac{a}{a+1} - \dfrac{b}{b+1} = \dfrac{a}{a+1} \cdot \dfrac{b}{b+1}$.

(C) $a + \dfrac{a}{a^2-1} = a^2 \cdot \dfrac{a}{a^2-1}$.

(D) $\dfrac{a^3+b^3}{a^3+(a-b)^3} = \dfrac{u+b}{a+(a-b)}$.

【审题要津】 在查找各选项的运算有无错误的同时, 还应着重分析等式成立的条件. 此时关注分母不为零是必要的.

解 对于(A), 左边通分得 $\dfrac{(a+b)^2}{ab}$ = 右边；

对于(B), 左边通分得 $\dfrac{a-b}{(a+1)(b+1)}$, 右边变形

第19~25届"希望杯"全国数学邀请赛试题 审题要津 详细评注

为$\dfrac{ab}{(a+1)(b+1)}$,需$a-b=ab$且$a\neq-1,b\neq-1$为条件,(B)项才成立;当a,b中一个为0,另一个不为0时,(B)项即不成立.

对于(C),左边通分得$\dfrac{a^3}{a^2-1}=$右边;

对于(D),左边使用"立方和公式"对分子、分母进行因式分解得$\dfrac{(a+b)(a^2-ab+b^2)}{(a+a-b)[a^2-a(a-b)+(a-b)^2]}=$
$\dfrac{(a+b)(a^2-ab+b^2)}{(a+a-b)(a^2-ab+b^2)}=\dfrac{a+b}{a+(a-b)}=$右边.选(B).

【评注】 其实,令$a=b=1$,立知(B)选项不恒成立.

☞ 3. 一组数据由五个正整数组成,中位数是4,且唯一的众数是7,则这五个正整数的平均数等于( )

(A)4.2 或 4.4.　　(B)4.4 或 4.6.
(C)4.2 或 4.6.　　(D)4.2 或 4.4 或 4.6.

【审题要津】 准确把握"中位数"和"众数"的概念,即可速解.

解 先将这五个正整数从小到大排序:$a_1,a_2,4,a_4,a_5$. 因为7是众数,且大于4,所以$a_4=a_5=7$,因为唯一的众数是$a_4=a_5=7$,所以$a_1\neq a_2$且均为小于4的正整数,所以a_1,a_2只有1,2;1,3;2,3这三种可能.

只需计算第一组$\dfrac{1+2+4+7+7}{5}=4.2$,即知另外两组数的平均数必为4.4和4.6.选(D).

【评注】 应试本选择题,只要分析出a_1,a_2有三组取值,即可选(D).

第5章 2012年第23届"希望杯"初二

☞ 4. 化简:$\sqrt{4+\sqrt{7}} - \sqrt{4-\sqrt{7}} = ($)

(A) 1.　　　　　(B) $\sqrt{2}$.

(C) $\sqrt{3}$.　　　　(D) 2.

【审题要津】 对双层根号的根式化简,将外层根号内的被开方式配成完全平方式是为关键.

解 原式 $= \sqrt{\dfrac{8+2\sqrt{7}}{2}} - \sqrt{\dfrac{8-2\sqrt{7}}{2}} = \sqrt{\dfrac{7+2\sqrt{7}+1}{2}} - \sqrt{\dfrac{7-2\sqrt{7}+1}{2}} = \dfrac{\sqrt{(\sqrt{7}+1)^2}}{\sqrt{2}} - \dfrac{\sqrt{(\sqrt{7}-1)^2}}{\sqrt{2}} = \dfrac{\sqrt{7}+1-\sqrt{7}+1}{\sqrt{2}} = \sqrt{2}$. 选(B).

【评注】 注意到 $4+\sqrt{7}$ 与 $4-\sqrt{7}$ 共轭,不妨换个思路求解:令 $x = \sqrt{4+\sqrt{7}} - \sqrt{4-\sqrt{7}}$,显然有 $x > 0$,则 $x^2 = 8 - 6 = 2$,所以 $x = \sqrt{2}$. 两种解法比较,前者明察秋毫,后者简捷明快.

☞ 5. Put 8 identical balls into 3 different boxes, each box has at least 2 balls. How many different ways to put the balls(　)

(A) 6.　　　　　(B) 12.

(C) 18.　　　　(D) 36.

(英汉词典:identical 完全相同的)

译文 将8个完全相同的球放入3个不同的箱子中,每个箱子最少放2个小球.有多少种不同的放法(　)

【审题要津】 8个小球是相同的,3个箱子是不同的.可将8个小球分成3组并以数字标出每组个数;

第 19~25 届"希望杯"全国数学邀请赛试题
审题要津 详细评注

再将 3 个箱子贴上 A,B,C 的标签,然后以不同的数字与 A,B,C 相对应,即可作出不同的排列.

解 由于 $8=2+2+4$ 或 $2+3+3$;因此装箱方法可如下表所示:

A	B	C
2	2	4
2	4	2
4	2	2
2	3	3
3	2	3
3	3	2

显然有 6 种不同的装箱方法.

【评注】 事实上,$8=2+2+4=2+3+3$ 分组之后,立刻可得知两种分组方法中均有两个箱子中放入的小球个数相同. 于是,排列成 224,242,422 三种放置方法后,直接以 $3\times 2=6$ 作答即可.

☞ 6. 如图,在平面直角坐标系内,A,B,C 三点的坐标分别是 $(0,0),(4,0),(3,-2)$,以 A,B,C 三点为顶点画平行四边形,则第四个顶点不可能在(   )

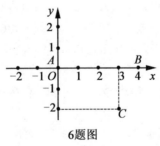

6题图

(A)第一象限.   (B)第二象限.

(C)第三象限. (D)第四象限.

【审题要津】 分别以 AB,BC,CA 为对角线作出平行四边形即可.

解 如图,选(B).

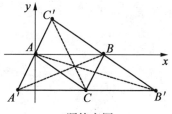

6题答案图

【评注】 研究平行四边形的第四个顶点的位置时,"以每条确定的线段为对角线",相当于"以两条确定的线段为一组邻边". 实际上,通过构建以 A,B,C 三点分别为各边中点的 $\triangle A'B'C'$,亦可达到目的.

☞ 7. 如图,设点 A,B 是反比例函数 $y=\dfrac{k}{x}$ 图像上的两点,AC,BD 都垂直于 y 轴,垂足分别是 C,D. 联结 OA,OB,若 OA 交 BD 于点 E,且 $\triangle OBE$ 的面积是 2 011,则梯形 $AEDC$ 的面积是( )

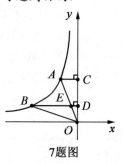

7题图

(A)2 009. (B)2 010.
(C)2 011. (D)2 012.

【审题要津】 由于 A,B,E 三点均为动点,因此,想通过求出 AC,ED,CD 的长度求解,是不可能的. 为此,我们只能利用图像 $y=\dfrac{k}{x}$ 上 A,B 两点的坐标关系,通过研究 $\triangle AOC$ 及 $\triangle BOD$ 的面积来解决问题.

解 如图,设 $A(x_1,y_1)$, $B(x_2,y_2)$,则 $S_{\triangle OCA}=\dfrac{1}{2}AC\cdot OC=\dfrac{1}{2}\cdot|x_1y_1|=\dfrac{|k|}{2}$, $S_{\triangle ODB}=\dfrac{1}{2}BD\cdot OD=\dfrac{1}{2}\cdot|x_2y_2|=\dfrac{|k|}{2}$,所以 $S_{\triangle OBE}+S_{\triangle ODE}=S_{\triangle ODE}+S_{\text{梯形}AEDC}$,所以 $S_{\text{梯形}AEDC}=S_{\triangle OBE}=2\,011$.选(C).

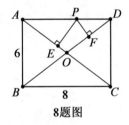

7题答案图

【评注】 "自古华山一条路",解答此题别无它法.

☞ 8. 如图,在矩形 $ABCD$ 中, $AB=6,BC=8,P$ 是 AD 上的动点, $PE\perp AC$ 于 E, $PF\perp BD$ 于 F,则 $PE+PF$ 的值是( )

8题图

(A)4.6.
(B)4.8.
(C)5.
(D)7.

【审题要津】 条件是动态的,答案是确定的,因此可以通过特殊化的方法求解:若点 P 与点 A 重合,则 PE 长度缩为零,而 $PE+PF$ 即可视为如图 1 中 AF 的长度(此时 $AF\perp BD$ 于 F),求 AF,则可利用"等积法"实施.

解法 1 在矩形 $ABCD$ 中,因为 $AB=6,BC=8$,所

以 $AC = BD = 10$.

显然，$S_{\triangle ABD} = \frac{1}{2}(AF \cdot BD) = \frac{1}{2}(AF \cdot 10) = \frac{1}{2}(6 \times 8) = 24$，故 $AF = 4.8$，选(B).

解法 2 如图 2，在 $\triangle OAD$ 中，联结 OP，则有：
$S_{\triangle OAD} = S_{\triangle OAP} + S_{\triangle ODP} = \frac{1}{2}OA \cdot PE + \frac{1}{2}OD \cdot PF = \frac{1}{2}OA \cdot (PE + PF)$．而 $S_{\triangle OAD} = \frac{1}{4}S_{矩形ABCD} = \frac{6 \times 8}{4} = 12$，又因为 $OA = 5$，所以 $\frac{5}{2}(PE + PF) = 12$，即 $PE + PF = \frac{24}{5} = 4.8$．选(B).

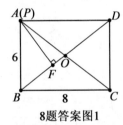

8题答案图1

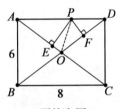

8题答案图2

【评注】 本题的背景,实际上是有关等腰三角形的一个重要结论:"等腰三角形底边上任意一点到两腰的距离之和等于等腰三角形一腰上的高线之长."

1992年安徽省中考试卷填空题；2002年安徽省中考试卷选择题；2005年青海省中考试卷填空题与本题的结构完全相同，只是数据不同而已.

证明这一经典结论的传统方法是,如图3,延长 EP 到点 F'，使 $PF' =$

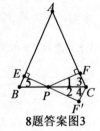

8题答案图3

第19~25届"希望杯"全国数学邀请赛试题
审题要津 详细评注

PF,连 CF'.

以下只需通过证明 $\triangle PF'C \cong \triangle PFC$ 即可达到目的.建议同学自己完成.

☞ 9.设 a,b 是实数,且 $\dfrac{1}{1+a} - \dfrac{1}{1+b} = \dfrac{1}{b-a}$,则 $\dfrac{1+b}{1+a} + \dfrac{1+a}{1+b}$ 的值是( )

(A)3. (B) -3.
(C)$3(b-a)$. (D)无法确定的.

【审题要津】 将条件等式与所求分式认真仔细地进行对比,即可发现沟通二者的渠道,此时参照所求式的结构,将条件式适当变形即可.

解 因为 $\dfrac{1}{1+a} - \dfrac{1}{1+b} = \dfrac{1}{b-a}$,所以

$$\dfrac{1+b}{1+a} = 1 + \dfrac{1+b}{b-a} \qquad ①$$

且

$$\dfrac{1+a}{1+b} = 1 - \dfrac{1+a}{b-a} \qquad ②$$

①+②,即得 $\dfrac{1+b}{1+a} + \dfrac{1+a}{1+b} = 2 + \dfrac{1+b}{b-a} - \dfrac{1+a}{b-a} = 2 + 1 = 3$.选(A).

【评注】 本题是一道考查同学化归能力的良好素材.一般地,常从简化结构入手,请见另解:设 $x = 1+a, y = 1+b$.则已知等式即为 $\dfrac{1}{x} - \dfrac{1}{y} = \dfrac{1}{y-x}$,通分母化简 $\dfrac{y-x}{xy} = \dfrac{1}{y-x}$,得 $(y-x)^2 = xy$.

故所求式为 $\dfrac{y}{x} + \dfrac{x}{y} = \dfrac{y^2+x^2}{xy} = \dfrac{(x-y)^2+2xy}{xy} =$

$\dfrac{xy+2xy}{xy}=3$. 建议同学继续考虑其他解法.

☞ 10. 循环节长度是 4 的纯循环小数化成最简分数后, 分母是三位数, 这样的循环小数有( )
(A) 798 个　　　　(B) 898 个
(C) 900 个　　　　(D) 998 个

【审题要津】 先研究循环小数化分数的常规, 再结合本题中"最简分数", "分母是三位数"等关键语句, 即可一步一步地完成探索过程.

解 设循环节长度为 4 的纯循环小数为 $x = 0.\overline{abcd}$, 则 $10\,000x = \overline{abcd} + 0.\overline{abcd} = \overline{abcd} + x$, 所以 $9\,999x = \overline{abcd}$, 即 $x = \dfrac{\overline{abcd}}{9\,999} = \dfrac{\overline{abcd}}{9\times 101 \times 11}$. 由于这个分数化为最简分数后, 分母确定是三位数. 因此 $\overline{abcd}$ 能被 11 整除, 设 $\dfrac{\overline{abcd}}{11}=y$, 则 $x=\dfrac{y}{909}$ 为最简分数. 可见 $\overline{0001} \sim \overline{9999}$ 中共有 909 个数能被 11 整除. 此时 $y=1, 2, 3, \cdots, 909$, 但这 909 个数中包含 $101, 202, 303, \cdots, 909$, 而这 9 个数与 909 能继续约分. 这与 $\dfrac{y}{909}$ 是最简分数相矛盾, 应予以排除, 故所求为 $909 - 9 = 900$(个), 选(C).

【评注】 上述探索过程一般化后, 可得到结论: 循环节长度为 k 的纯循环小数 x 可化为分数 $x = \dfrac{\overline{a_1 a_2 \cdots a_k}}{10^k - 1}$. 运用该结论处理这类问题是适宜的.

二、填空题

☞ 11. 若 $a \neq 0$, 计算: $a^{2\,012} \div a^{2\,011} \div a = $ _____.

【审题要津】 直接运用同底数幂除法法则运算即可.

解 原式 $= a^{2012-2011-1} = a^0 = 1(a \neq 0)$,所以填 1.

【评注】 简单之极,礼品题也!

12. 若以 x 为未知数的方程 $\dfrac{2x+a}{x+2} = -1$ 的根是负数,则实数 a 的取值范围是_____.

【审题要津】 解方程,用含有 a 的代数式来表示 x,此时结合 $x<0$,解不等式即可.

解 将已知方程去分母,得 $2x+a=-x-2$,即 $3x=-2-a$,由 $x=\dfrac{-2-a}{3}<0$,即 $-2-a<0$,解得 $a>-2$. 令 $x=\dfrac{-2-a}{3} \neq -2$,又有 $a \neq 4$,故所求为 $a>-2$ 且 $a \neq 4$.

【评注】 解分式方程必须验根,这是各类考试的命题热点.

13. 若 $n(n \neq 0)$ 是以 x 为未知数的方程 $x^2 - mx - 5n = 0$ 的根,则 $m-n$ 的值是_____.

【审题要津】 将 $x=n$ 代入已知方程,即可得到关于 m, n 的等式,择机处理即可.

解 由已知得,$n^2 - mn - 5n = n(n-m-5) = 0$,因为 $n \neq 0$,所以 $n-m-5=0$,即 $m-n=-5$.

【评注】 本题侧重的是对基本概念的理解和运用,但体现不出什么区分度.

14. 正整数 a, b 满足等式 $\dfrac{13}{15} = \dfrac{a}{3} + \dfrac{b}{5}$,那么 $a=$ _____,$b=$ _____.

【审题要津】 通过去分母,将题设等式转化为不

定方程,即可根据 a,b 为正整数作出判断.

解 由已知得,$\dfrac{13}{15} = \dfrac{5a+3b}{15}$,即 $5a+3b=13$. 由 $13-5a=3b \geqslant 3$,得 $5a \leqslant 10$,即 $a \leqslant 2$. 若 $a=1$,则 $3b=8$,不合题意,故 $a=2, b=1$.

【评注】 解题过程中,介入了不等式,明显说理性更强.

☞ 15. 已知 $x + \dfrac{1}{x} = 6 \,(0 < x < 1)$,则 $\sqrt{x} - \dfrac{1}{\sqrt{x}}$ 的值是 _____.

【审题要津】 由条件式与所求值的结构特征,易知应先求出所求式的平方值. 此时需要注意的是,由 $0 < x < 1$,可知 $0 < \sqrt{x} < 1$,$\dfrac{1}{\sqrt{x}} > 1$,即 $\sqrt{x} - \dfrac{1}{\sqrt{x}} < 0$.

解 设 $\sqrt{x} - \dfrac{1}{\sqrt{x}} = a$,则 $a^2 = x + \dfrac{1}{x} - 2$,因为 $x + \dfrac{1}{x} = 6$,所以 $a^2 = 6 - 2 = 4$,又依审题要津所述,$a < 0$,故 $a = -2$.

【评注】 如将已知方程化为 $x^2 - 6x + 1 = 0$,可解得 $x = \dfrac{6 \pm 4\sqrt{2}}{2}$. 虽说根据题设条件,也可得出 $a = -2$,但不如整体处理简明.

☞ 16. 已知点 $A(4,m), B(-1,n)$ 在反比例函数 $y = \dfrac{8}{x}$ 的图像上,直线 AB 与 x 轴交于点 C. 如果点 D 在 y 轴上,且 $DA = DC$,则点 D 的坐标是 _____.

第 19～25 届"希望杯"全国数学邀请赛试题
审题要津 详细评注

【审题要津】 由反比例函数解析式 $y = \dfrac{8}{x}$，即知其图像在一、三象限，从而可知 $m>0, n<0$，针对所求，应先将 A, B 两点坐标确定. 进而可求直线 AB 与 x 轴交点 C 的坐标. 随即可利用两点间距离公式求解.

解 由已知得 $4m=8, -n=8$，即 $m=2, n=-8$. 所以 $A(4,2), B(-1,-8)$.

设直线 AB 的解析式为 $y = kx + b$. 则有 $\begin{cases} 4k+b=2 \\ -k+b=-8 \end{cases}$，解得 $\begin{cases} k=2 \\ b=-6 \end{cases}$. 所以直线 AB 的解析式为 $y=2x-6$. 显然，它与 x 轴的交点为 $C(3,0)$. 因为 D 在 y 轴上，且 $DA=DC$，所以 $(0-4)^2 + (y_D-2)^2 = (0-3)^2 + (y_D-0)^2$，解得 $y_D = \dfrac{11}{4}$，如图. 故点 D 的坐标为 $\left(0, \dfrac{11}{4}\right)$.

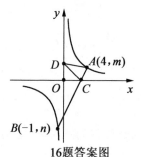

16题答案图

【评注】 求得 A, B, C 三点的坐标后，也可利用线段 AC 的中垂线求解：由 $A(4,2), C(3,0)$，所以 AC 的中点坐标 $M\left(\dfrac{7}{2}, 1\right)$，因为 $DA=DC$，所以点 D 在线段 AC 的中垂线 l 上，$l: y = -\dfrac{1}{2}x + y_D$，将 $M\left(\dfrac{7}{2}, 1\right)$ 代入

得，$y_D = \dfrac{11}{4}$. 以上解题过程中,用到了"互相垂直的两条直线的解析式,其 x 的系数(斜率)成负倒数."这个结论对解答相关问题,非常实用.

☞ 17. 如图,等腰 Rt$\triangle ABC$ 中, $\angle A = 90°$,底边 BC 的长为 10,点 D 在 BC 上,从 D 作 BC 的垂线交 AC 于点 E,交 BA 的延长线于点 F,则 $DE + DF$ 的值是_____.

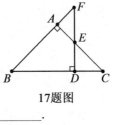

17题图

【审题要津】 充分利用等腰直角三角形内的边角关系,不难将 $DE + DF$ 的值转化为一条醒目的线段之长.

解 如图,由已知条件可知, $\triangle BDF$、$\triangle CDE$ 均为等腰直角三角形,所以 $DF = DB$,$DE = DC$,从而 $DE + DF = DB + DC = BC = 10$.

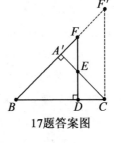

17题答案图

【评注】 视点 D 是边 BC 上的动点,则可利用特殊化求解:当点 D 重合于点 C 时,随之点 E 也重合于点 C,而点 F 则移至如图点 F' 处.

由题设条件,易知 $\triangle BCF'$ 也是等腰直角三角形,显然 $DE + DF = BC = CF' = 10$.

☞ 18. 如图,在边长为 6 的菱形 $ABCD$ 中,$DE \perp AB$ 于点 E,并且点 E 是 AB 的中点,点 F 在线段 AC 上运动,则

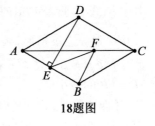

18题图

第19～25届"希望杯"全国数学邀请赛试题
审题要津 详细评注

$EF + FB$ 的最小值是_____,最大值是_____.

【审题要津】 由 DE 垂直平分 AB,即知 $DA = DB$,又由四边形 $ABCD$ 是菱形,则 $AD = AB$,于是连 DB 可得等边 $\triangle ABD$. 点 E, F, B 中,E, B 两点为定点,仅点 F 为边 AC 上之动点. 显然 $EF + FB$ 的最大值为 $CE + CB$. 由于 $BC = 6$,可见只需算出 EC 的长度即可,为此可将 EC 置于某直角三角形中. 至于确定 $EF + FB$ 的最小值,可依"经验之谈",通过对称原理,使 B, F, E 三点共线即可.

解 如图,连 BD. 由题设条件,易知 $\triangle ABD$ 为等边三角形.

故 $DE = AD\sin\angle DAE = 6\sin 60° = 3\sqrt{3}$,由 $DE \perp AB$ 及 $AB \parallel DC$,连 EC,则

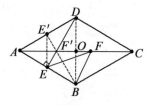

18题答案图

$\angle EDC$ 为直角. 于是由勾股定理,可得 $EC^2 = ED^2 + DC^2 = (3\sqrt{3})^2 + 6^2 = 63$,即 $EC = 3\sqrt{7}$. 依审题要津,$EF + FB$ 的最大值为 $EC + BC = 6 + 3\sqrt{7}$. 设 AD 的中点为 E'. 连 $EE', E'B$,则 $BE' \perp AD$. 设 AC 交 BD 于 O,则由四边形 $ABCD$ 为菱形,即知 $AO \perp BD$. 综上可知,等边 $\triangle ABD$ 的三条高线为 AO, DE, BE',设其共点于 F'. 由中位线性质,易知 $EE' \parallel BD$ 且 $EE' = \dfrac{1}{2}BD$. 故 $\triangle AEE'$ 为等边三角形,从而可知 AF' 垂直平分 EE'. 于是有 $F'E = F'E'$,故 $F'E + F'B = E'B = 3\sqrt{3}$ 即为所求 $FE + FB$ 的最小值.

【评注】 在求 $EF + FB$ 的最小值时,如依"取点 E 关于 AC 的对称点为 E''"作初始表述,则将更加饶费口舌.

第5章　2012年第23届"希望杯"初二

☞ 19. 若实数 a,b,c 满足 $\dfrac{ab}{a+b}=3$, $\dfrac{bc}{b+c}=4$, $\dfrac{ca}{c+a}=5$, 则 $\dfrac{abc}{ab+bc+ca}$ 的值是_____.

【审题要津】 沟通已知式和所求式,当从局部入手:依题设, $\dfrac{abc}{c(a+b)}=3$, $\dfrac{abc}{a(b+c)}=4$, $\dfrac{abc}{b(c+a)}=5$.

面对分子相同,分母各异的结构,显然以同取倒数为宜.

解 由已知,可得 $\dfrac{c(a+b)}{abc}=\dfrac{1}{3}$, $\dfrac{a(b+c)}{abc}=\dfrac{1}{4}$, $\dfrac{b(c+a)}{abc}=\dfrac{1}{5}$.

于是有 $\dfrac{2(ab+bc+ca)}{abc}=\dfrac{1}{3}+\dfrac{1}{4}+\dfrac{1}{5}=\dfrac{20+15+12}{60}=\dfrac{47}{60}$, 故 $\dfrac{ab+bc+ca}{abc}=\dfrac{47}{120}$.

【评注】 若本题改为"若实数 a,b,c 满足 $\dfrac{a+b}{ab}=\dfrac{1}{3}$, $\dfrac{b+c}{bc}=\dfrac{1}{4}$, $\dfrac{c+a}{ca}=\dfrac{1}{5}$, 则 $\dfrac{ab+bc+ca}{abc}$ 的值是_____."我想,十有八九的同学不会感到困难,对此你应对沟通已知和所求的思路有所感悟.

☞ 20. Suppose $M=\overline{abc321}$ is a 6-digit number. a,b, and c are three different 1-digit numbers, and not less than 4. If M is a multiple of 7, then the minimum value of M is _____.

译文 $M=\overline{abc321}$ 是一个六位数, a,b,c 均为不小于4且互不相等的一位数. 如果 M 是7的倍数,则 M

的最小值是_____.

【审题要津】 对尾数末三位为321的六位数,题设中给出了两个约束条件,一是"a,b,c均不小于4",二是这个六位数"被7整除".同时考虑两个条件实在不便操作,因此可先从满足其一入手进行探索:在形如$\overline{abc321}$的六位数中,若互不相等的a,b,c均不小于4,则最小的应为456 321.但456 321不能被7整除,而末尾三位数又是固定的,因此还必须再利用被7整除这一条件对前面的456进行调整.

解 由a,b,c均为不小于4,因此$\overline{abc}$表示的最小的三位数是456,但$\overline{abc}-321\geqslant 456-321=135=7\times 19+2$不能被7整除.以下我们针对135的缺憾,对456进行微调:在大于135,且最接近135并被7整除的数是140,而140+321=461不合题意,此时考虑到147+321=468,且468-321=147被7整除.

从而所求M的最小值为468 321.

注:因为$\overline{abc321}=1\ 000(\overline{abc}-321)+321\times 1\ 001=1\ 000(\overline{abc}-321)+321\times 7\times 11\times 13$,所以只要$\overline{abc}-321$是7的倍数,则$\overline{abc321}$是7的倍数.

【评注】 "什么样的数能被7整除"这是一个挺复杂的问题,本题注的说明仅属就题而论.

三、解答题

☞ 21. 如图,直线$y=x+b$ $(b\neq 0)$交坐标轴于A,B两点,交双曲线 $y=\dfrac{2}{x}$于点D,从点D

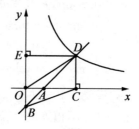

21题图

分别作两坐标轴的垂线 DC, DE,垂足分别为 C, E,联结 BC, OD.

(Ⅰ) 求证:AD 平分 $\angle CDE$.

(Ⅱ) 对任意的实数 $b(b \neq 0)$,求证:$AD \cdot BD$ 为定值.

(Ⅲ) 是否存在直线 AB,使得四边形 $OBCD$ 为平行四边形?若存在,求出直线的解析式;若不存在,请说明理由.

【审题要津1】 依题意,易知 A, B 两点的坐标分别为 $A(-b, 0), B(0, b)$,对照图示,可知 $b < 0$.

显然 $\triangle OAB$ 为等腰直角三角形. 为证明 AD 平分 $\angle CDE$,只需证明 $\angle EDA = 45°$ 或 $\angle ADC = 45°$ 即可.

解 (Ⅰ) 由 A, B 是直线 $y = x + b(b \neq 0)$ 和坐标轴的交点,所以由 $\begin{cases} y = x + b \\ y = 0 \end{cases}$ 及 $\begin{cases} y = x + b \\ x = 0 \end{cases}$ 得 $A(-b, 0), B(0, b)$,所以 $\angle DAC = \angle OAB = 45°$. 又 $DC \perp x$ 轴,$DE \perp y$ 轴,所以 $\angle CDE = 90°$,因此由 $\angle OAB = \angle DAC = 45°$,即知 $\angle ADC = 45°$,从而有 AD 平分 $\angle CDE$.

【审题要津2】 针对所求,找变中之不变是解决问题的基本方向. 由于实数 b 仅是直线 AB 的纵截距(即与 y 轴交点的纵坐标),对图形的基本结构没有影响. 具体而言 $\triangle ACD$ 及 $\triangle DEB$ 始终是等腰直角三角形,据此并结合点 D 在双曲线 $y = \dfrac{2}{x}$ 上,即可依 $xy = 2$ 求解.

解 (Ⅱ) 由(Ⅰ)知 $\triangle ACD$ 及 $\triangle DEB$ 都是等腰直角三角形. 所以 $AD = \sqrt{2}CD, BD = \sqrt{2}DE$. 因为点 D 在双曲线 $y = \dfrac{2}{x}$ 上,所以 $D_x \cdot D_y = ED \cdot CD = 2$,故 $AD \cdot$

$BD = 2CD \cdot ED = 4$,即 $AD \cdot BD$ 为定值.

【审题要津3】 由 $CD /\!/ BO$ 可知,使四边形 $OBCD$ 为平行四边形,只需使 $CD = BO$ 即可. 由 $CD = OE$,因此只需使 $OE = BO$. 由点 B 坐标为 $B(0, b)$ 则知,使点 E 坐标为 $(0, -b)$ 即可达到目的.

解 (Ⅲ)依审题要津3,令 $E(0, -b)$,即点 D 的纵坐标为 $-b$,又因为点 D 在双曲线 $y = \dfrac{2}{x}$ 上且 $ED = BE$,故 $-b = -\dfrac{2}{2b}$,解得 $b = \pm 1$,舍去 $b = 1$,得 $b = -1$. 综上可知,存在直线 $y = x - 1$ 使得四边形 $OBCD$ 为平行四边形.

【评注】 直线 $y = x + b$ 的解析式中,x 的系数为1,这是动态环境中,一切不变因素的根源. 一般地,直线 $y = kx + b$ 中,k 称为直线的斜率,$|k|$ 越大直线倾斜的程度越大,这是有关直线问题中最重要的概念.

☞ 22. 如图,在一条平直公路的前方有一陡峭的山壁,一辆汽车正以恒定的速度沿着公路向山壁驶去.

22题图

(Ⅰ)若汽车的行驶速度是 30 m/s,在距离山壁 925 m 处时汽车鸣笛一声,则经过多长时间后司机听到回声?

(Ⅱ)某一时刻,汽车第一次鸣笛,经过 4.5 s 再次鸣笛. 若司机听到两次鸣笛的回声的时间间隔是 4 s,求汽车的行驶速度.

(已知声音在空气中的传播速度是 340 m/s)

【审题要津 1】 设经过 t s 后司机听到回声,即可如图,依"路程 = 路程"列方程求解,此时需要注意的是,声音"行驶"的路程,包括往、返两部分.

解 (Ⅰ)依题意,由审题要津 $2 \times 925 = 30t + 340t$,解得 $t = 5$. 汽车鸣笛后经过 5 s 听到回声.

【审题要津 2】 设汽车行驶的速度为 x m/s,汽车第一次鸣笛 t_1 s 后司机第一次听到回声;汽车第二次鸣笛 t_2 s 后司机第二次听到回声. 画出时间图:其中①,②分别表示汽车第一次、第二次鸣笛的时刻;$\boxed{1}$,$\boxed{2}$ 分别表示司机第一次、第二次听到回声的时刻.

如图 1 得知

$$4.5 + t_2 = t_1 + 4 \quad (*)$$

以下只需用汽车行驶速度 x m/s 与声音传播速度 340 m/s 来表示 t_1 与 t_2 之差,同时设汽车第一次鸣笛时距离山壁 y m. 即可参照第(Ⅰ)问的解题思路列出方程

$$2s = xt_1 + 340t_1 \quad ①$$

及方程

$$2(s - 4.5x) = xt_2 + 340t_2 \quad ②$$

注意到 $x < 340$,两式相减,消去 y,即得 $t_1 - t_2 = \dfrac{9x}{x + 340}$,将其代入(*)即可作答.

解 依审题要津,有 $\dfrac{9x}{x + 340} = 4.5 - 4$,解得 $x = 20$. 汽车的行驶速度为 20 m/s.

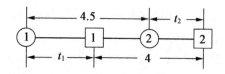

22题答案图1

【评注】 关于两种不同速度的相对运动中的折返类题目,可依对称性画出展开图,从而将之转化为相遇问题.如第(Ⅰ)问的示意可画为如图2所示;建议同学仿此画出第(Ⅱ)问的示意图.

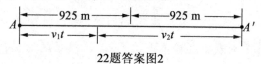

22题答案图2

☞ 23. 生产某产品要经过三道工序,同一个人在完成这三道工序时所用的时间相同. 甲、乙二人同时开始生产,一段时间后,甲恰好完成第 k 个产品的生产,此时,乙正好在进行某个产品的第一道工序的操作. 若甲、乙的生产效率比是 6∶5,问此时乙至少生产了多少产品?

【审题要津】 依题意,甲恰好完成第 k 个产品时,乙仅生产出 "$\frac{5k}{6}+q\left(0<q<\frac{1}{3}\right)$" 个产品,这里 k 是正整数,但 $\left(\frac{5k}{6}+q\right)$ 却不能保证是正整数,为此可采取列表进行探索.

解 根据题意,有:

甲完成的产品数	1	2	3	4	5	...
乙完成的产品数	$\frac{5}{6}$	$\frac{10}{6}$即$\left(1\frac{2}{3}\right)$	$\frac{15}{6}$即$\left(2\frac{1}{2}\right)$	$\frac{20}{6}$即$\left(3\frac{1}{3}\right)$	$\frac{25}{6}$即$\left(4\frac{1}{6}\right)$	...

因为 $0<\dfrac{1}{6}<\dfrac{1}{3}$，可见甲完成 5 个产品时，乙完成了 4 个产品的同时正在进行完成第 5 个产品的第一道工序. 而表中其他 4 个带分数中的纯分数 $\dfrac{5}{6},\dfrac{2}{3},\dfrac{1}{2},\dfrac{1}{3}$ 均不在 $\left(0,\dfrac{1}{3}\right)$ 之内. 故乙至少生产了 4 件产品.

【评注】 理解题干中"乙正好在进行某个产品的第一道工序的操作"的含义是解答本题的关键.

"乙至少生产了多少产品"这个提问方式堪称精妙.

2012年第23届"希望杯"初三

第1试

一、选择题

☞ 1. 如图所示,一个正方体和一个圆柱体紧靠在一起,则它们的主视图是( )

1题图

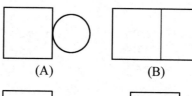

【审题要津】 依立体图形中所指示的主视方向及正方体高于圆柱体,即可做出判断.

解 选(C).

【评注】 选项中(A)应为俯视图,观察不细致易误选(B),(D)为左视图.

☞ 2.完成一项工作,甲单独做需 a 天,乙单独做需 b 天,甲、乙、丙合作需 c 天,则丙单做全部工作所需的天数是( )

(A) $\dfrac{abc}{ab-ac-bc}$. (B) $\dfrac{abc}{ab+ac-bc}$.

(C) $\dfrac{ab+ac+bc}{abc}$. (D) $\dfrac{ab(c-a-b)}{c}$.

【审题要津】 依题意,甲每天完成全部工作的 $\dfrac{1}{a}$,乙每天完成全部工作的 $\dfrac{1}{b}$,如设丙完成全部工作需要 x 天,则丙每天完成全部工作的 $\dfrac{1}{x}$.以下只需依"甲、乙、丙合作需 c 天",即可列方程求解.

解 设丙单独完成需 x 天,则 $\dfrac{1}{a}+\dfrac{1}{b}+\dfrac{1}{x}=\dfrac{1}{c}$,于是有 $\dfrac{1}{x}=\dfrac{1}{c}-\dfrac{a+b}{ab}=\dfrac{ab-ac-bc}{abc}$,解得 $x=\dfrac{abc}{ab-ac-bc}$.选(A).

【评注】 实际上,丙每天完成的工作量为 $\dfrac{1}{c}-\left(\dfrac{1}{a}+\dfrac{1}{b}\right)$,则丙单独完成全部工作需要的天数为 $\dfrac{1}{\dfrac{1}{c}-\left(\dfrac{1}{a}+\dfrac{1}{b}\right)}=\dfrac{abc}{ab-ac-bc}$.

☞ 3.已知 $x\neq -1,0,1$,则 $\dfrac{x-1}{|x-1|}+\dfrac{|x|}{x}+\dfrac{x+1}{|x+1|}$ 的值可能是( )

第 19～25 届"希望杯"全国数学邀请赛试题
审题要津 详细评注

(A) 比 3 大的数.
(B) 比 -3 小的数.
(C) ±1，±3.
(D) 比 -3 大，并且比 3 小的数.

【审题要津】 -1,0,1 将数轴分为 4 段，即 $x<-1,-1<x<0,0<x<1,x>1$. 据此即可分段讨论求解.

解 当 $x<-1$ 时，原式 $=\dfrac{x-1}{1-x}+\dfrac{(-x)}{x}+\dfrac{x+1}{(-x-1)}=-1-1-1=-3$；

当 $-1<x<0$ 时，原式 $=\dfrac{x-1}{1-x}+\dfrac{(-x)}{x}+\dfrac{x+1}{x+1}=-1-1+1=-1$；

当 $0<x<1$ 时，原式 $=\dfrac{x-1}{1-x}+\dfrac{x}{x}+\dfrac{x+1}{x+1}=-1+1+1=1$；

当 $x>1$ 时，原式 $=\dfrac{x-1}{x-1}+\dfrac{x}{x}+\dfrac{x+1}{x+1}=1+1+1=3$. 故选(C).

【评注】 借助数轴自左向右逐段分析，线索更清晰.

☞ 4. 如图，梯形 ABCD 中，AB∥CD，两条对角线交于点 E. 已知 △ABE 的面积是 a，△CDE 的面积是 b，则梯形 ABCD 的面积是（ ）

(A) a^2+b^2.

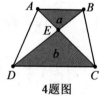
4题图

(B) $\sqrt{2}(a+b)$.

(C) $(\sqrt{a}+\sqrt{b})^2$.

(D) $(a+b)^2$.

【审题要津】 由"平行线间垂直距离处处相等"易知 $S_{\triangle AED}=S_{\triangle BEC}$,为计算梯形 $ABCD$ 的面积,必须求出 $S_{\triangle AED}$ 或 $S_{\triangle BEC}$.好在它们分别与 △ABE 和 △CDE 同高,据此可通过平行线形成的相似比解决问题.

解 设 $S_{\triangle AED}=c$,$S_{\triangle BEC}=d$,因为 $S_{\triangle DAB}=S_{\triangle CAB}$,即 $a+c=a+d$,所以 $c=d$.

又因为 $\dfrac{a}{d}=\dfrac{AE}{EC}=\dfrac{c}{b}$,即 $ab=cd$,所以 $c=d=\sqrt{ab}$,故 $S_{梯形ABCD}=a+c+d+b=a+2\sqrt{ab}+b=(\sqrt{a}+\sqrt{b})^2$,选(C).

【评注】 本题涉及两个重要结论,常用于各种有关面积变换的试题中.

可将本题视为"母题".举一例以飨读者:如图 1,是由线段 CA,CB 和半圆弧 $\overset{\frown}{AB}$ 围成的平面图形.请设计方案,画出一条直线将此图形的面积平分.解析:如图 2,联结 AB,作线段 AB 的中垂线交 $\overset{\frown}{AB}$ 于点 M,交 AB

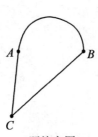

4题答案图1

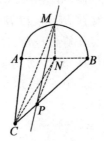

4题答案图2

第19~25届"希望杯"全国数学邀请赛试题
审题要津 详细评注

于点N,联结NC,MC,作$NP \parallel MC$交BC于点P,过点P,M的直线即为所求.请同学们思考"为什么".

☞ 5. 已知a,b是实数,关于x的不等式组的解集表示在数轴上如图所示,则这个不等式组是( )

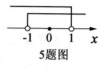

5题图

(A) $\begin{cases} ax > 1 \\ bx > 1 \end{cases}$. (B) $\begin{cases} ax > 1 \\ bx < 1 \end{cases}$.

(C) $\begin{cases} ax < 1 \\ bx > 1 \end{cases}$. (D) $\begin{cases} ax < 1 \\ bx < 1 \end{cases}$.

【审题要津】 涉及字母系数不等式,必须针对字母的正负符号进行讨论.由图示并对照4个选项可知.不等式组的解为$-1 < x < 1$.显然a,b同为正时,4个选项给出的不等式组,其解中的"界点"不会出现"-1";a,b同为负时,其解中的"界点"不会出现"1",因此可断定a,b异号.

解 当$a > 0, b < 0$时,只有(D)选项符合;当$a < 0, b > 0$时,四个选项均不符合.故选(D).

【评注】 注意到a,b都只能在"-1"和"1"中选取,也可逐一验之.

☞ 6. 如图,$AB \perp BC, AB = BC$,点D在BC上.以D为直角顶点作等腰直角$\triangle ADE$,则当D从B运动到C的过程中,点E的运动轨迹是( )

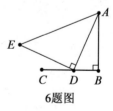

6题图

(A) 圆弧. (B) 抛物线.
(C) 线段. (D) 双曲线.

【审题要津】 研究动点 E 的轨迹,可借助平面直角坐标系:如图,设 $E(x,y)$.

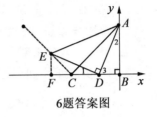

6题答案图

为方便起见,不妨令 $|AB|=|BC|=1$,则 $A(0,1)$,$C(-1,0)$.以下可利用 △ABC 及 △ADE 均为等腰直角三角形的条件,通过数形结合将 x,y 用相应线段来表示,从而可找出二者之间的关系.

解 以点 B 为坐标原点,CB 所在直线为 x 轴建立平面直角坐标系.

作 $EF \perp x$ 轴于 F,由 $\angle 1 + \angle 3 = \angle 2 + \angle 3 = 90°$,即知 $\angle 1 = \angle 2$,又因为 $AD = DE$,所以 Rt△$EFD \cong$ Rt△DBA.于是有 $EF = DB$,$FD = DA$,从而 $EF = BF - FD = BF - AB = BF - 1$.设 $E(x,y)$,则有 $y = -x - 1$.依题意,$\frac{2+\sqrt{2}}{2} \leqslant x \leqslant -1$,可见点 E 的运动轨迹必是线段,故选(C).

【评注】 实际上,选项(A),(B),(D)只是指定了曲线的属性,并不像选项(C)紧扣题意,说明了轨迹的阶段性,因此可"不择手段"地径直选(C).

☞ 7. 已知实数 x_1,x_2,x_3,x_4 满足条件 $\begin{cases} x_1+x_2+x_3=a_1 \\ x_2+x_3+x_4=a_2 \\ x_3+x_4+x_1=a_3 \\ x_4+x_1+x_2=a_4 \end{cases}$,

其中 $a_1<a_2<a_3<a_4$,则 x_1,x_2,x_3,x_4 的大小关系是( )

(A)$x_1<x_2<x_3<x_4$.　　(B)$x_2<x_3<x_4<x_1$.

第19~25届"希望杯"全国数学邀请赛试题
审题要津 详细评注

(C)$x_3 < x_2 < x_1 < x_4$. (D)$x_4 < x_3 < x_2 < x_1$.

【审题要津】 题设给出的是一个可求解的四元一次方程组,只需求解即可作出判断.

解 方程组中四个方程相加,即得 $3(x_1 + x_2 + x_3 + x_4) = a_1 + a_2 + a_3 + a_4$,即 $x_1 + x_2 + x_3 + x_4 = \dfrac{a_1 + a_2 + a_3 + a_4}{3}$.

记 $A = \dfrac{a_1 + a_2 + a_3 + a_4}{3}$,则 $\begin{cases} x_4 = A - a_1 \\ x_1 = A - a_2 \\ x_2 = A - a_3 \\ x_3 = A - a_4 \end{cases}$.

因为 $a_1 < a_2 < a_3 < a_4$,所以 $x_3 < x_2 < x_1 < x_4$,选(C).

【评注】 对这种未知数呈循环状的方程组,通常可依如上方法处理.

☞ 8. 已知 $2 \leq |x| \leq 3$,则函数 $y = (x-1)^2$ 的取值范围是(   )

(A)$1 \leq y \leq 4$ 和 $9 \leq y \leq 16$.

(B)$1 \leq y \leq 16$.

(C)$4 \leq y \leq 9$.

(D)$1 \leq y \leq 9$.

【审题要津】 由 $2 \leq |x| \leq 3$,即知 $-3 \leq x \leq -2$ 或 $2 \leq x \leq 3$,从而有 $-4 \leq x-1 \leq -3$ 或 $1 \leq x-1 \leq 2$,据此即可利用不等式性质求解,除此之外,由抛物线 $y = (x-1)^2$ 的对称轴为 $x = 1$,以图助解也不难作出判断.

解法1 依题设条件,易知 $-4 \leq x-1 \leq -3$ 或 $1 \leq x-1 \leq 2$. 由不等式性质,易得 $9 \leq (x-1)^2 \leq 16$ 或 $1 \leq (x-1)^2 \leq 4$,因为 $y = (x-1)^2$,所以选(A).

解法2 如图易知,当 $2 \leq |x| \leq 3$ 时,$y = (x-1)^2$

210

的取值范围是 $1 \leqslant y \leqslant 4$ 和 $9 \leqslant y \leqslant 16$. 故选(A).

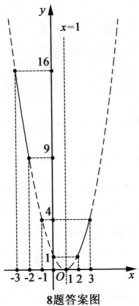

8题答案图

【评注】 实际上,由 $2 \leqslant |x| \leqslant 3$ 得出 $-3 \leqslant x \leqslant -2$ 或 $2 \leqslant x \leqslant 3$ 后,针对 4 个选项给出的不等式结构,立知应选(A).

☞ 9. 如图,已知梯形 $ABCD$ 中,$AB \parallel DC$,$\angle A = \alpha$,$\angle C = \beta$,则 $AD:BC$ 等于(　　)

(A) $\sin \alpha : \cos \beta$.

(B) $\sin \alpha : \sin \beta$.

(C) $\sin \beta : \sin \alpha$.

(D) $\cos \alpha : \sin \beta$.

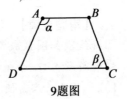

9题图

【审题要津】 注意到给出的 4 个选项皆为关于 α,β 的三角函数,显然应将 AD 和 BC 一律用 α,β 的三角函数表示,为此将 AD 和 BC

置放于具有等高的两个直角三角形中则是顺理成章的.

解 如图,作 $AE \perp DC$ 于 E,作 $BF \perp DC$ 于 F,显然 $AE = BF$. 设 $AE = BF = h$.

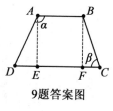

9题答案图

在 Rt $\triangle ADE$ 中,$\angle D = 180° - \alpha$,$\dfrac{h}{AD} = \sin \angle D = \sin(180° - \alpha) = \sin \alpha$,在 Rt $\triangle BFC$ 中,$\dfrac{h}{BC} = \sin \beta$,所以 $AD \cdot \sin \alpha = BC \cdot \sin \beta$,即 $AD:BC = \sin \beta : \sin \alpha$,选(C).

【评注】 无论 α, β 如何变化,但 $AE = BF$ 是恒成立的,这是本题求解的关键. 需要说明的是,本题中所用到的三角函数知识已经超出现行教材"锐角三角函数"的范围.

☞ 10. 若关于 x 的二次函数 $y = x^2 - 2mx + 1$ 的图像与端点在 $(-1,1)$ 和 $(3,4)$ 的线段只有一个交点,则 m 的值可能是( )

(A) $\dfrac{5}{2}$.   (B) $-\dfrac{1}{3}$.

(C) $\dfrac{1}{2}$.   (D) $\dfrac{1}{3}$.

【审题要津】 依题意,抛物线 $y = x^2 - 2mx + 1$ 将已知线段如图截成两段. 用代数式说明这一特征即可发现解题入口. 令 $y = f(x) = x^2 - 2mx + 1$,设 $A(-1, 1), B(3, 4)$,只需使点 $(-1, f(-1))$ 与点 $(3, f(3))$ 位于线段 AB 的异侧即可.

解 依审题要津并对照图,有 $[f(-1) - 1] \cdot [f(3) - 3] \leq 0$,即 $(2m + 2 - 1) \cdot (10 - 6m - 4) \leq 0$,

$(2m+1)(1-m) \leq 0$,解得 $m \geq 1$ 或 $m \leq -\frac{1}{2}$,可见只有选项(A)符合要求,故选(A).

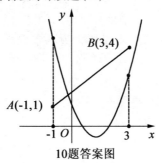

10题答案图

【评注】 题解中列不等式的依据是,抛物线上的两点 $C(-1, f(-1))$ 和 $D(3, f(3))$ 分别位于线段 AB 的上方和下方.本题是强调数形结合思路的绝好素材,应细心领会,认真总结.

二、A 组填空题

☞ 11. 若两位数除以它的数字和等于7,则这样的两位数有_____个.

【审题要津】 设十位数字和个位数字分别为 a, b,则依题意有 $10a + b = 7(a+b)$.以下只需将该方程化简并根据 a, b 所受的约束条件即可求解.

解 设十位数字为 a,个位数字为 b,则 $10a + b = 7(a+b)$,整理得 $a = 2b$,所以这样的两位数有 21,42,63,84 共 4 个.

【评注】 关注 a, b 为整数,且 $1 \leq a \leq 9$, $0 \leq b \leq 9$ 是必要的.

☞ 12. 已知 $x - 2y = 1$,则 $x^2 - 4y^2 - x - 2y + 5 =$ _____.

【审题要津】 先将所求式用 $x - 2y$ 表示再说.

第 19～25 届"希望杯"全国数学邀请赛试题
审题要津 详细评注

解法 1 所求原式 $=(x-2y)(x+2y)-(x+2y)+5=(x+2y)-(x+2y)+5=5$.

解法 2 令 $x=1,y=0$,代入所求式,则所求原式 $=1^2-0-1-0+5=5$.

【评注】 解法 1 整体代换属常规思路,解法 2 趁机取巧更为简捷.

☞ 13. 二次函数 $y=ax^2+bx+c$ 的图像如图所示. 已知 $OB=2OA,OA<OC$,则 a,b,c 满足的关系式是 _____.

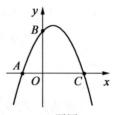
13题图

【审题要津】 由图像可知 $a<0,c>0$,且由 $-\dfrac{b}{2a}>0$,知 $b>0$. 除此之外,依 $OB=2OA$,可得 $A\left(-\dfrac{c}{2},0\right)$,将其代入已知解析式即可求解.

解 由审题要津,$a\left(-\dfrac{c}{2}\right)^2+b\left(-\dfrac{c}{2}\right)+c=0$,由 $c\neq 0$,整理得 $ac-2b+4=0$.

【评注】 这类需要"按图索骥"的有关二次函数的试题是常考不衰的热点.

☞ 14. 如图,已知 A,B,C 三点在同一个圆上,并且 AB 是圆 O 的直径,若点 C 到 AB 的距离 $CD=5$,则 $\odot O$ 的面积最小值是 _____.

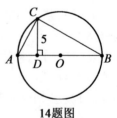
14题图

214

【审题要津】 ⊙O 的面积取决于其半径. 将 ⊙O 的半径 R 用 CD 来表示是解答此题的基本线索. 而与 CD 关系最直接的是 $R = OC$, 因此从解 $Rt\triangle OCD$ 入手是很自然的.

解 如图, 连 OC, 设 $\angle COD = \alpha$, $0 < \alpha \leqslant 90°$, 则 $OC = \dfrac{CD}{\sin\alpha} = \dfrac{5}{\sin\alpha}$, 易知当 $\sin\alpha$ 最大, 即 $\alpha = 90°$ 时, OC 最小等于 5. 故 ⊙O 的面积的最小值为 25π.

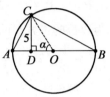

14题答案图

【评注】 实际上, 当点 D 与点 O 不重合时, 存在 $Rt\triangle CDO$ 且 OC 为斜边, 此时 $CO > CD = 5$; 当点 D 与点 O 重合时, $CO = CD = 5$, 所以 $CO \geqslant 5$, 从而可知所求为 25π.

☞ 15. 如图, 在边长为 1 的正方形中, 分别以四个顶点为圆心, 作半径为 1 的圆弧, 则图中阴影部分的面积是 _____.

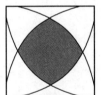

15题图

【审题要津】 顺次联结阴影部分的四个顶点, 可得一个小正方形和 4 个全等的弓形, 分别求之相加即可. 其中求小正方形边长是难点.

解法 1 依题意, 如图 1, $\triangle APD$ 是边长为 1 的等边三角形, 显然 $\angle 1 = 90° - 60° = 30°$, 同理 $\angle 2 = 30°$, 故 $\angle PAQ = 30° = \dfrac{\pi}{6}$. 从而 $S_{扇形PAQ} = \dfrac{1}{2} \times 1^2 \times \dfrac{\pi}{6} =$

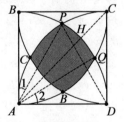

15题答案图1

$\frac{\pi}{12}$, $S_{\triangle PAQ} = \frac{1}{2} AP \cdot AQ \sin \frac{\pi}{6} = \frac{1}{4}$. 于是可得 $S_{弓形PHQ} = \frac{\pi}{12} - \frac{1}{4}$. 在 $\triangle PAQ$ 中, $PQ^2 = AP^2 + AQ^2 - 2AP \cdot AQ \cos \angle PAQ = 1^2 + 1^2 - 2 \times 1 \times 1 \times \cos 30° = 2 - \sqrt{3}$. 故以 PQ 为边长的正方形的面积 $S_{正} = 2 - \sqrt{3}$. 从而所求为 $S = 4\left(\frac{\pi}{12} - \frac{1}{4} + 2 - \sqrt{3}\right) = 1 + \frac{\pi}{3} - \sqrt{3}$.

解法 2 如图 1, 连 CP, CQ, 易知 $\triangle CPQ$ 为等边三角形, 连 AC 交 PQ 于 H, H 即为 PQ 的中点.

显然 $AC = \sqrt{2}$. 设 $PQ = a$, 则 $PH = QH = \frac{a}{2}$, $CH = \frac{\sqrt{3}}{2}a$. 由勾股定理, $\sqrt{AP^2 - PH^2} + CH = AC$, 即 $(AC - CH)^2 = AP^2 - PH^2$, 于是有 $\left(\sqrt{2} - \frac{\sqrt{3}}{2}a\right)^2 = 1^2 - \left(\frac{a}{2}\right)^2$. 化简得 $a^2 - \sqrt{6}a + 1 = 0$, 解得 $a = \frac{\sqrt{6} - \sqrt{2}}{2}$. 由解法 1, $S_{弓形} = \frac{\pi}{12} - \frac{1}{4}$, 所以 $4\left(\frac{\pi}{12} - \frac{1}{4}\right) + \left(\frac{\sqrt{6} - \sqrt{2}}{2}\right)^2 = 1 + \frac{\pi}{3} - \sqrt{3}$.

【评注】 本题的难点在于计算小正方形的边长. 解法 1 用到了余弦定理:"设 $\triangle ABC$ 的角 A, B, C 的对边分别为 a, b, c, 则关系式 $a^2 = b^2 + c^2 - 2bc \cos \angle A$, $b^2 = c^2 + a^2 - 2ca \cos \angle B$, $c^2 = a^2 + b^2 - 2ab \cos \angle C$ 称为余弦定理". 以下给出证明.

如图 2, 引 $BD \perp AC$ 于 D, 在 $Rt \triangle ABD$ 中, $c^2 = AD^2 + BD^2 = (b -$

15题答案图2

$DC)^2 + BD^2$.

而在 Rt△CBD 中，$CD = a\cos \angle C, BD = a\sin \angle C$，将其代入上式，得 $c^2 = (b - a\cos \angle C)^2 + (a\sin \angle C)^2 = a^2 + b^2 - 2ab\cos \angle C$. 解法2的方程思想也值得品味.

☞ 16. 如图，在梯形 $ABCD$ 中，$BA // CD$，$AD \perp AB$，$AB = 7$，$CD = 6m$，$BC = m^2$，若以 BC 为直径的圆与 AD 没有公共点，则 m 的取值范围是_____.

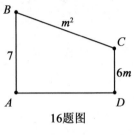

16题图

解 根据题意，BC 长的一半大于梯形中位线的长，所以 $\begin{cases} \dfrac{m^2}{2} < \dfrac{6m+2}{2} \\ m > 0 \end{cases}$，解得：$0 < m < 7$.

【审题要津】 依题意，以 BC 为直径的圆与 AD 相离，即 $\dfrac{1}{2}BC$ 的值小于梯形的中位线，据此可列出关于 m 的不等式. 除此之外，还应考虑直角三角形中斜边大于直角边这层关系.

解 依审题要津，有 $\begin{cases} m > 0 \\ \dfrac{1}{2}m^2 < \dfrac{1}{2}(6m+7) \\ 7 - 6m > 0 \\ m^2 > 7 - 6m \end{cases}$，从而解得 $1 < m < \dfrac{7}{6}$，故填 $(0, \dfrac{7}{6})$

【评注】 题干中如果没有"如图"二字（尽管给出图形），则应在不等式组中去掉"$7 - 6m > 0$"，与此同时增添不等式"$m^2 > 6m - 7$". 对应的 m 的取值范围则应为 $(1, 3-\sqrt{2})$ 及 $(3+\sqrt{2}, 7)$

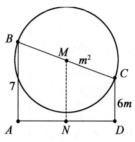

16题答案图

☞ 17. 设 $f(x)$ 是关于 x 的多项式,$f(x)$ 除以 $2(x+1)$,余式是 3;$2f(x)$ 除以 $3(x-2)$,余式是 -4.那么,$3f(x)$ 除以 $4(x^2-x-2)$,余式是_____.

【审题要津】 依题意

$$f(x) = 2(x+1)f_1(x) + 3 \qquad ①$$
$$2f(x) = 3(x-2)f_2(x) - 4 \qquad ②$$

类似地可设 $3f(x) = 4(x^2-x-2)g(x) + ax + b$(其中 $f_1(x), f_2(x), g(x)$ 皆为多项式).注意到 $x=-1, x=2$ 为方程 $x^2-x-2=0$ 的两根,即可将它们分别代入①, ②求解.

解 由已知得,$f(-1) = 3, f(2) = -2$,设所求余式为 $ax+b$,则有 $\begin{cases} 3f(-1) = -a+b \\ 3f(2) = 2a+b \end{cases}$,即 $\begin{cases} -a+b = 9 \\ 2a+b = -6 \end{cases}$,

解得 $\begin{cases} a=-5 \\ b=4 \end{cases}$. 所以所求余式为 $-5x+4$.

【评注】 本题命题立意新颖.审题要津对题意的理解也值得称道.

☞ 18. 已知实数 a,b 满足 $a+ab+b=3$,若 $m=a-ab+b$,则 m 的取值范围是_____.

【审题要津】 视 m 为已知,即可依整体思想解出 "$a+b$" 及 "ab",从而可利用一元二次方程"根与系数的关系",通过"构造法"求解.

解 因为 $\begin{cases} a+b+ab=3 \\ a+b-ab=m \end{cases}$,所以 $\begin{cases} a+b=\dfrac{m+3}{2} \\ ab=\dfrac{3-m}{2} \end{cases}$. 于是可将 a,b 视为关于 x 的一元二次方程 $x^2-\dfrac{m+3}{2}x-\dfrac{m-3}{2}=0$ 的两个实数根. 从而由 $\Delta=\dfrac{(m+3)^2}{4}+2(m-3)\geqslant 0$,即 $m^2+14m-15\geqslant 0$,$(m-1)(m+15)\geqslant 0$,解得 $m\leqslant -15$ 或 $m\geqslant 1$.

【评注】 题设没有说明 $a\neq b$,因此应以 $\Delta\geqslant 0$ 求解.

☞ 19. Tom's computer has password, which contains only numbers from 0 to 9. If the probability to guess the right password only one time is less than $\dfrac{1}{2\,012}$, then at least the password has _____ digits.

译文 汤姆的计算机有只含数字 0 到 9 的密码. 如果仅猜测一次,密码正确的概率小于 $\dfrac{1}{2\,012}$,那么密码至少有_____位.

【审题要津】 本题所问是这样一个问题:用 0~9 这 10 个不同的数字,编排成多少位数字的密码,才能

第 19～25 届"希望杯"全国数学邀请赛试题
审题要津 详细评注

保证不同密码的个数超过 2 012. 要解决这个问题,首先要清楚,这样编排的 n 位数字的密码究竟有多少个. 如不掌握相关公式,可从一、两位入手探索.

解 设编排的是 n 位密码,这 n 位密码中不同的密码共有 10^n 个. 依题意,令 $10^n > 2\,012$,解得 $n \geq 4$,由 n 为正整数,故所求为 $n = 4$. 即密码最少有 4 位.

【评注】 若用 0～9 十个不同的数字排两位的密码,第一位数字的排法有 10 种,对这 10 种排法中的每一种,第二位数字的排法也有 10 种,因此可排不同的两位密码共 10×10 个. 据此不难推出,依这种排法,可排 n 位不同的密码有 10^n 个. 这原本属于高中排列组合中的重复排列问题,作为初中试题,难度偏大.

☞ 20. Suppose point $A(-1, m)$ is on the graph of the function $y = -\dfrac{2}{x}$. B, C, D, respectively, are point A's symmetric points of x-axis, origin, y-axis. Then the area of the quadrilateral $ABCD$ is _____.

译文 假设点 $A(-1, m)$ 在函数 $y = -\dfrac{2}{x}$ 的图像上. B, C, D 分别是点 A 关于 x 轴,原点和 y 轴的对称点. 那么四边形 $ABCD$ 的面积是 _____.

【审题要津】 将点 A 坐标代入已知反比例函数的解析式,即可求出 m 值,从而依题意可确定 B, C, D 三点的坐标. 于是可求出 $S_{四边形ABCD}$.

解 将点 A 的坐标代入反比例函数解析式,即 $m = -\dfrac{2}{(-1)}$,得 $m = 2$,即 $A(-1, 2)$.

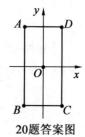

20 题答案图

所以 $B(-1,-2),C(1,-2),D(1,2)$. 如图所示,易知四边形 $ABCD$ 为矩形,其面积为 $2×4=8$.

【评注】 此题过简.

三、B 组填空题

☞ 21. 反比例函数 $y=\dfrac{k_1}{x}$ 和一次函数 $y=k_2x+b$ 的图像交于点 $M\left(3,-\dfrac{2}{3}\right)$ 和点 $N(-1,2)$. 则 $k_1=$ _____, $k_2=$ _____, 一次函数的图像交 x 轴于点_____.

【审题要津】 将点的坐标代入相应的函数解析式即可确定 k_1,k_2, 于是可确定一次函数解析式, 进而可得其图像与 x 轴交点的坐标.

解 将点 $N(-1,2)$ 代入 $y=\dfrac{k_1}{x}$, 得 $k_1=(-1)×2=-2$; 将点 $M\left(3,-\dfrac{2}{3}\right)$ 和 $N(-1,2)$ 代入 $y=k_2x+b$, 易得 $\begin{cases}k_2=-\dfrac{2}{3}\\b=\dfrac{4}{3}\end{cases}$. 所以一次函数解析式为 $y=-\dfrac{2}{3}x+\dfrac{4}{3}$, 当 $y=0$ 时, $x=2$, 故一次函数与 x 轴交于点 $(2,0)$.

【评注】 本题也简.

☞ 22. 已知 a,b 是实数, 且 $a^2-2a+\sqrt{b-3}+1=0$, 则 $a=$ _____, $b=$ _____.

【审题要津】 将题设等式化为 $(a-1)^2+\sqrt{b-3}=0$, 依 a,b 为实数, 则可利用非负数的性质求解.

解 由已知得 $(a-1)^2 + \sqrt{b-3} = 0$,由 $(a-1)^2 \geq 0$,$\sqrt{b-3} \geq 0$,即知 $(a-1)^2 = 0$ 且 $\sqrt{b-3} = 0$,故所求为 $a=1, b=3$.

【评注】 本题更简.

☞ 23. 已知 a, b 是有理数,$x = \sqrt{5} + 1$ 是方程 $x^3 - ax + b = 0$ 的一个解,则 a 的值是_____,b 的值是_____.

【审题要津】 将 x 的值代入方程,化简后根据"a, b 是有理数"即可求解.

解 依题意,$(\sqrt{5}+1)^3 - a(\sqrt{5}+1) + b = 0$,化简得 $(8-a)\sqrt{5} + 16 - a + b = 0$. 因为 a, b 均为有理数,所以 $\begin{cases} 8 - a = 0 \\ 16 + b - a = 0 \end{cases}$,解得 $\begin{cases} a = 8 \\ b = -8 \end{cases}$.

【评注】 如有理数 p 与无理数 q 的乘积 $p \cdot q = 0$,则只有 $p = 0$. 这正是本题的求解依据.

☞ 24. 如图,已知 $\triangle ABC$ 中,$CD \perp AB$ 于点 D,$BD = 2AD$,$CD = 6$,$\cos \angle ACD = \dfrac{8}{9}$,$BE$ 是边 AC 上的高,则 $AD = $_____,$BE = $_____.

24题图

【审题要津】 在 $\text{Rt} \triangle CDA$ 中,由 $CD = 6$,$\cos \angle ACD = \dfrac{8}{9}$,易求得 AC 及 AD.

从而由 $BD = 2AD$ 可确定 BD 和 AB 的值,至于求 BE,由 $BE \perp AC$ 于 E,即可通过解 $\text{Rt} \triangle ABE$ 完成.

解 在 Rt△ACD 中，因为 $\cos \angle ACD = \dfrac{8}{9}$，所以 $\sin \angle A = \dfrac{8}{9}$，又因为 $CD = 6$，所以

$$AC = \dfrac{CD}{\sin \angle A} = \dfrac{6}{\dfrac{8}{9}} = \dfrac{27}{4}$$

又因为 $\sin^2 \angle ACD = 1 - \cos^2 \angle ACD = 1 - \left(\dfrac{8}{9}\right)^2$，所以 $\sin^2 \angle ACD = \dfrac{17}{9^2}$，即 $\sin \angle ACD = \dfrac{\sqrt{17}}{9}$，从而 $AD = AC \sin \angle ACD = \dfrac{27}{4} \times \dfrac{\sqrt{17}}{9} = \dfrac{3\sqrt{17}}{4}$. 于是 $AB = BD + AD = 2AD + AD = 3AD = \dfrac{9\sqrt{17}}{4}$.

因为 $BE \perp AC$，所以 $BE = AB \sin \angle A = \dfrac{9\sqrt{17}}{4} \times \dfrac{8}{9} = 2\sqrt{17}$.

【评注】 求得 AB 的值后，也可以利用等积法计算 BE.

☞ 25. 已知点 A, B, P 是 $\odot O$ 上不同的三点，$\angle APB = \alpha$，点 M 是 $\odot O$ 上的动点，且使 $\triangle ABM$ 为等腰三角形. 若 $\alpha = 45°$，则所有符合条件的点 M 有_____个；若满足题意的点 M 有 2 个，则 $\alpha = $_____.

【审题要津】 如图 1，当 $\alpha = \angle APB = 45°$ 时，$\angle AOB = 90°$. 如以 AB 为底作等腰三角

25题答案图1

第19~25届"希望杯"全国数学邀请赛试题 审题要津 详细评注

形,只需引 $OD \perp AB$ 于 D,设直线 OD 交 $\odot O$ 于 M_1, M_2. 依垂径定理 $\triangle M_1 AB$, $\triangle M_2 AB$ 显然是等腰三角形. 如以 AB 为腰,可延长 AO 使之交 $\odot O$ 于 M_3,延长 BO 使之交 $\odot O$ 于 M_4. 依圆周角定理,显然 $\triangle AM_1 B$, $\triangle AM_3 B$ 均为底角为 $45°$ 的等腰直角三角形. 若满足题意的点 M 有 2 个,依上述作图方式,只能得到以 AB 为底的两个等腰三角形,即满足题意的 M 只能是 M_1, M_2. 若如图 2, AB 为过 O 的直径,依如上作图方式,此时点 D 与圆心 O 重合,点 M_3, M_4 分别与点 B 和点 A 重合, $\angle APB = 90°$; 如图 3, 若 AB 不过圆心,则参见图 1, 由 $AM_4 = BM_3 = AB$, 即知此时点 M_3, 点 M_4 均重合于点 M_1, 故 $\triangle AM_1 B$ 为等边三角形,于是 $\angle AP_1 B = 60°$, 从而 $\angle AP_2 B = 120°$.

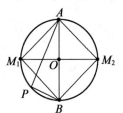

25题答案图2

解 依审题要津,第一空填写 4;第二空填 $90°, 60°, 120°$.

【**评注**】 在 $\angle APB = 45°$ 的条件下,使 $\triangle ABM$ 为等腰三角形须考虑 AB 为底还是为腰. 审题要津表述的作图步骤中,确定 M_3, M_4 的位置也可以通过下列

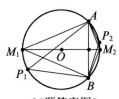

25题答案图3

方式落实:以点 B 为圆心, BA 为半径画圆,使之交 $\odot O$ 于 M_3;以点 A 为圆心,以 AB 为半径画圆,使之交 $\odot O$ 于 M_4. 因此当"满足题意的点 M 有 2 个"时, M_3, M_4 皆重合于点 M_1. 说明如上结论,也可以作如下表述:若满足题意的 M 有 2 个,作 AB 的中垂线交 $\odot O$ 于 M_1, M_2 两点,则 $\triangle M_1 AB$, $\triangle M_2 AB$ 均为等腰三角形. 由题意,点

M 只有 M_1, M_2 两处. 以 A 为圆心,AB 长为半径画 $\odot A$,则 B 是 $\odot O$ 与 $\odot A$ 的一个公共点. 若两圆另有公共点,则此点只能是 M_1, M_2 之一,此时 $\alpha = 60°$ 或 $120°$. 若两圆没有另外的公共点,则 AB 为 $\odot O$ 的直径,此时 $\alpha = 90°$.

第19~25届"希望杯"全国数学邀请赛试题
审题要津 详细评注

第2试

一、选择题

☞ 1. 若反比例函数 $y = \dfrac{k}{x}$ 的图像经过点 $\left(-\dfrac{1}{2}, 2\right)$,
则 k 的值为( )
(A) -1.   (B) 1.
(C) -4.   (D) 4.

【审题要津】 将已知点的坐标代入反比例函数解析式即可.

解 依题意,$2 = \dfrac{k}{-\dfrac{1}{2}}$,解得 $k = -1$. 选(A).

【评注】 依 $k = xy = \left(-\dfrac{1}{2}\right) \times 2 = -1$ 求解更直截了当.

☞ 2. 已知二次函数 $y = ax^2 + bx + c$ 的图像如图所示,则下列代数式的值恒为正值的是( )
(A) abc.
(B) ac.
(C) bc.
(D) ab.

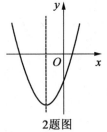

2题图

【审题要津】 依题设给出的图示,易知 $a > 0$,$-\dfrac{b}{2a} < 0$,$c < 0$,从而可知 $a > 0, b > 0, c < 0$,据此可当即作出判断.

解 由审题要津,显然恒有 $ab > 0$. 故选(D).

【评注】 作为考查数形结合的试题,本案过简.

☞ 3. 若存在 $1 \leq x \leq 2$,使得 $|ax^2 - 1| - 2 > 0$,则 a 的取值范围是( )

(A) $a < -\dfrac{1}{4}$.　　(B) $a > \dfrac{3}{4}$.

(C) $-\dfrac{1}{4} < a < \dfrac{3}{4}$.　(D) $a < -\dfrac{1}{4}$ 或 $a > \dfrac{3}{4}$.

【审题要津】 依题意,不等式 $|ax^2-1|-2>0$ 在 $1 \leq x \leq 2$ 内有解.为探索解题入口,可先将 $|ax^2-1|-2>0$ 化为 "$ax^2>3$ 或 $ax^2<-1$". 显然 $ax^2>3$ 时, $a>0$; $ax^2<-1$ 时, $a<0$, 因此应从讨论入手求解.

解法 1　化 $|ax^2-1|-2>0$ 为 $ax^2>3$ 或 $ax^2<-1$.

①当 $ax^2>3$ 在 $1 \leq x \leq 2$ 有解时, 由 $a>0$, 得 $a > \dfrac{3}{x^2}$. 因为 $\dfrac{3}{x^2}$ 在 $1 \leq x \leq 2$ 内的最小值为 $\dfrac{3}{4}$. 故只需 $a > \dfrac{3}{4}$;

②当 $ax^2<-1$ 在 $1 \leq x \leq 2$ 有解时, 由 $a<0$, 得 $a < -\dfrac{1}{x^2}$. 因为 $-\dfrac{1}{x^2}$ 在 $1 \leq x \leq 2$ 内的最大值为 $-\dfrac{1}{4}$, 故只需 $a < -\dfrac{1}{4}$.

综上所述,所求为 $a < -\dfrac{1}{4}$ 或 $a > \dfrac{3}{4}$, 故选 (D).

解法 2　化 $|ax^2-1|-2>0$ 为 $ax^2-3>0$ 或 $ax^2+1<0$.

令 $y_1 = ax^2-3, y_2 = ax^2+1$.

①当 $y_1 = ax^2-3>0$ 在 $1 \leq x \leq 2$ 有解时, 因为 $y_1(2) = 4a-3$, 令其为 0, 得 $a = \dfrac{3}{4}$.

故由图 1 可知, $a > \dfrac{3}{4}$ 符合题意.

② 当 $y_2 = ax^2 + 1 < 0$ 在 $1 \leqslant x \leqslant 2$ 有解时，因为 $y_2(2) = 4a + 1$，令其为 0，得 $a = -\dfrac{1}{4}$. 故由图 2 可知，$a < -\dfrac{1}{4}$ 符合题意.

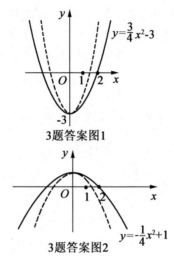

3题答案图1

3题答案图2

综上所述，所求为 $a < -\dfrac{1}{4}$ 或 $a > \dfrac{3}{4}$，故选(D).

【评注】 将"存在性"转化为"有解"，便于发现解题思路. 对 $a > 0$ 及 $a < 0$ 分别讨论是正确求解的关键. 解法 2 的数形结合，是以"特值法"奠基，进而利用 $|a|$ 越大，抛物线 $y = ax^2 + bx + c (a \neq 0)$ 的开口越窄解决问题.

本题也可以由 $|ax^2 - 1| - 2 > 0$ 的反面，即 $|ax^2 - 1| - 2 \leqslant 0$ 入手. 进而通过排除法落实所求：

由 $|ax^2 - 1| \leqslant 2$，即 $-2 \leqslant ax^2 - 1 \leqslant 2$，得 $-1 \leqslant ax^2 \leqslant 3$. 因为 $1 \leqslant x \leqslant 2$，于是有 $-\dfrac{1}{x^2} \leqslant a \leqslant \dfrac{3}{x^2}$，为此只需

$\left(-\dfrac{1}{x^2}\right)_{\max} \leqslant a \leqslant \left(\dfrac{3}{x^2}\right)_{\min}$,即 $-\dfrac{1}{4} \leqslant a \leqslant \dfrac{3}{4}$. 从而得知满足题意的 a 的取值范围为 $a < -\dfrac{1}{4}$ 或 $a > \dfrac{3}{4}$. 故选(D).

本解法的依据是非此即彼的"排中律".

☞ 4. 直线 $y = \dfrac{|k|}{k} x$ 总是下列哪个函数图像的对称轴（　　）

(A) $y = |k|x$.　　(B) $y = \dfrac{k}{x}$.

(C) $y = kx^2$.　　(D) $y = kx$.

【审题要津】　$k < 0$ 时，$y = -x$；$k > 0$ 时，$y = x$，据此即可作出判断.

解　$k < 0$ 时，$y = -x$ 是 $y = \dfrac{k}{x}$ 的对称轴；$k > 0$ 时，$y = x$ 是 $y = \dfrac{k}{x}$ 的对称轴，故选(B).

【评注】　题干中的"总是"二字是值得关注的.

☞ 5. 若实数 a, b, c 满足 $a^2 + b^2 = 1, b^2 + c^2 = 2, c^2 + a^2 = 3$，则 $ab + bc + ca$ 的最小值为（　　）

(A) $-\sqrt{3}$.　　(B) $-\sqrt{2}$.

(C) $-\sqrt{6}$.　　(D) $\sqrt{2} - \sqrt{3} - \sqrt{6}$.

【审题要津】　由题设，易知 $a^2 + b^2 + c^2 = 3$，则 $c^2 = 2, a^2 = 1, b^2 = 0$. 于是所求式 $ab + bc + ca = ca$.

据此心算即得结果.

解　显然 $ab + bc + ca = ca$ 的最小值为 $(-\sqrt{2}) \times 1 = -\sqrt{2}$. 故选(B).

【评注】　由已知三个等式分别求出 a^2, b^2, c^2 是关键.

6. 如图,双曲线 $y = \dfrac{k}{x}$ ($k > 0$) 经过 Rt△AOB 的斜边 AB 的中点 C, $AF \perp AO$, $BF \perp BO$, AF、BF 与双曲线分别交于点 D、E. 若 $OA = 8$, $OB = 6$, 则四边形 ODFE 的面积是( )

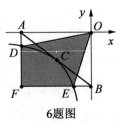

6题图

(A) 12.　　　　(B) 24.
(C) 36.　　　　(D) 40.

【审题要津】 四边形 ODFE 中,顶点 O, F 的坐标显而易见. 为了计算 $S_{四边形ODFE}$, 只需求出 D, E 两点的坐标, 可见确定双曲线解析式是关键.

解 依题设条件, 易知 $A(-8, 0)$, $B(0, -6)$. 由 C 为 AB 的中点, 知 $C(-4, -3)$. 由点 C 在 $y = \dfrac{k}{x}$ 的图像上, 于是 $k = (-4) \times (-3) = 12$, 从而已知双曲线的解析式为 $y = \dfrac{12}{x}$. 由点 D, E 均在双曲线 $y = \dfrac{k}{x}$ 上, 又 $k > 0$, 所以 $S_{\triangle AOD} = S_{\triangle BOE} = \dfrac{1}{2}|x| \cdot |y| = \dfrac{1}{2}k = 6$, 故 $S_{四边形ODFE} = S_{四边形OAFB} - S_{\triangle AOD} - S_{\triangle BOE} = 6 \times 8 - 6 - 6 = 36$. 选 (C).

【评注】 注意到对双曲线上的点 (x, y), 均有 $x \cdot y = k$ 是快速求解的关键.

7. 对于实数 a, 规定 $[a]$ 表示不大于 a 的最大整数, 如 $[2.1] = 2$, $[-1.5] = -2$. 则方程 $[x]^2 + [y]^2 = 4$ 的解在 xOy 坐标系中的图像是( )

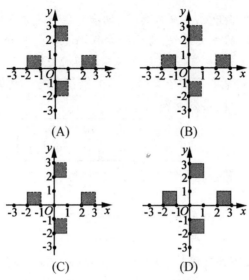

(A)　　　　(B)

(C)　　　　(D)

【审题要津】 由$[x]$，$[y]$均为整数，又$[x]^2+[y]^2=4$，因此方程$[x]^2+[y]^2=4$等价于

$$\begin{cases} |[x]|=2 \\ |[y]|=0 \end{cases} \qquad ①$$

或

$$\begin{cases} |[x]|=0 \\ |[y]|=2 \end{cases} \qquad ②$$

解 由①，得（Ⅰ）$\begin{cases}[x]=-2\\[y]=0\end{cases}$，即$\begin{cases}-2\leq x<-1\\ 0\leq y<1\end{cases}$.

（Ⅱ）$\begin{cases}[x]=2\\[y]=0\end{cases}$，即$\begin{cases}2\leq x<3\\ 0\leq y<1\end{cases}$.

由②，得（Ⅲ）$\begin{cases}[x]=0\\[y]=-2\end{cases}$，即$\begin{cases}0\leq x<1\\ -2\leq y<-1\end{cases}$.

（Ⅳ）$\begin{cases}[x]=0\\[y]=2\end{cases}$，即$\begin{cases}0\leq x<1\\ 2\leq y<3\end{cases}$. 综合上述，选（C）.

第 19~25 届"希望杯"全国数学邀请赛试题
审题要津 详细评注

【评注】 对新概念 $[a]$ 的准确理解是顺利进入解题入口的先决条件,将已知方程 $[x]^2+[y]^2=4$ 肢解并演化为 4 个不等式组是正确求解的关键.

☞ 8. 某商店对于某个商品的销售量与获利做了统计,得到下表:

销售量(件)	100	200	300
获利(万元)	7	9	9

若获利是销售量的二次函数,那么,该商店获利的最大值是( )
(A) 9 万元. (B) 9.25 万元.
(C) 9.5 万元. (D) 10 万元.

【审题要津】 设 $y=ax^2+bx+c$,依题意有

$$\begin{cases} 7=10\,000a+100b+c & ① \\ 9=40\,000a+200b+c & ② \\ 9=90\,000a+300b+c & ③ \end{cases}$$

据此解出 a,b,c 再议.

解 由审题要津所述,解得 $a=-\dfrac{1}{10\,000}$, $b=\dfrac{1}{20}$, $c=3$,故 $y=-\dfrac{1}{1\,000}x^2+\dfrac{1}{20}x+3$,当 $x=\dfrac{-\dfrac{1}{20}}{2\left(-\dfrac{1}{10\,000}\right)}=250$ 时,$y_{\max}=-\dfrac{1}{10\,000}(250)^2+\dfrac{1}{20}250+3=9.25.$ 选 (B).

【评注】将表改为:

销售量(件)	1	2	3
获利(万元)	7	9	9

更简明.

实际上由二次函数的图像过点$(100,7)$及$(200,9),(300,9)$,即知该抛物线以直线$x=250$为对称轴.

于是可设$y=a(x-250)^2+k$,将$(100,7),(200,9)$分别代入上式,得出$k=9.25$时.即知应选(B).

☞ 9. 如图,已知长方形$ABCD$的边长$AB=3$,$AD=2$,点E在边BC上,且$AE\perp EF$,EF交CD于F. 设$BE=x$,$FC=y$,则当点E从点B运动到点C时,y关于x的函数图像是(   )

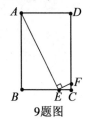

9题图

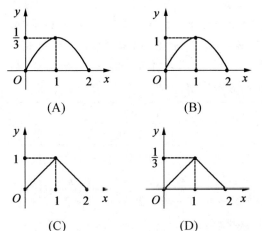

(A)　　　　　(B)

(C)　　　　　(D)

【审题要津】 由$\angle AEB+\angle BAE=90°$,$\angle AEB+\angle FEC=180°-90°=90°$,故$\angle BAE=\angle FEC$,从而$Rt\triangle ABE\backsim Rt\triangle ECF$.以下即可根据题设条件,通过相似比解决问题.

解 依审题要津,有$\dfrac{CF}{BE}=\dfrac{CE}{AB}$.由已知条件,可得

第19~25届"希望杯"全国数学邀请赛试题
审题要津 详细评注

$\frac{y}{x} = \frac{2-x}{3}$ 即 $y = -\frac{1}{3}x^2 + \frac{2}{3}x$,故 y 关于 x 的函数图像是开口向下的抛物线.又因为 $x=1$ 时,$y=\frac{1}{3}$.故选(A).

☞ 10. 若凸 n 边形 $A_1A_2\cdots A_n$ 适合以下条件:

(1) $\angle A_1 = 100°$;

(2) $\angle A_{k+1} = \angle A_k + 8°, k = 1, 2, \cdots, n-1$.

则 n 的值是(　　)

(A) 5.　　　　(B) 6.

(C) 7.　　　　(D) 8.

【审题要津】 一般情况下,凸 n 边形的内角和可用 n 来表示,即 $\angle A_1 + \angle A_2 + \cdots + \angle A_n = (n-2) \cdot 180°$,为了确定 n 值,必须归纳出在题设条件下,$\angle A_1 + \angle A_2 + \cdots + \angle A_n$ 的另一种表达形式,如此才能通过列方程求解.为摸索规律,可列表如下:

n	1	2	3	4	$\cdots$	n
A_n	100°	100°+8°	100°+2×8°	100°+3×8°	$\cdots$	100°+(n-1)·8°

解 依审题要津,即得关于 n 的方程:$(n-2) \cdot 180° = n \cdot 100° + [1+2+3+\cdots+(n-1)] \cdot 8°$. 经化简,则有 $(n-2) \cdot 45 = 25n + 2[1+2+3+\cdots+(n-1)]$,移项即得

$$10n - 45 = 1 + 2 + 3 + \cdots + (n-1) \quad ①$$

$$10n - 45 = (n-1) + (n-2) + \cdots + 1 \quad ②$$

将等价①,②两式相加,得 $20n - 90 = n(n-1)$,即 $10(2n-9) = n(n-1)$,由等式左边是5的倍数,因此,并结合选项,n 只能是5或6.经检验,$n=6$.

故选(B).

【评注】 本题涉及的是高中数学中的"等差数列",对初中学生来说,求其前 n 项和可利用如题解所示"高斯法"倒序求解.如依等差数列求和公式,可直接列出方程

$$\angle A_1 + \angle A_2 + \cdots + \angle A_n = \frac{(\angle A_1 + \angle A_n)n}{2}$$
$$= (n-2) \cdot 180°$$

即 $\dfrac{[100° + 100° + (n-1)8°]n}{2} = (n-2)180°$

经化简,得 $n^2 - 21n + 90 = 0$,解得 $n = 6$ 或 $n = 15$. 对照题设选项,选(B).

二、填空题

☞ 11. 若 $\triangle ABC$ 是半径为 1 的圆的内接三角形, $BC = \sqrt{3}$,则 $\angle A = $ _____.

【审题要津】 题目给出的唯一数据 $\sqrt{3}$,是我们在解直角三角形时常遇到的,因此可从构造直角三角形入手求解.

解 如图,连 CO 并延长交 $\odot O$ 于 A. 由 AC 是直径,所以 $\angle ABC = 90°$,因为 $\sin\angle A = \dfrac{BC}{AC} = \dfrac{\sqrt{3}}{2}$,又点 A 在 BC 所对的优弧上,所以 $\angle A = 60°$. 若点 A 在劣弧 BC 上,此时 $\angle A = 180° - 60° = 120°$. 由同弧所对的圆周角为定值,故 $\angle A = 60°$ 或 $120°$.

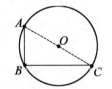

11题答案图

【评注】 注意分类研究,以免造成遗漏.

☞ 12. 方程 $\dfrac{1}{x-2012} - \dfrac{1}{x-2014} = \dfrac{1}{x-2016} -$

第 19~25 届"希望杯"全国数学邀请赛试题
审题要津 详细评注

$\dfrac{1}{x-2018}$ 的解是 $x=$ _____.

【审题要津】 分析数据特征,力图使方程结构沿对称方向转化,则有 $\dfrac{1}{x-2012}-\dfrac{1}{x-2016}=\dfrac{1}{x-2014}-\dfrac{1}{x-2018}$,此时令 $x-2015=y$,即可通过化简方程窥见解题入口.

解 原方程化为:$\dfrac{1}{x-2012}-\dfrac{1}{x-2016}=\dfrac{1}{x-2014}-\dfrac{1}{x-2018}$. 设 $x-2015=y$,则原方程化为 $\dfrac{1}{y+3}-\dfrac{1}{y-1}=\dfrac{1}{y+1}-\dfrac{1}{y-3}$,两边通分,得 $\dfrac{-2}{(y+3)(y-1)}=\dfrac{-2}{(y+1)(y-3)}$,所以 $(y+3)(y-1)=(y+1)(y-3)$,即 $y^2+2y-3=y^2-2y-3$,所以 $y=0$,即 $x-2015=0$,解得 $x=2015$.

【评注】 关注数据特征常为顺利解题带来契机,本题直接令 $y=x-2012$ 也未尝不可.

☞ 13. 如图,P 是等边 $\triangle ABC$ 内一点,$AP=3$,$PB=4$,$PC=5$,则 $\angle APB=$ _____.

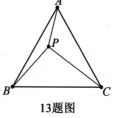

13题图

【审题要津】 注意到 3,4,5 满足 $3^2+4^2=5^2$,即应设法通过构造直角三角形求解.

解 将 $\triangle APC$ 绕点 A 顺时针旋转 $60°$. 如图,点 P 落在 P' 处,点 C 落在 B 处.

连 PP'，因为 $AP' = AP$，$\angle P'AP = 60°$，所以 $\triangle AP'P$ 为等边三角形，从而 $P'P = AP = 3$.

在 $\triangle P'PB$ 中，$BP' = CP = 5$，$BP = 4$，$P'P = 3$，则 $P'P^2 + BP^2 = 3^2 + 4^2 = 5^2 = BP'^2$，所以 $\triangle P'PB$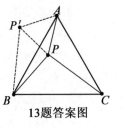

13题答案图

为直角三角形且 $\angle P'PB = 90°$. 又因为等边 $\triangle AP'P$ 的内角 $\angle APP' = 60°$，所以 $\angle APB = 90° + 60° = 150°$.

【评注】 任意三角形绕某一个顶点旋转时，随时会出现两对等腰三角形.

这两对等腰三角形的公共顶点即是作为轴心的那个顶点. 据此将 $\triangle APB$ 绕 A,P,B 中任何一个点旋转 $60°$，且无论方向是顺时针还是逆时针均可求解，建议同学试之.

☞ 14. 边长为整数，且周长为 2 012 的等腰三角形有 _____ 个.

【审题要津】 设腰长为 a，底边长为 b，则有 $2\,012 = 2a + b$，而 $2a = a + a > b$，故 $2\,012 > 2b$，$b < 1\,006$. 由 $b = 2\,012 - 2a = 2(1\,006 - a)$，即知 b 为偶数，于是问题转化为 b 由 2 取到 1 004 共有多少个偶数.

解 依审题要津，b 为偶数且 $2 \leqslant b \leqslant 1\,004$，故 b 可取 $2 \times 1, 2 \times 2, \cdots, 2 \times 502$ 这 502 个数，故所求为 502.

【评注】 本题实际是求不定方程（未知数个数大于2）的整数解的组数.

☞ 15. 已知关于 x 的一元二次方程 $x^2 - 2(m-1)x + (m^2 - 1) = 0$ 有两个不相等的实数根 α, β，若 $\alpha^2 + \beta^2 = 4$，则 $m = $ _____ .

第19~25届"希望杯"全国数学邀请赛试题
审题要津 详细评注

【审题要津】 依题设 $4 = \alpha^2 + \beta^2 = (\alpha+\beta)^2 - 2\alpha\beta$. 由韦达定理, $\alpha+\beta, \alpha\beta$ 均可用 m 表示.

因此可通过解关于 m 的方程求得 m 值. 此时需注意的是, 关于 x 的方程的判别式 $\Delta > 0$.

解 依题意 $\alpha+\beta = 2(m-1), \alpha\beta = m^2 - 1$, 因此有 $4 = 4(m-1)^2 - 2(m^2-1)$, 即 $m^2 - 4m + 1 = 0$, $m = \dfrac{4 \pm \sqrt{12}}{2} = 2 \pm \sqrt{3}$. 又 $0 < \Delta = 4(m-1)^2 - 4(m^2-1) = 4(m-1)(-2)$, 故 $m < 1$. 综上所述, $m = 2 - \sqrt{3}$.

【评注】 若 α, β 是一元二次方程 $ax^2 + bx + c = 0$ 的根, 则有 $\alpha^2 + \beta^2 = (\alpha+\beta)^2 - 2\alpha\beta = \dfrac{b^2}{a^2} - \dfrac{2c}{a} = \dfrac{b^2 - 2ac}{a^2}$, $\alpha^3 + \beta^3 = (\alpha+\beta)(\alpha^2 + \beta^2 - \alpha\beta) = (\alpha+\beta) \cdot [(\alpha+\beta)^2 - 3\alpha\beta] = -\dfrac{b}{a}\left(\dfrac{b^2}{a^2} - 3\dfrac{c}{a}\right) = -\dfrac{b}{a^3}(b^2 - 3ac)$ 等. 忽视 $\Delta > 0$ 的条件是概念性的错误.

☞ 16. 已知 $\triangle ABC$ 的三个顶点的坐标分别为 $A(-1, 5), B(6, -2), C(-1, -2)$, 则 $\triangle ABC$ 外接圆半径的长度为_____.

【审题要津】 点 A, C 的横坐标相等, 点 B, C 的纵坐标相等, 显然 $AC \perp BC$, AB 即为 $\triangle ABC$ 外接圆的直径.

解 依审题要津, $AB^2 = (-1-6)^2 + (5+2)^2 = 49 \times 2$, 即 $AB = 7\sqrt{2}$, 故所求 $R = \dfrac{7\sqrt{2}}{2}$.

【评注】 对题设数据结构的特点有足够的敏感即可快速求解.

☞ 17. 已知坐标平面 xOy, Rt$\triangle ABC$ 中的直角顶点是 $A(2,\sqrt{5})$, 点 B 与点 O 重合, 点 C 在坐标轴上, 则点 C 的坐标是_____.

【审题要津】 题设没指明点 C 具体在横轴上还是纵轴上, 因此要分类研究.

解法1 依题意, AB 是直角边, 如图, 记 $\angle xOA = \theta$. 由 $AB = 3$, 得 $\sin\theta = \dfrac{\sqrt{5}}{3}$, $\cos\theta = \dfrac{2}{3}$.

① 若点 C 在 x 轴上, 即 $C(x_0, 0)$, 则 $x_0 = \dfrac{3}{\cos\theta} = 4.5$, 于是 $C(4.5, 0)$.

② 若点 C 在 y 轴上, 即 $C(0, y_0)$, 则 $y_0 = \dfrac{3}{\sin\theta} = \dfrac{9}{\sqrt{5}} = \dfrac{9}{5}\sqrt{5}$, 于是 $C\left(0, \dfrac{9}{5}\sqrt{5}\right)$.

解法2 如图, 过 A 作 $C_1C_2 \perp AB$ 交 x 轴于点 C_1, 交 y 轴于点 C_2, 作 $AD \perp x$ 轴于 D, 作 $AE \perp y$ 轴于 E, 则 $AE = BD = 2$, $AD = BE = \sqrt{5}$, 且 $\angle 1 = \angle 2 = \theta$. 在 Rt$\triangle ABD$ 中, 显然 $\tan\theta = \dfrac{\sqrt{5}}{2}$, 所以 $\tan\angle 1 = \tan\angle 2 = \dfrac{\sqrt{5}}{2}$.

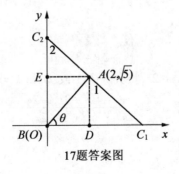

17题答案图

在 Rt△ADC_1 中,因为 $DC = AD\tan\angle 1 = \sqrt{5} \times \frac{\sqrt{5}}{2} = \frac{5}{2}$,所以 $BC_1 = 2 + \frac{5}{2} = \frac{9}{2}$.

在 Rt△C_2BC_1 中,$\tan\angle 2 = \frac{BC_1}{BC_2}$,所以 $BC_2 = \frac{BC_1}{\tan\angle 2} = \frac{9}{2} \times \frac{2}{\sqrt{5}} = \frac{9\sqrt{5}}{5}$. 综上 $C_1\left(\frac{9}{2}, 0\right)$,$C_2\left(0, \frac{9}{5}\sqrt{5}\right)$.

故点 C 的坐标为 $\left(\frac{9}{2}, 0\right)$ 或 $\left(0, \frac{9}{5}\sqrt{5}\right)$.

【评注】 解法 1 中求 y_0 时用到了 $\cos\angle AOy = \cos(90° - \theta) = \sin\theta$. 如不熟悉这个诱导公式,可利用 $\angle AC_2O = \theta$ 来说明. 解法 2 利用等角的正切求解,比通过相似比解决问题更简明.

☞ 18. 已知 $x + 3y + 5z = 0$,并且 $x + 2y + 3z = 0$,则 $\dfrac{x^2 - y^2 + 3z^2 + xy + 3yz - 2zx}{x^2 + 3y^2 - z^2}$ 的值等于 _____.

【审题要津】 面对所求分式的分子、分母均为齐次式,由 $\begin{cases} x + 3y + 5z = 0 \\ x + 2y + 3z = 0 \end{cases}$,可导出 x, y, z 间的比例关系,从而可通过减少变量个数求解.

解 由

$$\begin{cases} x + 3y + 5z = 0 & ① \\ x + 2y + 3z = 0 & ② \end{cases}$$

① - ②得 $y = -2z$,将其代入①或②,得 $x = z$.

于是原式 $= \dfrac{x^2 - 4x^2 + 3x^2 - 2x^2 - 6x^2 - 2x^2}{x^2 + 12x^2 - x^2} = -\dfrac{10}{12} = -\dfrac{5}{6}$.

【评注】 如将已知等式两边同时除以 z(易知 $z\neq 0$),同时将所求式分子、分母同时除 z^2,则所求式仅涉及两个变量 $\dfrac{x}{z}$ 及 $\dfrac{y}{z}$.但就解答本题而言,不宜按这一程序进行.

☞ 19. α 和 β 是方程 $x^2-2x-1=0$ 的两根,α^2 和 β^2 是 $x^2+mx+n=0$ 的两根,点 (m,n) 在一次函数 $y=kx+(n-3)$ 的图像上,则此函数的解析式是_____,它的图像与 xOy 坐标平面内的坐标轴围成的图形的面积是_____.

【审题要津】 由一元二次方程根与系数的关系(韦达定理),即可求解.

解 因为 α,β 是方程 $x^2-2x-1=0$ 的两个根,所以 $\alpha+\beta=2,\alpha\beta=-1$,从而有 $\alpha^2+\beta^2=(\alpha+\beta)^2-2\alpha\beta=2^2+2=6$.又因为 α^2,β^2 是方程 $x^2+mx+n=0$ 的两个根,所以 $m=-(\alpha^2+\beta^2)=-6$,$n=\alpha^2\cdot\beta^2=(\alpha\beta)^2=(-1)^2=1$,所以点 (m,n) 即为点 $(-6,1)$,将 $(-6,1)$ 及 $n=1$ 代入解析式 $y=kx+(n-3)$,得 $k=-\dfrac{1}{2}$.

所以一次函数的解析式为 $y=-\dfrac{1}{2}x-2$,其图像交 x 轴于点 $(-4,0)$,交 y 轴于点 $(0,-2)$,故所求面积为 4.

【评注】 本题的考查内容与 15 题无大异.

☞ 20. 如图,在直角梯形 $ABCD$ 中,$AB\parallel CD$,$\angle BAD=\angle ADC=90°$,两条对角线的交点为 O.⊙O 与 AD 相切,并与以 AD 为直径

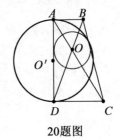

20题图

的 $\odot O'$ 内切. 已知 AD 长为 h,则梯形 $ABCD$ 的面积是_____.

【审题要津】 在结论唯一的情况下,由特殊位置运算所得的结果即是一般条件下的结论. 据此,我们不妨从特殊位置入手求解.

解 当 $OO' \perp AD$ 时,连 $O'O$ 交 $\odot O'$ 于 G. 由 $\odot O$ 与 AD 及 $\odot O'$ 都相切,得 $2OO' = \dfrac{h}{2}$. 此时 $O'G$ 为梯形 $ABCD$ 中位线,故 $AB + DC = 2O'G = h$,梯形 $ABCD$ 的面积是 $\dfrac{1}{2}(AB+DC) \cdot h = \dfrac{1}{2}h^2$.

【评注】 在一般情况下,上述结论也是正确的. 证明如下:设 $h = 2R$,则 $\odot O'$ 半径为 R,$\odot O$ 切 AD 于 E,如图,$\odot O$ 与 $\odot O'$ 相内切于 G. 设 $OE = x$,$O'E = y$,则 OE 为 $\odot O$ 半径,从而有 $OO' = R - x$,即 $\sqrt{x^2+y^2} = R - x$,两边平方得 $y^2 = R^2 - 2Rx$,即 $R^2 - y^2 = 2Rx$.

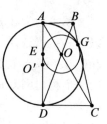

20题答案图

设 $AB = m$,$DC = n$,则 $\dfrac{m}{x} = \dfrac{AD}{DE} = \dfrac{2R}{R+y}$,$\dfrac{n}{x} = \dfrac{AD}{AE} = \dfrac{2R}{R-y}$,从而 $\dfrac{m+n}{x} = \dfrac{2R}{R+y} + \dfrac{2R}{R-y} = \dfrac{(2R)^2}{R^2-y^2} = \dfrac{4R^2}{2Rx} = \dfrac{2R}{x}$.

故 $m + n = 2R$,所求面积为 $2R \cdot \dfrac{m+n}{2} = 2R^2 = \dfrac{h^2}{2}$.

三、解答题

☞ **21.** 解方程 $x^4 + (x-2)^4 - 82 = 0$.

【审题要津】 作变量代换 $x - 1 = y$,则可显现对称性,从而便于解决问题.

解 令 $x-1=y$,则有 $(y+1)^4+(y-1)^4=82$,即 $(y^2+2y+1)^2+(y^2-2y+1)^2=82, (y^2+1)^2+4y^2+4y(y^2+1)+(y^2+1)^2+4y^2-4y(y^2+1)=82$,从而 $2(y^2+1)^2+8y^2=82$,即 $y^4+6y^2-40=0$,由 $(y^2+10)(y^2-4)=0$ 及 $y^2+10\neq 0$,得 $y^2-4=0$,即 $y=\pm 2$,故 $x=-1$ 或 $x=3$.

【评注】 对于没学习过四次方程的学生,将已知方程转化为双二次方程是解答本题的有效途径.

☞ 22. 如图所示,已知二次函数 $y=-x^2+bx+8$ 的图像与 x 轴交于 A,B 两点,与 y 轴交于点 C,且 $B(4,0)$.

(1) 求二次函数的解析式及其图像的顶点 D 的坐标;

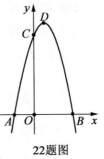

22题图

(2) 如果点 $M(p,0)$ 是 x 轴上的一个动点,则当 $|MC-MD|$ 取得最大值时,求 p 的值;

(3) 如果点 $E(m,n)$ 是二次函数 $y=-x^2+bx+8$ 的图像上的一个动点,且 $\triangle ABE$ 是钝角三角形,求 m 的取值范围.

【审题要津1】 将点 $B(4,0)$ 的坐标代入已知函数解析式,即可求解.

解 (1) 由题意,有 $0=-4^2+4b+8$,所以 $b=2$. 故二次函数的解析式为 $y=-x^2+2x+8$. 设顶点 $D(x_0,y_0)$,显然 $x_0=\dfrac{-2}{2(-1)}=1$,故 $y_0=-1^2+2\times 1+8=9$,从而解得 $D(1,9)$.

第19～25届"希望杯"全国数学邀请赛试题
审题要津 详细评注

【审题要津2】 依"三角形两边之差小于第三边",易知$|MC-MD| \leqslant CD$,据此即可发现解题入口.

解 (2)如图1,设直线DC交x轴于N. 由审题要津所述,当M,C,D三点共线,即点M位于点N,$|MC-MD|=CD,CD$之长即为$|MC-MD|$的最大值. 因为$D(1,9),C(0,8)$,因此设直线CD的解析式为$y=kx+q$,则有$\begin{cases}8=k\cdot 0+q\\9=k\cdot 1+q\end{cases}$,解得$\begin{cases}q=8\\k=1\end{cases}$,故直线$CD$的解析式为$y=x+8$.

令$y=0$,得$N(-8,0)$. 从而可知当$p=-8$时,M与N重合,此时$|MC-MD|$取得最大值$|CD|=\sqrt{2}$.

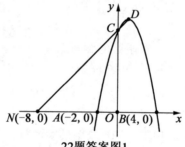

22题答案图1

【审题要津3】 依题设,易求得$A(-2,0)$,显然$m<-2$时,$\angle BAE>90°$,同理,由$B(4,0)$可知,$m>4$时,$\angle ABE>90°$.

综上可知,当点E在x轴下方时,$\triangle ABE$为钝角三角形. 以下只需研究点E在x轴上方时的情况.

如图2,由直径所对的圆周角为直角的定则,可考虑以AB为直径作$\odot P$,只要求出$\odot P$与抛物线交点的横坐标,则问题将迎刃而解.

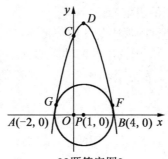

22题答案图2

解 (3)设$A(a,0)$,则由$a \cdot 4 = -8$,得$a = -2$,所以$A(-2,0)$,又因为$B(4,0)$,所以AB的中点$P(1,0)$,$AP = PB = 3$.

设以点$P(1,0)$为圆心、3为半径的$\odot P$交抛物线于G,F(异于A,B)两点.

由$\begin{cases}(x-1)^2 + y^2 = 9 \\ y = -x^2 + 2x + 8\end{cases}$,即$\begin{cases}(x-1)^2 + y^2 = 9 \\ y = -(x-1)^2 + 9\end{cases}$,解得$\begin{cases}y = 1 \\ x = 1 \pm 2\sqrt{2}\end{cases}$.

即$G(1-2\sqrt{2},1), F(1+2\sqrt{2},1)$.

综上所述,m的取值范围是$m < 1 - 2\sqrt{2}$且$m \neq -2$或$m > 1 + 2\sqrt{2}$且$m \neq 4$.

【评注】 利用数形结合,并通过分析圆内角和圆周角的关系,形成了比较简明直观解题思路.

☞ 23. 给你若干个边长都是1的正三角形、正方形、正五边形、正六边形,从其中任选两种(个数不限),将他们拼接,要求是:

23题图

① 使某边重合；
② 两种图形中的任何一种不得有公共部分.

问:(Ⅰ)用选出的两种图形围成正 n 边形,如用 3 个正方形和 3 个正六边形围成一个正三角形 ABC(如图).

请你再举两例,并作图说明.

(Ⅱ)对于(Ⅰ)中的正 n 边形,求它的外接圆的半径.

【审题要津】 在"边长都是 1"的条件下,充分关注正 n 边形其每一个内角为 $\frac{(n-2)180°}{n}$,则知题设给出的正三角形、正方形、正五边形、正六边形的一个内角分别为 $60°,90°,108°,120°$. 据此即可从中心"漏空"的正多边形入手求解. 如题图中白色的正三角形的一个内角为 $60°$,而与其邻近的两个正方形的两个内角和一个正六边形的一个内角加在一起刚好是 $2 \times 90° + 120° = 300°$. 由 $300° + 60° = 360°$(周角)即可仿此找到解题入口.

解 (Ⅰ)设计方案之一:中心"漏空"的是正六边形. 由正六边形的一个内角为 $120°$,

因此与其"对顶"的其他正多边形的几个内角之和应凑成 $360° - 120° = 240°$.

如图 1,即为例 1. 其方案是 $120° + 2 \times 60° = 240°$.

设计方案之二:中心"漏空"的是正三角形. 由正三角形一个内角为 $60°$,因此与其"对顶"的其他正多边形的几个内角之和应凑成 $360° - 60° = 300°$.

如图 2 即为例 2. 其方案是 $2 \times 90° + 2 \times 60° = 300°$.

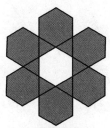
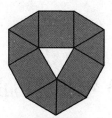

23题答案图1　　　23题答案图2

（Ⅱ）如图1，边长为1的正六边形外接圆半径为1．

如图2边长为1的正三角形外接圆半径为$\dfrac{2}{3} \times 1 \times \sin 30° = \dfrac{2}{3} \times \dfrac{\sqrt{3}}{2} = \dfrac{\sqrt{3}}{3}$．

【评注】 依审题要津点拨提示的思路，由12个正六边形和12个正方形可围成一个正12边形，由20个正五边形和20个正方形可围成一个正20边形．

建议同学围绕"漏空"的正多边形的一个的度数画图分析，以加强理解．

2013年第24届"希望杯"初二

第1试

一、选择题

☞ 1. 有下列五个等式：

①$y = 3x + 1$；②$y^2 = x^2 - 1$；③$y = \sqrt{x}$；④$y = |x|$；⑤$|y| = x$.

其中，表示"y是x的函数"的有(　　)

(A)1个.　　(B)2个.

(C)3个.　　(D)4个.

【审题要津】 对照"y是x的函数"的定义，依次对五个等式进行验证即可求解.

解 在等式①和④中，对于自变量x任意取定的每一个实数，y都有唯一的取值与其对应，因此等式①和④均可表示y是x的函数. 类似地，在等式③中，对于自变量x取定的每一个非负数，y都有唯一的取值与其对应，因此等式③可表示y是x的函数. 而等式②和⑤则不存在这种对应关系. 故选(C).

【评注】 对于等式②，$x = \sqrt{2}$时，$y = -1$或1；对于等式⑤，$x = 1$时，$y = -1$或1. 因此等式②和⑤不能表示为y是x的函数.

☞ 2. 点$(-7,m)$和点$(-8,n)$都在直线$y=-2x-6$上,则m和n的大小关系是( )

(A)$m>n$.　　　　(B)$m<n$.

(C)$m=n$.　　　　(D)不能确定的.

【审题要津】 依题意,$\begin{cases} m=-2\times(-7)-6=8 \\ n=-2\times(-8)-6=10 \end{cases}$,显然$m<n$,据此即可作答.

解 依审题要津,选(B).

【评注】 对于$y=kx+b$来说,当$k>0$时,自变量x的取值越大对应的y值越大;当$k<0$时,自变量x的取值越大对应的y值越小. 实际上,$|k|$越大直线越接近y轴.

☞ 3. 下列命题中,正确的是( )

(A)若$a>0$,则$a>\dfrac{1}{a}$.

(B)若$a>a^2$,则$a>1$.

(C)若$0<a<1$,则$a>a^2$.

(D)若$|a|=a$,则$a>0$.

【审题要津】 在逐一考察的同时,可通过赋值法举反例,指出不正确的命题,也可以根据4选1的原则直接找出正确的命题.

解 考察(A):$\dfrac{1}{2}>0$,但$\dfrac{1}{2}>2$不成立,故命题(A)不正确;考察(B):$\dfrac{1}{2}>\left(\dfrac{1}{2}\right)^2$,但$\dfrac{1}{2}>1$不成立,故命题(B)不正确;考察(D):$|0|=0$,但$0>0$不成立,故命题(D)不正确. 选(C).

【评注】 也可以直接证明命题(C)正确:由$0<a<1$,即知$a>0$且$1-a>0$,从而$a-a^2=a(1-a)>0$,

即 $a > a^2$. 故命题(C)正确.

☞ 4. 若定义运算"⊙": $a ⊙ b = b^a$, 如 $3 ⊙ 2 = 2^3 = 8$, 则 $3 ⊙ \frac{1}{2}$ 等于( )

(A) $\frac{1}{8}$.   (B) 8.

(C) $\frac{1}{6}$.   (D) $\frac{3}{2}$.

【审题要津】 根据题设定义"⊙"的运算程序,易知 $3 ⊙ \frac{1}{2} = \left(\frac{1}{2}\right)^3$,据此只需仔细运算即可.

解 依审题要津,$3 ⊙ \frac{1}{2} = \left(\frac{1}{2}\right)^3 = \frac{1}{8}$. 故选(A).

【评注】 在正确的理解运算"⊙"的含义的前提下,本题极简.

☞ 5. 以下关于平行四边形的判定中,不正确的是( )

(A)两组对角分别相等的四边形是平行四边形.

(B)两组对边分别相等的四边形是平行四边形.

(C)对角线相等的四边形是平行四边形.

(D)一组对边平行且相等的四边形是平行四边形.

【审题要津】 根据平行四边形的定义:两组对边分别平行的四边形是平行四边形,即可对题目给出的 4 个判定进行考察. 能推出两组对边分别平行的判定即是正确的,否则即是不正确的.

解 考察(A):如果四边形的两组对角分别相等,

则由四边形的内角和等于360°,可知这个四边形的每个内角均与它的邻角互补,因此可推出该四边形的两组对边分别平行,可见(A)正确;考察(B):如四边形的两组对边分别相等由"SSS"可知,对角线可将该四边形分成两个全等的三角形,从而可导出两组内错角分别相等,据此可推出两组对边分别平行,故(B)正确;考察(D):如四边形有一组对边平行且相等,那么由"SAS"可知,其对角线可将该四边形分成两个全等的三角形,于是可导出两组内错角分别相等,同上可知(D)正确.综上所述,选(C).

【评注】 任何等腰梯形都不是平行四边形,因此可知判定(C)是不正确的.

☞ 6.用一根长为 a,并且没有伸缩性的线围成面积为 S 的等边三角形.在这个等边三角形内任取一点 P,则点 P 到等边三角形三条边的距离之和为( )

(A) $\dfrac{2S}{a}$. (B) $\dfrac{4S}{a}$.

(C) $\dfrac{6S}{a}$. (D) $\dfrac{8S}{a}$.

【审题要津】 如图所示,不妨设等边 $\triangle ABC$ 的面积为 S,由于 a,S 均为常数,因此可判定:$\triangle ABC$ 内任取一点 P,点 P 到 AB,BC,AC 边的距离之和是定值,从而可从特殊化入手求解.为方便运算,可设点 P 重合于 $\triangle ABC$ 的某个顶点.

解 依审题要津,如图,引 $AP \perp BC$ 于点 P,并设 $AP = d$.

第19~25届"希望杯"全国数学邀请赛试题
审题要津 详细评注

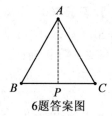

6题答案图

由于点P(即点A)到AB,AC的距离均为0,因此d就是点P到三边的距离之和.

此时$AB=BC=CA=\dfrac{a}{3}$,故$BP=PC=\dfrac{1}{2}BC=\dfrac{a}{6}$,

由$S=\dfrac{1}{2}AP\cdot BC=\dfrac{1}{2}\cdot d\cdot \dfrac{a}{3}=\dfrac{ad}{6}$,故$d=\dfrac{6S}{a}$.选(C).

【评注】 实际上,等边三角形内任意一点到三边的距离之和总等于这个等边三角形的高线之长,这是一个经典的结论.这个结论又可引申出更一般化的推断:等腰三角形内任意一点到三边的距离之和总等于底边上的高线之长.这也是一道名题,建议同学自行证之.

☞ 7. 若$-199<x<199$,且$m=||x|-100|$的值为整数,则m的值有(　　)

(A)100个.　　　　(B)101个.
(C)201个.　　　　(D)203个.

【审题要津】 由于关于0对称的,即互为相反数的两个数的绝对值相等,又m只能取整数,因此在满足条件$-199<x<199$的整数$-198,-197,\cdots,-2,-1,0,1,2,\cdots,197,198$中,我们只需考虑$x$等于$0,1,2,\cdots,197,198$时,$m$的取值个数.而在这199个整数中,关于$100$对称的两个整数对应的$m$的取值是相等的,于是我们只需考虑小于$100$的正整数,这样的数显

然只有 $1,2,\cdots,98,99$ 这 99 个数. 以下再关注数 0 和数 100,即可求解.

解 依审题要津,将 $x=0,1,2,\cdots,98,99,100$ 分别代入 $m=||x|-100|$,得到的则是 m 的 101 个不同的整数取值. 故选(B).

【评注】 针对题设等式 $m=||x|-100|$ 的带双层绝对值符号的结构特征,经两次筛选剥离,成功地将 $2\times198+1$ 个目标缩小到 $\frac{198}{2}+2=101$(个)目标,这正是化解难点的有效手段,其中特别注意到位于对称中心的数 0 和数 100,则是正确求解的关键.

☞ 8. 已知 $x=\sqrt{2}+\sqrt{3}$,且 $x^8+1=x^4(6y+8)$,则 y 的值是(   )

(A) 10.　　　　　　(B) 15.
(C) 20.　　　　　　(D) 30.

【审题要津】 注意到 $(\sqrt{3}+\sqrt{2})(\sqrt{3}-\sqrt{2})=1$ 即 $\frac{1}{\sqrt{3}+\sqrt{2}}=\sqrt{3}-\sqrt{2}$,首先应想到化已知等式为 $x^4+\frac{1}{x^4}=6y+8$,以下只需针对上述数据特征,即可通过降幂将 $x^4+\frac{1}{x^4}$ 的值求出,于是问题便可转化为求解一元一次方程的解的问题.

解 依审题要津,$x^4+\frac{1}{x^4}=\left(x^2-\frac{1}{x^2}\right)^2+2=\left[\left(x+\frac{1}{x}\right)\left(x-\frac{1}{x}\right)\right]^2+2$,当 $x=\sqrt{3}+\sqrt{2}$ 时,$x+\frac{1}{x}=(\sqrt{3}+\sqrt{2})+(\sqrt{3}-\sqrt{2})=2\sqrt{3}$,$x-\frac{1}{x}=(\sqrt{3}+\sqrt{2})-(\sqrt{3}-\sqrt{2})=2\sqrt{2}$,所以问题归结为 $(2\sqrt{3})^2\times$

第 19～25 届"希望杯"全国数学邀请赛试题
审题要津 详细评注

$(2\sqrt{2})^2 = 6y+6$，即 $12 \times 8 = 6y+6$，故 $y=15$. 选（B）.

【评注】 分离变量是解决此类问题的常规手段，而利用 $a^2+b^2=(a+b)^2-2ab$ 又是通过韦达定理解决有关一元二次方程问题的基本途径. 题解中之所以顺利降幂全在于数据特征的有力支持. 平时学习中，若是对 $(\sqrt{n+1}+\sqrt{n})(\sqrt{n+1}-\sqrt{n})=1$ 存有记忆，则面对此题也不会束手无策，对此应注意总结和积累.

☞ 9. If a right triangle has edge lengths $a-b, a$, and $a+b$ (a and b are both positive integers), then the perimeter of the triangle might be(　　)

(A) 60.　　　　(B) 70.
(C) 80.　　　　(D) 90.

（英汉词典：right triangle 直角三角形；positive integer 正整数；perimeter 周长）

译文 若一直角三角形三边分别为 $a-b, a$ 和 $a+b$（a, b 为正整数），则此三角形的周长为(　　)

【审题要津】 由 a, b 为正整数，即知 $a+b>a>a-b$. 于是依题意可知 $(a-b)^2+a^2=(a+b)^2$，即 $a^2-2ab=2ab$，从而可得 $a=4b$，进而可知该直角三角形的三边之长分别为 $3b, 4b, 5b$，即周长为 $12b$. 由于 b 是正整数，因此只需在给出的 4 个选项中寻找能被 12 整除的数即可.

解 依审题要津，选（A）.

【评注】 在利用勾股定理消元的前提下，整除性质的应用是求解的关键.

☞ 10. 小王与小李约定下午 3 点在学校门口见面，为此，他们在早上 8 点将自己的手表对准. 小王显示的是下午 3 点到达学校门口，可是小李还

没到,原来小李的手表比正确时间每小时慢 4 min. 如果小李按他自己的手表在 3 点到达, 则小王还需要等( )(正确时间)

(A) 26 min.   (B) 28 min.
(C) 30 min.   (D) 32 min.

【审题要津】 小王的表每走 60 min,小李的表仅走 56 min.从早晨 8 点到 15 点,小王的表走了 7 h,即 7×60 min,小李的表走了 7×56 min,时差为 28 min. 以下只需领会"小李按他自己的手表在 3 点到达",即可通过比较两块手表时差求解.

解 依审题要津,小李按他自己的手表计算还要经过 28 min 到达,而他的表走 28 min,小王的表却要走 30 min,故小王还要等 30 min.选(C).

【评注】 实际上,上午 8 点时,小王和小李的手表显示的同为 8 点,由于小李的手表每小时慢 4 min,所以当实际时间是 $8+k$ 时时,小李的手表显示的是 $8+\frac{56}{60}k$ 时.当使 $8+\frac{56}{60}k=15$,则 $k=(15-8) \times \frac{60}{56} = \frac{15}{2}=7.5$.可见小李按自己的手表在 15 点到达时的实际时间为 $8+7.5=15.5$ 时,因此小王还要等 30 min.除此之外,还可以把各自的表速理解成车速,小王的车每小时 60 km,小李的车每小时 56 km,小王抵达学校门口时,小李还差 28 km,可见小李还要行驶半小时,故小王还要等 30 min.

二、填空题

☞ 11. 若 $5^{2x+1}=125$,则 $(x-2)^{2012+x}=$ _____ .

【审题要津】 将 125 分解成 5^3,即可求得 x 值,从而可完成所求.

第 19～25 届"希望杯"全国数学邀请赛试题
审题要津 详细评注

解 依审题要津,可知 $5^{2x+1}=5^3$,从而由 $2x+1=3$ 可解得 $x=1$,于是 $(x-2)^{2012+x}=(1-2)^{2012+1}=(-1)^{2013}=-1$. 故填 -1.

【评注】 将等式右端化为 5^3,意在构建和谐化的解题环境. 按照这一思路,心算即可得知最后结果.

☞ 12. 计算:$2^{2013}-2^{2012}-2^{2011}-\cdots-2^2-2-1=$ _____.

【审题要津】 将 2^{2013} 化为 2×2^{2012},即可发现求解线索.

解 原式 $=2\times 2^{2012}-2^{2012}-2^{2011}-\cdots-2^2-2-1$
$=2^{2012}-2^{2011}-\cdots-2^2-2-1$
$=2^{2011}-\cdots-2^2-2-1$
$=\cdots$
$=2^3-2^2-2-1=2^2-2-1=2-1=1$

故填 1.

【评注】 逆用幂的运算法则,是顷刻获解的关键.

☞ 13. 用边长为 1 cm 的小正方形在桌面上摆放成如图所示的塔状图形,则第 n 次所摆图形的周长是_____cm.(用关于 n 的代数式表示)

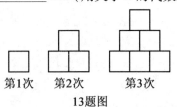

第1次　第2次　第3次
13题图

【审题要津】 为了叙述方便起见,我们把第 1,2,3 次摆放的塔状图形分别称为 1 层,2 层,3 层图形. 1 层图周长显然为 4 cm;观察 2 层图时,可将第 1 层正方形的底沿图中虚线平移到第2层的底边上.如此可见2层图的周长比1层图的周长增加了4 cm;观察3层图时,可将2层图的底沿图中虚线平移到第3层的底边上,显然3层图的周长比2层图的周长又增加了4 cm.据此分析,不难完成所求.

解 依审题要津,第n次所摆图形的周长是$4n$ cm.

【评注】 其实,在不影响各自周长的前提下,也可将图1所示的塔状图形摆放成如图2所示的楼梯状图形,注意到其中的虚线,均为楼梯层面上的正方形边长上下(或左右)平移后接成的,从而可知1层图,2层图,3层图的周长分别为4 cm,(2×4) cm,(3×4) cm,故n层图的周长为$4n$ cm.

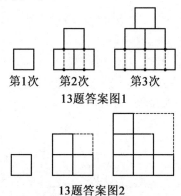

13题答案图1

13题答案图2

14. 有两个函数$y=ax+b$和$y=cx+5$,学生甲求出它们图像的交点的正确坐标$(3,-2)$,学生乙因抄错c而得出交点坐标$\left(\dfrac{3}{4},\dfrac{1}{4}\right)$,则函数$y=ax+b$的解析式是_____.

第19～25届"希望杯"全国数学邀请赛试题
审题要津 详细评注

【审题要津】 依学生甲的正确运算,应有 $\begin{cases}3a+b=-2\\3c+5=-2\end{cases}$,依学生乙的运算,应有 $\begin{cases}\dfrac{3}{4}a+b=\dfrac{1}{4}\\\dfrac{3}{4}c+5=\dfrac{1}{4}\end{cases}$,注意到学生乙的列式中,仅失误于抄错 c,从而方程组 $\begin{cases}3a+b=-2\\\dfrac{3}{4}a+b=\dfrac{1}{4}\end{cases}$ 仍是成立的,故不妨碍求解.

解 依审题要津,由 $\begin{cases}3a+b=-2\\\dfrac{3}{4}a+b=\dfrac{1}{4}\end{cases}$ 解得 $\begin{cases}a=-1\\b=1\end{cases}$,故函数 $y=ax+b$ 的解析式为 $y=-x+1$.故填 $y=-x+1$.

【评注】 依学生甲和乙2人正确的列式为依据,即可排除干扰,径直求解.

☞ 15.如图,三个正比例函数的图像分别对应解析式:①$y=ax$;②$y=bx$;③$y=cx$.若将 a,b,c 从小到大排列,则应当是_____.

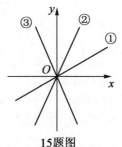

15题图

【审题要津】 针对正比例函数解析式的简明特征,只需设 $x=1$,即可通过比较各自图像上对应于 $x=1$ 的点的纵坐标求解.

解 依审题要津,如图,当 $x=1$ 时,$y_1=a$,$y_2=b$,$y_3=c$.

如图,显然有 $c<a<b$. 故填 c,a,b.

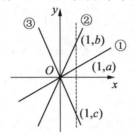

15题答案图

【**评注**】 对于正比例函数 $y=kx$,$|k|$ 越大,直线越接近 y 轴. $k>0$ 时,直线经过原点且位于 Ⅰ,Ⅲ 象限;$k<0$ 时,直线经过原点且位于 Ⅱ,Ⅳ 象限.

☞ 16. 如图,在正方形 $ABCD$ 中,E,G,F 分别是 AB,AD,BC 边上的点,若 $BE=2AE$,$AG=1$,$BF=2$,$\angle GEF=90°$,则 GF 的长是_____.

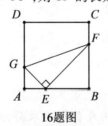

16题图

【**审题要津**】 一旦内接于正方形的直角三角形的直角顶点落于正方形的一条边上,首先应先想到产生一对互余角,进而可通过一对直角三角形相似探索解题入口.

解 如图,由 $\angle A = \angle GEF = 90°$,易知 $\angle AEG + \angle AGE = \angle AEG + \angle FEB = 90°$,即 $\angle AGB = \angle FEB$,进

而由 $\angle B = 90°$ 可知 $Rt\triangle AEG \backsim Rt\triangle BFE$,则 $\dfrac{AE}{AG} = \dfrac{BF}{BE}$.

设 $AE = x$,则 $BE = 2AE = 2x$,于是由 $AG = 1$, $BF = 2$,可得 $\dfrac{x}{1} = \dfrac{2}{2x}$,即 $x = 1$,故 $AE = 1$, $BE = 2$,此时 $EG^2 = AE^2 + AG^2 = 1^2 + 1^2 = 2$, $EF^2 = BE^2 + BF^2 = 2^2 + 2^2 = 8$,所以 $GF^2 = EG^2 + EF^2 = 8 + 2 = 10$,故 $GF = \sqrt{10}$. 填 $\sqrt{10}$.

【评注】 审题的最终目的,全在于挖掘深藏于题设中的"隐情",审题要津中的发现,则在于平日学习中的积累.

☞ 17. 一个三角形的三条边的长分别为 3,5,7. 另一个三角形的三条边的长分别为 3, $3x - 2$, $2x - 1$. 若这两个三角形全等,则 x 的取值是 _____.

【审题要津】 依题意,易知 $\begin{cases} 3x - 2 = 5 \\ 2x - 1 = 7 \end{cases}$,得 $\begin{cases} x = \dfrac{7}{3} \\ x = 4 \end{cases}$(舍);由 $\begin{cases} 3x - 2 = 7 \\ 2x - 1 = 5 \end{cases}$,得 $x = 3$. 故填 3.

解 依审题要津,填 3.

【评注】 利用分类讨论求解,是自然而然的,舍弃出现矛盾的情况,也是顺理成章的.

☞ 18. 有甲、乙、丙三种商品,购甲 3 件,乙 7 件,丙 1 件,需 3.15 元;购甲 4 件,乙 10 件,丙 1 件,需 4.20 元. 若购甲、乙、丙各 1 件,则需 _____ 元.

【审题要津】 设甲、乙、丙三种商品的单价分别为 x 元, y 元, z 元,则依题意应有

$$\begin{cases} 3x+7y+z=3.15 & ① \\ 4x+10y+z=4.20 & ② \end{cases}$$

以下只需先消去 z,进而可根据 x,y 的系数特征导出 $x+y+z$.

解 依审题要津,②-①得

$$x+3y=1.05 \qquad ③$$

②-3×③,则有 $x+y+z=1.05$. 故填 1.05.

【评注】 本题也可通过先消去 x(或 y)入手求解,但不如上述解法简明.

☞ 19. 设 a,b 是实数,且 $\dfrac{1}{1+a}-\dfrac{1}{1+b}=\dfrac{1}{b-a}$,则 $\dfrac{1+b}{1+a}+\dfrac{1+a}{1+b}$ 的值是_____.

【审题要津】 对比已知等式和所求式,从求同存异出发,可将题设化为 $\dfrac{b-a}{1+a}-\dfrac{b-a}{1+b}=1$,进而有 $\dfrac{(1+b)-(1+a)}{1+a}-\dfrac{(1+b)-(1+a)}{1+b}=1$,即 $\dfrac{1+b}{1+a}-1-\left(1-\dfrac{1+a}{1+b}\right)=1$,据此即可求解.

解 依审题要津,所求为 $\dfrac{1+b}{1+a}+\dfrac{1+a}{1+b}=3$. 故填 3.

【评注】 题解示范的是贯彻和谐化的解题思路,实际上,在已知式和所求式中,尽管有三个不同的式子 $1+a,1+b$ 和 $b-a$,但每一个都可由其他两个推出来,注意到这一特征,也可通过设 $1+a=x,1+b=y$ 求解.

☞ 20. 已将不大于 20 的正偶数分成两组,使得第一组中数的乘积能被第二组中数的乘积整除,则商的最小值是_____.

第19~25届"希望杯"全国数学邀请赛试题
审题要津 详细评注

【审题要津】 不大于20的正偶数有2,4,6,8,10,12,14,16,18,20,即2,2^2,2×3,2^3,2×5,$2^2\times3$,2×7,2^4,2×3^2,$2^2\times5$.依题意,应使第一组数的乘积与第二组数的乘积数值上尽可能地接近.注意到这10个偶数的乘积可分解出12个2,4个3,2个5,1个7,因此问题易解.

解 依审题要津,使第一组和第二组数的乘积式中,各含6个因数2,2个因数3,1个因数5,并使第一个乘积式中多一个因数7,据此可知第一组中数的乘积能被第二组中数的乘积整除,商的最小值是7.故填7.

【评注】 首先对这10个偶数各自进行质因数分解,是发现解题入口的关键,需要清楚的是,使商数最小的分组方法并不唯一.

三、B组填空题

☞ 21. 数学老师用10道题作为一次课堂练习,课代表将全班同学的答题情况绘制成条形统计图,如图所示.观察此图可知,每位同学答对的题的个数组成的样本众数是_____,中位数是_____.

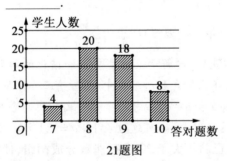

21题图

【审题要津1】 注意到统计图显示的此组数据是由4个7,20个8,18个9,8个10组成.出现最多的数据为 8(即答对 8 道题的人数是 20),故 8 即为所求的众数.注意到参加考试的学生有 50 人,为了确定中位数,只需将这 50 个数据从小到大排列出来,进而根据中位数定义,即可完成所求.

解 依审题要津,第一空填 8.依题目给出的统计图,观测 50 个数据的排列,显然位于中间的数据对应的是 9.故第二空填 9.

【评注】 实际上,50 个数据排列后,从第 25 个数据到第 42 个数据对应的都是 9.

☞ 22. 方程 $|x-|2x+1||=3$ 的解是_____或_____.

【审题要津】 依题意,已知方程可化为 $x-|2x+1|=-3$ 或 $x-|2x+1|=3$,分别求解即可.

解 由 $x-|2x+1|=-3$ 即 $x+3=|2x+1|$,则有 $(x+3)^2=(2x+1)^2$,经整理,方程化为 $3x^2-2x-8=0$,于是由 $(3x+4)(x-2)=0$,解得 $x=-\frac{4}{3}$ 或 $x=2$,经检验,无增根.由 $x-|2x+1|=3$ 即 $x-3=|2x+1|$,则有 $(x-3)^2=(2x+1)^2$,经整理,方程化为 $3x^2+10x-8=0$,于是由 $(3x-2)(x+4)=0$,解得 $x=\frac{2}{3}$ 或 $x=-4$.因为 $\frac{2}{3}-3<0$,$-4-3<0$,故舍去.综上所述,应填 $-\frac{4}{3}$;2.

【评注】 如同去分母解分式方程可能产生增根一样,解等式一边含绝对值符号的方程,如采取两边平方的解法,同样可能产生增根.本题也可以利用分类讨论的方法求解:当 $2x+1<0$ 时,原方程可化为 $|x-$

$(-2x-1)|=3$,即$|3x+1|=3$,解得$x=\dfrac{2}{3}$(舍)或$x=-\dfrac{4}{3}$;当$2x+1>0$时,原方程可化为$|x-(2x+1)|=3$,即$|x+1|=3$,解得$x=-4$(舍)或$x=2$.综上所述,原方程的解为$x=-\dfrac{4}{3}$或$x=2$.

☞ 23.若关于x的方程$\dfrac{2}{x-2}+\dfrac{mx}{x^2-4}=\dfrac{3}{x+2}$有增根,则$m=$_____或_____.

【审题要津】 分式方程的增根,须同时满足:(1)是去分母变形后方程的根;(2)使原方程的分母为0.据此应首先将原方程化为$2(x+2)+mx=3(x-2)$,即$(m-1)x=-10$,以下只需根据分式方程增根的定义,即可求解.

解 依审题要津,对$(m-1)x=-10$,令$x=2$,得$m=-4$;令$x=-2$,得$m=6$.故填4;6.

【评注】 正确理解分式方程增根的概念,是顺利求解的关键.

☞ 24. Let $x\left(y+\dfrac{1}{x}\right)=2\,013$, x and y are both positive intergers, then the largest value of $x+y$ is _____, the smallest value of $x+y$ is _____.

译文 若$x\left(y+\dfrac{1}{x}\right)=2\,013$, x, y均为正整数,则$x+y$的最大值是_____,最小值是_____.

【审题要津】 由$x\left(y+\dfrac{1}{x}\right)=2\,013$,即知$xy=$

2 012，x,y 均为正整数，则知 x,y 为 2 012 的约数，因此应从分解 2 012 入手求解．

解 依审题要津，由 2 012 = $1\times 2^2\times 503$，易知 $x+y$ 的最大值是 $1+2^2\times 503=2\ 013$，最小值是 $2^2+503=507$．故填 2 013；507．

【评注】 公式 $(x+y)^2=(x-y)^2+4xy$ 是上述解法的依据：在 x,y 均为正整数的前提下，由于 xy 是常数，欲使 $(x+y)^2$ 最大，只需 $(x-y)^2$ 最大；欲使 $(x+y)^2$ 最小，只需 $(x-y)^2$ 最小．

☞ 25．已知 $a+b+c=0,a\geqslant b\geqslant c,a\neq 0$，则 $\dfrac{c}{a}$ 的最大值是＿＿＿＿，最小值是＿＿＿＿．

【审题要津】 针对所求，由 $a\neq 0$，可首先将 $a+b+c=0$ 化为 $\dfrac{b}{a}+\dfrac{c}{a}=-1$，即 $\dfrac{c}{a}=-1-\dfrac{b}{a}$．以下只需根据 b 的取值范围即可通过研究"$-\dfrac{b}{a}$"的最大及最小值，得出 $\dfrac{c}{a}$ 的最大和最小值．

解 依审题要津，由 $a\geqslant b\geqslant c,a\neq 0$ 及 $a+b+c=0$，即知 $a>0$，从而可由不等式性质得 $1\geqslant\dfrac{b}{a}\geqslant\dfrac{c}{a}$，进而可知 $-\dfrac{c}{a}\geqslant-\dfrac{b}{a}\geqslant-1$．所以当 $b=a$ 时，$-\dfrac{b}{a}=-1$ 最小，即 $\dfrac{c}{a}=-2$ 为 $\dfrac{c}{a}$ 的最小值；当 $b=c$ 时，$-\dfrac{c}{a}$ 最大，此时由 $\dfrac{c}{a}=-1-\dfrac{c}{a}$ 可得 $\dfrac{c}{a}=-\dfrac{1}{2}$ 为 $\dfrac{c}{a}$ 的最大值．故填 $-\dfrac{1}{2}$；-2．

第 19~25 届"希望杯"全国数学邀请赛试题
审题要津 详细评注

【评注】 在考察不等式性质的试题中,本题是一道活而不难,巧儿不偏的好题.利用题设条件 $a+b+c=0, a\neq 0$ 分析出 $a>0$ 是切入解题入口的关键.

附加题

☞ 1. A 商品的单价是 50 元,B 商品的单价是 60 元,几所学校各付款 1 220 元购买了这两种商品,任意两所学校购买的 A 商品的数量不同.则参加这次导购的学校最多有_____所.

【审题要津】 设 1 220 元可购买 x 件 A 商品及 y 件 B 商品,则依题意可得 $50x+60y=1 220$,且 x,y 均为正整数.针对所求,只需研究该不定方程究竟有多少组正整数解.

解 依审题要津,上述方程可化为 $5x+6y=122$,即 $y=\frac{122}{6}-\frac{5x}{6}=20-\frac{5x-2}{6}$. 由于 x,y 均为正整数,不妨设 $5x-2=6m$,显然 $1\leqslant m<20$,且 m 为正整数,于是由 $x=m+\frac{m+2}{5}$,此时 m 仅可取 $3,8,13,18$.

当 $m=3$ 时,$x=4,y=17$;当 $m=8$ 时,$x=10,y=12$;当 $m=13$ 时,$x=16,y=7$;当 $m=18$ 时,$x=22,y=2$.综上所述,方程 $50x+60y=1 220$ 至多有 4 组正整数解,故参加这次采购的学校最多有 4 所.填 4.

【评注】 也可通过将方程化为 $x=24-\frac{6y-2}{5}$ 来研究,建议同学自行试之.两项比较不难发现,方程两边除以 5,6 当中较大的数为宜.除此之外,也可作如下探索:由 $5x+6y=122$,可知 x 必为偶数,设 $x=2m$,则 $5m+3y=61$. 对 $5m+3y=61$ 可列下表("-"表示不存在):

第7章 2013年第24届"希望杯"初二

m	1	2	3	4	5	6	7	8	9	10	11	12
y	—	17	—	—	12	—	—	7	—	—	2	—

可见关于 m,y 的方程 $5m+3y=61$ 最多有 4 组正整数解,从而 $50x+60y=1\ 220$ 也至多有 4 组正整数解. 有关不定方程的整数解问题,在"整数论"这门学科中有对此进行专门讨论的篇章.

☞ 2. 十进制数中,右边的数码比左边的数码大的数叫作上升数,如 134,258. 那么三位数中上升数有_____个;在三位上升数中,3 的倍数有_____个.

【审题要津1】 由上升数中的定义可知数码"0"不能出现,所以每个三位上升数对应方格 ☐☐☐ 的一种填法,三个格内均填 1~9 内的数,且小数码在左边. 当第一格填 1 时,后两个格需在 2~9 中先选 2 个不同的数填入,这样共有 8×7 种填法,但其中有一半不是上升数,所以首位为 1 的上升数 $\dfrac{8\times 7}{2}$ 个. 首位为 2 的上升数相当于用 3~9 填后两格,第 2 格有 7 种填法,第 3 格有 6 种填法,于是首位为 2 的上升数有 $\dfrac{7\times 6}{2}$ 个. 其余者仿此即可.

解 依审题要津1,三位上升数有 $\dfrac{8\times 7}{2}+\dfrac{7\times 6}{2}+\dfrac{6\times 5}{2}+\dfrac{5\times 4}{2}+\dfrac{4\times 3}{2}+\dfrac{3\times 2}{2}+\dfrac{2\times 1}{2}=84$(个). 第一空填 84.

【审题要津2】 将 1~9 这 9 个数码分为 3 组:(Ⅰ)1,4,7;(Ⅱ)2,5,8;(Ⅲ)3,6,9. 第Ⅰ组中的数被 3 除余1,第Ⅱ组中的数被 3 除余 2,第Ⅲ组中的数为 3

的倍数.一个不含0的各位数码互不相同的三位数,这三个数码只有两种方式得到:其一是3数取自同一组,其二是3数取自不同的组.因为一旦取好3数,则由上升的要求,每组取法对应一个上升数,计算取法即可.

解 依审题要津2,第一种取法有3种,第二种取法有$3 \times 3 \times 3$种,共计$27 + 3 = 30$(种).第二空填30.

【评注】 将1~9这9个数码分为3组,同组被3除余数相同,不妨称其为模3同余类.一个三位数能被3整除的条件是各位数码之和为3的倍数.实验可知3数取自同组时,3数之和为3的倍数.若有数不同组,则不可能2数取自一组,而另一数取自余下的两组之一,因为此时三数之和不是3的倍数,所以说3数若不同组,则一定是每组取1个.

第2试

一、选择题

☞ 1. 无理数 $\sqrt{5}, \sqrt{6}, \sqrt{7}, \sqrt{8}$ 中,介于 $\dfrac{\sqrt{8}+1}{2}$ 与 $\dfrac{\sqrt{26}+1}{2}$

之间的数有( )

(A)1 个. (B)2 个.
(C)3 个. (D)4 个.

【解析】 由于 $\dfrac{\sqrt{8}+1}{2} < \dfrac{\sqrt{9}+1}{2} = 2$, $\dfrac{\sqrt{26}+1}{2} >$

$\dfrac{\sqrt{25}+1}{2} = 3$,而 $2 < \sqrt{5} < \sqrt{6} < \sqrt{7} < \sqrt{8} < 3$,故介于

$\dfrac{\sqrt{8}+1}{2}$ 与 $\dfrac{\sqrt{26}+1}{2}$ 之间的数有 4 个.选(D).

☞ 2. 已知 $x + \dfrac{1}{x} = 6(0 < x < 1)$,则 $\sqrt{x} - \dfrac{1}{\sqrt{x}}$ 的值是

( )

(A) $-\sqrt{5}$. (B) -2.
(C) $\sqrt{5}$. (D) 2.

【解析】 因为 $0 < x < 1$,将 $x + \dfrac{1}{x} = 6$ 化为

$(\sqrt{x})^2 + \left(\dfrac{1}{\sqrt{x}}\right)^2 = 6$,则 $(\sqrt{x})^2 - 2\sqrt{x} \cdot \dfrac{1}{\sqrt{x}} + \left(\dfrac{1}{\sqrt{x}}\right)^2 = 4$,即

$\left(\sqrt{x} - \dfrac{1}{\sqrt{x}}\right)^2 = 4$.又 $0 < x < 1$,可知 $0 < x^2 < 1$,所以 $0 <$

$x < \dfrac{1}{x}, \sqrt{x} < \dfrac{1}{\sqrt{x}}$,即 $\sqrt{x} - \dfrac{1}{\sqrt{x}} < 0$,故 $\sqrt{x} - \dfrac{1}{\sqrt{x}} = -2$.选(B).

☞ 3. 有 3 个正整数 a, b, c,并且 $a > b > c$,从中任取 2

个,有3种不同的取法.将每一种取法取出的两个数分别作和及作差,得到如下6个数:42,45,64,87,109,151.则 $a^2+b^2+c^2$ 的值是(   ).

(A)12 532.　　　(B)12 533.
(C)12 534.　　　(D)12 535.

【解析】 因为 $a>b>c$,所以 $b-c$ 只能是42,45,64,87,109,151这6个数中最小的,即 $b-c=42$. 由这两数和与两数差同奇偶,可知 $b+c=64$. 解方程组 $\begin{cases} b-c=42 \\ b+c=64 \end{cases}$,得 $b=53,c=11$. 又因 $a>b>c$,所以 $a+b$ 只能是6个数中最大的,即 $a+b=151$. 又由 $b=53$,可得 $a=98$,于是 $a-b=98-53=45, a+c=98+11=109, a-c=98-11=87$,这些都是6个数中的6数,故 $a=98, b=53, c=11$,那么 $a^2+b^2+c^2=98^2+53^2+11^2$. 考虑 $98^2,53^2,11^2$ 的末位数字分别是4,9,1,所以 $a^2+b^2+c^2$ 的末位数字是4.而四个选项中,只有C的末位数字是.故选(C).

☞ 4.已知有理数 a,b,x,y 满足 $ax+by=3, ay-bx=5$,那么 $(a^2+b^2)(x^2+y^2)$ 的值是(   )

(A)225.　　　(B)75.
(C)54.　　　(D)34.

【解析】 由 $ax+by=3$,得
$$(ax+by)^2=a^2x^2+2abxy+b^2y^2=9 \quad ①$$
又由 $ay-bx=5$,得
$$(ay-bx)^2=a^2y^2-2abxy+b^2x^2=25 \quad ②$$
则①+②得 $a^2x^2+b^2y^2+a^2y^2+b^2x^2=34$,而 $a^2x^2+b^2y^2+a^2y^2+b^2x^2=a^2(x^2+y^2)+b^2(x^2+y^2)=(a^2+b^2)(x^2+y^2)$,故 $(a^2+b^2)(x^2+y^2)=34$,选(D).

☞ 5. Among all the following points, which one is on the graph of function $y = x^2 - 2x - 3$ ( )

(A) $(1, -3)$.   (B) $(0, 3)$.

(C) $(-1, 0)$.   (D) $(-2, 1)$.

译文 在下列各点中,哪一个点在函数 $y = x^2 - 2x - 3$ 的图像上

【解析】 由 $y = x^2 - 2x - 3 = (x - 3)(x + 1)$,当 $x = -1$ 时,$y = 0$,故点 $(-1, 0)$ 在函数 $y = x^2 - 2x - 3$ 的图像上.故选(C).

☞ 6. 下列命题中,正确的是( )

(A) 如果三角形三个内角的度数比是 3:4:5,那么这个三角形是直角三角形.

(B) 如果直角三角形的两条直角边的长分别是 a 和 b,那么斜边的长是 $a^2 + b^2$.

(C) 如果三角形三条边的长度比是 1:2:3,那么这个三角形是直角三角形.

(D) 如果直角三角形的两条直角边分别是 a 和 b,斜边长是 c,那么斜边上的高的长是 $\dfrac{ab}{c}$.

【解析】 对于(A),由三角形三个内角的度数比是 3:4:5,得知这个三角形的三个内角的度数分别为 $45°, 60°, 75°$,故这个三角形不是直角三角形,(A) 错;对于(B),直角三角形的两条直角边的长分别是 a 和 b,由勾股定理 $c^2 = a^2 + b^2$,那么斜边的长是 $\sqrt{a^2 + b^2}$,而不是 $a^2 + b^2$,(B) 错;对于(C),三角形三条边的长度比是 1:2:3,(C) 错;对于(D),设直角三角形斜边上的高为 h,直角三角形的面积等于 $\dfrac{1}{2}ab$,又等于 $\dfrac{1}{2}ch$,则 $\dfrac{1}{2}ab = \dfrac{1}{2}ch$,故 $\dfrac{ab}{c}$,(D) 正确.选(D).

第 19～25 届"希望杯"全国数学邀请赛试题
审题要津 详细评注

☞ 7. 甲、乙、丙、丁 4 名跑步运动员的速度依次是 v_1, v_2, v_3, v_4, 且 $v_1 > v_2 > v_3 > v_4 > 0$, 他们沿着直跑道进行追逐赛的规则如下:

① 4 人在同一起跑线上, 同时同向出发;

② 经过一段时间后, 甲、乙、丙同时反向, 谁先遇到丁, 谁就是冠军.

则(　　)

(A)冠军是甲.　　(B)冠军是乙.

(C)冠军是丙.　　(D)冠军是丁.

【解析】 设经过时间 t, 甲、乙、丙同时反向, 则此时甲、乙、丙与丁的距离分别为 $v_1t - v_4t, v_2t - v_4t, v_3t - v_4t$. 设从甲、乙、丙同时反向到分别与丙相遇的时间各是 t_1, t_2, t_3, 依题意 $t_1 = \dfrac{v_1t - v_4t}{v_1 + v_4}$, $t_2 = \dfrac{v_2t - v_4t}{v_2 + v_4}$, $t_3 = \dfrac{v_3t - v_4t}{v_3 + v_4}$. 那么

$$t_1 - t_2 = \dfrac{v_1 - v_4}{v_1 + v_4}t - \dfrac{v_2 - v_4}{v_2 + v_4}t =$$

$$\left[\dfrac{(v_1 - v_4)(v_2 + v_4) - (v_2 - v_4)(v_1 + v_4)}{(v_1 + v_4)(v_2 + v_4)}\right]t =$$

$$\dfrac{2v_4(v_1 - v_2)}{(v_1 + v_4)(v_2 + v_4)}t$$

因为 $v_1 > v_2$, 则 $v_1 - v_2 > 0$, 所以 $t_1 - t_2 > 0$, 即 $t_1 > t_2$. 同理可得 $t_2 > t_3$. 所以 $t_1 > t_2 > t_3$. 那么丙先遇到丁, 所以冠军是丙. 故选(C).

☞ 8. 已知直线 $y = kx + b(k \neq 0)$ 与 x 轴的交点在 x 轴的正半轴上, 则(　　)

(A)$k > 0, b > 0$.　　(B)$k < 0, b < 0$.

(C)$kb>0$. (D)$kb<0$.

【解析】 对 $y=kx+b(k\neq 0)$,令 $y=0$,则 $x=-\dfrac{b}{k}$.所以直线 $y=kx+b(k\neq 0)$ 与 x 轴的交点是 $\left(-\dfrac{b}{k},0\right)$.由于此交点在 x 轴的正半轴上,所以 $-\dfrac{b}{k}>0$,$\dfrac{b}{k}<0$,由此可知 k,b 异号,即 $kb<0$.故选(D).

☞ 9. 如图,函数 $y_1=k_1x+b$ 和 $y_2=k_2x$ 的图像交于点 $(-1,-2)$,则关于 x 的不等式 $k_1x+b>k_2x$ 的解集是(　　)

(A)$x>-1$. (B)$x<-1$.
(C)$x>-2$. (D)$x<-2$.

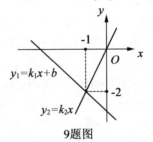

9题图

【解析】 如图,可知当 $x<-1$ 时,函数 $y_1=k_1x+b$ 的图像在函数 $y_2=k_2x$ 的上方,所以不等式 $k_1x+b>k_2x$ 的解集是 $x<-1$.故选(B).

☞ 10. 设 $q=mn$,$p=\sqrt{q+n}+\sqrt{q-m}$,其中 m,n 是两个连续的自然数($m<n$),则 p(　　)

(A)总是奇数.
(B)总是偶数.
(C)有时是奇数,有时是偶数.
(D)有时是有理数,有时是无理数.

第 19~25 届"希望杯"全国数学邀请赛试题
审题要津 详细评注

【解析】 因为 m,n 是两个连续的自然数,且 $m < n$,所以 $n = m + 1$ 或 $m = n - 1$,又因为 $q = mn$,所以 $q + n = mn + n = n(m+1) = n^2$,$q - m = mn - m = m(n-1) = m^2$.所以 $p = \sqrt{q+n} + \sqrt{q-m} = \sqrt{n^2} + \sqrt{m^2} = |n| + |m| = n + m$,所以 p 是整数.又 $n + m = m + 1 + m = 2m + 1$,所以 p 是奇数.选(A).

二、填空题

☞ 11. 已知 $a = \sqrt{5} + 2, b = \sqrt{5} - 2$,则 $a^2 + b^2 + 7$ 的平方根的值是_____.

【解析】 由 $a = \sqrt{5} + 2, b = \sqrt{5} - 2$,即知 $a^2 + b^2 + 7 = (a+b)^2 - 2ab + 7 = (2\sqrt{5})^2 - 2(5-4) + 7 = 25$,故 $a^2 + b^2 + 7$ 的平方根为 ± 5.故填 ± 5.

☞ 12. 60 名学生参加英语测试,若优秀的学生占 45%,则在扇形统计图中,表示优秀的扇形的圆心角是_____;若表示良好的扇形的圆心角是 120°,则良好的学生有_____人.

【解析】 依题意,表示优秀的扇形的圆心角为 $360° \times 45\% = 162°$;又 $60 \times (120° \div 360°) = 20$(人).故填 162°;20.

☞ 13. 若 x_1, x_2 都满足 $|2x - 1| + |2x + 3| = 4$,且 $x_1 < x_2$,则 $x_1 - x_2$ 的取值范围是_____.

【解析】 已知方程可化为 $\left|x - \dfrac{1}{2}\right| + \left|x + \dfrac{3}{2}\right| = 2$,于是可得 $-\dfrac{3}{2} \leq x_1 \leq \dfrac{1}{2}$,$-\dfrac{3}{2} \leq x_2 \leq \dfrac{1}{2}$,$-\dfrac{1}{2} \leq -x_2 \leq \dfrac{3}{2}$,又因为 $x_1 < x_2$,从而可知 $-2 \leq x_1 - x_2 < 0$.故填 $-2 \leq x_1 - x_2 < 0$.

☞ 14. 若直线 $y=2x+b$ 与坐标轴围成的三角形的面积是 4,则 $b=$ _____.

【解析】 设直线 $y=2x+b$ 与 x,y 轴分别交于 A,B,于是有 $A\left(-\dfrac{|b|}{2},0\right),B(0,|b|)$.依题意,$S_{\triangle AOB}=4$,即 $\dfrac{1}{2}\cdot\dfrac{|b|}{2}\cdot|b|=4$,从而 $b^2=16$,解得 $b=\pm 4$,故填 ± 4.

☞ 15. 已知 a,b 都是有理数,若不等式 $(2a-b)x+3a-b<0$ 的解集是 $x>\dfrac{1}{4}$,则不等式 $(a+3b)x+a-2b>0$ 的解集是 _____.

【解析】 依题意,不等式 $(2a-b)x<b-3a$ 的解集是 $x>\dfrac{1}{4}$,可知 $2a-b<0$,且由 $x<\dfrac{3a-b}{2a-b}$,可得 $\dfrac{3a-b}{2a-b}=\dfrac{1}{4}$,即 $14a=5b$,将其代入求解不等式,则有 $(14a+42b)x+14a-28b>0$,即 $47bx-23b>0$.又因为 $2a-b<0,14a=5b$,从而可推出 $b>0$,故所求为 $x>\dfrac{23}{47}$.填 $x>\dfrac{23}{47}$.

☞ 16. 如图,点 P 在正方形 $ABCD$ 内,$\triangle PBC$ 是正三角形,若 $\triangle PBD$ 的面积是 $\sqrt{3}-1$,则正方形 $ABCD$ 的边长是 _____.

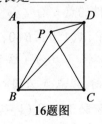

16题图

第19～25届"希望杯"全国数学邀请赛试题
审题要津 详细评注

【解析】 如图,连 AP. 由 $\triangle PBC$ 是正三角形,易知 $\triangle BAP$, $\triangle CDP$ 均为顶角是 $30°$ 的等腰三角形,而 $\triangle PAD$ 则是顶角为 $150°$ 的等腰三角形. 设正方形边长为 a,过点 P 作 $PM \perp BC$ 于 M. 延长 MP 交 AD 于 N. 于是由 $PB = BC = a$, $\angle PBM = 60°$,可知 $PM = \dfrac{\sqrt{3}}{2}a$,从而 $PN = \left(1 - \dfrac{\sqrt{3}}{2}\right)a$. 故 $S_{\triangle PAD} = \dfrac{1}{2}a \cdot \left(1 - \dfrac{\sqrt{3}}{2}\right)a = \dfrac{2-\sqrt{3}}{4} \cdot a^2$,又 $S_{\triangle ABP} = \dfrac{1}{2}AB \cdot BP \cdot \sin\angle ABP = \dfrac{a^2 \sin 30°}{2} = \dfrac{a^2}{4}$,$S_{\triangle ABD} = \dfrac{a^2}{2}$. 因此有 $\dfrac{a^2}{2} - \dfrac{a^2}{4} - \dfrac{(2-\sqrt{3})a^2}{4} = \sqrt{3} - 1$,即 $\dfrac{(-1+\sqrt{3})a^2}{4} = \sqrt{3} - 1$,经整理有 $a^2 = 4$,故 $a = 2$. 故填 2.

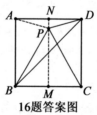

16题答案图

☞ 17. 直线 $y = x - 1$ 与 x 轴,y 轴分别交于 A,B 两点,点 C 在坐标轴上,$\triangle ABC$ 是等腰三角形,则满足条件的点 C 有_____个.

【解析】 如图,$A(1,0)$,$B(0,1)$,且 $AB = \sqrt{2}$,针对所求,可先分别以点 A,B 为等腰三角形顶点进行讨论:当点 A 为顶点时,以点 A 为圆心,以 AB 长 $\sqrt{2}$ 为半径画圆,分别交坐标轴于点 $C_1(1-\sqrt{2},0)$,$C_2(1+\sqrt{2},$

$0),C_3(0,-1)$(第4个交点重合于点 B);当点 B 为顶点时,以点 B 为圆心,以 BA 长 $\sqrt{2}$ 为半径画图,分别交坐标轴于点 $C_4(-1,0),C_5(0,1-\sqrt{2}),C_6(0,\sqrt{2}+1)$(第4个交点重合于点 A);当 AB 为底边时,只有 $C_7(0,0)$ 满足要求,故满足条件的点 C 有7个. 故填7.

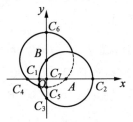

17题答案图

☞ 18. 已知 $x^2-x-1=0$,则 $\dfrac{x^3+x+1}{x^4}=$ _____.

【解析】 由 $x^2-x-1=0$,即知 $x^2=x+1$,于是 $x^3+x+1=x(x+1)+x+1=(x+1)^2$,而由 $x^2=x+1$,可得 $x^4=(x+1)^2$. 故 $\dfrac{x^3+x+1}{x^4}=\dfrac{(x+1)^2}{(x+1)^2}=1$.

☞ 19. 如图,矩形纸片 $ABCO$ 平放在 xOy 坐标系中,将纸片沿对角线 CA 向左翻折,点 B 落在点 D 处,CD 交 x 轴于点 E. 若 $CE=5$,直线 AC 的解析式为 $y=-\dfrac{1}{2}x+m$,则点 D 的坐标是 _____.

第 19～25 届"希望杯"全国数学邀请赛试题
审题要津 详细评注

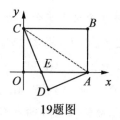

19题图

【解析】 由 $AC: y = -\dfrac{1}{2}x + m$,易得 $C(0,m)$,$A(2m,0)$.依题意,CA 平分 $\angle DCB$,又 $OA \parallel CB$,从而可推出 $EA = EC = 5$.与此同时,也有 $AD = AB = OC = m$,因此只需求出 m 即可完成所求.在 $Rt\triangle OEC$ 中,易知 $OE^2 + OC^2 = EC^2$,即 $(2m-5)^2 + m^2 = 5^2$,于是可求得 $m = 4$,即 $OC = AD = 4$,又因为 $CD = CB = 2m = 8$,$CE = 5$,从而可知 $ED = 3$.如图,在 $Rt\triangle ADE$ 中,引 $DF \perp EA$ 于点 F.易知 $FA = DA \times \cos\angle EAD = DA \times \dfrac{DA}{EA} = 4 \times \dfrac{4}{5} = \dfrac{16}{5}$,从而 $OF = OA - FA = 8 - \dfrac{16}{5} = \dfrac{24}{5}$,又 $DF = AD \times \sin\angle EAD = AD \times \dfrac{ED}{EA} = 4 \times \dfrac{3}{5} = \dfrac{12}{5}$.综上所述,$D\left(\dfrac{24}{5}, -\dfrac{12}{5}\right)$.故填 $\left(\dfrac{24}{5}, -\dfrac{12}{5}\right)$.

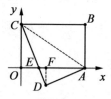

19题答案图

20.已知正整数 x, y 满足 $\dfrac{5}{9} < \dfrac{y}{x} < \dfrac{3}{5}$,则 $x - y$ 的

最小值是_____.

【解析】 由 x,y 均为正整数及 $\dfrac{5}{9} < \dfrac{y}{x} < \dfrac{3}{5}$，即 $\dfrac{5}{3} < \dfrac{x}{y} < \dfrac{9}{5}$，于是由 $\dfrac{5}{3} - 1 < \dfrac{x}{y} - 1 < \dfrac{9}{5} - 1$，可以推得 $\dfrac{2}{3}y < x - y < \dfrac{4}{5}y$. 针对所求，可从讨论入手求解：当 $y = 1$ 时，$\dfrac{2}{3} < x - y < \dfrac{4}{5}$，由 x,y 均为正整数，故 $x - y$ 不存在整数解；当 $y = 2$ 时，$\dfrac{4}{3} < x - y < \dfrac{8}{5}$，由 x,y 均为正整数，故 $x - y$ 不存在整数解；当 $y = 3$ 时，$2 < x - y < \dfrac{12}{5}$，由 x,y 均为正整数，故 $x - y$ 不存在整数解；当 $y = 4$ 时，$\dfrac{8}{3} < x - y < \dfrac{16}{5}$，由 x,y 均为正整数，故 $x - y$ 不存在整数解，此时 $x - y = 3$ 为可以取得的数值中的最小值. 故填 3.

三、解答题

☞ 21. 已知 $m^2 = n + 2, n^2 = m + 2 (m \neq n)$，求 $m^3 - 2mn + n^3$ 的值是_____.

【解析】 由 $\begin{cases} m^2 = n + 2 \\ n^2 = m + 2 \end{cases}$，易得 $m^2 - n^2 = n - m$，即 $(m+n)(m-n) = -(m-n)$，又因为 $m \neq n$，于是有 $m + n = -1$. 故 $m^3 - 2mn + n^3 = mm^2 - 2mn + nn^2 = m(n+2) - 2mn + n(m+2) = 2(m+n) = -2$，故填 -2.

☞ 22. As in Figure, both $\angle D = \angle E = 90°$ in trapezoid $ADEB$. $\triangle ABC$ is an equilateral triangle with C on DE. If $AD = 7$ and $BE = 11$, find the area of

第19～25届"希望杯"全国数学邀请赛试题
审题要津 详细评注

$\triangle ABC$.

译文 如图,在梯形 $ADEB$ 中,$\angle D = \angle E = 90°$,$\triangle ABC$ 为正三角形,且点 C 在 DE 上.若 $AD = 7, BE = 11$,求 $\triangle ABC$ 的面积.

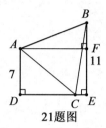

21题图

【解析】 设 $DC = x, CE = y$,引 $AF \perp BE$ 于点 F,由于 $\triangle ABC$ 是等边三角形,可得方程组 $\begin{cases} 7^2 + x^2 = 11^2 + y^2 \\ 7^2 + x^2 = (11-7)^2 + (x+y)^2 \end{cases}$,化简得 $\begin{cases} x^2 = 72 + y^2 \\ 33 = 2xy + y^2 \end{cases}$.令 $x = ky$,代入方程组,解得 $k = 5$,即 $x = 5y$,所以 $y^2 = 3$,则等边 $\triangle ABC$ 边长的平方等于 $121 + 3 = 124$,于是 $\triangle ABC$ 的面积为 $\dfrac{\sqrt{3}}{4} \times 124 = 31\sqrt{3}$.

☞ 23. 有 $n(n \geq 2)$ 个整数 $a_1 < a_2 < a_3 < \cdots < a_n$,它们满足下列条件:

① 如果对于其中任意一个整数 a_m,都有 $-a_m$ 不在这 n 个整数中,则称这 n 个整数满足性质 P;

② 若在这 n 个整数中选两个不同的整数 a_i,a_j,使它们成为一个有序整数对 (a_i, a_j),并恰好 $a_i + a_j$ 也在这 n 个整数中,则这样的整数对为"和整数对";

③ 若在这 n 个整数中选两个不同的整数 a_i,a_j,使它们成为一个有序整数对 (a_i,a_j),并恰好 a_i-a_j 也在这 n 个整数中,则这样的整数对为"差整数对".

回答下列问题:

（Ⅰ）3 个整数 $-1,2,3$ 是否满足性质 P,请写出其中所有的"和整数对"和"差整数对";

（Ⅱ）若 $n(n\geq 2)$ 个整数 $a_1<a_2<a_3<\cdots<a_n$ 满足性质 P,其中"差整数对"有 k 个,试证明 $k\leq\dfrac{n(n-1)}{2}$.

（Ⅲ）若 $n(n\geq 2)$ 个整数 $a_1<a_2<a_3<\cdots<a_n$ 满足性质 P,其中"和整数对"有 l 个,试证明 $l=k$.

【解析】 （Ⅰ）因为 $-1,2,3$ 都不在 $-1,2,3$ 这三个数中,所以 3 个整数 $-1,2,3$ 满足性质.其中的"和整数对"有 $(-1,3)$ 和 $(3,-1)$；"差整数对"有 $(2,3)$ 和 $(2,-1)$.

（Ⅱ）$n(n\geq 2)$ 个整数 $a_1<a_2<a_3<\cdots<a_n$ 满足性质 P,它们一共可以组成 $n(n-1)$ 个有序整数对,即整数对中的第一个整数从 n 个整数中任意选,有 n 种方法,第二个整数从余下的 $n-1$ 个整数中任意选,有 $n-1$ 种方法,所以一共有 $n(n-1)$ 个不同的有序整数对.

如果整数对 (a_i,a_j) 是一个"差整数对",即 a_i-a_j 也在这 n 个整数中,由性质 P 知道,a_j-a_i 一定不在这

n 个整数中,所以 (a_i, a_j) 不是"差整数对".

由此可见,"差整数对"的个数 k 小于或等于 $n(n-1)$ 的一半,即 $k \leqslant \dfrac{n(n-1)}{2}$.

(Ⅲ) $n(n \geqslant 2)$ 个整数 $a_1 < a_2 < a_3 < \cdots < a_n$ 满足性质 P,其中"和整数对"有 l 个. 对于每一个"和整数对" (a_i, a_j),$a_i + a_j$ 也在这 n 个整数中,因为 $a_i = a_u$ 与 $a_j = a_v$ 中至少有一个不成立,所以对应的"和整数对" $(a_i + a_j, a_j)$ 与 $(a_u + a_v, a_v)$ 一定不相同,"和整数对"的个数 l 小于或等于"差整数对"的个数 k,即 $l \leqslant k$.

同理,对于每一个"差整数对" (a_i, a_j),$a_i - a_j$ 也在这 n 个整数中,于是可以构造出一个"和整数对" $(a_i - a_j, a_j)$. 对于另一个"差整数对" (a_u, a_v),$a_u - a_v$ 也在这 n 个整数中,因为 $a_i = a_u$ 与 $a_j = a_v$ 中至少有一个不成立,所以对应的"和整数对" $(a_i - a_j, a_j)$ 与 $(a_u - a_v, a_v)$ 一定不相同,"差整数对"的个数 k 小于或等于"和整数对"的个数 l,即 $k \leqslant l$.

综上所述,$l = k$ 成立.

2013年第24届"希望杯"初三

第1试

一、选择题

☞ 1. 若 m, n 是方程 $x^2 - 2\sqrt{5}x + 1 = 0$ 的两个根,则 $\dfrac{n}{m} - \dfrac{m}{n}$ 的值是( )

(A) $\pm 2\sqrt{5}$. (B) $\pm 4\sqrt{5}$.
(C) $\pm 6\sqrt{5}$. (D) $\pm 8\sqrt{5}$.

【审题要津】 由于 $\dfrac{n}{m} - \dfrac{m}{n} = \dfrac{(n+m)(n-m)}{mn}$,而依题意有 $m + n = 2\sqrt{5}, mn = 1$,因此只需求出 $n - m$ 即可.

解 因为 $(n-m)^2 = (n+m)^2 - 4nm = (2\sqrt{5})^2 - 4 = 16$,则 $n - m = \pm 4$,从而 $\dfrac{n}{m} - \dfrac{m}{n} = \dfrac{(n+m)(n-m)}{mn} = \pm 8\sqrt{5}$. 故选(D).

【评注】 为了利用韦达定理求解,将所求式改写为 $\dfrac{(n+m)(n-m)}{mn}$ 是自然而然的,将问题归结为计算 $n - m$,进而灵活地运用公式变形求解也是顺理成章的.如果直接利用求根公式,则繁.

第19～25届"希望杯"全国数学邀请赛试题
审题要津 详细评注

☞ 2. 设⊙O 的半径是5,点 P 不在⊙O 外,若点 O 与 P 的距离$|OP| = m^2 - 2m + 2$,则 m 的取值范围是( )

(A)$m < -1$ 或 $m > 3$.　(B)$-1 \leq m \leq 3$.
(C)$m \leq -1$.　(D)$m \geq 3$.

【审题要津】 "点 P 不在⊙O 外",即指点 P 可能在⊙O 内或⊙O 上. 故由"⊙O 的半径是5",可知 $|OP| = m^2 - 2m + 2 \leq 5$. 求解即是.

解 依审题要津,由 $m^2 - 2m + 2 \leq 5$,即 $m^2 - 2m - 3 \leq 0$,解得 $-1 \leq m \leq 3$. 故选(B).

【评注】 实际上,由"点 P 不在⊙O 外",即可排除(A). 而由$|OP| = m^2 - 2m + 2$,又可得知所求的不等式的解必形如"连不等式"状. 从而由 4 选 1 可知选(B).

☞ 3. 如图,⊙O 内的点 P 在弦 AB 上,$PC \perp OP$,若 $BP = 2, AP = 6$,则 CP 的长等于( ).

(A)$2\sqrt{3}$.　(B)4.
(C)$2\sqrt{2}$.　(D)$3\sqrt{2}$.

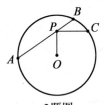

3题图

【审题要津】 由 $PC \perp OP$,应想到"垂径定理",为此如图,延长 CP 交⊙O 于 D. 于是有 $CP = DP$,从而可见弦 CD 与弦 AB 相交于点 P,进而可根据已知条件,利用相交弦定理求解.

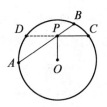

3题答案图

解 依审题要津,$CP \cdot PD = AP \cdot PB$,即 $CP^2 = 6 \times 2 = 12$,则 $CP = 2\sqrt{3}$. 故选(A).

【评注】 "垂径定理"和"相交弦定理"是涉及圆的基础知识中的重要内容,也是中考的热点,必须予以高度重视. 如果不熟悉"相交弦定理",可通过联结 AD, BC,利用 $\triangle APD \backsim \triangle CPB$ 证明这个结论.

☞ 4. 下图是类似"羊头"的图案,它左右对称,由正方形、等腰直角三角形构成,如果标有数字"13"的正方形的边长是 $\sqrt{2}$,那么标有数字"2"的等腰直角三角形斜边的长是( )

(A) 4. (B) $2\sqrt{2}$.

(C) 2. (D) $\dfrac{3}{2}$.

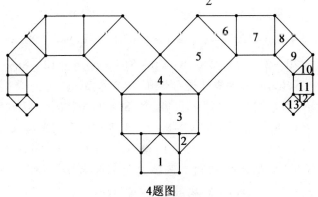

4题图

第19~25届"希望杯"全国数学邀请赛试题
审题要津 详细评注

【审题要津】 为方便叙述,设标号为 n 的正方形边长为 a_n。由于相连的两个正方形之间均由等腰直角三角形间隔其中,因此 $a_{11} = \sqrt{2} a_{13} = \sqrt{2} \times \sqrt{2} = 2$,$a_9 = \sqrt{2} a_{11} = 2\sqrt{2}$,$a_7 = \sqrt{2} a_9 = 4$,$a_5 = \sqrt{2} a_7 = 4\sqrt{2}$,进而可得 $2 a_3 = \sqrt{2} a_5 = 8$,即 $a_3 = 4$,从而可根据"羊头"部分的图形结构求得标有数字"2"的等腰直角三角形斜边的长.

解 依审题要津,由标注"2"的等腰直角三角形的直角边长为 $\frac{1}{2} a_3 = \frac{1}{2} \times 4 = 2$,故其斜边之长为 $2\sqrt{2}$. 选(B).

【评注】 如果设标号为 m 的等腰直角三角形的直角边长为 b_m,同样可以递推出所求.

☞ 5. 若 m, n 分别是 $\sqrt{20}$ 的整数部分和小数部分,则与 $(n+m)(n-m)$ 差的绝对值最小的整数是 (   )

(A) -55.　　　　(B) -56.
(C) -16.　　　　(D) -15.

【审题要津】 由于 $4 < \sqrt{20} < 5$,因此依题意有 $m = 4, n = \sqrt{20} - 4$,于是 $(n+m)(n-m) = \sqrt{20} \times (\sqrt{20} - 8) = 20 - 8\sqrt{20} = 20 - 8(4+n) = -12 - 8n$,以下只需对 n 的取值进行估算,即可求解.

解 因为 $4.47^2 \approx 19.98, 4.48^2 \approx 20.07$,故 $4.47 < n < 4.48$,于是 $-3.84 < -8n < -3.76$,从而 $-15.84 < -12 - 8n < -15.76$,即 $-15.84 < (n+m)(n-m) < -15.76$. 据此可知四个选项给出的整数中,$-16$ 与 $(n+m)(n-m)$ 的距离最近. 故选(C).

第8章 2013年第24届"希望杯"初三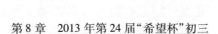

【评注】 数a与数b的差的绝对值,即$|a-b|$的几何意义是数a与数b的距离,这是一个极其重要的概念,必须镌刻于心. 解答本题只能采取估算的方法,若仅利用$0.4<n<0.5$,只能估算出$-16<(n+m)(n-m)<15.2$,尚不足以解决问题.

☞ 6. 如图,铁路MN和公路PQ在点O处交汇,$\angle QON=30°$. 点A在OQ上,$AO=240$ m. 当火车行驶时,周围200 m内会受到噪音的影响,现有一列火车沿MN方向以72 km/h的速度行驶(火车的长度忽略不计),那么,A处受噪音影响的时间为( )
(A) 12 s. (B) 16 s.
(C) 20 s. (D) 24 s.

6题图

【审题要津】 由于"火车行驶时,周围200 m内会受到噪音的影响",因此针对所求,应在MN上找出与点A距离小于或等于200 m的一段. 为此可通过以下方式探索解题思路:如下图所示,以点A为圆心,以200为半径作圆,设$\odot A$交MN于点E和点F,连AE,AF. 显然线段EF上任意一点到点A的距离均小于或等于200 m. 以下只需根据题设给出的数据计算出EF之长,即可利用相关公式完成所求.

解 依审题要津,如图,过点A引$AH \perp EF$于点H,因为$\angle QON=30°$,所以$AH = \frac{1}{2}OA = \frac{240}{2} =$

第 19～25 届"希望杯"全国数学邀请赛试题
审题要津 详细评注

120（m）.又依"垂径定理",$EH = FH$,从而由勾股定理,可得 $EH^2 = AE^2 - AH^2 = 200^2 - 120^2 = 25\ 600$,故 $EH = 160$ m,$EF = 320$ m.因为火车速度为 72 km/h,即 20 m/s,所以火车在 EF 一段行驶的时间 $\dfrac{320}{20} = 16(\text{s})$.故选(B).

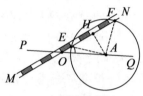

6题答案图

【评注】 类似于第 3 题,本题再一次考察了垂径定理.除此之外,也捎带考查了单位换算的套路.

☞ 7. In △ABC as shown in figure, $AB = AC$, $BD = EC$, $BE = CF$, if $\angle A = 50°$, then the degree of $\angle DEF$ is( )
(A)60°.   (B)65°.
(C)70°.   (D)75°.

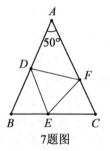

7题图

译文 如图,在 △ABC 中 $AB = AC$,$BD = EC$,$BE = CF$,且 $\angle A = 50°$,那么 $\angle DEF$ 为( )

【审题要津】 由 $\angle A = 50°$,$AB = AC$,即知 $\angle B =$

288

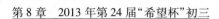

$\angle C = \dfrac{180° - 50°}{2} = 65°$,又因为"$BD = EC, BE = CF$",所以$\triangle BED \cong \triangle CFE$,从而如图可知$\angle BED = \angle CFE$,$\angle BDE = \angle CEF$. 进而可得$\angle BED + \angle BDE = \angle BED + \angle CEF = 180° - 65° = 115°$,于是所求近在咫尺.

解 依审题要津,由$\angle BED + \angle CEF = 115°$,则知$\angle DEF = 180° - 115° = 65°$. 故选(B).

【评注】 本题巧而不难,体现了"希望杯"试题贴近课本的亲和力.

☞ 8. 如图,⊙O_1的半径是1,正方形$ABCD$的边长是6,点O_2是正方形$ABCD$的中心,O_1O_2垂直AD于点P,$O_1O_2 = 8$. 若将⊙O_1绕点P按顺时针方向旋转$360°$,在旋转过程中,⊙O_1与正方形$ABCD$的边只有一个公共点的情况一共出现( )

(A)3次. (B)5次.
(C)6次. (D)7次.

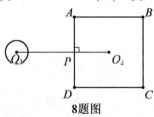

8题图

【审题要津】 由"正方形$ABCD$的边长是6,点O_2是正方形$ABCD$的中心",及"O_1O_2垂直AD于点P",即知$O_2P = 3$. 进而由"$O_1O_2 = 8$",又知$PO_1 = 5$. 以点P为圆心,以5为半径,如图所示作出⊙P. 此时⊙O_1将随着圆心O_1的运动而转动. 由于⊙O_1的半径为1,因此只考查何时O_1与正方形边AB, BC, DC相切,即O_1到各边的距离为1即可.

解 依审题要津,如图,以P为圆心,以PO_1为半径作$\odot P$.作平行于AB且与AB距离为1的直线l_1, l_2.设l_1, l_2与$\odot P$分别交于D_1, D_2.当$\odot O_1$转动到使O_1与D_1, D_2重合时,$\odot O_1$与AB相切,即$\odot O_1$与边AB只有一个交点.延长O_1O_2交$\odot P$于D_3,交BC边于E,于是$D_3E \perp BC$,又因为$PE=6, PD_3=5$,故$D_3E=1$,可见当$\odot O_1$转动到使O_1重合于D_3时,$\odot O_1$与BC相切,即$\odot O_1$与边BC只有一个交点.设D_4, D_5分别与D_1, D_2关于直线O_1O_2对称,则$\odot O_1$绕动到使O_1与D_4, D_5重合时,$\odot O_1$与DC边相切,即$\odot O_1$与边DC只有一个交点.综上所述,在$\odot O_1$按题意的旋转过程中,$\odot O_1$与正方形$ABCD$的边只有一个公共点的情况一共出现5次.故选(B).

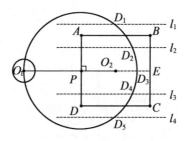

8题答案图

【评注】 本题以动态的背景考查了直线与圆的位置关系,题解示范的是"以静制动"的策略.如以点P为原点,以O_1O_2和DA所在直线分别为x轴,y轴建立坐标系,进而由$x^2+y^2=25$分别与$y=2, y=4, x=5, y=-2, y=-4$联立,则可解出$D_1(\sqrt{21}, 2)$,

$D_2(3,4), D_3(5,0), D_4(\sqrt{21}, -2), D_5(3, -4)$. 如将正方形的"口"字扩充为"井"字,则在⊙$O_1$ 转动一周的过程中,与直线 AB, BC, CD, AD 各只有一个交点的情况将出现 13 次.

☞ 9. 如图,在同一直角坐标系内,二次函数 $y_1 = ax^2 + bx + c(a \neq 0)$ 和一次函数 $y_2 = dx + e(d \neq 0)$ 的图像相交于点 $A(m,n)$ 和点 $B(p,q)$. 当 $y_1 < y_2$ 时,用 m, p 表示 x 的取值范围,则是( )

(A) $m < x < p$.   (B) $x < m$.
(C) $x > p$.   (D) $x > m$.

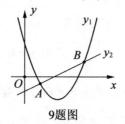

9题图

【审题要津】 依题设,当 $y_1 < y_2$ 时,只需考虑抛物线在直线下方一部分上的点的横坐标组成的集合.

解 依审题要津,由于抛物线交直线于 A, B,又 $A(m,n), B(p,q)$,故 x 的取值范围为 $m < x < p$. 故选(A).

【评注】 在考虑"数形结合"的试题中,本题属于基本题.

☞ 10. 如图,在正方形 $ABCD$ 中,点 M, N 分别在边 AB, BC 上运动(不与正方形的顶点重合),且 $BN = 2AM$. 若图中的三个阴影三角形中至少有两个相似,则这样的点 M 有( )

第 19～25 届"希望杯"全国数学邀请赛试题
审题要津 详细评注

(A) 1 个. (B) 2 个.
(C) 3 个. (D) 4 个.

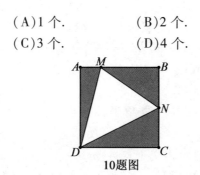

10 题图

【审题要津】 根据题意,不妨设正方形边长为 2,设 $AM=x$,于是有 $BN=2x$,$BM=2-x$,且 $0<x<1$. 由于 $\triangle ADM$,$\triangle BMN$,$\triangle CDN$ 中至少有两个相似,因此可通过分组讨论来求出 x 值,从而可确定点 M 的位置.

解 依审题要津,当 $\text{Rt}\triangle ADM \backsim \text{Rt}\triangle BMN$ 时,若 $BM>BN$,则有 $\dfrac{2}{x}=\dfrac{2-x}{2x}$,解得 $x=0$(增根),$x=-2$(不合题意,舍去);若 $BM<BN$,则有 $\dfrac{2}{x}=\dfrac{2x}{2-x}$,解得 $x=-2$ 或 $x=1$(不合题意,舍去). 当 $\text{Rt}\triangle ADM \backsim \text{Rt}\triangle CDN$(即全等)时,则有 $AM=CN$,即 $x=2-2x$,解得 $x=\dfrac{2}{3}$. 当 $\text{Rt}\triangle BMN \backsim \text{Rt}\triangle CDN$ 时,若 $BM>BN$,则有 $\dfrac{2-x}{2}=\dfrac{2x}{2-2x}$,即 $\dfrac{2-x}{2}=\dfrac{x}{1-x}$,又 $0<x<1$,故解得 $x=\dfrac{5-\sqrt{17}}{2}$;若 $BM<BN$,则有 $\dfrac{2x}{2}=\dfrac{2-x}{2-2x}$,即 $2x^2-3x+2=0$,由 $\Delta<0$,可知方程无解. 综上所述,符合题意的点 M 有 2 个. 故选 (B).

【评注】 必须清楚的是,三角形全等是相似的特殊情况. 此外,$\text{Rt}\triangle BMN \backsim \text{Rt}\triangle CDN$ 时也可按如下方

法判断:当点 M 由 A 右移时,点 N 由 B 下移,$\angle BMN$ 逐渐增大到接近 $45°$,而 $\angle CDN$ 由 $45°$ 逐渐减少到 $0°$,在这个过程中总有一处的 M 使二者相等.从而使 $Rt\triangle BMN \sim Rt\triangle CDN$.

二、A 组填空题

☞ 11. 已知实数 a,b 不相等,并且 $a^2+1=5a, b^2+1=5b$,则 $\dfrac{1}{a^2}+\dfrac{1}{b^2}=$ _____.

【审题要津】 依题意 a,b 是方程 $x^2-5x+1=0$ 的两根,于是由韦达定理可得 $a+b=5, ab=1$.

解 依审题要津,$\dfrac{1}{a^2}+\dfrac{1}{b^2}=\dfrac{b^2+a^2}{a^2b^2}=(a+b)^2-2ab=23$. 故填 23.

【评注】 发现 a,b 的共性,即找到了两者的关系,从而问题迎刃而解.

☞ 12. If $a_1=1-\dfrac{1}{m}, a_2=1-\dfrac{1}{a_1}, a_3=1-\dfrac{1}{a_2}, \cdots$, then a_{2013} in terms of m is _____.

译文 若 $a_1=1-\dfrac{1}{m}, a_2=1-\dfrac{1}{a_1}, a_3=1-\dfrac{1}{a_2}, \cdots$,那么 a_{2013} 用 m 可表示为 _____.

【审题要津】 计算数列开始几项,统一用 m 表示,即可发现规律.

解 依审题要津,$a_1=\dfrac{m-1}{m}, a_2=1-\dfrac{m}{m-1}=\dfrac{-1}{m-1}, a_3=1+(m-1)=m, a_4=1-\dfrac{1}{m}=a_1$,据此可知 $\{a_n\}$ 为周期数列,且 $a_{n+3}=a_n$. 又 $2013=3\times 671$,故 $a_{2013}=a_3=m$. 填 m.

第19~25届"希望杯"全国数学邀请赛试题
审题要津 详细评注

【评注】 对此类命题的处理方式,首先应猜到已知数列可能是周期数列.

☞ 13. 如图,在 3×2 的方格纸上,以某三个格点为顶点的三角形中,等腰三角形共有_____个.

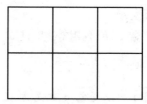

13题图

【审题要津】 如上图所示,3×2 的方格纸上共有12个格点,不妨以每个格点当作等腰三角形的顶点来进行分析.注意到这些格点之间的对称性,从而可不必逐一归纳.如下图,以 A_1, A_2, A_3, A_4 这4个格点为顶点的等腰三角形个数,每组均为7个;以 C_1, C_2 这2个格点为顶点的等腰三角形个数,每组均为5个;以 D_1, D_2 这2个格点为顶点的等腰三角形个数,每组均为9个. 累计之,即可求解.

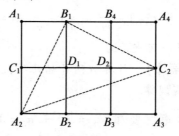

13题答案图

解 依审题要津,所求为 $(4 \times 3) + (4 \times 7) + (2 \times 5) + (2 \times 9) = 68$(个).

【评注】 充分关注图形特征是从简求解的关键.

须知这也是审题的一部分！若以等腰三角形的底边之长来分类，则底边为$\sqrt{2}$的等腰三角形有32个，底边为2的等腰三角形有24个，底边为$2\sqrt{2}$的等腰三角形有8个，底边为$\sqrt{10}$的等腰三角形有4个，总计也是68个. 这样归纳还不如从顶点入手简便. 本题的难点在于发现$B_1A_2C_2$等腰.

☞ 14. 若实数x,y,z使$2x+y+z=0$和$3x+2y+5z=0$成立，并且$z \neq 0$. 则$\dfrac{2x^2-y^2+2z^2-4xy}{x^2-5z^2+7xz}$的值是_____.

【审题要津】 视
$$\begin{cases} 2x+y=-z & ① \\ 3x+2y=-5z & ② \end{cases}$$
为关于x,y的方程组，则x,y均可用z表示.

解 依审题要津，①$\times 2-$②得$x=3z, y=-7z$，代入得原式$=\dfrac{18z^2-49z^2+2z^2+84z^2}{9z^2-5z^2+21z^2}=\dfrac{55}{25}=\dfrac{11}{5}$. 填$\dfrac{11}{5}$.

【评注】 由于分子分母都是二次式，而x,y,z的关系都是一次式，x,y用z表示时又均为一次式，因此一开始即认为$z=1$也无妨. 由于$z \neq 0$，也可以将已知式两边和所求式分子分母同时除以z，从而将$\dfrac{x}{z}$及$\dfrac{y}{z}$视为基本元素，解之即可.

☞ 15. 若一个三角形的三边的长是$\sqrt{2}, \sqrt{13}, \sqrt{17}$，则此三角形的面积是_____.

【审题要津】 注意到$(\sqrt{2})^2=1^2+1^2, (\sqrt{13})^2=3^2+2^2, (\sqrt{17})^2=1^2+4^2$，即可如图所示，在已知三角形周边嵌接3个直角三角形，以下只需按图索骥，利用

第19~25届"希望杯"全国数学邀请赛试题
审题要津 详细评注

作差求解.

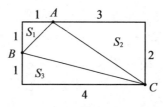

15题答案图

解 依审题要津,所求为 $S_{\triangle ABC} = S_{矩形} - (S_1 + S_2 + S_3) = 4 \times 2 - \frac{1}{2} \times (1 \times 1 + 2 \times 3 + 1 \times 4) = \frac{5}{2}$. 填 $\frac{5}{2}$.

【评注】 审题时充分关注数据特征,是产生灵感进而形成妙解的关键. 解答本题的常规方法是:引 $AD \perp BC$ 于 D,设 $BD = x$,则 $DC = \sqrt{17} - x$,于是由勾股定理可得 $(\sqrt{2})^2 - x^2 = (\sqrt{13})^2 - (\sqrt{17} - x)^2$,从而可解出 $x = \frac{3}{\sqrt{17}}$,以下只需求得 AD 即可作答,建议同学自行完成.

☞ 16. 已知抛物线 $y = ax^2 + bx + c(a \neq 0)$ 与 x 轴的交点坐标为 $(-1, 0), (3, 0)$,当 $-2 \leqslant x \leqslant 5$ 时,y 的最大值为 12,则该抛物线的解析式为 _____.

【审题要津】 可设抛物线解析式为 $y = a(x + 1)(x - 3)$,显然其图像的对称轴为 $x = 1$,由题设有如下可能:当 $a > 0$ 时,抛物线开口向上,由 5 距 1 比 -2 距 1 更远,此时需要 $12 = a(5 + 1)(5 - 3)$,得 $a = 1$;当 $a < 0$ 时,由 $12 = a(1 + 1)(1 - 3)$ 得 $a = -3$.

解 依审题要津,$a=-3$ 时,$y=-3(x+1)(x-3)$,即 $y=-3x^2+6x+9$;$a=1$ 时,$y=x^2-2x-3$,答案不唯一. 填 $y=-3x^2+6x+9$ 或 $y=x^2-2x-3$.

【评注】 当抛物线交 x 轴于 $(x_1,0),(x_2,0)$ 时,其解析式可设为 $y=a(x-x_1)(x-x_2)$. 其中 a 为待定系数,需由另外的条件确定其值. 本题着重考察的是,二次函数与闭区间的最值.

☞ 17. 如图,直角梯形纸片 $ABCD$ 中,$AD \parallel BC$,
$AB \perp BC$,$AB=10$,$BC=25$,$AD=15$. 以 BD 为折痕,将 $\triangle ABD$ 折起,旋转 $180°$ 后,点 A 到点 A_1,则凹五边形 $BDCEA_1$ 的面积为 _____.

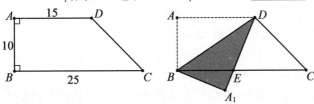

17题图

【审题要津】 显然凹五边形 $BDCEA_1$ 的面积为 $S=S_{\triangle BA_1D}+S_{\triangle DEC}$. 依题意,$S_{\triangle BA_1D}=S_{\triangle BAD}=\frac{1}{2}AB \cdot AD=\frac{1}{2} \cdot 10 \cdot 15=75$,因此 $S=75+S_{\triangle DEC}$. 又因为 $S_{\triangle DEC}=\frac{1}{2}AB \cdot EC=5EC$,于是所求归结为计算 EC 之长. 此时不妨设 $BE=x$,则 $EC=25-x$. 以下只需置 BE 于 $\text{Rt}\triangle BA_1E$ 中,即可根据折叠效应的不变性(等量关系)并利用勾股定理通过列方程完成所求.

解 依题意,如图,由 $\angle 1=\angle 3$ 且 $\angle 1=\angle 2$,即知 $\angle 2=\angle 3$,从而可知 $DE=BE$. 于是依审题要津可得

$DE = BE = x$,于是由 $A_1D = AD = 15$,可知 $A_1E = 15 - x$,又因为 $A_1B = AB = 10$,$\angle A_1 = 90°$,所以由 $A_1B^2 + A_1E^2 = BE^2$,可得 $10^2 + (15-x)^2 = x^2$,从而可解得 $x = BE = \frac{65}{6}$,于是由 $EC = BC - BE = 25 - \frac{65}{6} = \frac{85}{6}$,可得所求为 $S = 75 + \frac{1}{2} \times 10 \times \frac{85}{6} = 75 + \frac{425}{6} = 145\frac{5}{6}$. 填 $145\frac{5}{6}$.

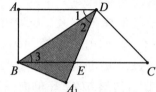

17题答案图

【评注】 就本折叠问题来说,折痕 BD 平分 $\angle ADA_1$ 且垂直平分 AA_1,这是有必要认真总结的极具代表性的关键特征.

☞ 18. 如图,将边长为 a 的正方形 $ABCD$ 绕其顶点 C 顺时针旋转 $45°$,得四边形 $A'B'CD'$,则图中阴影部分的面积是_____.

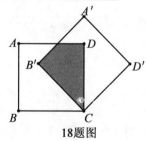

18题图

【审题要津】 由题设 $\angle BCB' = 45°$,于是直线 CB' 过点 A,$AB' = AC - CB' = \sqrt{2}a - a = (\sqrt{2} - 1)a$,设 $A'B'$ 交 AD 于 E,解 $S_{\triangle B'AE} = \frac{1}{2}AB'^2 = \frac{1}{2}(3 - 2\sqrt{2})a^2$.

解 依审题要津,阴影面积 $S = S_{\triangle ACD} - S_{\triangle B'AE} = \frac{1}{2}a^2 - \frac{1}{2}(\sqrt{2}-1)^2 a^2 = (\sqrt{2}-1)a^2$. 填 $(\sqrt{2}-1)a^2$.

【评注】 若注意到 A' 在直线 CD 上,也可由 $S = S_{\triangle A'B'C} - S_{\triangle EDA'}$ 求解.

☞ 19. If $\sqrt{(a+4)^2} - \sqrt{(a-3)^2} = 7$, then the value range of real number a is _____.

译文 若 $\sqrt{(a+4)^2} - \sqrt{(a-3)^2} = 7$,则实数 a 的取值范围是_____.

【审题要津】 已知条件可变为 $|a+4| - |a-3| = 7$,其几何意义是,数 a 到 -4 的距离减去它到 3 的距离等于 7,注意到 -4 与 3 间的距离恰好为 7,于是可借用数轴,以图助解完成所求.

解 依审题要津,如图,可见 a 的取值范围是 $a \geq 3$. 故填 $a \geq 3$.

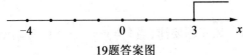

19题答案图

【评注】 化为绝对值等式后,再利用绝对值的几何意义即可简便获解.

☞ 20. 如图,从边长为 5 的正方形纸片 $ABCD$ 中减去 $Rt\triangle FBE$(点 E 在边 AB 上,点 F 在边 BC 上). 若 $EB + BF = \sqrt{15}$,则五边形 $AEFCD$ 的面积的最小值是_____.

第19~25届"希望杯"全国数学邀请赛试题
审题要津 详细评注

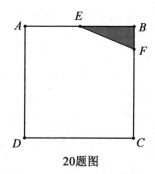

20题图

【审题要津】 由于正方形 $ABCD$ 的面积为定值25,因此可根据条件"$EB+BF=\sqrt{15}$",从研究 $S_{\triangle EBF}$ 的最小值入手求解. 设 $BE=x, BF=y$,则 $S_{\triangle BEF}=\frac{1}{2}xy$.

由 $(x-y)^2 \geq 0$ 可知 $(x+y)^2-4xy \geq 0$,即 $xy \leq \frac{(x+y)^2}{4}=\frac{15}{4}$,等号成立的条件是 $x=y=\frac{\sqrt{15}}{2}$. 据此即可求解.

解 依审题要津,当 $x=y=\frac{\sqrt{15}}{2}$ 时,$S_{\triangle BEF}$ 有最大值 $\frac{15}{8}$,此时五边形 $AEFCD$ 的面积有最小值 $5^2-\frac{15}{8}=23\frac{1}{8}$. 故填 $23\frac{1}{8}$.

【评注】 x,y 为正数时,$\sqrt{xy} \leq \frac{(x+y)}{2}$,$xy \leq \frac{(x+y)^2}{4}$,这是求最值时常用的不等式. 须知"两个正数其和为常数时,积有最大值;积为常数时,和有最小值",简言之:"和为常,积最大;积为常,和最小". 本题也可以利用二次函数求解,请同学自行试之.

三、B 组填空题

☞ 21. 如图是由若干个棱长为 1 cm 的正方体堆成的几何体,它的三视图中,面积最大的是_____cm²,这个几何体的体积是_____cm³.

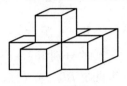

21题图

【审题要津】显然面积最大的为俯视图,几何体由 7 个小正方体堆成,问题易解.

解 依审题要津,俯视图面积是 6 cm²,体积为 7 cm³. 故填 6;7.

【评注】 正视图与侧视图面积都是 4 cm²,本题过简.

☞ 22. 如图,在 △ABC 中,∠A = 30°,AB = AC = 2,BD 是边 AC 上的高,利用此图可求得 tan 15° = _____,BC = _____.

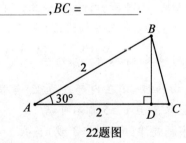

22题图

【审题要津】 由题设 △ABC 为等腰三角形,$\angle C = \frac{1}{2}(180° - 30°) = 75°$,又 $BD \perp AC$,得 $\angle DBC = 90° - 75° = 15°$,从而可知只需求出 BD,DC 即可.

解 依审题要津,$BD = AB \times \sin \angle A = 2 \times \dfrac{1}{2} = 1$,$AD = AB \times \cos 30° = \sqrt{3}$,于是 $DC = AC - AD = 2 - \sqrt{3}$,$\tan 15° = \tan \angle DBC = \dfrac{DC}{BD} = 2 - \sqrt{3}$,又 $BC^2 = BD^2 + DC^2 = 1 + (2-\sqrt{3})^2 = 8 - 4\sqrt{3} = 2(\sqrt{3}-1)^2$,$BC = \sqrt{2}(\sqrt{3}-1) = \sqrt{6} - \sqrt{2}$. 故分别填 $2-\sqrt{3}$,$\sqrt{6}-\sqrt{2}$.

【评注】 计算出了 BD,DC 的长,问题即可迎刃而解.

☞ 23. 在直角坐标系内,如果一个点的横坐标和纵坐标都是整数,则称该点为整点. 若凸 n 边形的顶点都是整点,并且多边形内部及其边上没有其他整点,则 $n = $ _____.

【审题要津】 易见 $n=3$,$n=4$ 都可以,但 n 是否能取 5,需要说明. 若 n 可以取 5,设 $P_k(x_k, y_k)$($k=1,2,3,4,5$)是满足题设条件的五个点,五个整数 x_1, x_2, x_3, x_4, x_5 中至少有三个数是同奇偶的. 不妨设为 x_1, x_2, x_3 奇偶性相同,此时 y_1, y_2, y_3 中至少有两个是同奇同偶的,若设 y_1, y_2 奇偶性相同,两点 P_1, P_2 连线的中点 $M(x_0, y_0)$ 满足 $x_0 = \dfrac{x_1 + x_2}{2}$,$y_0 = \dfrac{y_1 + y_2}{2}$,可见 x_0, y_0 都是整数,由凸性,M 在内部或边上,与假设矛盾,这说明 n 不能取 5,且 $n \geq 5$ 都不可以.

解 依审题要津,可见 $n=3$ 或 $n=4$.

【评注】 整点 $P(x,y)$ 的坐标奇偶性只有 4 种情况,即(偶,偶),(奇,奇),(奇,偶),(偶,奇). 在 5 个整点中,一定存在两个整点坐标奇偶性完全相同的情形. 此时这两点的中点 M 即为整点. 由凸性点 M 在五边形内部或边上,与已知矛盾,所以 $n \neq 5$.

☞ 24. 如图,直角梯形 $ABCD$ 中,$AB=1.5$,$CD=2$,$AF=1$,$AD=3$,$AB \parallel EF \parallel CD$,$\angle A=90°$,分别以 AD,EF 所在的直线为 x 轴,y 轴建立坐标系(AD,FE 为正方向),若抛物线 $y=ax^2+bx+c$ 过点 B,C,并且它的顶点 M 在线段 EF 上,则 $a=$ _____,$b=$ _____,$c=$ _____.

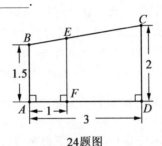

24题图

【审题要津】 依题意,$a>0$,$-\dfrac{b}{2a}=0$,$\dfrac{4ac-b^2}{4a}>0$,即 $a>0$,$b=0$,$c>0$. 于是抛物线解析式为 $y=ax^2+c$,以下只需将 $B(-1,1.5)$,$C(2,2)$ 两点坐标代入,即可完成所求.

解 依审题要津,抛物线 $y=ax^2+c$ 过点 B,C,从而 $\begin{cases}1.5=a+c\\2=4a+c\end{cases}$,解得 $\begin{cases}a=\dfrac{1}{6}\\c=\dfrac{4}{3}\end{cases}$. 故填 $\dfrac{1}{6}$;0;$\dfrac{4}{3}$.

【评注】 首先确定出 $b=0$ 是顺利求解的关键.

☞ 25. 如图,$\triangle ABC$ 中,$\angle B=90°$,$\angle A=60°$,$AB=AD=2$,点 M 在 DC 上,以 M 为圆心,以 DM 为半径的半圆切边 BC 于点 N,交 MC 于点 P,则

DM 长为 _____, 曲边 $\triangle NCP$ 面积为 _____.

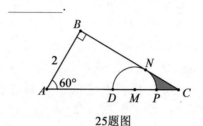

25题图

【审题要津】 由 $\angle B = 90°$, $\angle A = 60°$ 知 $\angle C = 30°$, 于是有 $AC = 2AB = 4$, 又因为 $CD = 2$, 故 D 为 AC 中点. 联结 MN, 由 N 为切点可知 $MN \perp BC$, 从而由 $MN // AB$, 即知 $\angle CMN = \angle A = 60°$. 与此同时, 由 $MN = MD = MP = \frac{1}{2}MC$, 可知 P 为 CM 中点. 所以 M, P 三等分 CD, 故 $DM = \frac{1}{3}CD = \frac{2}{3}$. 以下由曲边 $\triangle NCP$ 面积 $= S_{\triangle CMN} - S_{扇形MPN}$, 即可作答.

解 依审题要津, 有 $DM = \frac{2}{3}$. 曲边 $\triangle NCP$ 的面积

$$S = S_{\triangle CMN} - S_{扇形MPN} = \frac{1}{2}MN \cdot MC \cdot \sin 60° - \frac{60}{360}\pi \cdot MN^2 = \frac{1}{2} \cdot \frac{2}{3} \cdot \frac{4}{3} \cdot \frac{\sqrt{3}}{2} - \frac{1}{6}\pi \cdot \left(\frac{2}{3}\right)^2 = \frac{2}{9}\sqrt{3} - \frac{2}{27}\pi.$$

故填 $\frac{2}{3}$; $\frac{2}{9}\sqrt{3} - \frac{2}{27}\pi$.

【评注】 关注数据特征及图形结构是解答本题的关键.

附加题

☞ 1. 若 $f(x) = 6x^3 - 11x^2 + ax - 6$ 可以被 $g(x) = 2x - 3$ 整除, 则 $a = $ _____, 当 $f(x) > 0$ 时, x

取值范围是_____.

【审题要津1】 由 $f(x)=6x^3-9x^2-2x^2+3x+(a-3)x-6=3x^2(2x-3)-x(2x-3)+(a-3)x-6.$ 有因式 $2x-3$，即知 $(a-3)x-6=r(2x-3)$（其中 r 为实数），比较等式两边，易知 $r=2$. 据此即可求出 a.

解 (Ⅰ) 依审题要津1，$(a-3)x-6=2(2x-3)$，故 $a=7$. 填 7.

【审题要津2】 依解(Ⅰ)可知，$f(x)=3x^2(2x-3)-x(2x-3)+2(2x-3)=(2x-3)(3x^2-x+2)$. 以下只需解不等式 $(2x-3)(3x^2-x+2)>0$ 即可. 此时关注解析式 $y=3x^2-x+2$ 的结构特征是必要的.

解 (Ⅱ) 依审题要津2，由 $3x^2-x+2=3\left(x^2-\dfrac{1}{3}x\right)+2=3\left[\left(x-\dfrac{1}{6}\right)^2-\dfrac{1}{36}\right]+2=3\left(x-\dfrac{1}{6}\right)^2+2-\dfrac{1}{12}>0$，即知 $f(x)>0$ 与 $2x-3>0$ 同解，故由 $2x-3>0$，即得 $x>\dfrac{3}{2}$. 故填 $x>\dfrac{3}{2}$.

【评注】 (Ⅰ) 实际上，由 $f(x)$ 有因式 $2x-3$，即知存在多项式 $g(x)$，使 $f(x)=(2x-3)\cdot g(x)$，因此令 $x=\dfrac{3}{2}$，则有 $f(x)=0$，即 $6\times\left(\dfrac{3}{2}\right)^3-11\times\left(\dfrac{3}{2}\right)^2+a\times\dfrac{3}{2}-6=0$，此为关于 a 的一元一次方程，解之即得 $a=7$. (Ⅱ) 对 $y=3x^2-x+2$，也可由 $a=3>0$，$\Delta=(-1)^2-4\times2\times3<0$，说明该抛物线开口向上且与 x 轴无交点，从而可知恒有 $y>0$.

☞ 2. 有一堆黑、白围棋子，如果从中每次取出 3 枚黑子和 2 枚白子，当黑子被取完或剩下 1 枚或

2枚时,则还剩35枚白子,如果每次取出5枚黑子和7枚白子,当白子被取完或剩下不足7枚时,则剩下35枚黑子,那么这堆棋子中,原有黑子_____枚,白子_____枚.

【审题要津】 为了利用方程解决问题,不妨设原有 x 枚黑子,y 枚白子,且设取3枚黑子,2枚白子的次数为 m,则有

$$\begin{cases} x - 3m = p \, (p = 0,1,2) & \text{①} \\ y - 2m = 35 & \text{②} \end{cases}$$

取5枚黑子,7枚白子的次数为 n,则有

$$\begin{cases} x - 5n = 35 & \text{③} \\ y - 7n = q \, (q = 0,1,2,3,4,5,6) & \text{④} \end{cases}$$

以下只需消去 p,即可将所求转化为不定方程组的整数解问题.

解 ①×2 − ②×3,即得

$$-2x + 3y = 105 - 2p \qquad \text{⑤}$$

③×7 − ④×5,即得

$$7x - 5y = 245 - 5q \qquad \text{⑥}$$

⑤×5 + ⑥×3,则有 $11x = 1260 - 5(2p + 3q)$,即 $11x = 1254 - 5(2p + 3q) + 6$,从而 $x = 114 - \dfrac{5(2p + 3q) - 6}{11}$,于是由 $p = 0,1,2$;$q = 0,1,2,3,4,5,6$. 又 x 为正整数,可得 $p = q = 2$,此时 $x = 114 - 4 = 110$. 将 $p = 2, x = 110$ 代入⑤,解得 $y = 107$. 故填110;107.

【评注】 本题也可采取下列方法求解:③ − ①得

$$3m - 5n = 35 - p \qquad \text{⑤}$$

④ − ②得

$$2m - 7n = q - 35 \qquad \text{⑥}$$

⑤×2 − ⑥×3 消去 m 得 $11n = 175 − 2p − 3q = 11 \times 16 − (2p + 3q + 1)$.

可见 $2p + 3q + 1$ 应为 11 的倍数，于是由整数 p, q 的取值范围，可得 $2p + 3q + 1 \leqslant 4 + 18 + 1 = 23$，进而可知 $2p + 3q = 10$ 或 $2p + 3q = 21$. 当 $2p + 3q = 10$ 时，q 必为偶数，设 $q = 2k (k \leqslant 3)$，则有 $p + 3k = 5$，又 $p \leqslant 2$，故 $p = 2, k = 1, q = 2$. 于是由 $11n = 11 \times 16 − 11$，可知 $n = 15$，由⑤可得 $m = 36$. 从而由①得 $x = 3 \times 36 + 2 = 110$，由②得 $y = 2 \times 36 + 35 = 107$. 当 $2p + 3q = 21$ 时，由 $2p$ 为偶数，则 $3q$ 必为奇数，q 可取 $1, 3, 5$，当 $q = 5$ 时，由 $2p + 3 \times 5 = 21$，得 $p = 3$，不满足条件 $p = 0, 1, 2$. 而当 $q = 1$ 或 3 时，$p > 3$，同样不符合条件. 故 $2p + 3q = 21$ 时，无符合条件的整数.

第 19~25 届"希望杯"全国数学邀请赛试题
审题要津 详细评注

第 2 试

一、选择题

1. 如图,矩形 $ABCD$ 中,$AB=2$,$AD=1$,点 M 在边 DC 上,若 AM 平分 $\angle DMB$,则 $\angle AMD$ 的大小是 (　　)

   (A) $75°$.　　　　　　(B) $60°$.
   (C) $45°$.　　　　　　(D) $30°$.

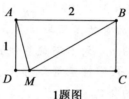

1题图

【解析】 由于 AM 平分 $\angle DMB$,则 $\angle AMD = \angle AMB$,又由矩形 $ABCD$ 中 $AB \parallel DC$,可得 $\angle BAM = \angle AMD$,所以 $\angle BAM = \angle AMB$,即有 $BA = BM = 2$. 在 Rt$\triangle BMC$ 中,$BC = \dfrac{1}{2} BM = 1$,则 $\angle BMC = 30°$,所以 $\angle ABM = \angle BMC = 30°$. 在等腰 $\triangle ABM$ 中,$\angle AMB = \dfrac{180° - 30°}{2} = 75°$,则 $\angle AMD = \angle AMB = 75°$. 故选(A).

2. 化简 $\sqrt{7 + 2\sqrt{10}} - \sqrt{7 - 2\sqrt{10}}$,得到的结果是 (　　)

   (A) $2\sqrt{2}$.　　　　　　(B) $-2\sqrt{2}$.
   (C) $2\sqrt{3}$.　　　　　　(D) $-2\sqrt{3}$.

【解析】 $\sqrt{7 + 2\sqrt{10}} - \sqrt{7 - 2\sqrt{10}} = \sqrt{(\sqrt{5} + \sqrt{2})^2} - \sqrt{(\sqrt{5} - \sqrt{2})^2} = (\sqrt{5} + \sqrt{2}) - (\sqrt{5} - \sqrt{2}) = 2\sqrt{2}$.

故选(A).

☞ 3. 一个矩形被直线分成面积为 x,y 的两部分, 则 y 与 x 之间的函数关系可能是( )

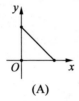

(A)

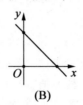

(B)

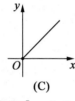

(C)

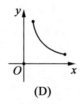

(D)

【解析】 由于矩形被分割为两部分, 故有 $x>0$, $y>0$ 且 $x+y$ 为一个定值, 所以其函数关系所对应的图像应为: 直线 $y=-x+b(b>0)$ 在第一象限内被截得的线段, 故选(A).

☞ 4. 函数 $y=\dfrac{x-1}{x^3-x}$ 中, x 的取值范围是( )

(A)0 以外的一切实数.

(B)0, -1 以外的一切实数.

(C) ±1 以外的一切实数.

(D)0, ±1 以外的一切实数.

【解析】 由题意得 $x^3-x\neq 0$, 即 $x^3-x=x(x+1)(x-1)\neq 0$, 得 $x\neq 0$ 且 $x\neq -1$ 且 $x\neq 1$. 故选(D).

☞ 5. 若将 $\sqrt{127}$ 写成小数, 则十分位上的数字是( )

(A)1.　　　　(B)2.

第19~25届"希望杯"全国数学邀请赛试题
审题要津 详细评注

(C)3.　　　　　(D)4.

【解析】 因为 $11.2^2 = 125.44, 11.3^2 = 127.69$,所以 $11.2 < \sqrt{127} < 11.3$,即 $\sqrt{127}$ 十分位上数字为2. 故选(B).

☞ 6. 代数式 $|x-2|+|x+5|$ (　　)

(A)有最小值,没有最大值.

(B)有最大值,没有最小值.

(C)既有最小值,也有最大值.

(D)既没有最小值,也没有最大值.

【解析】 做分类讨论,$|x-2|+|x+5| = \begin{cases} 2x+3, x>2 \\ 7, -5 \leq x \leq 2 \\ -2x-3, x<-5 \end{cases}$.如图,结合图像可知该代数式有最小值7,无最大值,故选(A).如从绝对值的几何意义入手,利用数轴分析,更为直观.本题亦可利用不等式:$|x-2|+|x+5| \geq |(x-2)-(x+5)| = 7$ 来说明 $|x-2|+|x+5|$ 有最小值.

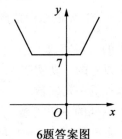

6题答案图

☞ 7. 如图, $\triangle ABC$ 中, $AB=2, BC=4, CA=3$,平行于 BC 的直线 l 过 $\triangle ABC$ 的内心 I,分别交边 AB, AC 于点 D, E,则 $\triangle ADE$ 的周长是(　　)

(A)5.　　　　　(B)6.

(C)7. (D)8.

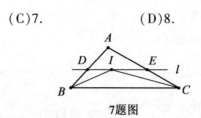

7题图

【解析】 因为 $DE \parallel BC$,所以 $\angle DIB = \angle IBC$,$\angle EIC = \angle ICB$,又根据内心为角平分线交点,可知 $\angle IBD = \angle IBC$,$\angle ICE = \angle ICB$,所以 $\angle DIB = \angle IBD$,$\angle EIC = \angle ICE$,即有 $DI = DB, EI = EC$,所以 $AD + AE + DE = AD + AE + DI + IE = AD + DB + AE + EC = AB + AC = 2 + 3 = 5$.故选(A).

☞ 8.若动点 $M(x, y)$ 与点 $A(2, \dfrac{3}{4})$ 的距离等于 M 到直线 $y = \dfrac{5}{4}$ 的距离,则动点 M 的轨迹是( )

(A)双曲线. (B)抛物线.
(C)双曲线的一支. (D)一条直线.

【解析】 $MA = \sqrt{(x-2)^2 + \left(y - \dfrac{3}{4}\right)^2}$,$M$ 到直线 $y = \dfrac{5}{4}$ 的距离为 $\left|y - \dfrac{5}{4}\right|$,即有 $\sqrt{(x-2)^2 + \left(y - \dfrac{3}{4}\right)^2} = \left|y - \dfrac{5}{4}\right|$,整理得 $y = -x^2 + 4x - 3$,图像为抛物线.故选(B).

☞ 9.不等式 $|a| - \sqrt{\dfrac{1}{a^2}} > 0$ 的解是( )

(A) $a \neq 0$.
(B) $a > 1$ 或 $a < -1$.

(C) $a>1$ 或 $-1<a<0$.

(D) $a>0$ 或 $a<-1$.

【解析】 $|a|-\sqrt{\dfrac{1}{a^2}}=|a|-\left|\dfrac{1}{a}\right|=\dfrac{a^2-1}{|a|}>0$，则

$\begin{cases}a^2-1>0\\a\neq 0\end{cases}\Rightarrow\begin{cases}a<-1\text{ 或 }a>1\\a\neq 0\end{cases}$. 故选（B）.

☞ 10. 如图，$\triangle ABC$ 中，$AB=1$，$AC=2$，$\angle ABC=90°$，若 BD，EF，GH 都垂直于 AC；DE，FG，HI 都垂直于 BC，则阴影 $\triangle HIC$ 的面积与 $\triangle ABC$ 的面积的比是（　　）

(A) $\left(\dfrac{3}{4}\right)^6$. 　　　(B) $2\times\left(\dfrac{3}{4}\right)^6$.

(C) $\sqrt{3}\times\left(\dfrac{3}{4}\right)^6$. 　　(D) $\dfrac{2}{3}\times\left(\dfrac{3}{4}\right)^6$.

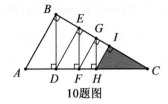

10 题图

【解析】 Rt $\triangle ABC$ 中，$AB=\dfrac{1}{2}AC$，则 $\angle C=30°$，易得图中所有的直角三角形均含 $30°$ 角，即所有的直角三角形均为相似三角形. 又 $HI=GH\cdot\cos 30°=FG\cdot(\cos 30°)^2=EF\cdot(\cos 30°)^3=\cdots=AB\cdot(\cos 30°)^6$，所以 $\dfrac{HI}{AB}=(\cos 30°)^6=\left(\dfrac{3}{4}\right)^3$，则 $\dfrac{S_{\triangle HIC}}{S_{\triangle ABC}}=\left(\dfrac{HI}{AB}\right)^2=\left(\dfrac{3}{4}\right)^6$. 故选（A）.

二、填空题

☞ 8. 方程 $\sqrt{3-2x}+\sqrt{x}=2$ 的根是_____.

【解析】 移项得 $\sqrt{3-2x}=2-\sqrt{x}$,左右同时平方得 $3-2x=4+x-4\sqrt{x}$,整理得 $4\sqrt{x}=3x+1$,左右同时平方得 $16x=9x^2+6x+1$,整理得 $9x^2-10x+1=0$,解得 $x_1=\dfrac{1}{9}$, $x_2=1$. 又由 $\begin{cases}3-2x\geqslant 0\\ x\geqslant 0\end{cases}$,得 $0\leqslant x\leqslant \dfrac{3}{2}$,由于方程根都能取得到,故填 $x_1=\dfrac{1}{9}$, $x_2=1$.

☞ 12. 如果正 n 边形的一个外角是 5°,那么 $n=$ _____.

【解析】 任意多边形的外角和均为 360°,而正多边形所有的外角都相等,故 360÷5=72 即得. 填 72.

☞ 13. 已知关于 x 的方程 $x^2-4x-p^2+2p+2=0$ 的一个根为 p,则 $p=$ _____.

【解析】 把 $x=p$ 代入原方程得: $-2p+2=0$,解得 $p=1$. 填 1.

☞ 14. 若平面直角坐标系内,一只跳蚤停在点 (5,0) 处,它要跳到点 (6,0) 处,它每一跳都是飞越 5 个单位长度,并且总是跳到整点(坐标都是整数的点),也不从原路返回. 那么,当它跳到点 (6,0) 时,至少跳了_____次.

【解析】 按要求,每步飞跃 5 个单位长度,则可以是对坐标作①(± 5,0),②(0,± 5),③(± 3,± 4),④(± 4,± 3)的变换,很明显只靠水平方向运动是不可能的,故必有②,③,④中的变化,则从离开 x 轴到回到 x 轴,只要跳两步,例如 (5,0)→(8,4)→(11,0),再按 (−5,0) 跳跃一次可到 (6,0),即最少需要 3 次. 填 3.

313

☞ 15. 将一个圆分成三个相同的扇形,将其中一个卷成圆锥,锥顶对锥底圆周上任意两点的最大张角的余弦值是_____.

【解析】 设圆的半径为 $3a$,圆锥底面圆半径为 r,由已知得扇形的圆心角为 $360° ÷ 3 = 120°$,根据公式 $\frac{120 \cdot \pi \cdot 3a}{180} = 2\pi r$ 得 $r = a$,故轴截面为腰为 $3a$,底为 $2a$ 的等腰三角形.如图,分别作 $OC \perp PA$ 于点 C,$BD \perp PA$ 于点 D.因为 $PO = \sqrt{PA^2 - OA^2} = 2\sqrt{2}a$,根据 $\text{Rt}\triangle PAO$ 面积的不同表示得,$OC = \frac{OA \cdot OP}{AP} = \frac{2\sqrt{2}}{3}a$,易知 CO 为 $\triangle ADB$ 的中位线,所以 $BD = 2CO = \frac{4\sqrt{2}}{3}a$,则 $PD = \sqrt{PB^2 - BD^2} = \sqrt{9 - \frac{32}{9}}a = \frac{7}{3}a$,所以 $\cos\angle APB = \frac{PD}{PB} = \frac{7}{9}$.填 $\frac{7}{9}$.

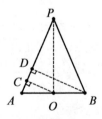

15题答案图

☞ 16. 将相同的平行四边形和相同的菱形镶嵌成如图所示的图案.设菱形中较小内角的度数为 x,平行四边形中较大内角的度数为 y,则 y 与 x 的关系式是_____.

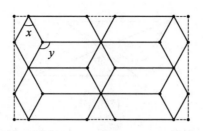

16题图

【解析】 分析图中以 y 为标记的顶点处的三个角可知,$(180-x)+y+y=360$,整理得 $y=\dfrac{1}{2}x+90$. 填 $y=\dfrac{1}{2}x+90$.

☞ 17. $\triangle ABC$ 中,$AC=3,BC=5,\angle ACB=120°$,点 M 平分 AB,则 $\tan \angle MCA=$ _____,$|MC|=$ _____.

【解析】 如图,延长 CM 至点 D,使得 $MD=CM$,联结 BD,AD,作 $DE\perp AC$ 于点 E,由 $MA=MB$,得知四边形 $ACBD$ 为平行四边形,且 $\angle CAD=60°$. 所以 $AE=\dfrac{1}{2}AD=\dfrac{5}{2}$,$DE=AE\tan 60°=\sqrt{3}AE=\dfrac{5}{2}\sqrt{3}$,$EC=AC-AE=3-\dfrac{5}{2}=\dfrac{1}{2}$,故 $\tan\angle MCA=\tan\angle DCE=\dfrac{DE}{EC}=5\sqrt{3}$.

$MC=\dfrac{1}{2}CD=\dfrac{1}{2}\sqrt{EC^2+DE^2}=\dfrac{1}{2}\sqrt{\left(\dfrac{1}{2}\right)^2+\left(\dfrac{5\sqrt{3}}{2}\right)^2}=\dfrac{\sqrt{19}}{2}$. 填 $5\sqrt{3}$;$\dfrac{\sqrt{19}}{2}$.

第 19～25 届"希望杯"全国数学邀请赛试题
审题要津 详细评注

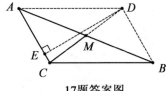

17题答案图

☞ 18. 方程组 $\begin{cases} 2x+y=z-1 \\ 8x^3+y^3=z^2-1 \end{cases}$ 的正整数解(x,y,z)是 _____.

【解析】 方程组
$$\begin{cases} 2x+y=z-1 & ① \\ 8x^3+y^3=z^2-1 & ② \end{cases}$$

有正整数解,则由①得,$2x+y=z-1>0$,且 $z=2x+y+1$,故对于②有$(2x+y)(4x^2-2xy+y^2)=(z+1)(z-1)$,消相等的因式得 $4x^2-2xy+y^2=z+1=2x+y+2$,整理得

$$y^2-(2x+1)y+4x^2-2x-2=0 \quad ③$$

$\Delta=(2x+1)^2-4(4x^2-2x-2)=-12x^2+12x+9=-3(2x+1)(2x-3)\geqslant 0$,解得 $-\dfrac{1}{2}\leqslant x\leqslant \dfrac{3}{2}$ 且 x 为整数,故 $x=1$,代入③得 $y^2-3y=0$,$y_1=0$(舍),$y_2=3$,把 $x=1,y=3$ 代入①得 $z=6$,故 $(x,y,z)=(1,3,6)$. 填 $(1,3,6)$.

☞ 19. $\triangle ABC$ 的三条高依次是 $AD=6,BE=4,CF=3$,则 $\cos \angle C=$ _____,$\triangle ABC$ 的面积是 _____.

【解析】 设 $\triangle ABC$ 的面积为 $6k(k>0)$,则有 $BC=2k,AC=3k,AB=4k$,因为 $AC^2+BC^2=13k^2$,$AB^2=16k^2$,所以 $AC^2+BC^2<AB^2$,即 $\angle C$ 为钝角,如图,点 D 在 BC 延长线上,设 $CD=mk$,则 $BD=(2+m)$

k,根据 $AB^2 - BD^2 = AC^2 - CD^2 = AD^2$,得 $16k^2 - (m+2)^2k^2 = 9k^2 - m^2k^2$,解得 $m = \dfrac{3}{4}$,即 $CD = \dfrac{3}{4}k$. 所以 $\cos \angle ACD = \dfrac{CD}{AC} = \dfrac{\frac{3}{4}k}{3k} = \dfrac{1}{4}$,故

$$\cos \angle C = -\cos \angle ACD = -\dfrac{1}{4} \qquad ①$$

因为 $AD = \sqrt{AC^2 - CD^2} = 6$,得 $\sqrt{9k^2 - \dfrac{9}{16}k^2} = \dfrac{3\sqrt{15}}{4}k = 6$,解得 $k = \dfrac{8\sqrt{15}}{15}$,所以

$$S_{\triangle ABC} = 6k = \dfrac{16\sqrt{15}}{5} \qquad ②$$

综上,故填 $-\dfrac{1}{4}$;$\dfrac{16\sqrt{15}}{5}$.

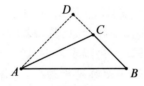

19题答案图

☞ 20. 已知 $f(x)$ 是一个多项式,若 $f(x)$ 除以 $(x-1)$ 余 5;$f(x)$ 除以 $(x+2)$ 余 2,则除以 $(x-1)(x+2)$ 得到的余式是_____.

【解析】 由已知得 $f(x) = A(x-1) + 5 = (A-1)(x-1) + x + 4$,$f(x) = B(x+2) + 2 = (B-1)(x+2) + x + 4$(其中 A,B 为整式),所以整式 $f(x) - (x+4)$ 既可被 $(x-1)$ 整除,又可以被 $(x+2)$ 整除,则有 $f(x) = C(x-1)(x+2) + x + 4$(其中 C 为整式),即可知所求余式为 $x+4$. 填 $x+4$.

第19~25届"希望杯"全国数学邀请赛试题
审题要津 详细评注

三、解答题

☞ 21. 已知二次函数 $y = mx^2 + 6\sqrt{3}x + m + 4$ 的图像在直线 $y = -2$ 的上方.
(Ⅰ) 求 m 的取值范围；
(Ⅱ) 当 $m = 2$ 时，求此二次函数的图像在 x 轴上截得的线段的长.

【解析】 (Ⅰ) 由题意得 $\begin{cases} m > 0 \\ \dfrac{4m(m+4) - (6\sqrt{3})^2}{4m} > -2 \end{cases}$, 整理得 $\begin{cases} m > 0 \\ m^2 + 6m - 27 > 0 \end{cases}$, 即 $\begin{cases} m > 0 \\ (m+9)(m-3) > 0 \end{cases}$, 解得 $m > 3$；(Ⅱ) 当 $m = 2$ 时，$y = 2x^2 + 6\sqrt{3}x + 6$，所以被 x 轴截得线段长为： $\dfrac{\sqrt{\Delta}}{|a|} = \dfrac{\sqrt{(6\sqrt{3})^2 - 4 \times 2 \times 6}}{2} = \sqrt{15}$.

☞ 22. 一家商店销售某种计算器，开始按定价(小于200元的整数元)售出，后来按定价的六折出售，当售出200台时，共得款30 498元. 问：打折前，按定价售出了多少台？

【解析】 设开始时定价为 x 元/件，售出 y 件后开始打折出售，则根据题意得 $xy + 0.6x(200 - y) = 30\,498$，整理得 $xy + 300x = 5 \times 15\,249$，分解因式(数)得，$x(y + 300) = 5 \times 3 \times 13 \times 17 \times 23$，因为 $0 < x < 200$，$300 \leqslant y + 300 \leqslant 500$，且 x，y 均为整数，所以分析不同的组合，确定符合该范围的搭配只可能是 $\begin{cases} x = 3 \times 5 \times 13 = 195 \\ y + 300 = 17 \times 23 = 391 \end{cases}$，所以 $y = 91$，即打折前，按定价售出了91台计算器.

☞ 23. 设 $f(x) = \dfrac{\sqrt{x^4 - 3x^2 + 9} - \sqrt{x^4 - 4x^2 + 9}}{x}$，且

$x > 0$.

（Ⅰ）将 $f(x)$ 化为 $f(x) = \dfrac{1}{\sqrt{g^2(x)+a} + \sqrt{g^2(x)+b}}$

（a,b 是不同的整数）的形式；

（Ⅱ）求 $f(x)$ 的最大值及相应的 x 值.

【解析】（Ⅰ）由 $x > 0$，得 $f(x) = \sqrt{x^2 - 3 + \dfrac{9}{x^2}} - \sqrt{x^2 - 4 + \dfrac{9}{x^2}} = \sqrt{\left(x - \dfrac{3}{x}\right)^2 + 3} - \sqrt{\left(x - \dfrac{3}{x}\right)^2 + 2}$，所以 $f(x) = \dfrac{1}{\sqrt{\left(x - \dfrac{3}{x}\right)^2 + 3} + \sqrt{\left(x - \dfrac{3}{x}\right)^2 + 2}}$，此时 $g(x) = x - \dfrac{3}{x}$.

本问或者化为

$$f(x) = \dfrac{1}{\sqrt{\left(x + \dfrac{3}{x}\right)^2 - 9} + \sqrt{\left(x + \dfrac{3}{x}\right)^2 - 10}}$$

此时 $g(x) = x + \dfrac{3}{x}$.

（Ⅱ）显然应在 $f(x) > 0$ 即 $x > 0$ 时求解. 因为

$$f(x) = \sqrt{\left(x - \dfrac{3}{x}\right)^2 + 3} - \sqrt{\left(x - \dfrac{3}{x}\right)^2 + 2}$$

$$= \dfrac{1}{\sqrt{\left(x - \dfrac{3}{x}\right)^2 + 3} + \sqrt{\left(x - \dfrac{3}{x}\right)^2 + 2}} (x > 0)$$

当且仅当 $x - \dfrac{3}{x} = 0$ 时，分母最小即 $f(x)$ 最大，所以当 $x = \sqrt{3}$ 时，$f(x)$ 有最大值，最大值为 $\sqrt{3} - \sqrt{2}$.

2014年第25届"希望杯"初二

第1试

一、选择题

1. 化简 $[(-1)^{n+1}p^3]^n$ (n 是自然数),得( )

   (A) p^{3n}.   (B) $-p^{3n}$.

   (C) $-p^{n+3}$.   (D) p^{n+3}.

   【审题要津】 因为"n 是自然数",因此只需观察 (-1) 的幂指数即可.

   解 依审题要津,原式 $=(-1)^{n(n+1)} \cdot p^{3n}$. 注意到 $n(n+1)$ 为偶数. 故选(A).

   【评注】 连续的两个整数 n 与 $n+1$ 中必有一个偶数,故 $n(n+1)$ 为偶数.

2. 若分式 $\dfrac{b^2-1}{b^2-2b-3}$ 的值是0,则 b 的值是( )

   (A) 1.   (B) -1.

   (C) ± 1.   (D) 2.

   【审题要津】 一个分式的值为0,必是分子为0,且分母不为0,据此即可求解.

   解 依审题要津,由 $b^2-1=0$,得 $b=$

±1,又因为当 $b=-1$ 时,分母 $b^2-2b-3=0$(舍),所以 $b=1$.故选(A).

【评注】 本题考查的是解分式方程必须关注的验根环节.若解方程时,注意到"约分": $\frac{b^2-1}{b^2-2b-3}=\frac{(b-1)(b+1)}{(b+1)(b-3)}=\frac{b-1}{b-3}$,则可避免增根的产生.

☞ 3. 已知 $x=\sqrt{5}$, y 是不大于 x 的最大整数,则 $\frac{1}{x-y}$ 的值是( )

(A)$\sqrt{5}-2$.　　　　(B)$\sqrt{5}+2$.

(C)$\sqrt{5}-1$.　　　　(D)$\sqrt{5}+1$.

【审题要津】 由 $x=\sqrt{5}$,又 $y\leqslant x$ 且 y 为满足不等式的最大整数,故 $y=2$,由此可得 $\frac{1}{x-y}=\frac{1}{\sqrt{5}-2}=\sqrt{5}+2$.

解 依审题要津,选(B).

【评注】 注意到 $\sqrt{4}<\sqrt{5}<\sqrt{9}$,即 $2<\sqrt{5}<3$,则由题设条件直接可得 $y=2$.

☞ 4. 反比例函数 $y=\frac{6}{x}$ 的图像上有三个点 (x_1,y_1), (x_2,y_2), (x_3,y_3).其中 $x_1<x_2<0<x_3$,则 y_1, y_2, y_3 的大小关系是( )

(A)$y_1<y_2<y_3$.　　(B)$y_2<y_1<y_3$.

(C)$y_3<y_1<y_2$.　　(D)$y_3<y_2<y_1$.

【审题要津】 只需以图助解,即可一目了然.

解 依审题要津,如图所示,易知 $y_2<y_1<y_3$.故选(B).

第19~25届"希望杯"全国数学邀请赛试题
审题要津 详细评注

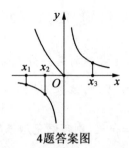

4题答案图

【评注】 如不利用图形,则难免陷入繁琐的运算之中.

☞ 5. 有以下5个命题:
①两组邻角互补的四边形是平行四边形;
②有一条对角线平分一个内角的平行四边形是菱形;
③一边上的两个角相等的梯形是等腰梯形;
④对角线相等的四边形是矩形;
⑤菱形的面积等于两条对角线的乘积.
其中,正确的命题有(　　)
(A)1个.　　　　(B)2个.
(C)3个.　　　　(D)4个.

【审题要津】 逐项分析:考察①:由于没有指出是怎样的"两组邻角"互补,则梯形也符合条件,故①不成立;考察②:由平行四边形性质,可知其对角线互相平分,又"一条对角线平分一个内角",因此该对角线垂直另一条对角线,于是由该平行四边形对角线互相垂直,可知四边形为菱形,故②正确;考察③:由直角梯形符合条件,故③不成立;考察④:如图所示,有的菱形也符合条件,故④不成立;考察⑤:菱形的面积等于两条对角线的乘积的一半,故⑤不成立.

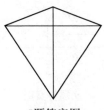

5题答案图

解 依审题要津,选(A).

【评注】 这是一道全面考察四边形性质又兼具测试审题能力的题目.对④,可以用任意等长的两条线段作对角线,得到的四边形均符合条件,该四边形显然未必是平行四边形,当然也未必是矩形.

☞ 6.若关于 x 的不等式组 $\begin{cases} 2-3x \geq 0 \\ 2x+m > 0 \end{cases}$ 没有实数解,

则实数 m 的取值范围是( )

(A) $m < -\dfrac{4}{3}$. (B) $m \leq -\dfrac{4}{3}$.

(C) $m > -\dfrac{4}{3}$. (D) $m \geq -\dfrac{4}{3}$.

【审题要津】 可先将 m 视为常数,解不等式组,于是由题设可得

$$\begin{cases} x \leq \dfrac{2}{3} & \text{①} \\ x > -\dfrac{m}{2} & \text{②} \end{cases}$$

由不等式组没有实数解可知①,②无公共部分,以下只需借助数轴即可作出判断.

解 依审题要津,应有 $-\dfrac{m}{2} \geq \dfrac{2}{3}$,如图所示,解得 $m \leq -\dfrac{4}{3}$.故选(B).

第19～25届"希望杯"全国数学邀请赛试题
审题要津 详细评注

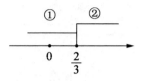

6题答案图

【评注】 本题容易误选(A),注意到①中虽含有端点 $\frac{2}{3}$,但②中不含端点 $-\frac{m}{2}$,故 $\frac{2}{3} = -\frac{m}{2}$ 也是可以的.

☞ 7. 下图由4个相同的小正方形组成,△ABC 的顶点都落在小正方形的顶点上,则与 △ABC 成轴对称,并且顶点都落在小正方形的顶点上的三角形有(　　)

(A)5个.　　　　　(B)4个.
(C)3个.　　　　　(D)2个.

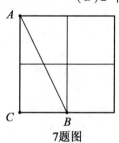

7题图

【审题要津】 设与 △ABC 对称的三角形为 △A'B'C',注意到答案图中,直线 l 为对称轴,即可求解.

324

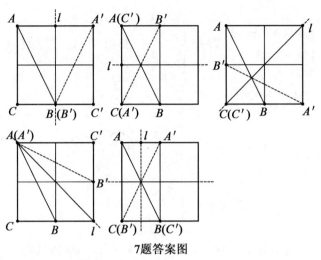

7题答案图

解 依审题要津,选(A).

【评注】 关注图中字母的标注是必要的,否则容易误选(B).

☞ 8. 在平面直角坐标系 xOy 中,y 轴上有一点 P,它到点 $A(4,3)$,$B(3,-1)$ 的距离之和最小,则点 P 的坐标是( )

(A) $(0,0)$. (B) $\left(0,\dfrac{4}{7}\right)$.

(C) $\left(0,\dfrac{5}{7}\right)$. (D) $\left(0,\dfrac{4}{5}\right)$.

【审题要津】 只需从对称性入手,即可根据"两点之间的连线直线段最短"入手求解.

解 依审题要津,如图,$B'(-3,-1)$ 与 $B(3,-1)$ 关于 y 轴对称,设 $l_{AB'}:y=kx+b$,则有

$\begin{cases} -3k+b=-1 \\ 4k+b=3 \end{cases}$,解得 $\begin{cases} k=\dfrac{4}{7} \\ b=\dfrac{5}{7} \end{cases}$,所以 $P\left(0,\dfrac{5}{7}\right)$. 故选(C).

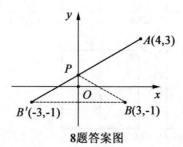

8题答案图

【评注】 当然也可由点 A 关于 y 轴的对称点 $A'(-4,3)$ 入手求解.

☞ 9. 在平面直角坐标系 xOy 中,函数 $\sqrt{xy}+|x-y+1|=0$ 的图像是( )

(A)直线 $x=0, y=0$ 和 $x-y+1=0$.
(B)直线 $x=0$ 和 $x-y+1=0$.
(C)点 $(0,0)$ 和直线 $x-y+1=0$.
(D)点 $(0,1)$ 和 $(-1,0)$.

【审题要津】 由 $\sqrt{xy}\geq 0, |x-y+1|\geq 0$,又"$\sqrt{xy}+|x-y+1|=0$"即可知 $\sqrt{xy}=0$ 且 $|x-y+1|=0$,以下只需从分类讨论入手求解即可.

解 依审题要津,由 $\sqrt{xy}=0$ 可知 $x=0$ 或 $y=0$. 当 $x=0$ 时,则 $y=1$,图像为点 $(0,1)$;当 $y=0$ 时,$x=-1$,图像为点 $(-1,0)$. 故选(D).

【评注】 实际上,所谓"函数 $\sqrt{xy}+|x-y+1|=0$ 的图像",即是由 $\begin{cases} xy=0 \\ x-y+1=0 \end{cases}$ 决定的点集,它表示

的是"曲线 $xy=0$(两坐标轴)"和直线 $x-y+1=0$ 的交点,显然是点$(0,1)$和$(-1,0)$.

☞ 10. 将 1,2,3,4,5,6,7,8 这 8 个数排成一行,使 8 的两边各数的和相等,则不同的排列方法有 ( )

(A)1 152 种.　　　(B)576 种.
(C)288 种.　　　　(D)144 种.

【审题要津】 由 $1+2+3+4+5+6+7=28$,易知 8 的两边的各数之和均为 14. 细分之,共有$(1,6,7)$ 与 $(2,3,4,5)$;$(1,6,3,4)$ 与 $(2,5,7)$;$(1,6,2,5)$ 与 $(3,4,7)$;$(1,7,2,4)$ 与 $(3,5,6)$ 四种情况.注意到每种情况中的每两组数及每组数中的各数的位置均可交换,即可从容求解.

解 依审题要津,每种情况有 $2\times(4\times3\times2\times1)\times(3\times2\times1)=288$(种)不同的排法,而 $288\times4=1\ 152$(种).故选(A).

【评注】 n 个不同的元素排成一行有 $n(n-1)(n-2)\times\cdots\times3\times2\times1$ 种不同的排法,这正是本题求解的依据.此外,确定分组的情况,可从 3 个数的和为 14 入手,进而再考虑最大数是 7,还是别的数(不能小于 6).

二、A 组填空题

☞ 11. 已知$|m-9|+(\sqrt{n}-2)^2=0$,分解因式 $mx^2-ny^2=$ _____.

【审题要津】 根据题设条件,易知 $m-9=0$,且 $\sqrt{n}-2=0$,由此可知 $m=9,n=4$.据此求解,易如反掌.

解 依审题要津,$mx^2-ny^2=9x^2-4y^2=(3x+$

第 19～25 届"希望杯"全国数学邀请赛试题 审题要津 详细评注

$2y)(3x-2y)$. 故填 $(3x+2y)(3x-2y)$.

【评注】 本题过简.

☞ 12. 若 $x>\sqrt{2}x+1$,则 $|x+\sqrt{2}|-\sqrt{(x+\sqrt{2}+1)^2}$ 的值是_____.

【审题要津】 由 $x>\sqrt{2}x+1$,即 $x(1-\sqrt{2})>1$,可知 $x<\dfrac{1}{1-\sqrt{2}}=-1-\sqrt{2}$,由此可推出 $x+\sqrt{2}<-1$,即 $x+\sqrt{2}+1<0$,据此即可求解.

解 依审题要津,原式 $=-x-\sqrt{2}+x+\sqrt{2}+1=1$. 故填 1.

【评注】 首先应利用 $\sqrt{m^2}=|m|$ 对原式进行化简,进而还应"打开"绝对值,此时必须对其内部的数或式的符号进行考察,因此先解不等式是必然的. 本题是一道具有综合性但又不失精巧的好题.

☞ 13. 已知点 $P(a+1,2a-1)$ 关于 x 轴对称的点在第一象限内,则 $|a+1|+|1-a|$ 的值是_____.

【审题要津】 因为点 $P(a+1,2a-1)$ 关于 x 轴对称的点为 $P'(a+1,1-2a)$,由于点 P' 在第一象限,所以 $\begin{cases}a+1>0\\1-2a>0\end{cases}$,解得 $\begin{cases}a>-1\\a<\dfrac{1}{2}\end{cases}$,即 $-1<a<\dfrac{1}{2}$. 据此即可轻松获解.

解 依审题要津,$|a+1|+|1-a|=a+1+1-a=2$. 故填 2.

【评注】 实际上,由题设易知点 $P(a+1,2a-1)$ 在第四象限,据此求解更简.

☞ 14. 已知 $x(x-1)-(x^2-y)=-2$,则 $\dfrac{x^2+y^2}{2}-xy$ 的值是_____.

【审题要津】 所求式显然可化为 $\dfrac{1}{2}(x-y)^2$,因此只需利用已知等式求出 $x-y$ 即可.

解 由 $x(x-1)-(x^2-y)=-2$,可得 $x-y=2$,所以 $\dfrac{x^2+y^2}{2}-xy=\dfrac{1}{2}(x^2-2xy+y^2)=\dfrac{1}{2}(x-y)^2=\dfrac{1}{2}\times 4=2$. 故填 2.

【评注】 本题极简.

☞ 15. 若两个不等实数 m,n 满足 $m^2-2m=a$,$n^2-2n=a$,$m^2+n^2=5$,则实数 a 的值是_____.

【审题要津】 由 $m^2-2m=a$,$n^2-2n=a$,即知 m,n 为方程 $x^2-2x-a=0$ 的两个实根,于是由韦达定理可知 $m+n=2$,$mn=-a$. 据此即可求解.

解 依审题要津,$m^2+n^2=(m+n)^2-2mn=4+2a=5$. 即 $a=\dfrac{1}{2}$. 故填 $\dfrac{1}{2}$.

【评注】 本题旨在考察方程思想的灵活运用. 如不用"韦达定理",本题也可如下求解:依题设条件,可得 $(m-1)^2=a+1=(n-1)^2$,即 $|m-1|=|n-1|$,又 $m\neq n$,故 $m-1$ 与 $n-1$ 互为相反数,即 $m-1+n-1=0$,亦即 $m+n=2$,于是由已知条件,有 $m^2+n^2=(2m+a)+(2n+a)=2(m+n)+2a=4+2a=5$,解得 $a=\dfrac{1}{2}$.

☞ 16. 如图,直线 $y=ax(a>0)$ 与曲线 $y=\dfrac{3}{x}$ 交于点

第19~25届"希望杯"全国数学邀请赛试题
审题要津 详细评注

$A(x_1, y_1)$ 和 $B(x_2, y_2)$,则 $4x_1y_2 - 3x_2y_1$ 的值是 _____.

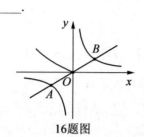

16题图

【审题要津】 由点 $A(x_1, y_1)$ 和点 $B(x_2, y_2)$ 在曲线 $y = \dfrac{3}{x}$ 上,即知 $x_1y_1 = 3, x_2y_2 = 3$,又因为 A, B 在直线 $y = ax(a > 0)$ 上,所以又有 $y_1 = ax_1, y_2 = ax_2$,以下只需将其代入前式及所求式,即可求解.

解 依审题要津,$x_1(ax_1) = x_2(ax_2) = 3$,故 $a^2 x_1^2 x_2^2 = 9$,于是由 $a > 0$ 且 x_1, x_2 异号,可知 $ax_1x_2 = -3$. 从而有 $4x_1y_2 - 3x_2y_1 = 4ax_1x_2 - 3ax_1x_2 = ax_1x_2 = -3$(因为 $a > 0, x_1, x_2$ 符号相反). 故填 -3.

【评注】 由上述解题过程可发现:a 不过是一个设而不求的参数,为此也可以从特殊化入手求解:由 $\begin{cases} y = x \\ y = \dfrac{3}{x} \end{cases}$,并参照图示,易知 $x_1 = y_1 = -\sqrt{3}, x_2 = y_2 = \sqrt{3}$,故 $4x_1y_2 - 3x_2y_1 = 4 \times (-3) - 3 \times (-3) = -3$.

☞ 17. 若关于 x 的方程 $\dfrac{x^2 - x}{2x - 5} = \dfrac{m-1}{m+1}$ 的两个根互为相反数,则 $m = $ _____.

【审题要津】 由 $\dfrac{x^2 - x}{2x - 5} = \dfrac{m-1}{m+1}$ 可得 $(m+1)x^2 - (m+1)x - 2(m-1)x + 5(m-1) = 0$,由于该一元二

次方程的两根互为相反数,所以一次项系数为 0,所以 $m+1+2m-2=0$,得 $m=\dfrac{1}{3}$,此时方程为 $\dfrac{4}{3}x^2-\dfrac{10}{3}=0$,解得 $x=\pm\dfrac{1}{2}\sqrt{10}$.

解 依审题要津,填 $\dfrac{1}{3}$.

☞ 18. As shown in the figure, $\angle XOY = 60°$, M is a point in the $\angle XOY$. The distance from M to OX is MA, which is 1. The distance from M to OY is MB, which is 4. The length of OM is _____.

译文 如图,$\angle XOY=60°$,M 是 $\angle XOY$ 内一点,点 M 到 OX 的距离是 $MA=1$,点 M 到 OY 的距离 $MB=4$,OM 的长是_____.

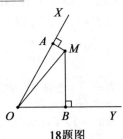

18题图

【**审题要津**】 注意到 Rt$\triangle OBM$ 中 $BM=4$,因此只需计算出 OB 的长即可,为了利用 $\angle XOY=60°$ 的"优势",也为了把 OB 置放于另一个直角三角形之中,不妨如图 1 所示,延长 BM,使之交 OX 于 C,由于 $AM=1$,又 $\angle ACM$ 即 $\angle ACB=30°$,因此 MC 易求,从而可求得 BC 的长,以下只需解 Rt$\triangle OBC$ 即可.

第19～25届"希望杯"全国数学邀请赛试题 审题要津 详细评注

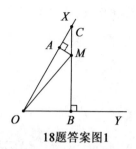

18题答案图1

解 依审题要津,在 Rt$\triangle AMC$ 中,由 $AM=1$, $\angle ACM=30°$,易知 $MC=2$,又因为 $BM=4$,所以 $BC=6$,于是由 $\angle COB=60°$,可知 $OB=\dfrac{BC}{\sqrt{3}}=2\sqrt{3}$,从而有 $OM^2=OB^2+BM^2=28$.故填 $2\sqrt{7}$.

【评注】 为了在直角三角形中充分利用"60°角",本题也可如下求解:如图2,作 $MC\parallel OX$,交 OB 于点 C,过 C 作 $CD\perp OA$ 于点 D,则由 $CD=MA=1$, $\angle COD=60°$,可得 $OC=\dfrac{CD}{\sin 60°}=\dfrac{2}{\sqrt{3}}$.类似地,在 Rt$\triangle CBM$中可得 $CB=\dfrac{4}{\sqrt{3}}$.于是有 $OB=\dfrac{6}{\sqrt{3}}=2\sqrt{3}$,从而可知 $OM^2=OB^2+BM^2=12+16=28$,故 $OM=2\sqrt{7}$.

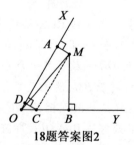

18题答案图2

☞ 19. 如图,矩形 $ABCD$ 中,E 是 AB 的中点,将 $\triangle ADE$ 沿 DE 折叠后得到 $\triangle GDE$,且点 G 在

矩形 $ABCD$ 内部. 延长 DG 交 BC 于点 F, 若 F 恰是 BC 的中点, 则 $\dfrac{AB}{AD}$ 的值是 _____.

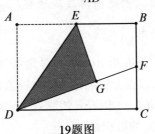

19题图

【审题要津】 可试图从代数角度入手探寻解题途径. 注意到 E, F 分别为 AB, BC 的中点, 不妨设 $AB = 2a, BC = AD = 2b$, 因为 $\triangle GDE$ 是由 $\triangle ADE$ 沿 DE 折叠而成, 于是有 $GE = AE = a, GD = AD = 2b$, 以下只需联结 EF, 即可发现解题入口.

解 依审题要津, 如图所示, 联结 EF, 由 $EB = EG = a, EF = EF$, 则知 $\mathrm{Rt}\triangle EGF \cong \mathrm{Rt}\triangle EBF$, 从而可得 $GF = BF = b$, 注意到 ED, EF 分别平分 $\angle AEG$ 和 $\angle BEG$, 即知 $\angle GEF + \angle GED = 90°$, 又因为 $\angle GED + \angle EDG = \angle EGD = \angle A = 90°$, 所以 $\angle GEF = \angle EDG$, 于是由 $\tan\angle GEF = \tan\angle EDG$, 可得 $\dfrac{b}{a} = \dfrac{a}{2b}$, 即 $a^2 = 2b^2$, 故 $\dfrac{AB}{AD} = \dfrac{a}{b} = \sqrt{2}$. 填 $\sqrt{2}$.

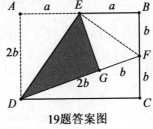

19题答案图

【评注】 证得 $GF = BF = b$ 后,本题也可以如下续解:在 $Rt\triangle FDC$ 中,$DF = DG + GF = 2b + b = 3b$,又 $FC = b, DC = 2a$,于是由勾股定理得 $(2a)^2 + b^2 = 9b^2$,据此同样可导出 $\dfrac{AB}{AD} = \sqrt{2}$.

☞ 20. 如图,正方形 $ABCD$ 的对角线 AC 与 BD 交于点 O,以正方形的边 BC 为斜边在正方形内作 $Rt\triangle BCE$,$\angle BEC = 90°$. 若 $CE = 3, BE = 5$,则 $\triangle OBE$ 的面积是_____.

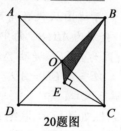

20题图

【审题要津】 在 $Rt\triangle BCE$ 中,由 $CE = 3, BE = 5$,即知 $BC = \sqrt{34}$,从而可得正方形 $ABCD$ 的面积为 34,进而可知 $Rt\triangle BDC$ 的面积为 17. 注意到 O 为 BD 的中点,则知 $S_{\triangle EBD} = 2S_{\triangle OBE}$,为此只需求出 $\triangle EBC$,$\triangle EDC$ 的面积之和即可.

解 依审题要津,如图1,作 $EF \perp BC$ 于 F. 因为 $EF \times BC = BE \times CE$,即 $\sqrt{34} \times EF = 3 \times 5$,所以 $EF = \dfrac{15}{\sqrt{34}}$. 联结 DE,作 $EG \perp DC$ 于点 G,则 $EG^2 = FC^2 = EC^2 - EF^2 = 3^2 - \left(\dfrac{15}{\sqrt{34}}\right)^2 = 9 - \dfrac{225}{34} = \dfrac{81}{34}$,因此 $EG = \dfrac{9}{\sqrt{34}}$,于是有 $S_{\triangle BEC} = \dfrac{1}{2} \times 3 \times 5 = \dfrac{15}{2}$,$S_{\triangle EDC} = \dfrac{1}{2} DC \times EG = \dfrac{1}{2} \times \sqrt{34} \times \dfrac{9}{\sqrt{34}} =$

$\frac{9}{2}$,又因为 $S_{\triangle BCD} = \frac{1}{2}BC^2 = 17$,所以 $S_{\triangle DBE} = S_{\triangle BCD} - S_{\triangle BEC} - S_{\triangle EDC} = 17 - \frac{15}{2} - \frac{9}{2} = 5$,从而由 O 为 BD 的中点,可得 $S_{\triangle OBE} = \frac{1}{2}S_{\triangle DBE} = \frac{5}{2}$. 故填 $\frac{5}{2}$.

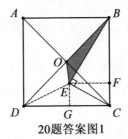

20题答案图1

【评注】 本题涉及三角形面积的问题,应该充分关注线段中点等特殊点的重要作用,就本题而言,注意到 $S_{\triangle EBD} = 2S_{\triangle OBE}$ 是顺利进入解题通道的关键. 为了计算 $S_{\triangle EBC} + S_{\triangle EDC}$,也可如图2所示,将 △EDC 绕点 C 顺时针旋转 $90°$,则四边形 $CEBE'$ 为直角梯形,其中 $CE = CE' = 3$,于是有 $S_{\triangle EDC} + S_{\triangle EBC} = S_{梯形CEBE'} = \frac{1}{2}(3+5) \times 3 = 12$(下略).

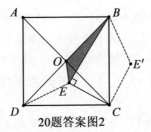

20题答案图2

三、B 组填空题

☞ 21. Given △ABC is an isosceles triangle, AB = AC. If

a line through point C divides $\triangle ABC$ into two small isosceles triangles, then the degree of $\angle A$ is _____ or _____.

译文 $\triangle ABC$ 是等腰三角形,其中 $AB=AC$. 若过点 C 的一条线把 $\triangle ABC$ 分成两个小的等腰三角形,那么,$\angle A$ 的度数是_____或_____.

【审题要津】 只需分两种不同情况进行讨论即可.

解 依审题要津,如图 1 所示,由 $5\alpha=180°$,即知 $\angle A=\alpha=36°$;如图 2 所示,由 $7\alpha=180°$,即知 $\angle A=\alpha=\dfrac{180°}{7}$. 故填 36;$\dfrac{180}{7}$.

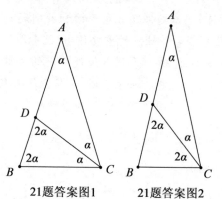

21题答案图1 21题答案图2

【评注】 本题属于没超出课本要求的简易题.

22. 已知 $x-1$ 是多项式 x^3-3x+k 的一个因式,那么 $k=$_____;将这个多项式分解因式,得_____.

【审题要津】 由"$x-1$ 是多项式 x^3-3x+k 的一个因式",则知 $x=1$ 即为方程 $x^3-3x+k=0$ 的一个根,据此即可求解.

解 依审题要津,把 $x=1$ 代入,得 $1-3+k=0$,所以 $k=2$.于是有 $x^3-3x+2=(x-1)(x^2+x-2)=(x-1)^2(x+2)$.故填 $2;(x-1)^2(x+2)$.

【评注】 本题也可以如下求解:依题意设 $x^3-3x+k=(x-1)(x^2+ax+b)=x^3+(a-1)x^2+(b-a)x-1$,比较等式两边,易知 $\begin{cases}a-1=0\\b-a=-3\end{cases}$,于是可得 $a=1,b=-2$,以下建议学生自行完成.

☞ 23. 设一次函数 $y=kx+b$ 的图像经过点 $P(1,2)$,它与 x 轴,y 轴的正半轴分别交于 A,B 两点,坐标原点为 O,若 $OA+OB=6$,则此函数的解析式是_____或_____.

【审题要津】 针对所求的是 k,b 两个参数,因此应设法导出关于 k,b 的两个关系式.

解 依审题要津,把点 $P(1,2)$ 代入 $y=kx+b$,则有 $k+b=2$,即 $k=2-b$,从而有 $y=(2-b)x+b$,于是由题设可知 $B(0,b),A\left(\dfrac{b}{b-2},0\right)(b>2)$.因为 $OA+OB=6$,所以 $\dfrac{b}{b-2}+b=6$,即 $b^2-7b+12=0$,解得 $b_1=3,b_2=4$.当 $b_1=3$ 时,$y=-x+3$;当 $b_2=4$ 时,$y=-2x+4$.故填 $y=-x+3;y=-2x+4$.

【评注】 如无"正半轴"的限制,则需分类讨论,建议学生以图助解自行试之.

☞ 24. 如图,若正方形 $OCBA$ 的顶点 B 和正方形 $AFED$ 的顶点 E 都在函数 $y=\dfrac{1}{x}(x>0)$ 的图像上,则点 E 到 x 轴的距离是_____,到 y 轴的距离是_____.

第19～25届"希望杯"全国数学邀请赛试题
审题要津 详细评注

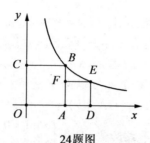

24题图

【审题要津】 针对题设解析式,如图所示,显然有 $B(1,1)$,$A(1,0)$. 设 $E(x,y)$,则知 $xy=1$,以下只需利用 $AD=DE=y$,即可求解.

解 依审题要津,由 $x=OD=OA+AD=1+y$,又 $xy=1$,可得 $(1+y)y=1$,即 $y^2+y-1=0$,解得 $y=\dfrac{-1\pm\sqrt{5}}{2}$,又 $y>0$,所以 $y=\dfrac{\sqrt{5}-1}{2}$,进而有 $x=1+y=\dfrac{\sqrt{5}+1}{2}$. 故填 $\dfrac{\sqrt{5}-1}{2}$;$\dfrac{\sqrt{5}+1}{2}$.

【评注】 如果填 $\dfrac{\sqrt{5}+1}{2}$,$\dfrac{\sqrt{5}-1}{2}$ 则将前功尽弃.

☞ 25. 如图,Rt△ABC 中,$\angle C=90°$,$CB=3$,$AC=4$,且 CB 在直线 l 上,将 △ABC 绕点 B 顺时针旋转到位置①,可得到点 P_1,此时 $CP_1=$ _____;将位置①的三角形绕点 P_1 顺时针旋转到位置②,可得到点 P_2,将位置②的三角形绕点 P_2 顺时针旋转到位置③,可得到点 P_3,……,按此规律继续旋转,直到点 P_{2014} 为止,则 $CP_{2014}=$ _____.

第9章 2014年第25届"希望杯"初二

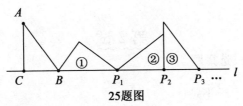

25题图

【审题要津1】 在 Rt△ABC 中,由"∠C = 90°, CB = 3, AC = 4",即知 AB = 5,而"将△ABC 绕点 B 顺时针旋转到位置①"时,显然 $BP_1 = AB = 5$,据此求解,近在咫尺.

【审题要津2】 以直角顶点为基准,从 Rt△ABC 开始,每旋转 3 次为一个循环,显然直角顶点每一次循环,"前进"$3 + 5 + 4 = 12$. 注意到由 $C \to P_2$ 为第一个循环;由 $P_2 \to P_5$ 为第二个循环;由 $P_5 \to P_8$ 为第三个循环,由此可知由 $P_2 \to P_8$ 经过 $(8-2) \div 3 = 2$(个)循环,据此即可发现规律,从而问题可解.

解 继审题要津,由 $P_2 \to P_{2\,012}$ 共经过 670 个循环,故由 $C \to P_{2\,012}$ 共经过 671 个循环,又因为 $P_{2\,012}P_{2\,013} = 3$,$P_{2\,013}P_{2\,014} = 5$,所以 $CP_{2\,014} = 671 \times 12 + 3 + 5 = 8\,060$. 故填 8;8 060.

【评注】 面对这种需要总结出规律才能求解的问题,应遵循从特殊到一般的法则,采取先尝试后判断的方法来应对. 如果注意到连续旋转 3 次为一个循环,也可以倒着来:由 $2\,014 = 671 \times 3 + 1$,即知 $P_{2\,014}$ 可由 P_1 开始经过 671 次循环得到. 又由 $OP_1 = 8$,一个循环的长度为 12,故 $OP_{2\,014} = OP_1 + P_1P_{2\,014} = 8 + 671 \times 12 = 8\,086$.

第19~25届"希望杯"全国数学邀请赛试题 审题要津 详细评注

第2试

一、选择题

1. $\dfrac{2\sqrt{5}}{5}$ 不是(　　)

   (A) 分数.　　　　(B) 实数.
   (C) 无理数.　　　(D) 无限不循环小数.

   【审题要津】 $\dfrac{2\sqrt{5}}{5}$ 是实数中的无理数,即无限不循环小数,据此即可由4选1作出判断.

   解 依审题要津, $\dfrac{2\sqrt{5}}{5}$ 不是分数. 故选(A).

   【评注】 分子和分母均为整数(其中分母不为0)的分式才是分数.

2. 若当 $x=1$,代数式 ax^3+bx+1 的值是5,则当 $x=-1$ 时, ax^3+bx+1 的值是(　　)

   (A) 0.　　　　(B) -3.
   (C) -4.　　　(D) -5.

   【审题要津】 依题意, $a+b+1=5$,即 $a+b=4$,以下只需将 $x=-1$ 代入所求式即见分晓.

   解 依审题要津,把 $x=-1$ 代入 ax^3+bx+1 得 $-a-b+1=-(a+b)+1=-4+1=-3$. 故选(B).

   【评注】 把"$a+b$"作为一个整体考虑是顺利求解的关键.

3. If $x^2-5x-2010=0$, then the value of
   $$\dfrac{(x-2)^3-(x-1)^2+1}{x-2} \text{ is}(\quad)$$

   (A) 2 012.　　　(B) 2 013.

(C)2 014.   (D)2 015.

译文 若 $x^2-5x-2\,010=0$,则 $\dfrac{(x-2)^3-(x-1)^2+1}{x-2}$ 的值是(   )

【审题要津】 由于题目给出的一元二次方程不便求解,因此必须从变形所求式入手寻找解题入口.

解 依审题要津,所求式 $=\dfrac{(x-2)^3-(x-1)^2-2(x-2)}{x-2}=(x-1)^2-(x-2)-2=x^2-5x+4=x^2-5x-2\,010+2\,014=2\,014$,故选(C).

【评注】 恒等变形是解题关键;已知一个方程,至少可为"降幂"提供方便.本题也可如下求解:所求式 $=(x-2)^2-\dfrac{(x-1)^2-1}{(x-1)-1}=(x-2)^2-(x-1+1)=x^2-5x+4=x^2-5x-2\,010+2\,014=2\,014$.应细心领会上述两个解法所体现的整体思想.

☞ 4.不等式组 $\begin{cases} x-4\leqslant 8-2x \\ x>-\dfrac{2}{3} \end{cases}$ 的最小整数解是(   )

(A) -1.   (B)0.

(C)1.   (D)4.

【审题要津】 先解此不等式组再议.

解 依审题要津,由 $x-4\leqslant 8-2x$,易得 $x\leqslant 4$,所以不等式组的解为 $-\dfrac{2}{3}<x\leqslant 4$,满足该不等式的整数有0,1,2,3,4,显然其最小整数解为0.故选(B).

【评注】 本题考察的是有关不等式的基础知识,

第 19～25 届"希望杯"全国数学邀请赛试题
审题要津 详细评注

体现了希望杯"源于课本"的命题原则.

☞ 5. 无论 m 为何实数,直线 $y = x - m$ 与直线 $y = -2x + 3$ 的交点都不可能在( )
(A)第一象限.　　　(B)第二象限.
(C)第三象限.　　　(D)第四象限.

【审题要津】 针对所求,只要分析 $y = -2x + 3$ 不过哪个象限即可.

解 显然直线 $y = -2x + 3$ 不过第三象限,因此它与直线 $y = x - m$ 的交点肯定不在第三象限.故选(C).

【评注】 如将本题改为"点 $\left(\dfrac{m}{3} + 1, -\dfrac{2m}{3} + 1\right)$ 不可能在第( )象限",则会显得更灵活一些.

☞ 6. 如图,在 □ABCD 中,添加下列条件之一能使它成为菱形的是( )
①$AC \perp BD$;②$\angle BAD = 90°$;③$AB = BC$;④$AC = BD$.
(A)①或③.　　　(B)②或③.
(C)③或④.　　　(D)①或②或③.

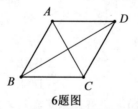

6题图

【审题要津】 由四边形 ABCD 是平行四边形,即知其对角线相互平分,以下只需根据菱形的判定定理即可求解.

解 依审题要津,由对角线互相垂直平分的四边形是菱形,则知①符合要求;由邻边相等的平行四边形是菱形,则知③符合要求;而∠BAD = 90°及 AC = BD,只能使平行四边形 ABCD 是矩形.故选(A).

【评注】 特殊的平行四边形是菱形或矩形,又是菱形又是矩形的平行四边形是正方形,这一切,从对角线入手进行分析是顺理成章的.

☞ 7. 如图,已知 $\triangle ABC$ 的面积是 24,将 $\triangle ABC$ 沿 BC 平移到 $\triangle A'B'C'$,使点 B' 与点 C 重合,联结 AC' 交 $A'C$ 于点 D,则 $\triangle DCC'$ 的面积是( )
(A)4.   (B)6.
(C)8.   (D)12.

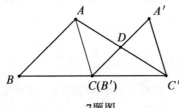

7题图

【审题要津】 依题意,$AC \parallel A'C'$ 且 $AC = A'C'$,所以四边形 $ACC'A'$ 是平行四边形,以下即可根据平行四边形性质完成所求.

解 依审题要津,联结 AA',由四边形 $ACC'A'$ 是平行四边形,即知 D 为 $A'C$ 的中点,所以 $S_{\triangle DCC'} = \frac{1}{2} S_{\triangle A'B'C'} = \frac{1}{2} S_{\triangle ABC} = \frac{1}{2} \times 24 = 12$. 故选(D).

【评注】 面对动态背景的问题,必须关注其中的定性,也就是说要把握其中不变的因素.就本题而言,由 AC 的方向和长度不变,易知 $AC \underline{\parallel} A'C'$,进而判断出四边形 $ACC'A'$ 是平行四边形,这正是顺利求解的关键.

☞ 8. 中国古代"五行"学说认为:"物质分金、木、水、火、土五种属性. 金克木,木克土,土克水,水克火,火克金". 从五种属性互不相同的物质中随意抽取两种,则抽取两种物质互不相克的概率是( )

(A) $\dfrac{3}{10}$. (B) $\dfrac{2}{5}$.

(C) $\dfrac{1}{2}$. (D) $\dfrac{3}{5}$.

【审题要津】 对各种情况注意分析即可.

解 依审题要津,若抽到金,则抽到火、木与抽到水、土的可能性各为 $\dfrac{1}{2}$,据此类推,若抽到其他物质,相克与不相克的可能性均为 $\dfrac{1}{2}$. 故选(C).

【评注】 此外,也可如下分析:设金、木、水、火、土依次为凸五边形的五个顶点,抽到哪两种,即在哪两点间连线. 相邻顶点连线(即五边形的边)表示相克,不相克的则为对角线,五个顶点可连接的线段共10条,其中对角线有5条,故 $P = \dfrac{5}{10} = \dfrac{1}{2}$.

☞ 9. 方程组 $\begin{cases} |x| + y = 10 \\ x + |y| = 4 \end{cases}$ 的解有( )

(A) 1组. (B) 2组.
(C) 3组. (D) 4组.

【审题要津】 可按 x, y 的不同取值,分四种情况进行讨论.

解 依审题要津,① 若 $x \geq 0, y \geq 0$,则已知方程组可化为 $\begin{cases} x + y = 10 \\ x + y = 4 \end{cases}$,无解;

② 若 $x \leqslant 0, y \leqslant 0$，则已知方程组可化为 $\begin{cases} -x+y=10 \\ x-y=4 \end{cases}$，显然此方程组无解；

③ 若 $x \geqslant 0, y \leqslant 0$，则已知方程组可化为 $\begin{cases} x+y=10 \\ x-y=4 \end{cases}$，解得 $\begin{cases} x=7 \\ y=3 \end{cases}$，但与前提不符；

④ 若 $x \leqslant 0, y \geqslant 0$，则已知方程组可化为 $\begin{cases} -x+y=10 \\ x+y=4 \end{cases}$，解得 $\begin{cases} x=-3 \\ y=7 \end{cases}$. 故选(A).

【评注】 实际上，仅就 x 的不同取值进行讨论即可：当 $x \geqslant 0$ 时，原方程组可化为 $\begin{cases} x+y=10 \\ x+|y|=4 \end{cases}$，由此可见 $y > |y|$，故方程组无解；当 $x < 0$，原方程组可化为 $\begin{cases} -x+y=10 \\ x+|y|=4 \end{cases}$，于是有 $y+|y|=14$，此时只能有 $y>0$，故 $y=7$，从而可得 $x=-3$. 故选(A).

☞ 10. 从 $1,2,3\cdots,2\,014$ 中选择不能表示成两个整数的平方差的数，这些数的和是(　　)
(A) 507 024.　　　　(B) 508 032.
(C) 1 014 049.　　　(D) 1 015 056.

【审题要津】 针对题设和所求，理应从这一列数的奇偶性及整除性入手进行筛选. 当 n 为整数时，由 $k=2n-1=n^2-(n-1)^2$ 可知，奇数可表示成两个整数的平方差；同样地，由 $4n=(n+1)^2-(n-1)^2$ 可知，被 4 整除的数可表示成两个整数的平方差. 以下只需考察偶数中不能被 4 整除的数能否记为 a^2-b^2（a,b 为整数）即可.

解 依审题要津，记不被 4 整除的偶数为 k，假设

$k=(a+b)(a-b)$ (a,b 为整数),若 a,b 为一奇一偶,则 $a+b$ 和 $a-b$ 均为奇数,故 k 为奇数,这与 k 为偶数矛盾;若 a,b 均为奇数或均为偶数,则 $a+b$ 和 $a-b$ 均为偶数,这与 k 不能被 4 整除矛盾. 综上所述,在 $1,2,3,\cdots,2014$ 这些数中,只有不是 4 的倍数的偶数不能表示成两个整数的平方差,这些数为:$2,6,10,\cdots,2014$ 共有 504 项,其和为 $\dfrac{504}{2} \times (2+2014) = 508032$.

故选(B).

【评注】 在 $1,2,3,\cdots,2014$ 中,剥离出奇数后,只剩下了偶数. 在这些偶数中,只有能被 4 整除的和不能被 4 整除的两类,由 $k=4n=(n+1)^2-(n-1)^2$ 剥离出能被 4 整除的数后,自然应着重考察不能被 4 整除的偶数. 这正是解答本题的核心所在.

二、A 组填空题

11. The two square roots of a positive number are $3x+3$ and $5x+13$, then this number is _____.

译文 如果一个正数的两个平方根是 $3x+3$ 和 $5x+13$,则这个数为_____.

【审题要津】 不妨设这个正数为 a,注意到 a 的两个平方根互为相反数即可求解.

解 依题意,$(3x+3)+(5x+13)=0$,即 $x=-2$,此时 $3x+3=-3,5x+13=3$,故 $a=9$. 填 9.

【评注】 本题着重考查的是正数的平方根的意义.

12. 已知 a 是无理数,并且 $ab-a-b+1=0$,则实数 b 的值是_____.

【审题要津】 根据 a 是无理数,只需利用因式分解即可完成所求.

解 依审题要津,由 $ab-a-b+1=0$,即得 $(a-1)(b-1)=0$. 因为 a 是无理数,所以 $a-1\neq 0$,从而可知 $b-1=0$,即 $b=1$. 故填 1.

【评注】 完成对已知等式左边的因式分解后,解答本题已无障碍.

☞ 13. 如图,桌面上有边长为 2 cm,有一边重合的两张正方形纸片,将纸片 $ABCD$ 依次绕点 D,P,Q,C 逆时针转动 $180°$,当纸片 $ABCD$ 回到原来的位置时,点 A 走过的轨迹长是_____cm.

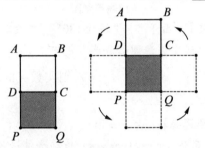

13题图

【审题要津】 逐次分析转动过程即可求解.

解 如图所示,第一次转动使 $A \to A_1$,点 A 走过的轨迹长是以点 D 为圆心,以 $DA=2$ 为半径的半圆,其长为 $\frac{1}{2}\times 2\pi \times 2 = 2\pi$;第二次转动 $A_1 \to A_1$,无变化;第三次转动使 $A_1 \to A_2$,点 A_1 走过的轨迹是以点 Q 为圆心,以 $QP=2$ 为半径的半圆,其长为 $\frac{1}{2}\times 2\pi \times 2 = 2\pi$;第四次转动使 $A_2 \to A$,点 A_2 走过的轨迹是以点 C 为圆

心，以 $CA_2 = 2\sqrt{2}$ 为半径的半圆，其长为 $\frac{1}{2} \times 2\pi \times 2\sqrt{2} = 2\sqrt{2}\pi$，综上所述，所求为 $2\pi + 2\pi + 2\sqrt{2}\pi = (4 + 2\sqrt{2})\pi$. 故填 $(4 + 2\sqrt{2})\pi$.

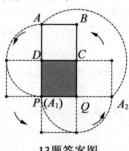

13题答案图

【评注】 由于各点"转动180°"，其运动轨迹都是半圆，因此只需关注圆心和半径即可.

☞ 14.若 $|1 - \sqrt{(x-1)^2}| = x$，则实数 x 的取值范围是＿＿＿＿.

【审题要津】 由 $x = |1 - \sqrt{(x-1)^2}|$，易知 $x \geq 0$. 以下只需分 $0 \leq x \leq 1$ 和 $x > 1$ 两种情况讨论即可.

解 依审题要津，①当 $0 \leq x \leq 1$ 时，$|1 - \sqrt{(x-1)^2}| = |1 - (1-x)| = |x| = x$ 成立；②当 $x > 1$ 时，$|1 - \sqrt{(x-1)^2}| = |1 - (x-1)| = |-x+2| = x$，解得 $x = 1$，不成立. 由此可见，实数 x 的取值范围是 $0 \leq x \leq 1$. 故填 $0 \leq x \leq 1$.

【评注】 因为由 $\sqrt{(x-1)^2} = |x-1|$，原等式可化为 $|1-|x-1|| = x$. 注意到等式中含有"$|x-1|$"，因此以"1"为边界进行讨论是顺理成章的.

☞ 15.如图，在等腰 $\triangle ABC$ 中，$AB = AC$，$\angle A = 20°$，D

是边 AB 上的一点,$AD = BC$,联结 CD,则 $\angle BDC =$ _____.

【审题要津】 由"$AB = AC$,$\angle A = 20°$",则知 $\angle B = \angle C = 80°$.注意到 $AD = BC$,不妨利用辅图找出与 $\triangle ADC$ 全等的三角形来探索解题入口.

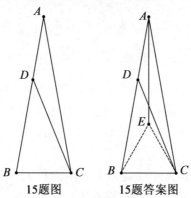

15题图　　　　15题答案图

解 依审题要津,如图所示,在 $\triangle ABC$ 内作等边 $\triangle BCE$,联结 AE.在 $\triangle AEB$ 和 $\triangle AEC$ 中,因为 $AB = AC$,$EB = EC$,$AE = AE$,所以 $\triangle AEB \cong \triangle AEC$,于是有 $\angle BAE = \angle CAE = \dfrac{1}{2} \angle BAC = \dfrac{1}{2} \times 20° = 10°$,在 $\triangle ACD$ 和 $\triangle CAE$ 中,因为 $AC = CA$,$\angle ACE = \angle ACB - \angle ECB = 80° - 60° = 20° = \angle CAD$,$AD = BC = CE$,所以 $\triangle ACD \cong \triangle CAE$,于是有 $\angle ACD = \angle CAE = 10°$,进而可知 $\angle BDC = \angle BAC + \angle ACD = 20° + 10° = 30°$.故填 $30°$.

【评注】 解答题设条件中有等腰三角形的问题,构筑以等腰三角形的底为边的等边三角形,常有意想不到的收获.本题是一道经典的平面几何问题,上述解法无疑是非常简洁的方法.

第 19~25 届"希望杯"全国数学邀请赛试题
审题要津 详细评注

☞ 16. 若分式 $\dfrac{4(x+2)^2(4-x^2)}{(x-2)^2(x+2)^3}$ 的值是正整数,则整数 $x=$ _____.

【审题要津】 依题意,原式可化为
$\dfrac{-4(x^2-4)}{(x-2)^2(x+2)} = \dfrac{-4(x-2)(x+2)}{(x-2)^2(x+2)} = -\dfrac{4}{x-2}$. 以下只需根据该分式值为正整数,即可通过分类讨论求解.

解 依审题要津,$\dfrac{4(x+2)^2(4-x^2)}{(x-2)^2(x+2)^3} = \dfrac{-4}{x-2}$. 当 $x-2=-1$ 时,$x=1$;当 $x-2=-2$ 时,$x=0$;当 $x-2=-4$,$x=-2$(不合题意,舍去).故填 0 或 1.

【评注】 类似于解分式方程,验根是不容忽视的.

☞ 17. 若 $n(n \neq 0)$ 是关于 x 的方程 $x^2+mx+3n=0$ 的根,则 $m+n$ 的值是_____.

【审题要津】 把 n 代入已知方程即可.

解 依审题要津,有 $n^2+mn+3n=0$,因为 $n \neq 0$,所以 $n+m+3=0$,即 $m+n=-3$.故填 -3.

【评注】 本题也可如下求解,由韦达定理可知该方程的另一个根为 3,从而有 $n+3=-m$,于是有 $m+n=-3$.

☞ 18. 若 $x-y-2=0$,$2y^2+y-4=0$,则 $\dfrac{x}{y}-y=$ _____.

【审题要津】 把 $x=y+2$ 代入所求式,则有 $\dfrac{x}{y}-y = \dfrac{y+2}{y}-y = \dfrac{y+2-y^2}{y} = \dfrac{2y+4-2y^2}{2y}$,据此求解近在咫尺.

解 继审题要津,由已知 $2y^2+y-4=0$,可得 $4-2y^2=y$,将其代入前式即得 $\dfrac{2y+y}{2y}=\dfrac{3}{2}$. 故填 $\dfrac{3}{2}$.

【评注】 若解方程组,则繁.

☞ 19. 如图,将两个长为 8,宽为 2 的矩形透明塑料片交叉摆放,重叠部分是菱形 ABCD,当两个塑料片垂直时,菱形 ABCD 的周长有最小值 8,当两个塑料片不重合但有一条对角线重合时,菱形 ABCD 的周长最大,这个最大值是 _____.

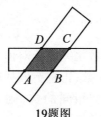

19题图

【审题要津】 由于已被明确告知何时菱形的周长最大,故只需依图 1 列方程计算即可.

解 如图 1,设 $AB=x$,则 $BC=x$,$BF=8-x$,于是由 $(8-x)^2+2^2=x^2$,可解得 $4x=17$,即菱形 ABCD 的最大周长为 17. 故填 17.

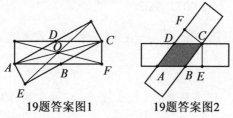

19题答案图1　　19题答案图2

【评注】 题设给出的条件过于充分了. 实际上,"菱形"改为四边形即可,周长何时最小、最大也可导出,进而"最小周长为8"和"宽为2"也只需给出一个即可:首先易知$ABCD$为平行四边形;如图2,作$CE \perp AB$于E,$CF \perp AD$于F,易知$CE = CF$,且$\angle CBE = \angle DAB = \angle FDC$,设其为$\alpha$,则$BC = \dfrac{CE}{\sin\alpha} = \dfrac{CF}{\sin\alpha} = CD$,故$ABCD$为菱形.显然$\alpha$越大$BC$越短.于是当$\alpha = 90°$,即$BC = CE$时,周长为$4CE$最短,而当如图对角线重合时,$BC$最长(若$\alpha$再变小,重叠部分不再是四边形,$C$作为两个长边的变点,极端情况也就是其重合于端点处).其他如题解计算即可.

☞ 20. 黑板上写有两个分数:$\dfrac{34}{2\,014}$,$\dfrac{18}{3\,021}$. 进行如下操作:用两数之差的绝对值替换较大的数,得到新的两个数,再进行同样的操作,直到黑板上出现两个相同的数,则这个相同的数是_____.

【审题要津】 由$\dfrac{34}{2\,014} = \dfrac{17}{1\,007}$,$\dfrac{18}{3\,021} = \dfrac{6}{1\,007}$,又$\dfrac{17}{1\,007} - \dfrac{6}{1\,007} = \dfrac{11}{1\,007}$,则知经过第一次操作后,得到的两个数为$\left(\dfrac{11}{1\,007}, \dfrac{6}{1\,007}\right)$. 注意到两个数的分母仍为$1\,007$,因此可设$\dfrac{1}{1\,007} = \alpha$,以下求解只需关注$\alpha$的系数即可.

解 依审题要津,设$\dfrac{1}{1\,007} = a$,每次操作用$\rightarrow$表示,于是有$(17a, 6a) \rightarrow (11a, 6a) \rightarrow (6a, 5a) \rightarrow (5a, a) \rightarrow (4a, a) \rightarrow (3a, a) \rightarrow (2a, a) \rightarrow (a, a)$,由此可见,

最后黑板上出现的两个相同的数为 $\dfrac{1}{1\,007}$, $\dfrac{1}{1\,007}$. 故填 $\dfrac{1}{1\,007}$.

【评注】 对本题而言,若两个数分别为 ma, na,其中 m, n 为互质的正整数,最后的结果肯定是 a, a.

三、解答题

☞ 21. 如图,一次函数 $y = kx + 2$ 的图像与反比例函数 $y = \dfrac{m}{x}$ 的图像在第一象限的交点为 P,PA 垂直 x 轴于点 A,PB 垂直 y 轴于点 B,函数 $y = kx + 2$ 的图像分别交 x 轴,y 轴于点 C, D. 已知 $DB = 2OD$,$\triangle PBD$ 的面积 $S_{\triangle PBD} = 4$.

(Ⅰ)求点 D 的坐标;

(Ⅱ)求 k, m 的值;

(Ⅲ)写出当 $x > 0$ 时,使一次函数 $y = kx + 2$ 的值大于反比例函数 $y = \dfrac{m}{x}$ 的值 x 的取值范围.

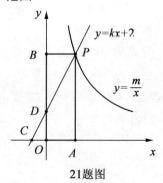

21题图

【审题要津1】 由于点 D 是直线 $y = kx + 2$ 与 y

轴的交点,其坐标一目了然.

解 (Ⅰ)依审题要津1,由 $y=kx+2$ 可知,$D(0,2)$.

【审题要津2】 由 $DB=2OD$,即知 $DB=4$,所以 $B(0,6)$,于是有 $P(x_P,6)$,从而由" $S_{\triangle PBD}=4$ "可确定 x_P,进而可求得 k,m.

解 (Ⅱ)继审题要津2可知 $P(x_P,6)$,于是由 $S_{\triangle PBD}=\frac{1}{2}BP\times DB=\frac{1}{2}\times x_P\times 4=4$,即 $x_P=2$,可得 $P(2,6)$,把 $P(2,6)$ 代入 $y=kx+2$,即得 $k=2$,再把 $P(2,6)$ 代入 $y=\frac{m}{x}$,可得 $m=6\times 2=12$.

【审题要津3】 以图助解唾手可得.

解 (Ⅲ)从图形可知当 $x>2$ 时,$y=2x+2$ 的图像总在 $y=\frac{12}{x}$ 的图像上方,故所求为 $x>2$.

【评注】 解(Ⅰ)为解(Ⅱ)作出铺垫,随即由" $DB=2OD$ "即得 y_P,进而由" $S_{\triangle PBD}=4$ "可得 x_P,点 P 坐标求出之后,即可一石二鸟求出 k,m. 直线上的点随 x 增大,y 值逐渐增大;双曲线上的点随 x 增大,y 值逐渐减小. 这是以图助解的依据.

☞ 22. 如图,四边形 ABCD 是正方形,$\angle 1=\angle 2=\angle 3$.

(Ⅰ)若 $\angle 1=30°,DG=\sqrt{3}$,求正方形 ABCD 的边长;

(Ⅱ)求证 $AG-GF=GE$.

第 9 章　2014 年第 25 届"希望杯"初二

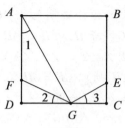

22题图

【审题要津1】　由 $\angle 1 = 30°$，$\angle ADG = 90°$，可知 $AG = 2GD$，从而由勾股定理可求出 AD 的长．

解　（Ⅰ）依审题要津1，由"$\angle 1 = 30°$"，在 $\angle ADG = 90°$ 的条件下，"$DG = \sqrt{3}$"，即知 $AG = 2GD = 2\sqrt{3}$，在 Rt△ADG 中，$AD^2 = AG^2 - DG^2 = 12 - 3 = 9$，所以 $AD = 3$．

【审题要津2】　面临诸多直角三角形，在"$\angle 1 = \angle 2 = \angle 3$"的条件下，不妨利用相似三角形对应边成比例探索解题入口．

解　（Ⅱ）依审题要津2，由 $\angle ADG = \angle GDF = \angle GCE = 90°$，又 $\angle 1 = \angle 2 = \angle 3$，所以△ADG∽△GDF∽△GCE，于是有 $\dfrac{AG}{AD} = \dfrac{GF}{GD} = \dfrac{GE}{GC} = k$，即 $AG = kAD$，$GF = kGD$，$GE = kGC$，从而 $AG - GF = k(AD - GD)$，又因为 $AD = DC$，所以 $AG - GF = k(DC - GD) = kGC = GE$．

【评注】　引入比例参数，极大地缩减了解题程序．在这里，参数 k 的意义是 $\dfrac{1}{\cos\alpha}$（$\alpha = \angle 1 = \angle 2 = \angle 3$）．如果熟悉"等比定理"，也可如下求解：由等比定理，$\dfrac{AG}{AD} = \dfrac{GF}{GD} = \dfrac{GE}{GC} = \dfrac{GF + GE}{GD + GC} = \dfrac{GF + GE}{CD}$，又因为 $AD = CD$，所以 $AG = GF + GE$，即 $AG - GF = GE$．本命题还可

第19~25届"希望杯"全国数学邀请赛试题
审题要津 详细评注

利用"截长补短"的方法证明结论 $AG - GF = GE$:如图1,延长 FG,BC 交于 H,从 H 作 AD 的垂线与 AD 的延长线交于 K. 因为 $\angle 2 = \angle 3, \angle 3 = \angle 4$,所以 $\angle 2 = \angle 4$,因为 $GC \perp EH$,所以 $GE = GH$. 在 $\triangle ADG$ 与 $\triangle HKF$ 中,因为 $\angle ADG = \angle HKF = 90°, \angle 1 = \angle 3 = \angle 4 = \angle 5$, $AD = DC = KH$,所以 $\triangle ADG \cong \triangle HKF$,于是有 $AG = FH = FG + GH = FG + GE$,所以 $AG - GF = GE$. 上述解法是从"补短"入手的思路. 如采取截长法,可如图2,在 GA 上截取 $GF' = GF$,引 $F'P \perp AD$ 于 P. 因为 $\angle 1 = \angle 2$,所以 $\angle 4 = \angle F'GD$. 注意到 $DG = GF\sin \angle 4, DP = GF'\sin \angle F'GD$ (DP 为 F' 到 CD 的距离). 于是有 $DP = DG$,从而由 $AD = DC$,可得 $AP = GC$,进而由 $\angle 1 = \angle 3$,可知 Rt$\triangle APF' \cong$ Rt$\triangle GCE$,故 $AF' = GE$. 所以 $AG - GF' = GE$,即 $AG - GF = GE$.

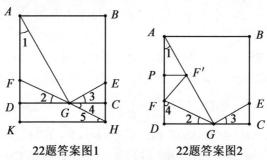

22题答案图1   22题答案图2

☞ 23. 将一个三角形分成两个等腰三角形,若原三角形的一个内角是 $36°$,则原三角形的另两个内角有多少种可能的情况?写出各种可能的情况.

【审题要津】 为便于表述,不妨设原三角形为 $\triangle ABC$,且 $\angle B = 36°$. 要将一个三角形分成两个三角形,则这条分割线必过这个三角形的一个顶点. 为此只

需分过点 B 与不过点 B 两种情况进行讨论即可. 在这里 l 不过点 B 时, 不外乎是过点 A 或过点 C, 为此只需择其一分析即可.

解 依审题要津, 设原三角形为 $\triangle ABC$, 且 $\angle B = 36°$.

（ⅰ）假设分割线 l 过点 B, 且交 AC 于 E.

① 如图 1 所示, 若 $\angle ABE$ 为等腰 $\triangle ABE$ 的顶角, 设 $\angle ABE = \alpha$, 则 $\angle BAE = \angle BEA = \frac{1}{2}(180° - \alpha)$, 进而有 $\angle BEA = 90° - \frac{\alpha}{2}$, 于是由 $\angle AEB = \angle EBC + \angle ECB$, 即 $90° - \frac{\alpha}{2} = (36° - \alpha) + \angle ECB$, 可得 $\angle ECB = 54° + \frac{\alpha}{2}$. 此时 $\triangle BEC$ 不可能为等腰三角形. 由此可见, $\angle ABE$ 不能作为等腰 $\triangle ABE$ 的顶角;

23题答案图1

② 如图 2 所示, 若 $\angle ABE = \alpha$ 是等腰 $\triangle ABE$ 的底角, 则由 $\angle \alpha = \angle AEB = \angle EBC + \angle ECB$, 又 $\angle EBC = \angle ECB = (36° - \alpha)$, 即 $3\alpha = 72°$, 可知 $\alpha = 24°$, $\angle EBC = \angle ECB = 12°$, $\angle A = 180° - 36° - 12° = 132°$. 此时 $\triangle ABE$ 和 $\triangle BCE$ 均为等腰三角形.

23题答案图2

(ii) 假设分割线 l 过点 A 且交 BC 于 D.

① 如图 3 所示, 若 $\angle B$ 为等腰 $\triangle ABD$ 的顶角, 则 $\angle BAC = 72° + 36° = 108°$, $\angle C = 36°$;

23题答案图3

② 若 $\angle B$ 为等腰 $\triangle ABD$ 的底角, 则符合题意要求的情况图如下:

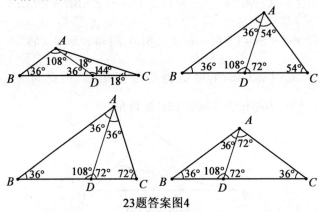

23题答案图4

综上所述, 原 $\triangle ABC$ 的另外两个内角有 5 种解: $132°, 12°$; $108°, 36°$; $126°, 18°$; $90°, 54°$; $70°, 70°$.

【评注】 本题命题立意新颖多变. 说明分割线经过 $\angle B$ 顶点时, 只能以 $\angle B$ 为等腰三角形的底角是突破思维瓶颈的关键. 除此之外, 在分类讨论中, 既不要重复也不要遗漏则是本题考查的要点. l 过点 A 与 l 过点 C 是一样的, 只是三角形顶点字母的不同而已, 无需分别讨论.

2014年第25届"希望杯"初三

第1试

一、选择题

1. 以下三角形中,与图中三角形相似的是(　　)

1题图

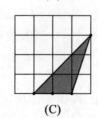

(A)　　　(B)

(C)　　　(D)

【审题要津】 注意到题图中的三角形有45°的内角,只需再关注其夹角两边之比即可.

解 依审题要津,选项(A),(B)图中的三角形均无45°的角,故可排除(A)和(B).设图中小正方形的边长为1,则图中夹45°的角的两边之比为$\sqrt{2}:3$,选项(C)图中夹45°的角的两边之比为$2:3\sqrt{2} = \sqrt{2}:3$.故选(C).

【评注】 如果一个三角形的两边和另一个三角形的两边对应成比例并且夹角相等,那么这两个三角形相似,这也是判定三角形相似的重要定理之一.

2. 某商品原价200元,先降价$a\%$,又提价$a\%$,售价是182元.则下列关系式中正确的是(　　)
   (A) $200(1-a\%) \div (1+a\%) = 182$.
   (B) $182(1-a\%) \div (1+a\%) = 200$.
   (C) $200(1+a\%) \div (1-a\%) = 182$.
   (D) $182 \div (1-a\%) \div (1+a\%) = 200$.

【审题要津】 200元的商品降价$a\%$后,其价格为$200 - 200 \times a\% = 200(1-a\%)$,以下只需令其为$A$,即可从容求解.

解 继审题要津,令$A = 200(1-a\%)$,则提价$a\%$后,售价为$A + Aa\% = A(1+a\%)$,于是有$A(1+a\%) = 182$,即$200(1-a\%)(1+a\%) = 182$,亦即$182 \div (1-a\%) \div (1+a\%) = 200$.故选(D).

【评注】 引入A的意图,旨在便于整合及表述解题思路.

3. 一个几何体的三视图如图所示,则该几何体可能是下列四个选项中的(　　)

主视图　　左视图　　俯视图
3题图

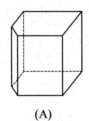 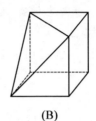

(A)　　　　　　　(B)

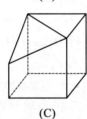 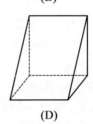

(C)　　　　　　　(D)

【审题要津】　由主视图即可排除(A),(C),(D).

解　依审题要津,故选(B).

【评注】　如从左视图入手,可排除(A),(C),再对照俯视图,又可排除(D).但总归不如上述解法简便.

☞ 4. 若关于 x 的一元二次方程 $(m-2)x^2+3x+m^2-5m+6=0$ 的常数项为 0,则 m 的值是（　　）

(A) 2.　　　　　　(B) 3.
(C) 2 或 3.　　　　(D) 0.

【审题要津】　由题设方程为关于 x 的一元二次

第 19～25 届"希望杯"全国数学邀请赛试题
审题要津 详细评注

方程,即知 $m-2\neq 0$,又因为常数项"m^2-5m+6"为 0,于是可通过解方程验根完成所求.

解 依审题要津,由 $m^2-5m+6=0$,解得 $m_1=2$(舍),$m_2=3$. 故选(B).

【评注】 也可在排除(A),(C)之后,分别将 $m=3,m=0$ 代入验证.

☞ 5. 方程 $|x-2014|=2014-x$ 的正整数解有
( )
(A)2 013 个. (B)2 014 个.
(C)2 015 个. (D)无穷多个.

【审题要津】 根据实数绝对值的定义,由"$|x-2014|=2014-x$",则知 $x-2014\leq 0$,据此即可由 x 为正整数完成所求.

解 依审题要津,由 $x-2014\leq 0$,得 $x\leq 2014$,又因为 x 为正整数,所以 $x=1,2,\cdots,2014$,故原方程共有 2 014 个正整数解. 故选(B).

【评注】 如果一个数的绝对值等于它的相反数,则这个数是非正数.

☞ 6. 在 $\triangle ABC$ 中,若 $AC=\sqrt{17},BC=\sqrt{10},AB=\sqrt{13}$,则 $\triangle ABC$ 的面积( )
(A)$\sqrt{10}$. (B)$2\sqrt{3}$.
(C)$\dfrac{11}{2}$. (D)6.

【审题要津】 针对所求,不妨先求出 AC 边上的高. 为此,作 $BD\perp AC$ 于点 D,如图 1 所示,设 $DC=x$,则 $AD=\sqrt{17}-x$,以下只需利用勾股定理,列方程求解即可.

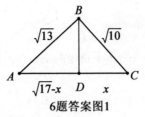

6题答案图1

解 依审题要津,显然有 $10 - x^2 = 13 - (\sqrt{17} - x)^2$,易解得 $x = \dfrac{7}{\sqrt{17}}$,于是由 $BD^2 = 10 - \dfrac{49}{17}$,可知 $BD = \dfrac{11}{\sqrt{17}}$,从而可求得 $S_{\triangle ABC} = \dfrac{1}{2} \times \sqrt{17} \times \dfrac{11}{\sqrt{17}} = \dfrac{11}{2}$,故选(C).

【评注】 作最大边上的高线,可保证垂足落于该边的内部,这是不容忽视的细节。注意到 $(\sqrt{17})^2 = 4^2 + 1^2$, $(\sqrt{10})^2 = 3^2 + 1^2$, $(\sqrt{13})^2 = 3^2 + 2^2$,本题也可通过建立直角坐标系求解. 如图 2,构造 $\triangle ABC$:$A(1,4), B(3,1), C(0,0)$,显然 $\triangle ABC$ 满足条件,易知 $S_{\triangle ABC} = S_{矩形CDEF} - S_{\triangle ADC} - S_{\triangle AEB} - S_{\triangle CBF} = 3 \times 4 - \dfrac{4}{2} - \dfrac{3 \times 2}{2} - \dfrac{3}{2} = \dfrac{11}{2}$.

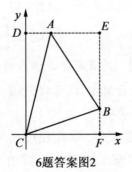

6题答案图2

第19~25届"希望杯"全国数学邀请赛试题
审题要津 详细评注

☞ 7. Given equation $\dfrac{x-1}{\sqrt{x^2-x-2}} = \sqrt{\dfrac{x-1}{x^2-x-2}}$ of x, then the number of solutions for this equation is ( )

(A) 0.　　　　　(B) 1.
(C) 2.　　　　　(D) 无穷多个.

译文　已知关于 x 的方程 $\dfrac{x-1}{\sqrt{x^2-x-2}} = \sqrt{\dfrac{x-1}{x^2-x-2}}$,则此方程的解的个数为(　　)

【审题要津】　先去分母解方程,再进行检验即可.

解　依审题要津,解方程 $x-1 = \sqrt{x-1}$,得 $x=2$ 或 $x=1$. 当 $x=1$ 时 $x^2-x-2<0$;当 $x=2$ 时,$x^2-x-2=0$. 可见 $x=1, x=2$ 均为增根. 故选(A).

【评注】　解分式方程和无理方程,验根是必要的步骤.

☞ 8. 若 $(\sqrt{3+2\sqrt{2}})^x + (\sqrt{3-2\sqrt{2}})^x = 6$,则 $x =$ ( )

(A) 2.　　　　　(B) −2.
(C) ±2.　　　　(D) $\pm\dfrac{1}{2}$.

【审题要津】　对算术平方根式的化简,首先应考虑对被开方式进行配方,注意到 $3\pm2\sqrt{2} = (\sqrt{2}\pm1)^2$,因此问题不难解决.

解　依审题要津,原方程可化为 $(\sqrt{2}+1)^x + (\sqrt{2}-1)^x = 6$,因为 $\sqrt{2}+1$ 与 $\sqrt{2}-1$ 互为倒数,因此设

$(\sqrt{2}+1)^x = y$,则$(\sqrt{2}-1)^x = \dfrac{1}{y}$,于是原方程可化为 $y + \dfrac{1}{y} = 6$,解得 $y = \dfrac{6 \pm \sqrt{32}}{2} = 3 \pm 2\sqrt{2}$,当$(\sqrt{2}+1)^x = 3 + 2\sqrt{2}$时,$x = 2$;当$(\sqrt{2}+1)^x = 3 - 2\sqrt{2}$时,$x = -2$,所以 $x = \pm 2$.故选(C).

【评注】 该方程的未知数在指数位置上,因此无需验根.此外,即使不知道 $3 \pm 2\sqrt{2} = (\sqrt{2} \pm 1)^2$,只要注意到 $2\sqrt{2} = \sqrt{8}$,$3 = \sqrt{9}$,即可发现 $3 + 2\sqrt{2}$ 与 $3 - 2\sqrt{2}$ 互为倒数,据此同样可解.

☞ 9. 如图,$AB = AC$,$AD = DE = EC = BC$.则 $\angle ABC$ 的度数为( )
 (A)30°. (B)40°.
 (C)45°. (D)60°.

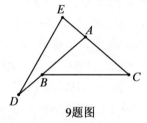

9题图

【审题要津】 面对题设给出的等边关系,正面求解着实有些困难,为此可从排除法入手进行筛选.

解 依审题要津,①若 $\angle ABC = 30°$,则由 $AB = AC$ 可知 $\angle ACB = \angle ABC = 30°$,于是有 $\angle EAD = \angle ABC + \angle ACB = 60°$,又因为 $AD = DE$,所以 $\triangle ADE$ 为等边三角形,从而可得 $AE = AD = DE$,这显然与 $CE = AD$ 矛盾,故排除(A);②若 $\angle ABC = 45°$,则由 $AB = AC$ 可知 $\angle ACB = \angle ABC = 90°$,于是有 $DA \perp EC$,这与 $\triangle ADE$ 为

等腰三角形不符,故排除(C);③若 $\angle ABC = 60°$,则 $\angle EAD = 120°$,而 $\angle EAD$ 又是等腰三角形的底角,这显然不成立,故排除(D).综上所述,选(B).

【评注】 面对题设给出的诸多等边的关系,特别是 $AD = BC$,为计算 $\angle ABC$ 的度数,应通过构造全等三角形入手.此时关注等腰三角形的"三线合一"性质是顺理成章的,又注意到 $\angle ABC$ 为等腰 $\triangle ABC$ 的底角,因此可利用 $\triangle ABC$ 的对称性做文章.求解如下:如图1所示,联结 DC,引 $AF \perp BC$ 使 $AF = DC$,垂足为 G.设 $\angle ABC = \alpha$,则由 $AB = AC$,可知 $\angle ACB = \alpha$,进而根据题设 ($AD = DE$),可得 $\angle DAE = \angle CED = 2\alpha$,因为 $CE = DE$,所以 $\angle ACD = \angle EDC = \frac{1}{2}(180° - 2\alpha) = 90° - \alpha$,而在 $\triangle ABF$ 中,由 $AF \perp BC$ 可知,$\angle BAF = 90° - \alpha$,又因为在 $\triangle ADC$ 及 $\triangle BFA$ 中,$DC = FA$,$CA = AB$,所以由"SAS"可知 $\triangle ADC \cong \triangle BFA$,故 $BF = AD = BC$,即 $BF = 2BG$,注意到 $\triangle BGF$ 是直角三角形,从而可得 $\angle BFG = 30°$,于是由 $\triangle ADC \cong \triangle BFA$,可得 $\angle ADC = \angle BFA = 30°$,在 $\triangle ADC$ 中,因为 $\angle DAC = 180° - 2\alpha$,$\angle ACD = 90° - \alpha$,$\angle ADC = 30°$,于是由 $\angle ADC + \angle ACD + \angle DAC = 180°$,即 $30° + (90° - \alpha) + (180° - 2\alpha) = 180°$,可得 $\alpha = 40°$,即 $\angle ABC = 40°$.本题也可按照如下思路求解:利用平移使 $\angle ABC$ 的顶点 B 与点 D 重合,如此衔接,意在整合题设条件给出的信息:如图2,从点 D 作 $DF \parallel BC$,使 $DF = BC$,联结 CF,则四边形 $BCFD$ 是平行四边形,于是由 $BC = DF$,可知 $DF = DE$,又因为 $CF \parallel AD$,可知 $\angle ACF = \angle EAD = \angle AED = 2\alpha$.在 $\triangle ECF$ 和 $\triangle DAE$ 中,由 $EC = DA$,$\angle ECF = \angle DAE = 2\alpha$,且

$CF = BD = AD - AB = EC - AC = AE$，可得 $\triangle ECF \cong \triangle DAE$，于是有 $EF = DE$，由此可见 $\triangle EDF$ 是等边三角形，从而可知 $\angle EDF = 60°$，即 $\angle EDA + \angle ADF = \angle EDA + \alpha = 60°$，亦即 $180° - 4\alpha + \alpha = 60°$，故 $\alpha = 40°$，即 $\angle ABC = 40°$

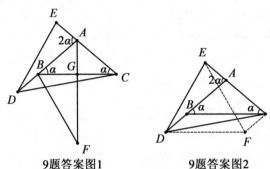

9题答案图1　　　9题答案图2

☞ 10. 如图，设 AB 是 $\odot O$ 的弦，CD 是 $\odot O$ 的直径，且 CD 与 AB 相交，若 $m = |S_{\triangle CAB} - S_{\triangle DAB}|$，$n = S_{\triangle OAB}$，则（　　）

(A) $m > 2n$.

(B) $m = 2n$.

(C) $m < 2n$.

(D) m 与 $2n$ 的大小无法确定.

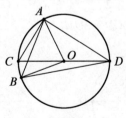

10题图

【审题要津】　注意到 $\triangle DAB$，$\triangle CAB$ 及 $\triangle OAB$ 都含有 AB，因此可视 AB 为这三个三角形的公共底边，针

对所求,不妨如图 1 所示,作 $DE \perp AB$ 于点 E, $CF \perp AB$ 于点 F, $OG \perp AB$ 于点 G,与此同时设 $DE = h_D$, $CF = h_C$, $OG = h_O$,更不妨设 $AB = 2$,于是有 $S_{\triangle CAB} = h_C$, $S_{\triangle DAB} = h_D$, $S_{\triangle OAB} = h_O$,以下只需比较 $|h_C - h_D|$, $2h_O$ 的大小即可,此时关注 O 为 CD 的中点,即可利用三角形的中位线性质探索解题入口.

解 继审题要津,联结 CG 并延长交 DE 于点 H,在 $\triangle CDH$ 中,由 O 为 CD 的中点,又 $OG \parallel DH$,所以 G 为 CH 的中点,于是有 $OG = \dfrac{1}{2} DH$,且 $CF = HE$,即 $h_C = h_D - DH = h_D - 2h_O$,从而有 $|h_C - h_O| = 2h_O$,故选(B).

【评注】 本题也可以如下求解:注意到 O 为 CD 的中点,易知折线 $A-O-B$ 将四边形 $ACBD$ 分割成等积的两部分,也就是说 $S_{\triangle DAB} - S_{\triangle OAB} = S_{\triangle CAB} + S_{\triangle OAB}$,从而有 $S_{\triangle DAB} - S_{\triangle CAB} = 2S_{\triangle OAB}$,当弦 AB 位于 AO 右侧时,自然有 $S_{\triangle CAB} - S_{\triangle DAB} = 2S_{\triangle OAB}$.综上所述,$|S_{\triangle CAB} - S_{\triangle DAB}| = 2S_{\triangle OAB}$,此法从宏观处理更简洁:如图 2,设 AB 与 CD 相交于点 M, AB 与 CD 的夹角为 α,则不难发现 $h_C = CM \cdot \sin \alpha$, $h_D = DM \cdot \sin \alpha$, $h_O = OM \cdot \sin \alpha$.于是研究 m, n 的关系,实质上就是研究 $|CM - DM|$ 与 OM 的关系.如图 2,显然有 $DM - CM = OM + OD - CM = OM + OC - CM = 2OM$.即 $m = 2n$.

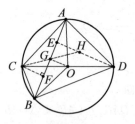

10题答案图1

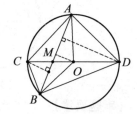

10题答案图2

第10章 2014年第25届"希望杯"初三

二、A组填空题

☞ 11. 若 $y^2+4y+2=0$,则 $\dfrac{y^2}{y^4-2y^2+4}=$ _____.

【审题要津】 为了使所求与题设相通,不妨从所求式的分母降幂入手.注意到所求式是关于 y^2 的分式,不妨先将已知等式化为 $y^2=-4y-2$ 再说.

解 继审题要津,$\dfrac{y^2}{y^4-2y^2+4}=\dfrac{y^2}{(y^2-1)^2+3}=\dfrac{y^2}{(-4y-3)^2+3}=\dfrac{y^2}{16y^2+6(4y+2)}=\dfrac{y^2}{16y^2-6y^2}=\dfrac{y^2}{10y^2}=\dfrac{1}{10}$. 故填 $\dfrac{1}{10}$.

【评注】 该解法体现的是整体思想,如将已知等式配方为 $(y+2)^2=2$ 再解方程,则将陷入困境.

☞ 12. 如图,矩形 $ABCD$ 中,$AB=60$,$BD=BC+\dfrac{2}{3}CD$,则 $BC=$ _____.

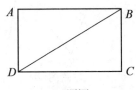

12题图

【审题要津】 在矩形 $ABCD$ 中,由"$AB=60$,$BD=BC+\dfrac{2}{3}CD$"及 $CD=AB$,即知 $\dfrac{2}{3}CD=40$,进而有 $BD=BC+40$,以下只需要利用勾股定理,即可列出关于 BC 的方程,求解便是.

解 继审题要津,在 Rt$\triangle BCD$ 中,设 $BC=x$,则 $BD=x+40$,从而有 $(x+40)^2=x^2+60^2$,可解得 $x=$

25,即 $BC=25$. 故填 25.

【评注】 引入 x 既便于表达,也体现了利用方程解题的初衷.

☞ 13. In $\triangle ABC$ as shown in Figure, $\angle ABC=40°$, $\angle BAC=60°$. Both BD and CD are the interior angle bisectors of $\triangle ABC$ which intersect at point D, BE and CE are exterior angle bisectors of $\triangle ABC$ which intersect at point E, then $\angle BDC - \angle BEC =$ _____.

译文 如图所示在 $\triangle ABC$ 中, $\angle ABC=40°$, $\angle BAC=60°$, BD, CD 分别平分 $\angle B$, $\angle C$, BE, CE 分别平分 $\angle B$, $\angle C$ 的外角, 那么 $\angle BDC - \angle BEC =$ _____.

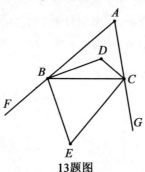

13题图

【审题要津】 针对所求, 首先应分别求出 $\angle BDC$ 及 $\angle BEC$ 的度数, 而计算 $\angle BDC$ 或 $\angle BEC$, 只需根据题设条件利用三角形内角和为 $180°$ 即可. 注意到 $\angle BDC + \angle BEC = 180°$, 则问题迎刃而解.

解 在 $\triangle BDC$ 中, 因为 $\angle BDC + \dfrac{1}{2}(\angle B + \angle C) = 180°$, 又 $\dfrac{1}{2}(\angle ABC + \angle ACB) = 90° - \dfrac{1}{2}\angle A$, 所以

$\angle BDC = 180° - \dfrac{1}{2}(\angle ABC + \angle ACB) = 90° + \dfrac{1}{2}\angle A = 90° + 30° = 120°$。在四边形 $BDCE$ 中，因为 $\angle DBE = \dfrac{1}{2}(\angle ABC + \angle CBF) = 90°$，同理 $\angle DCE = 90°$，所以 $\angle BEC + \angle BDC = 180°$，即 $\angle BEC = 60°$，于是 $\angle BDC - \angle BEC = 120° - 60° = 60°$。故填 $60°$。

【评注】 本题也可如下求解：由 $\angle DBE = \angle DCE = 90°$，不难导出 $\angle BEC = \dfrac{1}{2}(\angle ABC + \angle ACB)$。如果联结 AD 并延长，则可由三角形外角性质，得知 $\angle BDC = \angle A + \dfrac{1}{2}(\angle ABC + \angle ACB) = \angle A + \angle BEC$，从而有 $\angle BDC - \angle BEC = \angle A = 60°$。由此可见，题设条件"$\angle ABC = 40°$"是多余的。

☞ 14. 有 1g，2g，3g，4g 的砝码各 2 个，从中任取 2 个放在已经平衡的天平的两端，则天平仍然保持平衡的概率 $P = \underline{\qquad}$。

【审题要津】 在题设 8 个不同的砝码中任取 2 个，则不同的取法有 $\dfrac{1}{2} \times 8 \times 7 = 28$(种)，而将 2 个砝码放在已经平衡的天平两端，只有这 2 个砝码重量相同时才能使天平自然保持平衡，据此即可求解。

解 在上述 28 种取法中，使 2 个砝码重量相同的取法只有 4 种，所以 $P = \dfrac{4}{28} = \dfrac{1}{7}$。故填 $\dfrac{1}{7}$。

【评注】 天平原本是平衡的，从所给的 8 个砝码中任取两个分别放在天平的两端，天平是否保持平衡，完全取决于取出的两个砝码是否重量相等，这与哪个砝码放在哪端无关.因此只需关注取法,不必考虑放法,故应无序,这正是不同取法有 $\frac{1}{2} \times 8 \times 7$ 种的缘由.

☞ 15. 如图,将等边 $\triangle ABC$ 的外接圆对折,使点 A 与弧 BC 的中点 F 重合,折痕与边 AB,AC 分别交于点 D,E,若 $BC=3$,则 $\triangle ADE$ 的面积是_____.

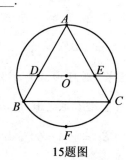

15题图

【审题要津】 依题意,折痕所在直线 DE 为已知圆的对称轴,故直线 DE 过圆心 O,自然 O 也是 $\triangle ABC$ 的中心,且点 F 与点 A 关于直线 DE 对称,因此 $AF \perp DE$,又 F 为 $\overset{\frown}{BC}$ 的中点,而 $\triangle ABC$ 为正三角形,因此由垂径定理可知 $AF \perp BC$,故 $DE \parallel BC$,据此即可利用 O 也是 $\triangle ABC$ 的中心,由 $BC=3$,求出 $DE=AD=2$.

解 依审题要津,$S_{\triangle ADE} = \frac{\sqrt{3}}{4} \cdot DE^2 = \sqrt{3}$. 故填 $\sqrt{3}$.

【评注】 由 $\triangle ABC$ 为正三角形,因此点 A 即为 $\overset{\frown}{BC}$ (优)的中点,又 F 是 $\overset{\frown}{BC}$ (劣)的中点,因此 AF 即为已知圆的直径,又直径 DE 垂直平分 AF,自然 AF 与 DE 的交点 O 即为已知圆的圆心,当然它也是内接于该圆的等边 $\triangle ABC$ 的中心.

☞ 16. 如图,在 Rt△ABC 中,∠C=90°,AC=2,BC=1,若以 C 为圆心,CB 为半径的圆交 AB 于点 D,则 $\dfrac{AD}{DB}$= _____.

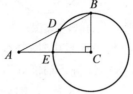

16题图

【审题要津】 在 Rt△ABC 中,由 AC=2,BC=1,即知 $AB=\sqrt{5}$,以下只需求出 AD 即可.针对图形结构,如图,不妨设 AC 交圆 C 于点 E,且延长 AC 使之交圆于点 F,进而即可根据割线定理完成所求.

解 $AB=\sqrt{5}$,继审题要津,$AE \cdot AF = AD \cdot AB$,即得 $1 \times 3 = AD \times \sqrt{5}$,于是有 $AD = \dfrac{3}{5}\sqrt{5}$,$DB = \dfrac{2}{5}\sqrt{5}$,所以 $AD:DB=3:2$. 故填 $\dfrac{3}{2}$.

【评注】 本题也可以如下求解:如图,联结 CD,作 CM⊥BD 于点 M,由垂径定理可知,M 为 DB 的中点,易知 Rt△ABC∽Rt△CBM,故 $\dfrac{MB}{BC}=\dfrac{BC}{BA}$,即 $MB=\dfrac{1}{\sqrt{5}}=\dfrac{\sqrt{5}}{5}$,$DB=\dfrac{2\sqrt{5}}{5}$,进而有 $AD=\dfrac{3\sqrt{5}}{5}$,所以 $\dfrac{AD}{DB}=\dfrac{3}{2}$.

第19~25届"希望杯"全国数学邀请赛试题
审题要津 详细评注

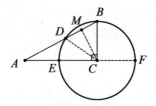

16题答案图

☞ 17. 在平面直角坐标系中,抛物线 C 经过点 $A(3,8)$,$B(7,8)$,且与 x 轴恰好有1个交点,则抛物线 C 上纵坐标为 32 的两个点的距离为_____.

【审题要津】 由点 $A(3,8)$,$B(7,8)$ 在抛物线上,则知该抛物线的对称轴为 $x=5$,从而可设其解析式为 $y=a(x-5)^2+k$,又因为抛物线"与 x 轴恰好有1个交点",故 $k=0$,以下只需将点 A 或点 B 的坐标代入,即可确定抛物线的解析式,至此所求近在咫尺.

解 继审题要津,题设抛物线解析式为 $y=a(x-5)^2$,又当 $x=3$ 时,$y=8$,故 $a=2$,将 $y=32$ 代入 $y=2(x-5)^2$,易解得 $x_1=9$,$x_2=1$,$9-1=8$. 故填 8.

【评注】 如设抛物线的解析式为 $y=ax^2+bx+c(a\neq0)$,则繁.

☞ 18. 如图,等边 $\triangle AFG$ 被线段 BC,DE 分割成周长相等的三部分:等边 $\triangle ACB$,梯形 $BCED$,梯形 $DEGF$,其面积分别是 S_1,S_2,S_3,若 $S_2=63$,则 $S_1-S_3=$_____.

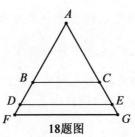

18题图

【审题要津】 注意到给出的条件中隐含着 $BC \parallel DE \parallel FG$,从而可知 $\triangle ABC, \triangle ADE, \triangle AFG$ 都是等边三角形. 又注意到 "$S_2 = 63$",而 $S_2 = S_{\triangle ADE} - S_{\triangle ABC}$,且 $S_3 = S_{\triangle AFG} - S_{\triangle ADE}$,再注意到等边三角形面积是边长的平方的 $\frac{\sqrt{3}}{4}$ 倍,因此可设小、中、大三个等边三角形的边长分别为 a, b, c,以下只需利用题设条件消元即可.

解 依审题要津,设 $\triangle ABC, \triangle ADE, \triangle AFG$ 的边长分别为 a, b, c,与此同时设 $\triangle ABC$,梯形 $BCED$,梯形 $DEGF$ 的周长分别为 l_1, l_2, l_3,则 $l_1 = 3a, l_2 = a + b + 2(b - a) = 3b - a, l_3 = b + c + 2(c - b) = 3c - b$,于是由 $l_1 = l_2 = l_3$,可得 $3a = 3b - a$,即 $b = \frac{4}{3}a$;$3c - b = 3a$,即 $3c - \frac{4}{3}a - 3a$,亦即 $c - \frac{13}{9}a$,从而由题设 $S_2 - S_{\triangle ADE} - S_{\triangle ABC} = \frac{\sqrt{3}}{4}b^2 - \frac{\sqrt{3}}{4}a^2 = \frac{\sqrt{3}}{4}(b^2 - a^2) = 63$,即 $\frac{\sqrt{3}}{4}\left(\frac{16}{9}a^2 - a^2\right) = 63$,所以 $a^2 = 108\sqrt{3}$,即 $S_1 = \frac{1}{4}\sqrt{3}a^2 = 81$,而由 $S_3 = \frac{\sqrt{3}}{4}(c^2 - b^2) = \frac{\sqrt{3}}{4}\left(\frac{169}{81}a^2 - \frac{16}{9}a^2\right) = 25$,即得 $S_1 - S_3 = 56$. 故填 56.

【评注】 消元过程中统一用 a 来表示 b,c 的思路,进而计算 S_1,S_2,S_3 时又一律保留 $\frac{\sqrt{3}}{4}a^2$ 的运算技巧均为快速求解的关键.对此应认真领会.

☞ 19. 如图,四边形 $ABCD$ 中,$\angle ABC = \angle CDA = 90°$,$AD = DC = 5$,$AB = 7$,$BC = 1$,则 $BD =$ _____.

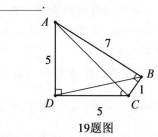

19题图

【审题要津】 针对题目给出的图形特征,不妨以 D 为坐标原点,以 DC,DA 所在直线为 x 轴,y 轴,建立平面直角坐标系,以下只需计算出点 B 的坐标即可.

解 依审题要津,如图,显然有 $A(0,5)$,$C(5,0)$,与此同时设点 B 的坐标为 (x,y),依题意,可知

$$\begin{cases} x^2 + (y-5)^2 = 49 & ① \\ (x-5)^2 + y^2 = 1 & ② \end{cases}$$

①-②得 $x - y = 4.8$,将其代入②,即知 $(y - 0.2)^2 + y^2 = 1$,经整理得 $y = \frac{4}{5}$,于是有 $x = \frac{28}{5}$,从而 $BD^2 = x^2 + y^2 = 32$,故 $BD = 4\sqrt{2}$. 填 $4\sqrt{2}$.

第 10 章 2014 年第 25 届"希望杯"初三

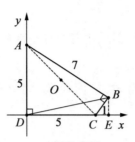

19题答案图

【评注】 本题属于着重考查基本运算能力的试题. 也可如下求解: 注意到 $\angle ABC = \angle ADC = 90°$, 联结 AC, 设 AC 的中点为 O, 则有 $OA = OB = OC = OD = \frac{1}{2}AC$, 于是四边形 $ABCD$ 为以 AC 为直径的圆的内接四边形, 于是有 $\angle CAB = \angle BDC$, 过 B 作 $BE \perp$ 直线 DC 于点 E, 则有 $\triangle DBE \sim \triangle ACB$. 设 $BE = y$, 则有 $\frac{BE}{DE} = \frac{BC}{AB}$, 即 $\frac{y}{5+\sqrt{1-y^2}} = \frac{1}{7}$, 亦即 $7y - 5 = \sqrt{1-y^2}$, 从而由 $25y^2 - 35y + 12 = 0$, 可解得 $y = \frac{3}{5}$ 或 $y = \frac{4}{5}$. 注意到 $7y - 5 = \sqrt{1-y^2} > 0, y = \frac{3}{5}$ (舍), 故 $y = \frac{4}{5}$, 进而有 $BD^2 = \left(\frac{4}{5}\right)^2 + \left(5 + \frac{3}{5}\right)^2 = 32$, 故 $BD = 4\sqrt{2}$.

☞ 20. 两个正方体骰子的每一个面上都写了一个正整数, 随意的投掷这两个骰子, 若朝上的两个面内的数的和为偶数的概率最小是 P, 则 $P =$ _____.

【审题要津】 首先认定两个骰子是相同的, 每个骰子都有 6 个面. 按每个骰子上奇数面, 偶数面, 不同分类进行讨论.

解 依审题要津,Ⅰ若全部是奇数或全部是偶数,此时 $P=1$;

Ⅱ若三面奇数,三面偶数,则 $P=\dfrac{2\times(3\times3)}{6\times6}=\dfrac{1}{2}$;

Ⅲ若两面奇数,四面偶数(或四个奇数,两个偶数),$P=\dfrac{2\times2+4\times4}{6\times6}=\dfrac{5}{9}$;

Ⅳ若一个奇数,五个偶数(或一个偶数,五个奇数),$P=\dfrac{1\times1+5\times5}{6\times6}=\dfrac{13}{18}$.

综上,朝上的两个面内的数的和为偶数的概率最小为 $\dfrac{1}{2}$. 故填 $\dfrac{1}{2}$.

【评注】 由于每个面上所填整数是任意的,针对求朝上的2个面之和为偶数的概率,而奇数、偶数的个数是影响概率的根本原因,自然应按奇偶分类进行讨论. 特别要注意的是,这不是常识意义下的1~6点的骰子,但我们仍可按这两个骰子相同(或认为是将一枚骰子连掷两次)来处理.

三、B 组填空题

☞ 21. 若关于 x 的方程 $(x-2)(x-4)=(p-2)(p-4)$ 的两个实数根 x_1,x_2 是某直角三角形的两条直角边的长,则此三角形的面积最大是_____,此时 $p=$_____.

【审题要津】 针对所求,不妨先求出方程的两个实数根再说:已知方程可化为 $x^2-p^2=6(x-p)$,即

$(x-p)(x+p)=6(x-p)$，$(x-p)(x-6+p)=0$，故方程的两根为 $x_1=p$，$x_2=6-p$，所以 $S_{\triangle ABC}=\dfrac{1}{2}x_1x_2=\dfrac{1}{2}p(6-p)$．面对作为关于 p 的二次函数的 $S_{\triangle ABC}$，求其最大值不在话下．

解 继审题要津，$y=S_{\triangle ABC}$ 是关于 p 的二次函数，其图像为开口向下的抛物线．该抛物线的对称轴为 $p=3$，由此可见当 $p=3$ 时，$y=S_{\triangle ABC}$ 的最大值为 $\dfrac{9}{2}$．故填 $\dfrac{9}{2}$；3．

【评注】 由 $x_1=p$，$x_2=6-p$ 为某直角三角形的两条边长，即知 $0<p<6$．由此可见 p，$6-p$ 均为正数，为此亦可如下求解：由 $\dfrac{1}{3}p(6-p)\leqslant\dfrac{1}{8}\left[p+(6-p)\right]^2$，即 $S\leqslant\dfrac{9}{2}$，且当 $p=6-p$，即 $p=3$ 时等号成立．可知当 $p=3$ 时，$S_{最大}=\dfrac{9}{2}$．

☞ 22. If x, y and z satisfy the equation $4\sqrt{x}+4\sqrt{y-4}+4\sqrt{z-8}=x+y+z$, then $x+y+z=$ _____, and $xyz=$ _____．

译文 如果 x,y,z 满足方程 $4\sqrt{x}+4\sqrt{y-4}+4\sqrt{z-8}=x+y+z$，那么 $x+y+z=$ _____，$xyz=$ _____．

【审题要津】 对题设仅给出一个关于 x,y,z 的方程，而所求又要确定三个未知数，因此只能从配方入手，利用"几个非负式其和为 0，则每个非负式皆为 0"

的结论,落实所求.

解 依审题要津,已知方程可化为 $4\sqrt{x}+4\sqrt{y-4}+4\sqrt{z-8}=(\sqrt{x})^2+(\sqrt{y-4})^2+(\sqrt{z-8})^2+4+4+4$,即 $[(\sqrt{x})^2-4\sqrt{x}+4]+[(\sqrt{y-4})^2-4\sqrt{y-4}+4]+[(\sqrt{z-8})^2-4\sqrt{z-8}+4]=0$,亦即 $(\sqrt{x}-2)^2+(\sqrt{y-4}-2)^2+(\sqrt{z-8}-2)^2=0$,从而可得 $\sqrt{x}-2=\sqrt{y-4}-2=\sqrt{z-8}-2=0$,即 $x=4, y=8, z=12$,于是有 $x+y+z=24, xyz=384$. 故填 $24;384$.

【评注】 对方程两边所实施的变换,体现了构建"和谐化"解题环境的初衷.

☞ 23. 若 $\triangle ABC$ 的三条边长 a,b,c 满足 $b+c=10$, $bc=a^2-12a+61$, 则 $\triangle ABC$ 的周长等于_____,面积等于_____.

【审题要津】 针对题设和所求,只需确定 a 的取值即可. 注意到 $b+c=10, bc=a^2-12a+61$,由 b,c 客观存在,即知以 b,c 为根的一元二次方程,即 $x^2-10x+(a^2-12a+61)=0$ 的判别式 $\Delta\geqslant 0$. 据此即可求出 a 值,进而又可以求出 b,c,从而问题可解.

解 依审题要津,由 $\Delta=(-10)^2-4(a^2-12a+61)\geqslant 0$,即知 $-4(a^2-12a+36)\geqslant 0$,亦即 $(a-6)^2\leqslant 0$,由此可得 $a=6$,于是由 $b+c=10, bc=a^2-12a+61=25$,可知 $b=c=5$,故 $\triangle ABC$ 的周长为 16. 如图,在 $\triangle ABC$ 内,引 $AD\perp BC$ 于 D,易知 $BD=DC=3$,又因为 $AB=AC=5$,所以 $AD=4$,故 $S_{\triangle ABC}=\frac{1}{2}AD\times BC=\frac{1}{2}\times 6\times 4=12$. 填 $16;12$.

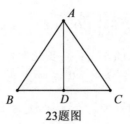

23题图

【评注】 本题也可以如下求解:由 $b+c=10$,即知 $b^2+2bc+c^2=100$. 于是依题设可得,$b^2-2bc+c^2=100-4bc=100-4a^2+48a-244$,即 $(b-c)^2=-4a^2+48a-144=-(2a-12)^2$,亦即 $(b-c)^2+(2a-12)^2=0$,从而可知 $b=c,a=6$,因为 $b+c=10$,所以 $b=c=5$,故 $\triangle ABC$ 的周长为 $a+b+c=16$,其面积为 $\frac{1}{2}\times 6\times 4=12$.

☞ 24. 如图,在平面直角坐标系 xOy 中,反比例函数 $y=\dfrac{k}{x}(x>0)$ 的图像交矩形 $OBCD$ 的边 BC 于点 E,交边 CD 于点 F,且 $DF=\dfrac{1}{4}CD$,若四边形 $OECF$ 的面积为 24,则 $k=$ _____,$S_{\triangle OEF}=$ _____.

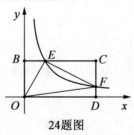

24题图

【审题要津】 针对题设和所求,不妨设 $E(x_1, y_1)$,$F(x_2, y_2)$,则 $C(x_2, y_1)$,又因为 $x_1 y_1 = x_2 y_2 = k$,则

由 $\dfrac{y_1}{y_2} = \dfrac{x_2}{x_1}$,又 $DF = \dfrac{1}{4}CD$,可得 $y_1 = 4y_2$,进而又可得 $x_2 = 4x_1$,于是有 $C(4x_1, y_1)$,据此即可根据 $S_{四边形OECF} = 24$ 引出关于 k 的方程,从而可求出 k 值,再注意到 $S_{\triangle CEF} = \dfrac{1}{2}EC \cdot FC = \dfrac{1}{2} \cdot 3x_1 \cdot 3y_2 = \dfrac{1}{2} \cdot 3x_1 \cdot \dfrac{3}{4}y_1 = \dfrac{9}{8}x_1 y_1 = \dfrac{9}{8}k$,则问题易解.

解 依审题要津,由 $S_{四边形OECF} = S_{四边形BODC} - S_{\triangle OBE} - S_{\triangle ODF} = 4x_1 y_1 - \dfrac{1}{2}x_1 y_1 - \dfrac{1}{2}x_2 y_2 = 4k - \dfrac{1}{2}k - \dfrac{1}{2}k = 24$,可解得 $k = 8$,又因为 $S_{\triangle CEF} = \dfrac{9}{8}x_1 y_1 = \dfrac{9}{8}k = 9$,所以 $S_{\triangle OEF} = S_{四边形OECF} - S_{\triangle CEF} = 24 - 9 = 15$. 故填 8;15.

【评注】 由 $x_1 y_1 = x_2 y_2 = k$ 及 $y_1 = 4y_2$,则图中各三角形的面积均可用 k 表示,问题自然可解.

☞ 25. 在直角坐标系 xOy 中,抛物线 $y = ax^2 + bx + c$(a, b, c 均为正整数)与 x 轴有两个不同的交点 $A(x_1, 0), B(x_2, 0)$. 若 $|x_1|$ 和 $|x_2|$ 都大于 1,则 abc 的最小值是_____,此时 $a + b + c = $ _____.

【审题要津】 由 a, b, c 是正整数,即知抛物线开口向上,而由 $-\dfrac{b}{2a} < 0$,又可知抛物线的对称轴在 y 轴左侧,注意到当 $x > 0$ 时,$ax^2 + bx + c > 0$,于是由 $|x_1|$ 和 $|x_2|$ 都大于 1,可知 $x_1 < -1, x_2 < -1$,且当 $x = -1$ 时,$a - b + c > 0$,即 $b < a + c$. 注意到 x_1, x_2 是 $y = ax^2 + bx + c$ 的两个零点,则知 $\Delta = b^2 - 4ac > 0$,即 $b^2 > 4ac$,且 $x_1 \cdot$

$x_2 = \dfrac{c}{a} > 1$,即 $c > a$,进而可知 $-\dfrac{b}{2a} < -1$,即 $b > 2a$. 以下只需由 a,b,c 都是正整数,所求又是 abc 的最小值,即可利用上述不等关系,通过层层紧逼达到目的.

解 依审题要津,①因为 a 最小为 1,则由 $c > a$ 可知,c 最小为 2,又因为 $b^2 > 4ac > 8$,所以 b 的最小值为 3,但 $b = 3$ 时,与 $b < a + c$ 矛盾,所以只能是 $b > 3$;②若 $b = 4$,则由 $b^2 > 4ac$,即 $4^2 > 4ac$,亦即 $4 > ac$,可知 a 只能为 1,于是由 $a + c > b$,即 $a + c > 4$,可知须有 $c > 3$,但这与 $4 > ac$ 矛盾,所以 $b > 4$;③若 $b = 5$,则由 $25 > 4ac$,即 $ac < \dfrac{25}{4}$,可知应有 $ac \le 6$,即 $c \le 6$. 若 $a = 2$,c 至少是 3,此时与 $b < a + c$ 矛盾,所以只能是 $a = 1$,因此由 $ac \le 6$,即 $c \le 6$,可知 c 应取 5 或 6,但要 abc 最小,因此有 $a = 1, b = 5, c = 5$,故所求 abc 的最小值为 25,此时 $a + b + c = 11$. 故填 $25;11$.

【评注】 若 $b = 6$,则由 $2a < b < a + c$,即 $2a < 6 < a + c$ 及 $c > a$,可知 a 只能是 1 或 2. 当 $a = 1$ 时,c 至少等于 6,此时 $abc > 1 \times 6 \times 6 > 25$;当 $a = 2$ 时,c 至少等于 5,此时 $abc > 1 \times 6 \times 5 > 25$. 显然当 $b > 6$ 时,abc 的最小值将随着 b 的增大而增大,故 $a - 1, b = 5, c = 5$ 时,abc 的最小值为 25.

第19~25届"希望杯"全国数学邀请赛试题
审题要津 详细评注

第2试

一、选择题

☞ 1. If both a and c are real numbers, 2 and 3 are the two solutions of the equation $ax^2 - 10x + c = 0$, then the value of $a + c$ is(   )

(A) 10.   (B) 12.
(C) 14.   (D) 16.

译文 如果 a 和 c 都是实数,2 和 3 是方程 $ax^2 - 10x + c = 0$ 的解,那么 $a + c$ 的值为(   ).

【审题要津】 只需将 $x = 2, x = 3$ 分别代入方程,即可得出关于 a, c 的方程组,求解便是.

解 依审题要津,将 $x = 2$ 及 $x = 3$ 分别代入方程 $ax^2 - 10x + c = 0$,即得 $\begin{cases} 4a - 20 + c = 0 \\ 9a - 30 + c = 0 \end{cases}$,解得 $a = 2$, $c = 12$,所以 $a + c = 14$. 故选(C).

【评注】 此题也可应用一元二次方程根与系数的关系求解:因为 2, 3 是方程 $ax^2 - 10x + c = 0$ 的两个根,所以 $2 + 3 = \dfrac{10}{a}$,即 $a = 2$,又 $2 \times 3 = \dfrac{c}{a} = \dfrac{c}{2}$,即 $c = 12$,故 $a + c = 14$.

☞ 2. 如图,在 $\triangle ABC$ 中,$BC > CA > AB$,D, E, F 分别是 AB, BC, CA 边上的点,$DE \parallel AC$,$FD \parallel CB$,若 $AD:DB = 1:2$,则图中的相似三角形有(   )对

(A) 3.   (B) 4.
(C) 5.   (D) 6.

第10章 2014年第25届"希望杯"初三

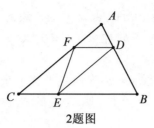

2题图

【审题要津】 由 $DE \parallel AC$,可得 $\triangle DEB \backsim \triangle ACB$,由 $FD \parallel CB$,得 $\triangle AFD \backsim \triangle ACB$,于是由相似三角形的传递性,又可得 $\triangle DEB \backsim \triangle AFD$,在这里已有三对相似三角形,又注意到四边形 $FCED$ 是平行四边形,显然有 $\triangle DEF \cong \triangle CFE$,故图中的相似三角形有4对.

解 依审题要津,选(B).

【评注】 须知,两个全等的三角形也是一对相似三角形.

☞ 3. 若 $a-b=4, ab+c^2+4=0$,则 a 的值是( )
   (A)2.   (B)3.
   (C)4.   (D)5.

【审题要津】 面对含3个字母的等式,要确定一个字母的取值,只能通过配方进而利用非负数的性质完成所求.

解 依审题要津,由 $a-b=4$,得 $b=a-4$,将其代入 $ab+c^2+4=0$,得 $a(a-4)+4+c^2=0$,即 $(a^2-4a+4)+c^2=0$,亦即 $(a-2)^2+c^2=0$ 成立,所以只能 $(a-2)^2=0$ 且 $c^2=0$,即 $a-2=0$,所以 $a=2$. 故选(A).

【评注】 也可以用韦达定理求解:由 $a+(-b)=4, a(-b)=c^2+4$,即可视 $a, -b$ 为方程 $x^2-4x+c^2+4=0$ 的两个实数根,于是由 $\Delta=(-4)^2-4(c^2+4)=$

385

$-4c^2 \geq 0$,可得 $c^2 \leq 0$,由此可见只能是 $c=0$,从而由 $\Delta = 0$,可知 $a = -b$,即 $a+b=0$,又 $a-b=4$,所以 $a=2$.

☞ 4. 将抛物线 $y=x^2$ 先向左平移 1 个单位,再向下平移 2 个单位,则所得的抛物线解析式是( )

(A) $y=x^2-2x+1$.　(B) $y=x^2+2x-1$.
(C) $y=x^2+4x+3$.　(D) $y=x^2-2x-1$.

【审题要津】 由抛物线 $y=x^2$ 的顶点为 $(0,0)$,则依题意平移后的抛物线顶点为 $(-1,-2)$,所以平移后的抛物线解析式为 $y=(x+1)^2-2$.

解 依审题要津,由 $y=(x+1)^2-2=x^2+2x-1$,即知应选(B).

【评注】 有关考查抛物线平移的问题,只要抓住平移过程中抛物线顶点的变化,即可解决问题.

☞ 5. 若 $3x^2-x=1$,则 $9x^4+12x^3-2x^2-7x+2014$ 的值是( )

(A) 2 013.　　　　(B) 2 014.
(C) 2 015.　　　　(D) 2 016.

【审题要津】 由 $3x^2-x=1$,即知 $3x^2-x-1=0$. 注意到 4 个选项给出的均为常数,因此可将所求的代数式整理成 $(3x^2-x-1) \cdot f(x) + c$ 的形式.

解 依审题要津,由 $3x^2-x=1$,得 $3x^2-x-1=0$,因为 $9x^4+12x^3-2x^2-7x+2014 = (9x^4-3x^3-3x^2)+(15x^3-5x^2-5x)+(6x^2-2x-2)+2016 = 3x^2 \cdot (3x^2-x-1)+5x(3x^2-x-1)+2(3x^2-x-1)+2016 = 2016$. 故选(D).

【评注】 本题也可根据题设条件,从降幂入手求

解：由 $3x^2 - x = 1$，即知 $x^2 = \frac{1}{3}(x+1)$，于是由 $9x^4 + 12x^3 - 2x^2 - 7x + 2\,014 = (3x^2)^2 + 4x \cdot (3x^2) - 2\left[\frac{1}{3}(x+1)\right] - 7x + 2\,014 = (x+1)^2 + 4x \cdot (x+1) - \frac{2}{3}(x+1) - 7x + 2\,014 = 5x^2 - \frac{5}{3}x + \frac{1}{3} + 2\,014 = 5 \times \frac{1}{3}(x+1) - \frac{5}{3}x + \frac{1}{3} + 2\,014 = 2\,016$，故选(D)．除此之外，若熟悉综合除法，则可径直运算求解．

☞ 6. 半径分别是 1,2 的 $\odot O_1$ 和 $\odot O_2$ 相外切，若半径是 3 的 $\odot O_3$ 和它们都相切，则满足条件的 $\odot O_3$ 的个数是(　　)
(A)6.　　　　　(B)3.
(C)4.　　　　　(D)5.

【审题要津】 注意到 $\odot O_3$ 的半径恰好为 $\odot O_1$ 与 $\odot O_2$ 的半径之和，则知与 $\odot O_1$，$\odot O_2$ 都内切的 $\odot O_3$ 仅有 1 个，如图所示，与 $\odot O_1$，$\odot O_2$ 都外切的 $\odot O_3$ 有 2 个，与 $\odot O_1$ 外切且与 $\odot O_2$ 内切的 $\odot O_3$ 和与 $\odot O_2$ 外切与 $\odot O_1$ 内切的 $\odot O_3$ 各有 1 个，所以满足条件的 $\odot O_3$ 共有 5 个．

解　依审题要津，选(D)．

【评注】 圆与圆相切分内切和外切，据此只需分类讨论即可．若 $\odot O_3$ 的半径大于 3，则应选(A)．

第 19～25 届"希望杯"全国数学邀请赛试题
审题要津 详细评注

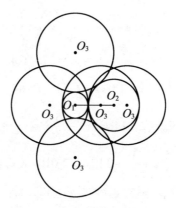

6题图

☞ 7. 给如图所示的无水泳池注水,如果进水速度是均匀的,那么,泳池内水的高度 h 随时间 t 变化的图像可能是(　　)

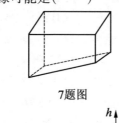

7题图

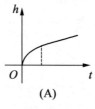

(A)

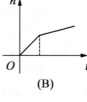

(B)

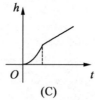

(C)

(D)

【审题要津】 由于图示游泳池的下部呈"下窄上宽"状,因此水位高度 h 随时间 t 不呈匀速增加,而是越来越慢地增加,而上部分为柱体,水位应匀速上升,据此即可求解.

解 依审题要津,选(A).

【评注】 此题也可用排除法,因为下部分水位高度 h 不是匀速增加的,从而可排除(B)和(D),又因为下半部的水位高度 h 随时间 t 的增加而变慢,从而又可排除(C),故选(A).

☞ 8. 三角形内的一点和三角形三个顶点的连线将三角形分成三部分,若这三部分的面积比是 1:2:3,则这样的点的个数是( )

(A)1. (B)3.
(C)6. (D)9.

【审题要津】 注意到 1,2,3 的最小公倍数为 6,不妨设该三角形的面积为 $6S$. 如图所示,在 $\triangle ABC$ 的边线上,取 $AE=\dfrac{1}{6}AC, BF=\dfrac{1}{6}BC$,于是有 $EF \parallel AB$,若点 P 为线段 EF 上任意一点,显然 $S_{\triangle PAB}=S, S_{\triangle PAC}+S_{\triangle PBC}=5S$. 若 $EP:PF=3:2$,则知 $S_{\triangle APC}=3S, S_{\triangle PBC}=2S$,反之若 $EP:PF=2:3$,则 $S_{\triangle APC}=2S, S_{\triangle PBC}=3S$,由此可见,在 EF 上有两个点 P 的位置使得点 P 与 $\triangle ABC$ 的三个顶点的连线将三角形分成其面积比是 1:2:3 的三部分.据此即可通过类比法完成所求.

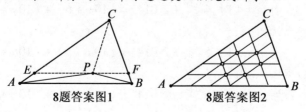

8题答案图1　　　　8题答案图2

解 依审题要津,继续在 AB, AC 两边及 BA, BC 两边上作同样的文章,类似地,每次也可得出两个符合题意的点,故这样的点的个数为6,选(C)。

【评注】 如图2中加标注"。"的6个点即为符合题意要求的点.

☞ 9. Given positive integer m which is no larger than 10, and $m^{2014} + 2014^m$ can be divided by 5, then the number of such m is(　　)

(A) 2.　　　　　　(B) 3.
(C) 4.　　　　　　(D) 5.

译文 已知 m 是不大于10 的正整数,且 m^{2014} + 2014^m 能被5 整除,那么满足这样条件的正整数 m 的个数为(　　)

【审题要津】 注意到能被5 整除的整数的个位数字只能是0 或5,即可通过研究当 $m = 1, 2, 3, \cdots, 10$ 时, m^{2014} 及 2014^m 的个位数字来确定"$m^{2014} + 2014^m$"的个位数字的取值,进而作出判断.

解 依审题要津,当 $m = 1$ 时, $1^{2014} + 2014^1 = (10 \times 0 + 1) + (10 \times 201 + 4) = 10 \times 201 + 5$;

当 $m = 2$ 时, $2^{2014} + 2014^2 = (10a + 4) + (10b + 6) = 10P$;

当 $m = 3$ 时, $3^{2014} + 2014^3 = (10a + 9) + (10b + 4) = 10P + 3$;

当 $m = 4$ 时, $4^{2014} + 2014^4 = (10a + 6) + (10b + 6) = 10P + 2$;

当 $m = 5$ 时, $5^{2014} + 2014^5 = (10a + 5) + (10b + 4) = 10P + 9$;

当 $m = 6$ 时, $6^{2014} + 2014^6 = (10a + 6) + (10b + $

390

$6)=10P+2$；

当 $m=7$ 时，$7^{2014}+2014^7=(10a+9)+(10b+4)=10P+3$；

当 $m=8$ 时，$8^{2014}+2014^8=(10a+4)+(10b+6)=10P$；

当 $m=9$ 时，$9^{2014}+2014^9=(10a+1)+(10b+4)=10P+5$；

当 $m=10$ 时，$10^{2014}+2014^{10}=10a+(10b+4)=10P+4$(这里 a,b,P 为非负整数).

由此可见只有当 $m=1,m=2,m=8,m=9$ 时，$m^{2014}+2014^m$ 能被5整除，故选(C).

【评注】 熟悉相关正整数的正整数次幂的个位数字的循环规律是顺利求解的关键.

☞ 10. 如图，在平面直角坐标系 xOy 中，点 $A(2,0)$，$M(0,\dfrac{\sqrt{3}}{3})$，$N(5,2\sqrt{3})$，$NB\perp x$ 轴于点 B，P 为 MN 上一动点，则 $PA+PB$ 的最小值为(   )

(A) $3\sqrt{3}$.   (B) $2\sqrt{3}$.

(C) $\dfrac{3\sqrt{3}}{2}$.   (D) $\dfrac{3\sqrt{3}}{4}$

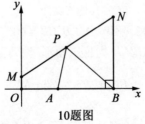

10题图

【审题要津】 作点 B 关于直线 MN 的对称点 B'，联结 $B'A$ 交直线 MN 于点 G，此点即是使 $PA+PB$ 取

第19~25届"希望杯"全国数学邀请赛试题
审题要津 详细评注

得最小值的动点 P 的位置,其最小值即等于线段 $B'A$ 的长度,由此可见,确定点 B' 的位置即为解题目标所在. 如图所示,延长 NM 交 x 轴于点 C. 设直线 MN 的解析式为 $y = kx + b$,将 $M\left(0, \dfrac{\sqrt{3}}{3}\right), N(5, 2\sqrt{3})$ 分别代入,可求得 MN 的解析式为 $y = \dfrac{\sqrt{3}}{3}x + \dfrac{\sqrt{3}}{3}$. 令 $y = 0$,得 $x = -1$,即点 C 坐标为 $(-1, 0)$. 于是可知 $CB = 5 - (-1) = 6$,又因为 $BN = 2\sqrt{3}$,所以由 $\tan\angle NCB = \dfrac{BN}{CB} = \dfrac{2\sqrt{3}}{6} = \dfrac{\sqrt{3}}{3}$. 可得 $\angle NCB = 30°$,进而由 CN 垂直平分 BB',可知 $\angle B'CB = 60°$. 据此即可根据 $CB' = CB = 6$ 求出点 B' 的坐标.

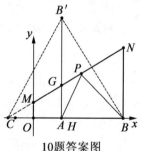

10题答案图

解 继审题要津,由 $\angle B'CB = 60°$,又由对称性有 $B'C = BC$,故 $\triangle B'CB$ 为正三角形. 注意到 A 恰为 BC 的中点,故 $B'A = \dfrac{\sqrt{3}}{2}BC = 3\sqrt{3}$. 故选 (A).

【评注】 实际上,由 $BO = 5, BN - OM = \dfrac{5}{3}\sqrt{3}$,即 $BO = \sqrt{3}(BN - OM)$,即可知 NM 与 OB 夹 $30°$ 的角. 这

是研究直角梯形的常见作法.同样地,确定点 C 的位置,也可利用比例关系完成.可见确定 $\angle NCB = 30°$ 的关键作用.由此可见,关注数据特征是审题要领中至关重要的环节,对此应认真领会.

二、A 组填空题

☞ 11. 若 $y = ax^2 + bx + c(a \neq 0)$ 的图像如图所示,则 abc 的值是_____.(填:"整数"、"负数"或"0")

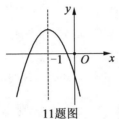

11题图

【审题要津】 由抛物线开口向下,即知 $a < 0$;由抛物线对称轴在 y 轴左侧,即 $-\dfrac{b}{2a} < 0$,则知 b 与 a 同号,即 $b < 0$;由抛物线与 y 轴的交点在原点下方,又知 $c < 0$,故 $abc < 0$.

解 依审题要津,abc 的值是负数.

【评注】 在抛物线 $y = ax^2 + bx + c(a \neq 0)$ 中,a 的符号由抛物线的开口方向确定;c 的符号由抛物线与 y 轴的交点位置确定;而 b 的符号的确定,则须由抛物线的开口方向及对称轴的位置两个因素来综合确定.在这里,总结 b 与 a 同号或异号的规律,对提高解题效率是有帮助的.事实上,由 $c < 0$,a,b 同号,即可作答.

☞ 12. 若关于 x 的方程 $x^2 + px + q = 0$ 有两个负根,则直线 $y = px + q$ 不经过第_____象限.(填:"一","二","三","四")

【审题要津】 只要确定 p,q 的符号,即可利用画出直线 $y=px+q$ 的大致图像完成所求.

解 依题意,设方程 $x^2+px+q=0$ 的两个实数根分别为 x_1,x_2,且 $x_1<0,x_2<0$. 由一元二次方程根与系数关系,易知 $x_1+x_2=-p<0$,即 $p>0,x_1x_2=q>0$,而对于直线 $y=px+q,p>0,q>0$,可知该直线与 x 轴交于点 $\left(-\dfrac{q}{p},0\right)$,与 y 轴交于点 $(0,q)$,显然直线不经过第四象限,故填四.

【评注】 本题逆命题"若直线 $y=px+q$ 不经过第四象限,则该方程 $x^2+px+q=0$ 有两个负实数根"是不成立的. 建议同学举出反例说明之.

☞ 13. 已知 $\begin{cases} x+xy+y=6 \\ x^2+y^2=12 \end{cases}$,则 x^3+y^3 的值是 _____.

【审题要津】 注意到 $x^3+y^3=(x+y)(x^2-xy+y^2)$,只需根据 $\begin{cases} x+xy+y=6 \\ x^2+y^2=12 \end{cases}$,即 $\begin{cases} 2(x+y)+2xy=12 \\ (x+y)^2-2xy=12 \end{cases}$,求出 $x+y,xy$ 的值即可.

解 继审题要津,易得 $(x+y)^2+2(x+y)-24=0$,于是有 $[(x+y)+6][(x+y)-4]=0$,所以 $x+y=-6$ 或 $x+y=4$. 将 $x+y=-6$ 代入 $x+xy+y=6$,得 $xy=12$. 将 $x+y=4$ 代入 $x+xy+y=6$,得 $xy=2$. 注意到 $(x-y)^2=(x+y)^2-4xy\geqslant 0$,故不存在实数 x,y 使 $x+y=-6,xy=12$. 所以 $x^3+y^3=(x+y)(x^2-xy+y^2)=40$,故填 40.

【评注】 解题过程得出 $\begin{cases} x+y=-6 \\ xy=12 \end{cases}$ 和 $\begin{cases} x+y=4 \\ xy=2 \end{cases}$

后,必须考虑是否有实数 x,y 使它们成立. 由韦达定理来验证:若存在实数 x,y 使得 $x+y=-6$ 且 $xy=12$ 成立,那么 x,y 可以看作是方程 $z^2+6z+12=0$ 的两个实数根,但由 $\Delta=6^2-4\times1\times12<0$,则知 $z^2+6z+12=0$ 没有实数根,即不存在实数 x,y 使得 $x+y=-6$ 且 $xy=12$. 在这里,$(x-y)^2=(x+y)^2-4xy\geq0$ 相当于 $\Delta\geq0$.

☞ 14. 在 $\triangle ABC$ 中,$AC=8$,$BC=6$,$\angle ACB=90°$,$CD\perp AB$ 于点 D,若 $\triangle ABC$,$\triangle ACD$,$\triangle BCD$ 的内切圆的半径分别是 r_1,r_2,r_3,则 $r_1+r_2+r_3$ 的值是_____.

【审题要津】 如图所示,在 $\text{Rt}\triangle ABC$ 中,由 $AC=8$,$BC=6$,即知 $AB=10$,进而由 $AB\cdot CD=AC\cdot BC$ 可得 $CD=4.8$,以下只需要利用三角形的相似,即可分别求得 r_1,r_2,r_3.

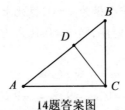

14 题答案图

解 依审题要津,易知,$\triangle ABC\backsim\triangle ACD\backsim\triangle CBD$,于是由 $\dfrac{CD}{AD}=\dfrac{BD}{CD}=\dfrac{BC}{AC}=\dfrac{3}{4}$,可得 $AD=6.4$,$BD=3.6$,于是有 $r_1=\dfrac{1}{2}(6+8-10)=2$,$r_2=\dfrac{1}{2}(4.8+6.4-8)=1.6$,$r_3=\dfrac{1}{2}(4.8+3.6-6)=1.2$,故 $r_1+r_2+r_3=4.8$. 填 4.8.

【评注】 本题更简洁的解法是:$r_1 = \frac{1}{2}(6+8-AB)$,$r_2 = \frac{1}{2}(AD+CD-8)$,$r_3 = \frac{1}{2}(BD+CD-6)$,则 $r_1 + r_2 + r_3 = \frac{1}{2}[(6+8-AD-DB)+(AD+CD-8)+(BD+CD-6)] = \frac{1}{2}(CD+CD) = CD = 4.8$. 但无论如何求解,总要用到以下结论:直角三角形的内切圆的半径总等于两条直角边的长的和与斜边长之差的一半.

☞ 15. 若关于 x 的方程 $x^2 - (m+5)|x| + 4 = m$ 恰有 3 个实数解,则实数 $m = $ _____.

【审题要津】 注意到 $(-x)^2 = x^2$,即 $|-x| = |x|$,即可得知:若 $x = x_0$ 是方程 $x^2 - (m+5)|x| + 4 = m$ 的一个非零根,则 $x = -x_0$ 也一定是该方程的根,因此该方程的非零根一定成对出现. 但题设该方程恰有 3 个实数根,故必有一个根为 $x = 0$,据此求解易如反掌.

解 依审题要津,将 $x = 0$ 代入方程,得 $m = 4$. 故填 4.

【评注】 当 $m = 4$ 时,已知方程为 $x^2 - 9|x| = 0$,显然该方程有 $x_1 = 0$,$x_2 = 9$,$x_3 = -9$ 这三个实数根.

☞ 16. 在平面直角坐标系 xOy 中,若直线 $x = -1$,$x = 3$,$y = 3$,$y = kx - 2$ 围成的四边形的面积是 16,则 $k = $ _____.

【审题要津】 依题意,不妨利用数形结合求解. 如图所示,显然有 $B(-1,3)$,$C(3,3)$. 此时点 A 和点 D 的纵坐标应满足 $y_A < 3$,$y_D < 3$. 针对所求,以下只需将点 A 和点 D 的坐标均用 k 来表示,即可利用方程 $S_{\text{四边形}ABCD} = 16$ 求出 k 值.

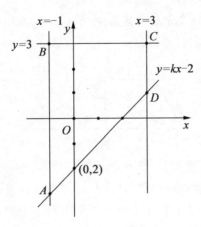

16题答案图

解 继审题要津,如图,点 A 是直线 $x=-1$ 与直线 $y=kx-2$ 的交点,故点 $A(-1,-k-2)$,点 D 是直线 $x=3$ 与 $y=kx-2$ 的交点,故 $D(3,3k-2)$,于是有 $AB=3-(-k-2)=k+5$,$DC=3-(3k-2)=5-3k$,又因为 $BC=4$,所以 $S_{梯形ABCD}=\dfrac{1}{2}(AB+CD)\cdot BC=\dfrac{1}{2}(10-2k)\cdot 4=20-4k=16$,从而解得 $k=1$ 且符合题意,故填 1.

【评注】 在考查"数形结合"的试题中,本题属于课本要求之中的典例.

☞ 17. As shown in Figure there are 3 squares in the right triangle. The sides of the two smaller squares are a and 4. The sides of the square in the middle is x, then $x=$ _____ (in terms of a).

译文 如图,在直角三角形中有三个正方形,已知

第 19～25 届"希望杯"全国数学邀请赛试题
审题要津 详细评注

两个较小的正方形的边分别为 a 和 4,而中间的正方形的边长为 x,那么 $x = $ _____(用 a 表示)

17题图

【审题要津】 根据题设图形结构,易知其中的五个直角三角形两两相似.注意到与题设数据关系较密切的,是处于中层位置的两个直角三角形,则可通过相似比列出关于 x 的方程.

解 依审题要津,由相似三角形对应边成比例,可知 $\dfrac{x-4}{a} = \dfrac{4}{x-a}$,即 $(x-a)(x-4) = 4a$,亦即 $x^2 - (a+4)x = 0$,因为 $x \neq 0$,所以 $x = a+4$. 填 $a+4$.

【评注】 在审题过程中,与关注数据特征一样,关注图形结构同样可以获取一些至关重要的信息.

☞ 18. 如图,在边长为 2 的正方形 $ABCD$ 内有等边三角形 CDE,AC 交 DE 于点 F,则 $S_{\triangle CFE} = $ _____.

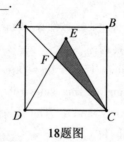

18题图

【审题要津】 由图形可知,$S_{\triangle CFE} = S_{\triangle CDE} - S_{\triangle CDF}$,$\triangle CDE$ 是边长为 2 的等边三角形,其面积易求,因此

可将计算 $S_{\triangle CDF}$ 设定为解题目标,注意到 $\angle FDC = 60°$ 及 $\angle FCD = 45°$,则可如图所示,作 $FH \perp DC$ 于 H,于是问题可转换为求 FH 的长.

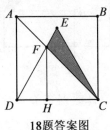

18题答案图

解 继审题要津,设 $FH = x$,因为 $\angle FDH = 60°$,所以 $\angle DFH = 30°$,从而 $DH = \frac{\sqrt{3}}{3}x$. 因为 $\angle FCD = 45°$,所以 $CH = FH = x$,由 $CH + DH = CD$,即 $x + \frac{\sqrt{3}}{3}x = 2$,可解得 $x = 3 - \sqrt{3}$,所以 $S_{\triangle CDF} = \frac{1}{2}CD \cdot FH = \frac{1}{2} \cdot 2(3 - \sqrt{3}) = 3 - \sqrt{3}$. 又 $S_{\triangle CDE} = \frac{\sqrt{3}}{4} \times 2^2 = \sqrt{3}$,所以 $S_{\triangle CFE} = S_{\triangle CDE} - S_{\triangle CDF} = 2\sqrt{3} - 3$,故填 $2\sqrt{3} - 3$.

【评注】 本题也可以在得出 $FH = 3 - \sqrt{3}$ 之后,求出 $DF = \frac{2\sqrt{3}}{3}(3 - \sqrt{3}) = 2\sqrt{3} - 2$,进而求得 $EF = 2 - (2\sqrt{3} - 2) = 4 - 2\sqrt{3}$,则 $S_{\triangle CFE} = \frac{1}{2}EF \cdot EC \cdot \sin\angle CEF = 2\sqrt{3} - 3$.

☞ 19. 如图,将长为 4,宽为 2 的长方形 $ABCD$ 绕顶点 A 顺时针旋转 $90°$ 到达 $AB'C'D'$,图中的两段弧线分别是顶点 C, D 经过的路径,则阴影部

第19～25届"希望杯"全国数学邀请赛试题 审题要津 详细评注

分的面积为_____(π 取 3).

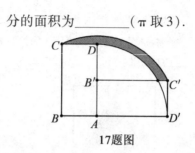

17题图

【审题要津】 注意到阴影部分含于扇形 $\overset{\frown}{ACC'}$ 之内,即可通过(以扇形 $\overset{\frown}{ACC'}$ 的面积为被减数)作差法来探索解题入口. 为此如图所示,以点 A 为圆心,以 AD 长为半径画圆交 BC,AC 于点 E,F;交 $B'C',AC'$ 于 E',F',联结 AC,AC'. 又注意到阴影部分含于 $\frac{1}{4}$ 圆环 $FF'C'C$ 之内,即可发现阴影部分的面积为扇形 $\overset{\frown}{ACC'}$ 的面积减去扇形 $\overset{\frown}{AFF'}$ 的面积减去(曲边 $\triangle DCF$ 加上曲边 $\triangle CE'F'$)的面积. 鉴于其中扇形的圆心角均为直角,由"旋转重合"不难发现,曲边 $\triangle DCF$ 加上曲边 $\triangle C'E'F'$ 为曲边 $\triangle DCE$,因此只需将"求 $S_{曲边\triangle DCE}$"作为攻关目标即可. 注意到 $S_{曲边\triangle DCE} = S_{矩形ABCD} - (S_{\triangle ABE} + S_{扇形\overset{\frown}{AED}})$,问题不难求解.

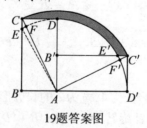

19题答案图

解 继审题要津,在 $Rt\triangle ABE$ 中,由 $AB=2, AE=$

4, 即知 $\angle AEB = 30°$, 从而有 $BE = AE \times \cos 30° = 4 \times \frac{\sqrt{3}}{2} = 2\sqrt{3}$, 所以 $S_{\triangle ABE} = \frac{1}{2} \times AB \times BE = \frac{1}{2} \times 2 \times 2\sqrt{3} = 2\sqrt{3}$. 而由 $\angle EAD = \angle AEB = 30°$, $AE = AD = 4$, 又可得 $S_{扇形AED} = \frac{30}{360} \cdot \pi \cdot 4^2 = \frac{4}{3}\pi = 4$ (π 取 3), 于是有 $S_{曲边\triangle DCE} = 2 \times 4 - (2\sqrt{3} + 4) = 4 - 2\sqrt{3}$. 又因为 $S_{圆环FF'C'C} = \frac{1}{4}(\pi \cdot AC^2 - \pi \cdot AF^2) = \frac{1}{4}[(4^2 + 2^2)\pi - 4^2\pi] = \pi = 3$ (π 取 3), 所以 $S_{阴影} = 3 - (4 - 2\sqrt{3}) = 2\sqrt{3} - 1$. 故填 $2\sqrt{3} - 1$.

【评注】 发现曲边 $\triangle C'D'E'$ 与曲边 $\triangle CDE$ 等积, 进而发现曲边 $\triangle CE'F'$ 与曲边 $\triangle CEF$ 等积是窥见解题入口的关键. 除此之外, 根据题设条件推出 $\angle CAC' = 90°$, $\angle CAD = 30°$, 则是畅通解题思路的重要因素. 关注图形结构特征及关注数据特征历来是审题要领中的重要的环节.

☞ 20. 长与宽的比是 $2:1$ 的长方形称为"特征长方形", 用宽分别为 a_1, a_2, a_3, a_4, a_5 ($a_1 < a_2 < a_3 < a_4 < a_5$) 的 5 个"特征长方形"拼成的大长方形, 记为 $(a_1, a_2, a_3, a_4, a_5)$, 则大长方形 $(1, 2, a_3, a_4, a_5)$ 的面积最大是_____.

【审题要津】 依题意, $(1, 2, a_3, a_4, a_5)$ 表示的是分别以 $1, 2, a_3, a_4, a_5$ 为宽, 以 $2, 4, 2a_3, 2a_4, 2a_5$ 为长的 5 个"特征长方形"拼接成的大长方形. 在这里, $2 < a_3 < a_4 < a_5$. 为便于表述, 不妨设作为拼接材料的 5 个"特征长方形"从小到大分别为 $(1*2)$, $(2*4)$, $(a_3 * 2a_3)$, $(a_4 * 2a_4)$, $(a_5 * 2a_5)$. 显然 $(1*2)$ 和

(2*4)这两个"特征长方形"可以拼接成一个宽为 2,长为 5 的长方形,按要求,第三个参加拼接的"特征长方形"即 $(a_3, 2a_3)$ 应满足 $a_3 = 5$,拼接后形成的长方形如图所示,其宽为 5,长为 12. 以下只需根据如上规律继续拼接即可确定 a_4, a_5,从而完成所求.

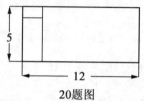

20题图

解 依审题要津,参与拼接的第 4 个"特征长方形",其宽应为 12,长应为 24,拼接后的长方形其长为 29,于是最后拼接成的"特征长方形"其宽为 29,长为 58.综上所述,(1,2,5,12,29)即为拼接后的大长方形,其面积为 $29 \times (58 + 12) = 2030$,故填 2030.

【评注】 实际上,拼接规律是将每次所得的长方形的长边作为下一个"特征长方形"的宽.其递推关系为:$a_{n+1} = a_{n-1} + 2a_n$ ($n = 1, 2, 3, 4$).最后要说明的是,大长方形 $(1, 2, a_3, a_4, a_5)$ 的面积是定值.

三、解答题(每题都要写出推算过程)

21. 如图,在边长为 1 的正方形 $ABCD$ 中,以 A 为圆心,AB 为半径的弧与以 DC 为直径的半圆交于点 E,联结 DE 并延长交 BC 于 F,联结 BE 并延长交 DC 与 G.

(Ⅰ)求 $DG:GC$ 的值;

(Ⅱ)求四边形 $EFCG$ 的值.

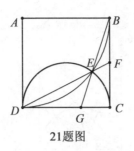

21题图

【审题要津1】 由$\angle A=90°$,则知$\overset{\frown}{BD}$的度数为$90°$,如图所示,联结BD.由$\angle BDE=\dfrac{1}{2}\overset{\frown}{BE}$的度数,$\angle DBE=\dfrac{1}{2}\overset{\frown}{DE}$的弧度,则知$\angle DEG=\angle BDE+\angle DBE=\dfrac{1}{2}\overset{\frown}{DB}$的度数$=45°$.联结$EC$,由直径所对的圆周角为直角,即知$\angle DEC=90°$,于是有$\angle CEG=\angle DEG=45°$,即$EG$平分$\angle DEC$,因此有$\dfrac{DG}{GC}=\dfrac{DE}{EC}$.为了求出$\dfrac{DE}{EC}$,只需在$\odot A$中利用垂径定理即可.

解 (Ⅰ)如图所示,引$AH\perp DE$,则H为DH的中点,在$Rt\triangle ADH$和$Rt\triangle DCE$中,由$\angle 1+\angle 4=\angle 2+\angle 4=90°$,所以$\angle 1=\angle 2$,又因为$AD=DC$,故$\triangle ADH\cong\triangle DCE$,因此有$EC=HD$,即$EC=\dfrac{1}{2}DE$,所以$\dfrac{DE}{EC}=2$,从而有$\dfrac{DG}{GC}=\dfrac{DE}{EC}=2$,即$DG:GC=2:1$.

【审题要津2】 为了计算四边形$EFCG$的面积,只需求出$S_{\triangle EGC}$及$S_{\triangle EFC}$即可.注意到$\triangle EGC$位于$Rt\triangle DCE$中,且有$DG:GC=DE:EC=2:1$及$DC=1$等条件支持,因此$S_{\triangle EGC}$可求;注意到$\triangle EFC$位于$Rt\triangle DFC$之中,且有$Rt\triangle DCE\sim Rt\triangle DFC\sim Rt\triangle CFE$等条件的

支持,因此$S_{\triangle EFC}$也可求,从而$S_{四边形EFCG}$可求.

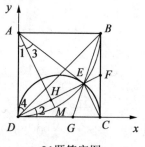

21题答案图

解 (Ⅱ)依审题要津2,在$Rt\triangle DCE$中,设$CE = x$,则$DE = 2x$,由$DE^2 + CE^2 = 1$,即$(2x)^2 + x^2 = 1$,可得$x^2 = \dfrac{1}{5}$,所以$S_{\triangle DCE} = \dfrac{1}{2} \cdot DE \cdot CE = \dfrac{1}{2} \cdot 2x \cdot x = x^2$,又因为$DE:GC = 2:1$,所以$S_{\triangle EGC} = \dfrac{1}{3} S_{\triangle DEC} = \dfrac{1}{15}$,因为$Rt\triangle CFE \sim Rt\triangle DCE$,所以$\dfrac{CE}{EF} = \dfrac{DE}{CE} = 2$,于是由$CE = x$,则知$EF = \dfrac{x}{2}$,从而有$S_{\triangle CFE} = \dfrac{1}{2} \cdot CE \cdot EF = \dfrac{1}{2} \cdot x \cdot \dfrac{x}{2} = \dfrac{x^2}{4} = \dfrac{1}{20}$,故$S_{四边形EFCG} = S_{\triangle EGC} + S_{\triangle CFE} = \dfrac{1}{15} + \dfrac{1}{20} = \dfrac{7}{60}$.

【评注】 本题也可如下求解:如图所示,以点D为圆心建立直角坐标系.由正方形$ABCD$的边长为1,$A(0,1)$,$B(1,1)$,DC的中点,即以DC为直径的半圆的圆心,设$E(a,b)$,设长AH交$\overset{\frown}{DAE}$于点M,由垂径定理,则知AM垂直平分DE,故$AE = AD = 1$,所以
$$a^2 + (b-1)^2 = 1 \qquad ①$$

因为 $DE = \dfrac{1}{2}$,所以

$$\left(a - \dfrac{1}{2}\right)^2 + b^2 = \dfrac{1}{4} \qquad ②$$

① $-$ ②,$a - \dfrac{1}{4} - 2b + 1 = \dfrac{3}{4}$,所以 $a = 2b$,因为 $b \neq 0$,所以 $b = \dfrac{2}{5}, a = \dfrac{4}{5}$,即 $E\left(\dfrac{4}{5}, \dfrac{2}{5}\right)$. 设 $BE: y = mx + n$,将 $B(1,1)$ 代入之,则有 $1 = m + n$,将 $E\left(\dfrac{4}{5}, \dfrac{2}{5}\right)$ 代入之,则有 $\dfrac{2}{5} = \dfrac{4}{5}m + n$,联立之,可解得 $m = 3, n = -2$,所以 $BE: y = 3x - 2$. 令 $y = 0$,则 $x = \dfrac{2}{3}$. 所以 $G\left(\dfrac{2}{3}, 0\right)$,由此可见 $DG = \dfrac{2}{3}, GC = \dfrac{1}{3}$,故 $DG : GC = 2 : 1$. 类似地可求出 $DE: y = \dfrac{1}{2}x$,所以 $F\left(1, \dfrac{1}{2}\right)$,$S_{EGCF} = S_{\triangle COF} - S_{\triangle EDG} = \dfrac{1}{2} \times 1 \times \dfrac{1}{2} - \dfrac{1}{2} \times \dfrac{2}{3} \times \dfrac{2}{5} = \dfrac{7}{60}$. 本题还有多种解法,建议读者自行试之.

☞ 22. 如图,排球场总长 18 m,设球网高为 2 m,运动员站在离网 3 m 的线上(图中虚线所示)正对网前跳起将球水平击出,以击球点为原点,建立如答案图所示的直角坐标系,球运动的轨迹方程是 $y = \dfrac{5x^2}{u^2}$ (x, y 单位:m),其中 u 是球被击出时的速度(单位:m/s).

(Ⅰ)设击球点在 3 m 线的正上方,高度为 2.5 m,求使球既不触网也不出界的击球

速度的范围;

(Ⅱ)若击球点在 3 m 线的正上方,当高度小于 h(单位:m)时,无论水平击球的速度多大,球不是触网就是越界,求 h.

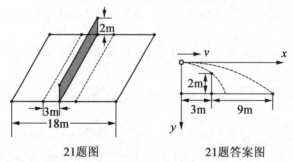

21题图   21题答案图

【审题要津1】 因为击球点是确定的,所以只需要考虑两种特殊情形:球恰好落在底线上,球恰好触网.据此即可求解.

解 (Ⅰ)设球正好落在底线上,则球经过点 $P(12,2.5)$,其中 $12 = 3+9$,将点 P 的坐标代入 $y = \dfrac{5x^2}{v^2}$,得 $2.5 = \dfrac{5 \times 12^2}{v^2}$,解得 $v_1 = 12\sqrt{2}$;设球正好触网,则经过点 $Q(3,0.5)$,其中 $0.5 = 2.5 - 2$,将点 Q 的坐标代入 $y = \dfrac{5x^2}{v^2}$,得 $0.5 = \dfrac{5 \times 3^2}{v^2}$,解得 $v_2 = 3\sqrt{10}$,故 $3\sqrt{10} < v \leq 12\sqrt{2}$ 为所求.

【审题要津2】 若 h 较小,如果击球速度大,就会出界,如果击球速度小,则会触网,临界情况是球刚好从球网上过去,落地时又刚好压底线.即球的轨迹过点 $A(3,h-2), B(12,h)$.

解 (Ⅱ)由 $y = \dfrac{5x^2}{v^2}$,知 $v^2 = \dfrac{5x^2}{y}$,所以 $v^2 = \dfrac{5 \times 3^2}{h-2} =$

$\dfrac{5\times 12^2}{h}$,解得 $h=\dfrac{32}{15}$ m.

【评注】 连续两个问题都是从临界点出发,利用极端化思路求解的,若利用不等式求解,则繁(特别是对解(Ⅱ)),对此应认真领会.最后需要指出的是,我们在求解过程中,忽略了球的半径等因素.

☞ 23. 如题图 1,有一束光线,从中心为 O 的圆环的点 A 射入,在圆环内经过两次反射后从 A 点射出;如题图 2,从点 A 射入的光线经过三次反射后从点 A 射出.

(Ⅰ)如题图 3,若从点 A 射入的光线经过五次反射后从点 A 射出,求从点 A 射入的光线和圆环半径 OA 的夹角 α 的度数;

(Ⅱ)如题图 4,若从点 A 射入的光线和圆环半径 OA 的夹角是 $50°$,则经过几次反射后光线从点 A 射出?

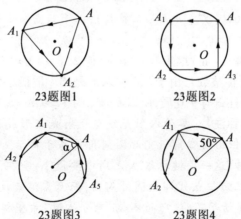

23题图1   23题图2

23题图3   23题图4

【审题要津 1】 依题意,并受题图 1,题图 2 的启发我们可得结论:若从点 A 射入的光线经过五次反射

后从点 A 射出,则入射线和反射线组成的是正六边形.据此求解易如反掌.

解 (Ⅰ)继审题要津,如答案图 1 所示,联结 OA, OA_1,显然 $\triangle OAA_1$ 为等边三角形,故 $\alpha = \angle OAA_1 = 60°$.

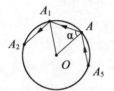

23题答案图1　　　　23题答案图2

【审题要津2】 如答案图 2 所示,联结 OA_1,易知 $\angle AOA_1 = 80°$. 但 $360°$ 不是 $80°$ 的整数倍,因此不能套用以下结论:"若从点 A 射入的光线经过 n 此反射后从点 A 射出,则入射线和 n 条反射线组成正 $n+1$ 边形",但依题意 $80° \cdot (n+1)$ 是 $360°$ 的倍数,即 $80(n+1) = 360k$(其中 n, k 是正整数),以下只需求出 k 的最小值即可.

解 (Ⅱ)继审题要津,可得 $2(n+1) = 9k$(其中 n, k 是正整数),由于题意要求的是当 k 取最小值时 m 的值,且 2 与 9 互质,所以 $k=2, n+1=9, n=8$.

【评注】 尽管入射光线与反射光线形成的是圆周角,但用圆心角研究此圆周角更易于揭示"周角的整数倍"这一关键特征. k 之所以要最小,全在于反射线一旦回归点 A 即向圆外射出,而无需继续反射. 这是一道活而不难,巧而不偏,充分体现"希望杯"风格的优秀试题.

哈尔滨工业大学出版社刘培杰数学工作室
已出版(即将出版)图书目录

书　名	出版时间	定价	编号
新编中学数学解题方法全书(高中版)上卷	2007—09	38.00	7
新编中学数学解题方法全书(高中版)中卷	2007—09	48.00	8
新编中学数学解题方法全书(高中版)下卷(一)	2007—09	42.00	17
新编中学数学解题方法全书(高中版)下卷(二)	2007—09	38.00	18
新编中学数学解题方法全书(高中版)下卷(三)	2010—06	58.00	73
新编中学数学解题方法全书(初中版)上卷	2008—01	28.00	29
新编中学数学解题方法全书(初中版)中卷	2010—07	38.00	75
新编中学数学解题方法全书(高考复习卷)	2010—01	48.00	67
新编中学数学解题方法全书(高考真题卷)	2010—01	38.00	62
新编中学数学解题方法全书(高考精华卷)	2011—03	68.00	118
新编平面解析几何解题方法全书(专题讲座卷)	2010—01	18.00	61
新编中学数学解题方法全书(自主招生卷)	2013—08	88.00	261
数学眼光透视	2008—01	38.00	24
数学思想领悟	2008—01	38.00	25
数学应用展观	2008—01	38.00	26
数学建模导引	2008—01	28.00	23
数学方法溯源	2008—01	38.00	27
数学史话览胜	2008—01	28.00	28
数学思维技术	2013—09	38.00	260
从毕达哥拉斯到怀尔斯	2007—10	48.00	9
从迪利克雷到维斯卡尔迪	2008—01	48.00	21
从哥德巴赫到陈景润	2008—05	98.00	35
从庞加莱到佩雷尔曼	2011—08	138.00	136
数学解题中的物理方法	2011—06	28.00	114
数学解题的特殊方法	2011—06	48.00	115
中学数学计算技巧	2012—01	48.00	116
中学数学证明方法	2012—01	58.00	117
数学趣题巧解	2012—03	28.00	128
三角形中的角格点问题	2013—01	88.00	207
含参数的方程和不等式	2012—09	28.00	213

Ⅰ

哈尔滨工业大学出版社刘培杰数学工作室
已出版(即将出版)图书目录

书　名	出版时间	定　价	编号
数学奥林匹克与数学文化(第一辑)	2006—05	48.00	4
数学奥林匹克与数学文化(第二辑)(竞赛卷)	2008—01	48.00	19
数学奥林匹克与数学文化(第二辑)(文化卷)	2008—07	58.00	36′
数学奥林匹克与数学文化(第三辑)(竞赛卷)	2010—01	48.00	59
数学奥林匹克与数学文化(第四辑)(竞赛卷)	2011—08	58.00	87
数学奥林匹克与数学文化(第五辑)	2014—09		370
发展空间想象力	2010—01	38.00	57
走向国际数学奥林匹克的平面几何试题诠释(上、下)(第1版)	2007—01	68.00	11,12
走向国际数学奥林匹克的平面几何试题诠释(上、下)(第2版)	2010—02	98.00	63,64
平面几何证明方法全书	2007—08	35.00	1
平面几何证明方法全书习题解答(第1版)	2005—10	18.00	2
平面几何证明方法全书习题解答(第2版)	2006—12	18.00	10
平面几何天天练上卷·基础篇(直线型)	2013—01	58.00	208
平面几何天天练中卷·基础篇(涉及圆)	2013—01	28.00	234
平面几何天天练下卷·提高篇	2013—01	58.00	237
平面几何专题研究	2013—07	98.00	258
最新世界各国数学奥林匹克中的平面几何试题	2007—09	38.00	14
数学竞赛平面几何典型题及新颖解	2010—07	48.00	74
初等数学复习及研究(平面几何)	2008—09	58.00	38
初等数学复习及研究(立体几何)	2010—06	38.00	71
初等数学复习及研究(平面几何)习题解答	2009—01	48.00	42
世界著名平面几何经典著作钩沉——几何作图专题卷(上)	2009—06	48.00	49
世界著名平面几何经典著作钩沉——几何作图专题卷(下)	2011—01	88.00	80
世界著名平面几何经典著作钩沉(民国平面几何老课本)	2011—03	38.00	113
世界著名解析几何经典著作钩沉——平面解析几何卷	2014—01	38.00	273
世界著名数论经典著作钩沉(算术卷)	2012—01	28.00	125
世界著名数学经典著作钩沉——立体几何卷	2011—02	28.00	88
世界著名三角学经典著作钩沉(平面三角卷Ⅰ)	2010—06	28.00	69
世界著名三角学经典著作钩沉(平面三角卷Ⅱ)	2011—01	38.00	78
世界著名初等数论经典著作钩沉(理论和实用算术卷)	2011—07	38.00	126
几何学教程(平面几何卷)	2011—03	68.00	90
几何学教程(立体几何卷)	2011—07	68.00	130
几何变换与几何证题	2010—06	88.00	70
计算方法与几何证题	2011—06	28.00	129
立体几何技巧与方法	2014—04	88.00	293
几何瑰宝——平面几何500名题暨1000条定理(上、下)	2010—07	138.00	76,77
三角形的解法与应用	2012—07	18.00	183
近代的三角形几何学	2012—07	48.00	184
一般折线几何学	即将出版	58.00	203
三角形的五心	2009—06	28.00	51
三角形趣谈	2012—08	28.00	212
解三角形	2014—01	28.00	265
三角学专门教程	2014—09	28.00	387
圆锥曲线习题集(上)	2013—06	68.00	255

哈尔滨工业大学出版社刘培杰数学工作室
已出版(即将出版)图书目录

书　名	出版时间	定　价	编号
俄罗斯平面几何问题集	2009—08	88.00	55
俄罗斯立体几何问题集	2014—03	58.00	283
俄罗斯几何大师——沙雷金论数学及其他	2014—01	48.00	271
来自俄罗斯的5000道几何习题及解答	2011—03	58.00	89
俄罗斯初等数学问题集	2012—05	38.00	177
俄罗斯函数问题集	2011—03	38.00	103
俄罗斯组合分析问题集	2011—01	48.00	79
俄罗斯初等数学万题选——三角卷	2012—11	38.00	222
俄罗斯初等数学万题选——代数卷	2013—08	68.00	225
俄罗斯初等数学万题选——几何卷	2014—01	68.00	226
463个俄罗斯几何老问题	2012—01	28.00	152
近代欧氏几何学	2012—03	48.00	162
罗巴切夫斯基几何学及几何基础概要	2012—07	28.00	188
超越吉米多维奇——数列的极限	2009—11	48.00	58
Barban Davenport Halberstam均值和	2009—01	40.00	33
初等数论难题集(第一卷)	2009—05	68.00	44
初等数论难题集(第二卷)(上、下)	2011—02	128.00	82,83
谈谈素数	2011—03	18.00	91
平方和	2011—03	18.00	92
数论概貌	2011—03	18.00	93
代数数论(第二版)	2013—08	58.00	94
代数多项式	2014—06	38.00	289
初等数论的知识与问题	2011—02	28.00	95
超越数论基础	2011—03	28.00	96
数论初等教程	2011—03	28.00	97
数论基础	2011—03	18.00	98
数论基础与维诺格拉多夫	2014—03	18.00	292
解析数论基础	2012—08	28.00	216
解析数论基础(第二版)	2014—01	48.00	287
解析数论问题集(第二版)	2014—05	88.00	343
数论入门	2011—03	38.00	99
数论开篇	2012—07	28.00	194
解析数论引论	2011—03	48.00	100
复变函数引论	2013—10	68.00	269
无穷分析引论(上)	2013—04	88.00	247
无穷分析引论(下)	2013—04	98.00	245

哈尔滨工业大学出版社刘培杰数学工作室已出版(即将出版)图书目录

书　名	出版时间	定　价	编号
数学分析	2014—04	28.00	338
数学分析中的一个新方法及其应用	2013—01	38.00	231
数学分析例选:通过范例学技巧	2013—01	88.00	243
三角级数论(上册)(陈建功)	2013—01	38.00	232
三角级数论(下册)(陈建功)	2013—01	48.00	233
三角级数论(哈代)	2013—06	48.00	254
基础数论	2011—03	28.00	101
超越数	2011—03	18.00	109
三角和方法	2011—03	18.00	112
谈谈不定方程	2011—05	28.00	119
整数论	2011—05	38.00	120
随机过程(Ⅰ)	2014—01	78.00	224
随机过程(Ⅱ)	2014—01	68.00	235
整数的性质	2012—11	38.00	192
初等数论100例	2011—05	18.00	122
初等数论经典例题	2012—07	18.00	204
最新世界各国数学奥林匹克中的初等数论试题(上、下)	2012—01	138.00	144,145
算术探索	2011—12	158.00	148
初等数论(Ⅰ)	2012—01	18.00	156
初等数论(Ⅱ)	2012—01	18.00	157
初等数论(Ⅲ)	2012—01	28.00	158
组合数学	2012—04	28.00	178
组合数学浅谈	2012—03	28.00	159
同余理论	2012—05	38.00	163
丢番图方程引论	2012—03	48.00	172
平面几何与数论中未解决的新老问题	2013—01	68.00	229
线性代数大题典	2014—07	88.00	351
法雷级数	2014—08	18.00	367
代数数论简史	2014—11	28.00	408
历届美国中学生数学竞赛试题及解答(第一卷)1950—1954	2014—07	18.00	277
历届美国中学生数学竞赛试题及解答(第二卷)1955—1959	2014—04	18.00	278
历届美国中学生数学竞赛试题及解答(第三卷)1960—1964	2014—06	18.00	279
历届美国中学生数学竞赛试题及解答(第四卷)1965—1969	2014—04	28.00	280
历届美国中学生数学竞赛试题及解答(第五卷)1970—1972	2014—06	18.00	281

哈尔滨工业大学出版社刘培杰数学工作室已出版(即将出版)图书目录

书 名	出版时间	定 价	编号
历届 IMO 试题集(1959—2005)	2006—05	58.00	5
历届 CMO 试题集	2008—09	28.00	40
历届中国数学奥林匹克试题集	2014—10	38.00	394
历届加拿大数学奥林匹克试题集	2012—08	38.00	215
历届美国数学奥林匹克试题集:多解推广加强	2012—08	38.00	209
保加利亚数学奥林匹克	2014—10	38.00	393
历届国际大学生数学竞赛试题集(1994—2010)	2012—01	28.00	143
全国大学生数学夏令营数学竞赛试题及解答	2007—03	28.00	15
全国大学生数学竞赛辅导教程	2012—07	28.00	189
全国大学生数学竞赛复习全书	2014—04	48.00	340
历届美国大学生数学竞赛试题集	2009—03	88.00	43
前苏联大学生数学奥林匹克竞赛题解(上编)	2012—04	28.00	169
前苏联大学生数学奥林匹克竞赛题解(下编)	2012—04	38.00	170
历届美国数学邀请赛试题集	2014—01	48.00	270
全国高中数学竞赛试题及解答.第1卷	2014—07	38.00	331
大学生数学竞赛讲义	2014—09	28.00	371
高考数学临门一脚(含密押三套卷)(理科版)	2015—01	24.80	421
高考数学临门一脚(含密押三套卷)(文科版)	2015—01	24.80	422
整函数	2012—08	18.00	161
多项式和无理数	2008—01	68.00	22
模糊数据统计学	2008—03	48.00	31
模糊分析学与特殊泛函空间	2013—01	68.00	241
受控理论与解析不等式	2012—05	78.00	165
解析不等式新论	2009—06	68.00	48
反问题的计算方法及应用	2011—11	28.00	147
建立不等式的方法	2011—03	98.00	104
数学奥林匹克不等式研究	2009—08	68.00	56
不等式研究(第二辑)	2012—02	68.00	153
初等数学研究(Ⅰ)	2008—09	68.00	37
初等数学研究(Ⅱ)(上、下)	2009—05	118.00	46,47
中国初等数学研究 2009卷(第1辑)	2009—05	20.00	45
中国初等数学研究 2010卷(第2辑)	2010—05	30.00	68
中国初等数学研究 2011卷(第3辑)	2011—07	60.00	127
中国初等数学研究 2012卷(第4辑)	2012—07	48.00	190
中国初等数学研究 2014卷(第5辑)	2014—02	48.00	288
数阵及其应用	2012—02	28.00	164
绝对值方程—折边与组合图形的解析研究	2012—07	48.00	186
不等式的秘密(第一卷)	2012—02	28.00	154
不等式的秘密(第一卷)(第2版)	2014—02	38.00	286
不等式的秘密(第二卷)	2014—01	38.00	268

哈尔滨工业大学出版社刘培杰数学工作室
已出版(即将出版)图书目录

书　名	出版时间	定价	编号
初等不等式的证明方法	2010—06	38.00	123
初等不等式的证明方法(第二版)	2014—11	38.00	407
数学奥林匹克在中国	2014—06	98.00	344
数学奥林匹克问题集	2014—01	38.00	267
数学奥林匹克不等式散论	2010—06	38.00	124
数学奥林匹克不等式欣赏	2011—09	38.00	138
数学奥林匹克超级题库(初中卷上)	2010—01	58.00	66
数学奥林匹克不等式证明方法和技巧(上、下)	2011—08	158.00	134,135
近代拓扑学研究	2013—04	38.00	239
新编 640 个世界著名数学智力趣题	2014—01	88.00	242
500 个最新世界著名数学智力趣题	2008—06	48.00	3
400 个最新世界著名数学最值问题	2008—09	48.00	36
500 个世界著名数学征解问题	2009—06	48.00	52
400 个中国最佳初等数学征解老问题	2010—01	48.00	60
500 个俄罗斯数学经典老题	2011—01	28.00	81
1000 个国外中学物理好题	2012—04	48.00	174
300 个日本高考数学题	2012—05	38.00	142
500 个前苏联早期高考数学试题及解答	2012—05	28.00	185
546 个早期俄罗斯大学生数学竞赛题	2014—03	38.00	285
548 个来自美苏的数学好问题	2014—11	28.00	396
博弈论精粹	2008—03	58.00	30
数学 我爱你	2008—01	28.00	20
精神的圣徒 别样的人生——60 位中国数学家成长的历程	2008—09	48.00	39
数学史概论	2009—06	78.00	50
数学史概论(精装)	2013—03	158.00	272
斐波那契数列	2010—02	28.00	65
数学拼盘和斐波那契魔方	2010—07	38.00	72
斐波那契数列欣赏	2011—01	28.00	160
数学的创造	2011—02	48.00	85
数学中的美	2011—02	38.00	84
王连笑教你怎样学数学——高考选择题解题策略与客观题实用训练	2014—01	48.00	262
最新全国及各省市高考数学试卷解法研究及点拨评析	2009—02	38.00	41
高考数学的理论与实践	2009—08	38.00	53
中考数学专题总复习	2007—04	28.00	6
向量法巧解数学高考题	2009—08	28.00	54
高考数学核心题型解题方法与技巧	2010—01	28.00	86
高考思维新平台	2014—03	38.00	259
数学解题——靠数学思想给力(上)	2011—07	38.00	131
数学解题——靠数学思想给力(中)	2011—07	48.00	132
数学解题——靠数学思想给力(下)	2011—07	38.00	133
我怎样解题	2013—01	48.00	227
和高中生漫谈：数学与哲学的故事	2014—08	28.00	369

Ⅵ

哈尔滨工业大学出版社刘培杰数学工作室已出版(即将出版)图书目录

书　名	出版时间	定　价	编号
2011年全国及各省市高考数学试题审题要津与解法研究	2011—10	48.00	139
2013年全国及各省市高考数学试题解析与点评	2014—01	48.00	282
新课标高考数学——五年试题分章详解(2007~2011)(上、下)	2011—10	78.00	140,141
30分钟拿下高考数学选择题、填空题	2012—01	48.00	146
全国中考数学压轴题审题要津与解法研究	2013—04	78.00	248
新编全国及各省市中考数学压轴题审题要津与解法研究	2014—05	58.00	342
高考数学压轴题解题诀窍(上)	2012—02	78.00	166
高考数学压轴题解题诀窍(下)	2012—03	28.00	167
格点和面积	2012—07	18.00	191
射影几何趣谈	2012—04	28.00	175
斯潘纳尔引理——从一道加拿大数学奥林匹克试题谈起	2014—01	18.00	228
李普希兹条件——从几道近年高考数学试题谈起	2012—10	18.00	221
拉格朗日中值定理——从一道北京高考试题的解法谈起	2012—10	18.00	197
闵科夫斯基定理——从一道清华大学自主招生试题谈起	2014—01	28.00	198
哈尔测度——从一道冬令营试题的背景谈起	2012—08	28.00	202
切比雪夫逼近问题——从一道中国台北数学奥林匹克试题谈起	2013—04	38.00	238
伯恩斯坦多项式与贝齐尔曲面——从一道全国高中数学联赛试题谈起	2013—03	38.00	236
卡塔兰猜想——从一道普特南竞赛试题谈起	2013—06	18.00	256
麦卡锡函数和阿克曼函数——从一道前南斯拉夫数学奥林匹克试题谈起	2012—08	18.00	201
贝蒂定理与拉姆贝克莫斯尔定理——从一个拣石子游戏谈起	2012—08	18.00	217
皮亚诺曲线和豪斯道夫分球定理——从无限集谈起	2012—08	18.00	211
平面凸图形与凸多面体	2012—10	28.00	218
斯坦因豪斯问题——从一道二十五省市自治区中学数学竞赛试题谈起	2012—07	18.00	196
纽结理论中的亚历山大多项式与琼斯多项式——从一道北京市高一数学竞赛试题谈起	2012—07	28.00	195
原则与策略——从波利亚"解题表"谈起	2013—04	38.00	244
转化与化归——从三大尺规作图不能问题谈起	2012—08	28.00	214
代数几何中的贝祖定理(第一版)——从一道IMO试题的解法谈起	2013—08	38.00	193
成功连贯理论与约当块理论——从一道比利时数学竞赛试题谈起	2012—04	18.00	180
磨光变换与范·德·瓦尔登猜想——从一道环球城市竞赛试题谈起	即将出版		
素数判定与大数分解	2014—08	18.00	199
置换多项式及其应用	2012—10	18.00	220
椭圆函数与模函数——从一道美国加州大学洛杉矶分校(UCLA)博士资格考题谈起	2012—10	38.00	219
差分方程的拉格朗日方法——从一道2011年全国高考理科试题的解法谈起	2012—08	28.00	200

哈尔滨工业大学出版社刘培杰数学工作室
已出版(即将出版)图书目录

书　　名	出版时间	定　价	编号
力学在几何中的一些应用	2013—01	38.00	240
高斯散度定理、斯托克斯定理和平面格林定理——从一道国际大学生数学竞赛试题谈起	即将出版		
康托洛维奇不等式——从一道全国高中联赛试题谈起	2013—03	28.00	337
西格尔引理——从一道第18届IMO试题的解法谈起	即将出版		
罗斯定理——从一道前苏联数学竞赛试题谈起	即将出版		
拉克斯定理和阿廷定理——从一道IMO试题的解法谈起	2014—01	58.00	246
毕卡大定理——从一道美国大学数学竞赛试题谈起	2014—07	18.00	350
贝齐尔曲线——从一道全国高中联赛试题谈起	即将出版		
拉格朗日乘子定理——从一道2005年全国高中联赛试题谈起	即将出版		
雅可比定理——从一道日本数学奥林匹克试题谈起	2013—04	48.00	249
李天岩—约克定理——从一道波兰数学竞赛试题谈起	2014—06	28.00	349
整系数多项式因式分解的一般方法——从克朗耐克算法谈起	即将出版		
布劳维不动点定理——从一道前苏联数学奥林匹克试题谈起	2014—01	38.00	273
压缩不动点定理——从一道高考数学试题的解法谈起	即将出版		
伯恩赛德定理——从一道英国数学奥林匹克试题谈起	即将出版		
布查特—莫斯特定理——从一道上海市初中竞赛试题谈起	即将出版		
数论中的同余数问题——从一道普特南竞赛试题谈起	即将出版		
范·德蒙行列式——从一道美国数学奥林匹克试题谈起	即将出版		
中国剩余定理——从一道美国数学奥林匹克试题的解法谈起	即将出版		
牛顿程序与方程求根——从一道全国高考试题解法谈起	即将出版		
库默尔定理——从一道IMO预选试题谈起	即将出版		
卢丁定理——从一道冬令营试题的解法谈起	即将出版		
沃斯滕霍姆定理——从一道IMO预选试题谈起	即将出版		
卡尔松不等式——从一道莫斯科数学奥林匹克试题谈起	即将出版		
信息论中的香农熵——从一道近年高考压轴题谈起	即将出版		
约当不等式——从一道希望杯竞赛试题谈起	即将出版		
拉比诺维奇定理	即将出版		
刘维尔定理——从一道《美国数学月刊》征解问题的解法谈起	即将出版		
卡塔兰恒等式与级数求和——从一道IMO试题的解法谈起	即将出版		
勒让德猜想与素数分布——从一道爱尔兰竞赛试题谈起	即将出版		
天平称重与信息论——从一道基辅市数学奥林匹克试题谈起	即将出版		

哈尔滨工业大学出版社刘培杰数学工作室
已出版(即将出版)图书目录

书 名	出版时间	定 价	编号
哈密尔顿-凯莱定理:从一道高中数学联赛试题的解法谈起	2014—09	18.00	376
艾思特曼定理——从一道CMO试题的解法谈起	即将出版		
一个爱尔特希问题——从一道西德数学奥林匹克试题谈起	即将出版		
有限群中的爱丁格尔问题——从一道北京市初中二年级数学竞赛试题谈起	即将出版		
贝克码与编码理论——从一道全国高中联赛试题谈起	即将出版		
帕斯卡三角形	2014—03	18.00	294
蒲丰投针问题——从2009年清华大学的一道自主招生试题谈起	2014—01	38.00	295
斯图姆定理——从一道"华约"自主招生试题的解法谈起	2014—01	18.00	296
许瓦兹引理——从一道加利福尼亚大学伯克利分校数学系博士生试题谈起	2014—08	18.00	297
拉格朗日中值定理——从一道北京高考试题的解法谈起	2014—01		298
拉姆塞定理——从王诗宬院士的一个问题谈起	2014—01		299
坐标法	2013—12	28.00	332
数论三角形	2014—04	38.00	341
毕克定理	2014—07	18.00	352
数林掠影	2014—09	48.00	389
我们周围的概率	2014—10	38.00	390
凸函数最值定理:从一道华约自主招生题的解法谈起	2014—10	28.00	391
易学与数学奥林匹克	2014—10	38.00	392
生物数学趣谈	2015—01	18.00	409
反演	2015—01		420
中等数学英语阅读文选	2006—12	38.00	13
统计学专业英语	2007—03	28.00	16
统计学专业英语(第二版)	2012—07	48.00	176
幻方和魔方(第一卷)	2012—05	68.00	173
尘封的经典——初等数学经典文献选读(第一卷)	2012—07	48.00	205
尘封的经典——初等数学经典文献选读(第二卷)	2012—07	38.00	206
实变函数论	2012—06	78.00	181
非光滑优化及其变分分析	2014—01	48.00	230
疏散的马尔科夫链	2014—01	58.00	266
初等微分拓扑学	2012—07	18.00	182
方程式论	2011—03	38.00	105
初级方程式论	2011—03	28.00	106
Galois 理论	2011—03	18.00	107
古典数学难题与伽罗瓦理论	2012—11	58.00	223
伽罗华与群论	2014—01	28.00	290
代数方程的根式解及伽罗瓦理论	2011—03	28.00	108
线性偏微分方程讲义	2011—03	18.00	110
N 体问题的周期解	2011—03	28.00	111
代数方程式论	2011—05	18.00	121
动力系统的不变量与函数方程	2011—07	48.00	137
基于短语评价的翻译知识获取	2012—02	48.00	168

哈尔滨工业大学出版社刘培杰数学工作室
已出版(即将出版)图书目录

书　名	出版时间	定　价	编号
应用随机过程	2012—04	48.00	187
概率论导引	2012—04	18.00	179
矩阵论(上)	2013—06	58.00	250
矩阵论(下)	2013—06	48.00	251
趣味初等方程妙题集锦	2014—09	48.00	388
对称锥互补问题的内点法:理论分析与算法实现	2014—08	68.00	368
抽象代数:方法导引	2013—06	38.00	257
闵嗣鹤文集	2011—03	98.00	102
吴从炘数学活动三十年(1951~1980)	2010—07	99.00	32
函数论	2014—11	78.00	395
吴振奎高等数学解题真经(概率统计卷)	2012—01	38.00	149
吴振奎高等数学解题真经(微积分卷)	2012—01	68.00	150
吴振奎高等数学解题真经(线性代数卷)	2012—01	58.00	151
高等数学解题全攻略(上卷)	2013—06	58.00	252
高等数学解题全攻略(下卷)	2013—06	58.00	253
高等数学复习纲要	2014—01	18.00	384
钱昌本教你快乐学数学(上)	2011—12	48.00	155
钱昌本教你快乐学数学(下)	2012—03	58.00	171
数贝偶拾——高考数学题研究	2014—04	28.00	274
数贝偶拾——初等数学研究	2014—04	38.00	275
数贝偶拾——奥数题研究	2014—04	48.00	276
集合、函数与方程	2014—01	28.00	300
数列与不等式	2014—01	38.00	301
三角与平面向量	2014—01	28.00	302
平面解析几何	2014—01	38.00	303
立体几何与组合	2014—01	28.00	304
极限与导数、数学归纳法	2014—01	38.00	305
趣味数学	2014—03	28.00	306
教材教法	2014—04	68.00	307
自主招生	2014—05	58.00	308
高考压轴题(上)	2014—11	48.00	309
高考压轴题(下)	2014—10	68.00	310
从费马到怀尔斯——费马大定理的历史	2013—10	198.00	I
从庞加莱到佩雷尔曼——庞加莱猜想的历史	2013—10	298.00	II
从切比雪夫到爱尔特希(上)——素数定理的初等证明	2013—07	48.00	III
从切比雪夫到爱尔特希(下)——素数定理100年	2012—12	98.00	III
从高斯到盖尔方特——二次域的高斯猜想	2013—10	198.00	IV
从库默尔到朗兰兹——朗兰兹猜想的历史	2014—01	98.00	V
从比勃巴赫到德布朗斯——比勃巴赫猜想的历史	2014—02	298.00	VI
从麦比乌斯到陈省身——麦比乌斯变换与麦比乌斯带	2014—02	298.00	VII
从布尔到豪斯道夫——布尔方程与格论漫谈	2013—10	198.00	VIII
从开普勒到阿诺德——三体问题的历史	2014—05	298.00	IX
从华林到华罗庚——华林问题的历史	2013—10	298.00	X

哈尔滨工业大学出版社刘培杰数学工作室已出版(即将出版)图书目录

书　名	出版时间	定　价	编号
三角函数	2014—01	38.00	311
不等式	2014—01	28.00	312
方程	2014—01	28.00	314
数列	2014—01	38.00	313
排列和组合	2014—01	28.00	315
极限与导数	2014—01	28.00	316
向量	2014—09	38.00	317
复数及其应用	2014—08	28.00	318
函数	2014—01	38.00	319
集合	即将出版		320
直线与平面	2014—01	28.00	321
立体几何	2014—04	28.00	322
解三角形	即将出版		323
直线与圆	2014—01	28.00	324
圆锥曲线	2014—01	38.00	325
解题通法(一)	2014—07	38.00	326
解题通法(二)	2014—07	38.00	327
解题通法(三)	2014—05	38.00	328
概率与统计	2014—01	28.00	329
信息迁移与算法	即将出版		330
第19～23届"希望杯"全国数学邀请赛试题审题要津详细评注(初一版)	2014—03	28.00	333
第19～23届"希望杯"全国数学邀请赛试题审题要津详细评注(初二、初三版)	2014—03	38.00	334
第19～23届"希望杯"全国数学邀请赛试题审题要津详细评注(高一版)	2014—03	28.00	335
第19～23届"希望杯"全国数学邀请赛试题审题要津详细评注(高二版)	2014—03	38.00	336
第19～25届"希望杯"全国数学邀请赛试题审题要津详细评注(初一版)	2015—01	38.00	416
第19～25届"希望杯"全国数学邀请赛试题审题要津详细评注(初二、初三版)	2015—01	58.00	417
第19～25届"希望杯"全国数学邀请赛试题审题要津详细评注(高一版)	2015—01	48.00	418
第19～25届"希望杯"全国数学邀请赛试题审题要津详细评注(高二版)	2015—01	48.00	419

哈尔滨工业大学出版社刘培杰数学工作室
已出版(即将出版)图书目录

书　　名	出版时间	定　价	编号
物理奥林匹克竞赛大题典——力学卷	2014—11	48.00	405
物理奥林匹克竞赛大题典——热学卷	2014—04	28.00	339
物理奥林匹克竞赛大题典——电磁学卷	即将出版		406
物理奥林匹克竞赛大题典——光学与近代物理卷	2014—06	28.00	345
历届中国东南地区数学奥林匹克试题集(2004～2012)	2014—06	18.00	346
历届中国西部地区数学奥林匹克试题集(2001～2012)	2014—07	18.00	347
历届中国女子数学奥林匹克试题集(2002～2012)	2014—08	18.00	348
几何变换(Ⅰ)	2014—07	28.00	353
几何变换(Ⅱ)	即将出版		354
几何变换(Ⅲ)	即将出版		355
几何变换(Ⅳ)	即将出版		356
美国高中数学竞赛五十讲.第1卷(英文)	2014—08	28.00	357
美国高中数学竞赛五十讲.第2卷(英文)	2014—08	28.00	358
美国高中数学竞赛五十讲.第3卷(英文)	2014—09	28.00	359
美国高中数学竞赛五十讲.第4卷(英文)	2014—09	28.00	360
美国高中数学竞赛五十讲.第5卷(英文)	2014—10	28.00	361
美国高中数学竞赛五十讲.第6卷(英文)	2014—11	28.00	362
美国高中数学竞赛五十讲.第7卷(英文)	即将出版		363
美国高中数学竞赛五十讲.第8卷(英文)	即将出版		364
美国高中数学竞赛五十讲.第9卷(英文)	即将出版		365
美国高中数学竞赛五十讲.第10卷(英文)	即将出版		366
IMO 50 年.第1卷(1959—1963)	2014—11	28.00	377
IMO 50 年.第2卷(1964—1968)	2014—11	28.00	378
IMO 50 年.第3卷(1969—1973)	2014—09	28.00	379
IMO 50 年.第4卷(1974—1978)	即将出版		380
IMO 50 年.第5卷(1979—1983)	即将出版		381
IMO 50 年.第6卷(1984—1988)	即将出版		382
IMO 50 年.第7卷(1989—1993)	即将出版		383
IMO 50 年.第8卷(1994—1998)	即将出版		384
IMO 50 年.第9卷(1999—2003)	即将出版		385
IMO 50 年.第10卷(2004—2008)	即将出版		386

哈尔滨工业大学出版社刘培杰数学工作室
已出版(即将出版)图书目录

书　名	出版时间	定　价	编号
历届美国大学生数学竞赛试题集.第一卷(1938—1947)	即将出版		397
历届美国大学生数学竞赛试题集.第二卷(1948—1957)	即将出版		398
历届美国大学生数学竞赛试题集.第三卷(1958—1967)	即将出版		399
历届美国大学生数学竞赛试题集.第四卷(1968—1977)	即将出版		400
历届美国大学生数学竞赛试题集.第五卷(1978—1987)	即将出版		401
历届美国大学生数学竞赛试题集.第六卷(1988—1997)	即将出版		402
历届美国大学生数学竞赛试题集.第七卷(1998—2007)	即将出版		403
历届美国大学生数学竞赛试题集.第八卷(2008—2012)	即将出版		404
新课标高考数学创新题解题诀窍:总论	2014—09	28.00	372
新课标高考数学创新题解题诀窍:必修1～5分册	2014—08	38.00	373
新课标高考数学创新题解题诀窍:选修2—1,2—2,1—1,1—2分册	2014—09	38.00	374
新课标高考数学创新题解题诀窍:选修2—3,4—4,4—5分册	2014—09	18.00	375
全国重点大学自主招生英文数学试题全攻略:词汇卷	即将出版		410
全国重点大学自主招生英文数学试题全攻略:概念卷	2015—01	28.00	411
全国重点大学自主招生英文数学试题全攻略:文章选读卷(上)	即将出版		412
全国重点大学自主招生英文数学试题全攻略:文章选读卷(下)	即将出版		413
全国重点大学自主招生英文数学试题全攻略:试题卷	即将出版		414
全国重点大学自主招生英文数学试题全攻略:名著欣赏卷	即将出版		415

联系地址:哈尔滨市南岗区复华四道街10号　哈尔滨工业大学出版社刘培杰数学工作室
网　　址:http://lpj.hit.edu.cn/
邮　　编:150006
联系电话:0451—86281378　　　13904613167
E-mail:lpj1378@163.com